一部改变千百万男孩命运的家庭教育宝典
一部让男孩走上未来精英之路的教育心法

不打不骂穷养男孩

静 涛◎编著

把男孩培养成男子汉

BUDA BUMA
QIONGYANG
NANHAI

没有教不好的男孩，只有不会教的父母

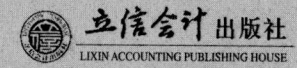

立信会计出版社
LIXIN ACCOUNTING PUBLISHING HOUSE

图书在版编目（CIP）数据

不打不骂穷养男孩 / 静涛编著. —上海：立信会计出版社，2014.6

（去梯言）

ISBN 978-7-5429-4217-3

Ⅰ.①不… Ⅱ.①静… Ⅲ.①男性-家庭教育 Ⅳ.①G78

中国版本图书馆CIP数据核字（2014）第068334号

策划编辑 蔡伟莉
责任编辑 赵新民
封面设计 久品轩

不打不骂穷养男孩

出版发行	立信会计出版社
地　　址	上海市中山西路2230号　　邮政编码　200235
电　　话	（021）64411389　　传　真　（021）64411325
网　　址	www.lixinaph.com　　电子邮箱　lxaph@sh163.net
网上书店	www.shlx.net　　电　话　（021）64411071
经　　销	各地新华书店
印　　刷	北京柯蓝博泰印务有限公司
开　　本	720毫米×1000毫米　　1/16
印　　张	21　　插　页　1
字　　数	288千字
版　　次	2014年6月第1版
印　　次	2018年1月第5次
书　　号	ISBN 978-7-5429-4217-3/G
定　　价	36.00元

如有印订差错，请与本社联系调换

前 言

打骂孩子可能会解决眼前的一个小问题，却给孩子的成长留下大隐患，心理创痕会伴随孩子一生。

暴力教育能让孩子变得顺从，不会让孩子变得聪明和懂事；能让他们变得听话，不会让他们变得自觉和上进——暴力教育能得到一些暂时的、表面的效果，但它是以儿童整体的堕落和消沉为代价的。

通过打骂来促成孩子学业进步，结果只能让孩子对学业产生厌恶；用打骂来让孩子听话，孩子只会变得更加逆反固执；用打骂让孩子做个好人，孩子只会在责难下心理扭曲变态。

——引自尹建莉《好妈妈胜过好老师》

爱孩子，这是连母鸡都会的。"母爱"无私，是一种奉献。但在这儿，"无私奉献"并不是"崇高"的代名词，因为"母爱"只是任何动物都具备的一种本能。人和动物的区别在于人有意识，因此，人在爱自己的孩子时头脑一定要清醒，要有原则地、理智地去爱。

男孩与女孩相比，天生精力旺盛，好奇心更强，破坏性强。所以，在教育孩子方面，打骂男孩的现象比较多。而且很多父母打骂男孩的时候，都是高举爱的名义，口口声声说"我都是为你好"。即便真的如此，打骂男孩也是不对的。

调查显示，有12%～18%的父母在教育男孩时，常常使用"打一顿"的方法。相信"打一顿"管用的，农村高于城市，爸爸高于妈妈。

那么，为什么打男孩的现象具有一定的普遍性呢？概括起来大致有以下几种原因：

一是受传统教养观念的影响。传统的教养观念认为"棍棒之下出孝子""不打不成才""打是疼，骂是爱""三天不打，上房揭瓦"等。在传统观念中，父母打男孩天经地义。

二是有些父母自己小时候有过被父母打骂的经历，教育下一代时无形中继承了上一辈的"光荣"传统。

三是有些父母觉得男孩太不听话，打骂的方法简单、见效快。男孩回来晚了，把水弄地上了，作业做晚了，考试考砸了，都可能被父母打骂一顿。特别是脾气暴躁的父母更会容易这样做。

四是父母自身原因。当生活、工作不如意的时候，就会把这些压力转嫁到男孩身上，比如要求男孩一定要出人头地，一定要有出息，如果有所违背，就开始恨铁不成钢了。

不管出于何种原因，以打骂的方式教育男孩总是不对的。

首先，打骂男孩，虽然能使男孩一时表面服从，但也会令其产生怨恨、逆反、畏惧等心理。打骂的结果是男孩与父母之间的亲情日益淡漠，隔阂越来越深，个别男孩甚至会产生报复心理。并且，这也教会了男孩"以暴力解决问题"，很可能使男孩将来走上犯罪的道路。

其次，打骂男孩会让其失去自尊、自信。父母本是男孩最亲近的人，每个男孩都希望得到父母的爱与认可。如果父母对其非打即骂，其自尊心和自信心就会受到伤害，会自感低人一等，会怀疑自身能力，会自暴自弃；甚至会感到人世间缺少温暖，变得性格孤僻，悲观厌世，不愿意与人交流，也不愿意和小朋友一起玩。

再次，经常挨打的男孩会变得脾气暴躁，产生对父母、对学校、对社会不满的情绪。比如，因为英语没考好而挨打，他便会憎恨英语知识、英语老师，甚至憎恨学校。慢慢地他就会厌倦上学，开始迟到早退，开始旷课逃课。

最后，为了逃避打骂，男孩往往会违心地说谎，骗得过就骗，因为骗过一次，就可减少一次责骂，甚至少受一次皮肉之苦。为了避免再被父母暴打，男孩会一次次地说谎，其品行可能就会日渐变差。

可见，父母打骂男孩绝对是不可取的，只会压抑男孩的个性，甚至造成男孩

人格的畸形。

所以，恳请天下为男孩父母者，不要再打骂男孩了。多一分了解，就少一分误解。父母一定要抽时间读读书，探究一下男孩与女孩的生理区别，男孩比女孩更加淘气的原因所在。只有真正清楚了这些问题，才能以理智的心态对待男孩的所作所为。

哪个父母不盼望自己的儿子能成才？但历数古今中外的栋梁之才，没哪个是在父母的打骂中成才的。打骂可能会起作用，但只是暂时的，不会持久。而且，打骂男孩是对男孩正当权利的侵犯。

其实，不打不骂一样可以教出优秀的男孩。尊重男孩的独立人格是家庭教育中的重要原则。为了使男孩能够健康地成长，父母必须改变非打即骂的粗暴教育方式，对男孩循循善诱，以理服人，给男孩创造一个良好的成长环境和一片快乐的天空。

本书从了解男孩的特征和走进男孩的内心世界开始，阐述现代父母应如何培养精英男孩，做个合格的好父母。其中包括怎样与男孩沟通，怎样夸奖、批评男孩，怎样培养男孩的品格，怎样提高男孩的情商、智商、财商，等等。旨在帮助父母改变打骂男孩的恶习，与男孩建立健康的亲子关系，以科学的方式引导男孩健康成长，为男孩美好的未来打下坚实的基础！

目 录

第1章 男孩与女孩天生不一样

说一说男孩独有的"Y"染色体 / 2
查一查男孩调皮捣蛋的"祸首" / 3
男孩与女孩谁更聪明大脑说了算 / 5
0~6岁——喜欢腻在母亲的怀抱里 / 7
6~13岁——想成为爸爸那样的男子汉 / 9
14岁到成年——进入盎然的青春时代 / 12

第2章 男孩是最难"控制"的

男孩天生就是"冒险王" / 16
每个男孩都有"英雄情结" / 17
男孩多是精力旺盛的"淘气包" / 18
每个男孩都想当"大王" / 19
让父母苦恼不已的"破坏王" / 21
"威信"不是教训出来的 / 24
别让打骂男孩成为一种习惯 / 25
以"骂"代"教"不可行 / 27
以"打"代"教"不可取 / 30

第3章 不打不骂做个好父母 / 33

视心情好坏对待男孩缺乏理智 / 34
无原则地随意乱发脾气不可取 / 36
父母应学会调节自己的情绪 / 38
以身垂范，好父母胜过好老师 / 40
父母要拿捏好爱男孩的"分寸" / 41
教育男孩父母态度要一致 / 44
别忽视家庭环境对男孩的影响 / 47
给男孩创建良好的成长环境 / 49

第4章 自古纨绔少伟男

穷人的孩子为何当家早 / 54
溺爱是男孩成长的大敌 / 56
不要让男孩坐享其成 / 59
警惕男孩的"王子病" / 62
对男孩的攀比心理进行及时疏导 / 65
过分阔绰的生活会助长男孩的坏习气 / 67
避免男孩产生"小皇帝"的优越感 / 70
警惕男孩的"蛋壳心理" / 72
能干的父母，夺走了男孩成长的机会 / 75
巨额财产难保孩子一生富贵平安 / 77

第5章 穷养男孩并非放养 /

男孩的魄力从苦难中来 / 82
对男孩"狠"一点 / 84
为男孩创造条件适应社会 / 87
大多数的成功者都有过"穷"养经历 / 90
让男孩有意识地管理自己 / 92

男孩娇滴滴，没有竞争力 / 94

不经风雨何以见彩虹 / 96

强健男孩的内心 / 99

磨难是男孩成长的礼物 / 102

克服苦难是艺术 / 104

第6章　走进男孩的内心世界

理解，孩子的世界像水晶 / 108

纠正，让孩子不再霸道 / 109

反省，让孩子认识自己的错误 / 112

宣泄，给孩子一个释放情感的机会 / 114

暗示，巧妙引导不听话的孩子 / 116

冷静，处理好孩子的过分要求 / 119

疏导，让孩子的心理没压力 / 122

尊重，孩子也有隐私 / 124

信任，他的时间他做主 / 127

第7章　时刻关注男孩的情绪

不能让孩子成为情绪的俘虏 / 132

让孩子意识到不良情绪的危害 / 133

帮助孩子梳理自己的情绪 / 135

冲动让孩子失去理智 / 137

教会孩子释放不良情绪的方法 / 139

告诉孩子几个快乐的法则 / 141

对待脾气暴躁的孩子怎么办 / 143

敌意，让孩子变得好斗 / 146

嘲笑，让孩子变得畏缩 / 148

第8章　穷养的男孩内心很强大

对症下药，让男孩走出自闭的天地 / 152
让自卑的孩子昂首向前 / 155
帮男孩甩掉"胆小鬼"的帽子 / 158
莫让孩子的虚荣心同身体一起"发育" / 161
引导孩子不盲目攀比 / 164
不让孩子生活在恐惧中 / 166
百害而无一利的自我否定 / 168
帮孩子克服害羞心理 / 170
帮男孩驱散紧密相随的孤独 / 172
调整孩子的依赖心理 / 175
改正孩子的骄傲自满 / 177
引导孩子告别"网瘾" / 179

第9章　不打不骂给男孩成功个性

为孩子做个好榜样 / 184
诚实是为人处世的根本 / 187
教孩子以谦逊为美德 / 189
让孩子拥有一颗博爱宽容的心 / 191
会分享的孩子才会爱 / 194
责任感决定孩子能承担什么 / 196
独立性决定孩子能做什么事 / 200
意志力决定孩子的路能走多远 / 202
让孩子明白荣誉是什么 / 204
培养孩子积极乐观的心态 / 206
信用是可以"传染"的 / 209
懂得放弃 / 211
给孩子一颗感恩的心 / 213
孩子能够自我约束 / 216

家有环保小公民 / 218

第10章 让男孩锻炼出健康的体魄

让男孩养成早睡早起的作息习惯 / 222
鼓励儿子进行体育锻炼 / 224
让孩子睡硬板床 / 227
男孩睡得好身体就好 / 228
小病少吃药，增强男孩的抵抗力 / 230
要多带男孩到大自然中走一走 / 232
保证男孩有足够的睡眠时间 / 234
不要让男孩娇生惯养 / 237

第11章 教男孩培养绅士风度

不要教男孩虚伪地客套 / 242
虚荣会毁了孩子 / 243
让男孩知道什么是美和丑 / 246
"人要衣装"并非"人靠衣装" / 248
防止孩子虐待小动物 / 250
教育男孩热情接待来访者 / 252
让孩子知道道歉不可怕 / 254
让孩子记得说"谢谢" / 257
纠正男孩骂人的不良习惯 / 260
帮助男孩建立所有权的观念 / 263

第12章 帮男孩跨越青春期障碍

警惕，男孩已经进入青春期 / 268
父母向左走，男孩向右走 / 270
青春期的男孩像刺头 / 272

做孩子第一任性教育老师 / 276

敏锐发现男孩性意识的觉醒 / 278

早恋是青春的坟墓 / 280

分享阳光、分担风雨 / 283

电脑那端的小朋友 / 286

教男孩正确面对开放的社会 / 289

不要养个"电视孤独儿" / 292

别让男孩变成烟鬼、酒鬼 / 294

严防孩子沾上毒品 / 296

第13章 把男孩培养成男子汉

应变能力：让孩子学会随着情况变 / 300

记忆力，把孩子培养成学习的天才 / 302

理财能力，让孩子懂得金钱的价值 / 304

动手能力，让你的孩子心灵手巧 / 306

时间管理能力，教孩子掌控时间和生活的学问 / 309

观察能力，给孩子一个国际化的视野 / 312

幽默才能，让快乐一生相随 / 314

艺术才能，让一切更精彩 / 318

领导能力，让孩子从容一生 / 321

第1章
男孩与女孩天生不一样

　　日本松田道雄在《育儿百科》里说：如果可以，最好生两个以上的孩子，如果有两个孩子，最好是一儿一女，因为男孩跟女孩不一样。男孩有他独特的生理特点，只有了解了关于Y染色体、睾丸素、男性大脑结构等相关知识，才不会对男孩的冒险精神、精力旺盛、喜欢打斗、喜欢探索等问题感到不解。

说一说男孩独有的"Y"染色体

提起染色体，人们并不陌生。人体的每个细胞内都有23对染色体，也就是46条染色体，包括22对常染色体和1对性染色体。男孩与女孩的常染色体都是一样的，但是性染色体却不一样，正是不一样的性染色体决定了孩子的性别。

性染色体分为X染色体和Y染色体，男孩的性染色体是由X和Y组成，而女孩的则是X和X组成。也就是说，Y染色体是男孩独有的，决定了孩子的性别为男性。

根据研究表明，Y染色体上的基因只能由亲代中的雄性传递给子代中的雄性，也就是由父亲传递给儿子。因此，在一个家族里，所有男性的Y染色体都是一样的。

千万不要小看了男孩所携带的Y染色体，它不仅决定了男孩之所以为男孩，而且正是由于它的存在，男孩才会表现出很多与女孩完全不同的特性，例如，更具有冒险性、攻击性和竞争性。

对于大多数有男孩的家长来说，男孩的成长历程就像是一部惊险的探险电影，说不定哪个时刻，他们就会因为探险而受伤；也说不定哪个时刻，他们就会惹出或大或小的麻烦……

父母了解男孩的染色体情况对教育有什么帮助？

其一，通过"生长基因"鼓励男孩。据英国的一项统计数据显示，男人的平均身高在174.4厘米，女人的平均身高则是162.2厘米。男人的平均身高比女人要多13厘米。也就是说，Y染色体上面包含着增加身高的"生长基因"。

由此可见，通常情况下，男孩注定比女孩长得高大，所以要比女孩承载起更多的家庭责任和社会责任。如果你想让男孩做一些力所能及的家务，你可以这样说："你是男孩，你的力气大，就应该为妈妈分担一些家务，妈妈是女人，需要你的帮助。"你这样说，他会很愿意参与其中。

其二，帮助男孩提高抗病能力。科学研究发现，到目前为止，能够保证免疫

第1章 男孩与女孩天生不一样

系统正常发挥作用的基因全部是X染色体，由于男孩比女孩少一条X染色体，相比之下，男孩的免疫力就弱一些，患传染病的概率就高一些。

因此，父母在生活中要帮男孩提高抗病能力，平时让他多喝水，多吃蔬菜水果，多参加体育锻炼，保证充足的睡眠……采取这些措施可以弥补男孩少一条X染色体的不足。

其三，能够理解男孩的那份脆弱。通过观察，你会发现，男人总有特别脆弱的一面。大量科学研究表明，Y染色体在长达约3亿年的进化中一直在变小，所含基因也在逐渐减少。因此，从这个角度看，男孩比较容易受到伤害，看上去也有不同程度的恋母情结。男孩看似勇敢坚强，实则非常脆弱。因而，男孩特别需要得到关爱。

所以，父母除了让男孩吃饱穿暖之外，一定要重视他的精神需要。多与他沟通，多关心他、理解他，让脆弱的男孩感受到爱和温暖。

其四，不要忽视对男孩进行性别教育。既然Y染色体决定了孩子的性别，那么，父母就要通过教育让男孩对自己的性别有所认识。一般来说，男孩在一岁半左右就知道了自己的性别，他能通过观察周围人的发型、外观、长相等特点分辨他人的性别。光他自己知道了还不够，父母一定要注意强化孩子的性别。不要把男孩当女孩养，比如，给他穿裙子、扎辫子、涂口红等。在穿戴上一定要把男孩当做男孩去打扮。平时要让男孩玩坦克、手枪等带有男性化的玩具，不建议引导他们玩布娃娃或者毛毛熊等东西。

Y染色体已经决定了他是个男孩，在教育方式上，就不要过度保护，而应该在相对安全的情况下，鼓励他去探索、去冒险、去奋斗。这样才会让男孩所携带的Y染色体发挥作用。

查一查男孩调皮捣蛋的"祸首"

心理学家将男孩称为"有攻击性的小机器"。在运动能力、爆发力等方面，男孩要远远胜过女孩。同时，男孩的动作速度和猛烈程度也会远远超过女孩。男孩天生在这些方面具有优势，这取决于体内的睾丸激素。

当男孩还在妈妈肚子里时，他体内的睾丸素就开始形成了。由于这种雄性激素的存在，男性特征便开始显现。比如，他们的睾丸和阴茎开始发育。

当男孩出生后，体内的睾丸素几乎相当于一个12岁男孩体内的睾丸素的含量，睾丸素不仅促使男孩的身体发育，而且促使男孩具备更多的男性特征。比如，刚出生男婴的阴茎偶尔会出现轻微的勃起。

男孩出生几个月后，男孩体内的睾丸素含量会下降到出生时的1/15。

在男孩蹒跚学步的整个阶段，体内的睾丸素含量一直比较低。因此，蹒跚学步的男孩和女孩在行为上表现得特别相似。

当男孩长到四周岁左右，他体内的睾丸素激增，甚至达到之前的2倍。

当男孩长到五周岁左右，小男孩会对战斗、英雄行为、冒险以及需要花费极大精力的游戏产生越来越浓厚的兴趣。

在11~13岁这一阶段，男孩体内的睾丸素含量再次开始急剧上升，甚至达到蹒跚学步时的8倍。这时，男孩的四肢快速生长，身高会猛增，而且男性特征会表现得越来越明显。例如，长出胡须、出现喉结，等等。越来越喜欢主宰、控制环境，并善于根据自己的实力来估计自己在所处集体中的地位。男孩喜欢竞争，竞争的环境可以使他变得更加兴奋，男孩也更愿意接受挑战以及喜欢没有任何理由的冒险。一位男孩的妈妈对她的好友这样评价自己的儿子：

我儿子从学会走路开始，就不断地给我制造麻烦：小的时候爬桌子把牙都磕坏了；上了幼儿园也常常与别的小朋友打架；上了小学，仍然是麻烦不断，我常常会因为他的某些捣乱行为而被老师"请"到学校……因此我为了他可真是忙翻了天。

几乎在每个男孩小的时候，都会得到很多"昵称"，例如，"捣乱鬼""破坏王""麻烦制造机器"等。其实，男孩之所以会得到这些称号，都是因为他体内的睾丸素。睾丸素的力量真的会超乎一些家长的想象。

既然睾丸素的力量如此巨大，那男孩表现出的好动、破坏行为、制造麻烦等，就不足为奇了。因为睾丸素的存在，所以在很多时候，男孩总是通过"制造麻烦"表现出自己的男性特征。

男孩喜欢玩冲锋枪、坦克、飞机等，喜欢捉弄小猫、小狗，喜欢拎起它们的小耳朵让它们叫唤。

男孩喜欢玩火、喜欢扔石头、喜欢耍棍子，他们会在游戏中粗鲁地推倒小

伙伴。

男孩有时还会故意激怒比自己小的孩子,从中取乐。

男孩在做事的时候注意力很集中,但是耐久性很差,表现得很毛躁。他们经常没有听清指令就会盲目行动。

男孩喜欢张扬的做事风格,并且会对自己的所作所为产生自豪感。他们的行事风格看上去果断、大气,富于斗志和进取心。

男孩天生好动,喜欢拆卸,会出于好奇把家里的闹钟拆掉,为了听听清脆的响声而把杯子摔在地上。

面对不断制造麻烦的男孩,很多家长为此感到"头痛",总是感慨地说:"要是个女孩,就好了。"当然,有很多家长也会试图通过"骂"和"打"的方式,让男孩听话一些。

但教育专家明确地指出:如果父母总是试图通过打骂让男孩"屈服",那他将来就很容易成为一个胆小怕事的人;如果父母能够巧妙地引导男孩做正确的事情,使他们的潜力得到最大限度的发挥,这些男孩往往就会表现得非常出色。

男孩与女孩谁更聪明大脑说了算

很多家长都有这样的感觉:男孩没有女孩聪明。比如,当大多数的女孩都能够滔滔不绝地讲故事时,同龄的男孩往往才会说最简单的几句话;当大多数的女孩都拿着小剪刀学习剪纸时,同龄的男孩往往不能灵活地拿剪刀或握笔……

为什么会这样呢?这是因为男孩与女孩大脑结构不一样。

当胎儿还在妈妈身体中孕育时,男女胎儿在大脑结构上的差别就已经形成了。第一个差别是男孩大脑的发育速度明显慢于女孩大脑的发育速度。第二个差别是男孩大脑的左右半球之间的联系少于女孩。

人类的大脑由左右两个半球组成。人类大脑的两个半球各司其职:右脑主管形象思维(视觉的、绘画的、几何学的、综合的、图像、直观感觉等);左脑主管语言逻辑思维(算术的、伦理的、分析的、理论和解析等)。这两个大脑半球依靠神经纤维束相互联系,男孩脑内这种纤维束的体积要远小于女孩脑内纤维束的体积，因此，男孩左右脑之间的联系相对比较少。

因此，男孩常常对猜字谜、组词等很反感，但女孩却很感兴趣。这是因为男孩在进行这些活动时，一般只用一侧脑半球思考，而女孩却可以同时用两侧脑半球思考。因此，男孩的思维没有女孩那样周全、细致。

经过科学研究发现，男孩的大脑右边皮质较厚，而女孩的大脑左边皮质较厚。因此，几乎每个男孩在数学方面都要比女孩好，而女孩在语言方面却要比男孩好。男孩天生就马马虎虎，不善于认真思考，而女孩天生学理就差一些。

明白了这些，家长在教育男孩的时候就要注意了，如果他总是马马虎虎，不愿意思考，也不要打骂他，这可能不是他的本意，而是天生如此。当然作为家长，也不要忽略了教育的主动性。事实上，家长的期望、教导等，都会影响到孩子技能的发展和能力的培养。

家长的教育态度和教育方法会对男孩的大脑发育产生影响。比如，与女孩相比，虽然男孩大脑的左右半球之间的联结少，但如果家长坚持给孩子读书，并耐心地与他们沟通，也就是说，经过后天的训练，男孩大脑的那些缺陷是可以得到弥补的。

一位家长这样分享自己的育儿经验：

孩子没出生的时候，我就读了很多关于孩子的书，知道男孩与女孩的显著区别。2008年3月，我儿子出生了。儿子刚满1岁时，我每天都抽出一定的时间来给他读书。当我这样做时，妈妈还总说："孩子还不会说话，他能听得懂你在说什么吗？你这不是在做无用功吗？"

我没有因为妈妈的质疑而放弃，还是坚持每天继续给儿子读书。虽然儿子并没有因为我的读书而过早地学会说话，但有一个情况引起了我的注意，每当我拿着书要给他读时，他就高兴得手舞足蹈起来。

后来，随着儿子月龄的增长，他已经渐渐地能跟我一起读那些简单的句子了。如果他喜欢上某个故事，就会听得非常入神。为了培养他的语言能力，我常常会问他："宝贝，你说接下来会怎样？"他会很认真地去想，然后把自己的想法说出来。

总之，家长还可以利用男孩与女孩大脑的差异性，有重点地去开发他们的智力。例如，引导并锻炼他们建立科学的思维方式，培养并锻炼他们的语言表达能力，培养并锻炼他们的学习能力，等等。

第1章 男孩与女孩天生不一样

0~6岁——喜欢腻在母亲的怀抱里

上幼儿园中班的果果又"闯祸"了。在幼儿园里跟别的小朋友打架了,脸上还被抓伤了。老师告诉果果的妈妈,说果果很调皮。果果妈妈无奈地摇摇头,对于孩子的顽皮,她经常领教。

面对喜欢调皮捣蛋、打架的小男孩,妈妈们都比较苦恼。不管怎么说,孩子都是一天一天长大的,需要一个过程,没有任何捷径可走。妈妈们能够做的就是尽可能多地了解孩子,掌握他们的特点,给予正确的引导。

0~6岁,这是男孩成长的第一阶段。在这个阶段里,男孩性别特征并不是那么明显,一般来说男孩是属于母亲的,因为他们很脆弱,需要妈妈温柔的关爱。

处于这个阶段的男孩喜欢让妈妈抱着,喜欢妈妈跟他玩,喜欢妈妈的关爱和抚摸。因为妈妈为男孩提供母乳,妈妈慈祥可亲,所以能给男孩最大的抚慰。

可以说从出生到6岁期间,妈妈的爱和教育会影响男孩的一生。如果妈妈与男孩经常交流、精心培养,又给予孩子足够的关爱和安全感,那么就会使男孩的大脑得到很好的发育及完善,使他获得更多的讲话技巧,孩子以后就会更好地适应社会,大踏步地前进。反之,如果妈妈总是情绪低落或者是喜怒无常,经常打骂男孩,那么男孩的大脑就会发生变化,慢慢变成一个或胆小怕事或脾气不好的男孩。

因此,在这一阶段,妈妈需要了解男孩对应的特点,然后对症下药,用心培养。

1.理解力有限,说太多无益

4岁的果果哭着闹着要找妈妈,爸爸对他说:"儿子,别闹了,妈妈跟同学去聚会了,过几个小时就回来了。"爸爸越是安慰,果果哭得越凶。

其实,果果爸爸不知道,根据男孩现在的理解能力,他根本不明白"跟同学去聚会""过几个小时"是什么意思,男孩唯一知道的就是妈妈没在自己身边。

妈妈千万不要跟这一阶段的男孩讲太多的道理,动不动就向他们解释为什么不能朝地上洒水?为什么不可以爬到柜子上去?为什么见了人应该礼貌地向人打招呼，等等。其实，在很多情况下，这些说教都是徒劳的。偏偏有的脾气不好的妈妈因为多次教男孩，男孩总是记不住，让他们长点儿记性，为了让他们长点儿记性，便打骂男孩。这种做法是完全错误的，因为这一时期的男孩根本没有理性思维以及逻辑思维的能力，向他们解释太多、给他们讲太多道理，只能让他们觉得烦躁。

2.需要妈妈更多的耐心与关注

这一阶段的男孩，他们在生理上和情绪上要比女孩脆弱。比如，同样是刚出生的婴儿，男孩比女孩对疼痛更加敏感，当他们感觉潮湿或不舒服的时候，男孩更容易哭闹。即使到了6个月大时，男孩仍然需要妈妈的照看，女孩则会通过吮吸手指和玩玩具等寻求安慰。

这一阶段的男孩更渴望被关注，如果妈妈没有给自己足够的关注，他们甚至会通过一些不良行为来吸引妈妈的眼球，如果这个时候妈妈不正确地引导，而是打骂，对男孩的一生都会产生很多不良影响。因此，妈妈千万不要被固有的性别观念束缚住头脑，认为男孩天生就该坚强。其实在0~6岁这段时期，男孩是脆弱的，是需要妈妈更多的耐心与关注的。

3.男孩需要的是引导，而不是选择

"儿子，你喜欢红色，还是喜欢蓝色？"

"儿子，周末我们是去公园呢，还是去游乐场呢？"

"儿子，你今天是想吃馒头，还是想吃面条呢？"

在生活中，我们经常听到妈妈这样问男孩，而处于这个阶段的小男孩往往不知该怎样选择。心理学研究表明，如果总是让6岁以下的小男孩在很多的可能中自己去选择，那这个男孩长大后不会是有主见的人。因为处于这个阶段的男孩需要的是引导，而不是让他选择。

所以，妈妈要为这一阶段的男孩制定好每天的生活。例如，今天吃什么，今天穿什么衣服，今天去什么地方玩。有了妈妈的安排，男孩就会清楚地参与其中，并获得很大的安全感。

4.会迷恋自己的身体

这一阶段的男孩总是喜欢拉扯或揉搓自己的生殖器，甚至是当着众人的面把手伸进裤子里。这让很多妈妈感到烦恼。其实，妈妈只要了解这一阶段男孩的特性，就能理解男孩了。

第1章 男孩与女孩天生不一样

男孩天生好奇心就很强，这一点从小就表现得很突出。他们会"研究"见到的每一样东西，包括自己的身体。他们对自己身体的早期迷恋是很正常的，因为拨弄、搓揉自己的生殖器会给他们带来快乐和舒服的感觉，仅此而已。

所以，妈妈不要对这一阶段的男孩的这种行为大惊小怪，只需引导孩子。可以让他搓揉自己的生殖器，但这是一件只能私下做的事情，如果他偏不这样做，那也就随他好了，等大一点儿，即使你不说他，他也不会这样做了。

总之，0~6岁属于男孩的纯真时代，这个阶段是男孩身体发育、智力发展、情感发育和性格形成的最重要阶段。妈妈一定要给他们足够的关爱、呵护和引导，不要以打骂的方式去纠正一些看似他做得过分的事情。

6~13岁——想成为爸爸那样的男子汉

6~13岁，这是男孩成长的第二阶段。在这一阶段，男孩进入了自身成长的转变期，不再像前一阶段那样依赖妈妈，而是喜欢和爸爸交流，开始向爸爸学习，模仿爸爸的行为，并希望自己成为一个男子汉。

因此，在这个时期，爸爸对男孩的影响非常大，如果爸爸没有给男孩足够的关爱和引导，男孩就可能会制造麻烦，希望引起爸爸的注意。如果男孩没有如愿，那么他在未来的日子里就可能会和爸爸对立起来，成为一个不听爸爸话的"男人"。因此，爸爸一定要明白这一点，要常与男孩互动，做好男孩的引路人。

进入这一阶段的男孩，会出现很大的变化，他们逐渐觉得自己是"男人"了，要做一个爸爸那样的人。甚至那些平时很安静的男孩，到了这个年龄也整天舞刀弄枪，证明自己能力高强。即便在大人们看来这是很可笑的事情，但男孩还是要通过各种行为来表明自己的"男子气"。

有的男孩为了证明自己是男子汉，还希望自己快点儿长大，幻想身体突然变得很强壮，有很大的力量做各种事情，甚至希望像爸爸那样长出胡子来。于是他们通过各种行为来表明自己的身份，比如，男孩会争着当警察，因为警察在他们眼中是英雄，是男子汉；男孩喜欢舞刀弄枪，希望自己成为武林高手；男孩总是梦想着自己有一天能去拯救地球；甚至会做各种危险的事情，以证明自己的勇敢。

在6～13岁这个阶段，男孩的思维也会发生变化，理解他人情感的能力逐渐开始具备，自尊心开始增强。心理学家认为，在这一阶段，男孩自尊心的发展会出现两种倾向，他们对自己的看法也会截然不同：要么认为自己很能干，能积极地面对一切事情；要么认为自己很无能，什么事情也做不好。因此，在这一阶段，家长一定要注意引导男孩正确地认识自己。另外，6～13岁的男孩除了要努力表现自己是男子汉之外，还会表现出以下几种特征。

（1）处于这一阶段的男孩会对规则的破坏产生不安全感。男孩是讲究"规则"的动物，而他们最关注的也是"规则"。进入一个新环境或者接触一个新事物之后，如果父母告诉男孩规则是什么，违反规则会有什么样的后果，会令男孩更有安全感。如果父母首先打破了"规则"，就会令男孩非常失望和痛苦。因此，父母一定要特别注意这一点，不要去打破男孩的"规则"。

（2）处于这一阶段的男孩总会出口伤人。在一般情况下，男孩出口伤人，其实并没有恶意，只是他们的表达方式太过直接。如果男孩说自己不喜欢穿这件衣服，那是因为他感觉自己穿上像垃圾一样。父母不能直接反驳男孩：你怎么回事啊，我觉得它好看。父母的这种反驳向男孩传达了这样一种信息：你不能相信自己的感觉和眼光。这会使男孩陷入一种不安全和糊涂的状态。其实，遇到这种情况，最好的解决办法是，家长可以引导孩子练习这样的表达方式："小男孩不要穿得太艳丽，你穿上这件土黄色的外套帅极了"。这种练习做得久了，男孩那种直率的表达方式一般都会发生改变。

（3）处于这一阶段的男孩的金钱观开始受到外界的影响。从6岁开始，男孩就有了攀比的意识。父母需要有意识地为男孩灌输科学的金钱观。当然，父母首先需要做的是，让孩子了解关于家庭收支的一些情况。即使家庭条件比较好，父母也不要因此而使男孩产生优势感，因为不正确的金钱观只会引导孩子走歧途。所以，家庭条件比较好的父母，不妨在男孩面前适当地装"贫穷"。

（4）处于这一阶段的男孩进入了性潜伏期。在生物学上，8～12岁这个阶段被称为男孩的性潜伏期。也就是说，在这一时期，男孩不太关注"性"，因为"性"被疏导到其他活动中去了。比如，探索外面的世界，与小伙伴们在一起玩耍，忙着证明自己是男子汉……

在这一时期，需要爸爸特别的帮助和指导。

（1）爸爸要多费点儿精力跟男孩亲近。6～13岁的男孩特别需要爸爸的爱，

第1章 男孩与女孩天生不一样

他们喜欢爸爸拥抱他、逗他,和他打闹,也喜欢和爸爸做一些比较文雅、安静的事,比如让爸爸给他讲故事、唱歌或者放音乐等。爸爸一定要告诉男孩他是多么出色、帅气、聪明的一个孩子,以增强男孩的自豪感。

(2)爸爸要多花些时间陪陪男孩。现代社会,人人都很忙碌,特别是作为一家之主的爸爸,因为社会角色的关系,与孩子在一起的时间非常有限。但即使再忙也别忘了多抽点儿时间陪陪孩子。

陪伴男孩是做爸爸的责任,爸爸忙完了单位的事情,要及时回家,与儿子一起玩耍嬉闹,这样能教会他很多东西。爸爸要用尽可能多的时间陪伴男孩,陪伴家人。如果升职加薪,那意味着工作时间更长,那么做父亲的一定要认真考虑:孩子的童年只有一次,他现在需要你,你努力工作的目的是什么?不就是让孩子幸福快乐地成长吗?现在你陪他的时间太少了,他觉得不幸福,已经影响到他的成长了。这样一想,也许做爸爸的就能挤出更多时间陪男孩。

(3)爸爸要和妈妈分担照顾孩子的工作。有一些大男子主义的爸爸认为教育男孩是妈妈的事情,于是他们把照顾男孩的重任都推给妈妈。为了孩子的健康成长,爸爸应该和妈妈一起,为怎样教育男孩出谋划策。比如,协助男孩完成作业,教男孩做力所能及的家务,制定出明确的规则让男孩遵守。遇到大事时,爸爸要和妈妈商量,一起教育男孩会进一步加深夫妻间的关系,也会让男孩更健康、更快乐地成长。

另外,爸爸一定要尊重男孩,不管男孩多么淘气,也不能对男孩乱发脾气。要耐心听男孩的倾诉,重视他的感受。

总之,6~13岁的这段时间,爸爸对男孩来说,至关重要。这是爸爸对男孩产生影响,同时也是在男孩心中树立英雄形象的关键时期。当男孩很想和爸爸待在一起时,爸爸要好好珍惜这段时光,并对男孩进行相关的教育。男孩会随时准备向爸爸学习,会留意爸爸的一举一动,会聆听爸爸的教诲。当然,妈妈的爱也不能忽视,还有很多东西男孩要跟妈妈学。

14岁到成年——进入盎然的青春时代

从男孩变成男人的关键期就是14岁到成年这段时间。

一般情况下,这段时期的男孩进入了快速发育期,身体内发生了显著的变化——睾丸激素大幅增加,含量几乎是以前的8倍!男孩变得更加喜欢争辩,更加喜怒无常,有时候又焦虑孤独。这当然不是他们变"坏"了,而是他们的身体和心理都发生了彻底的变化,他们已经和以前不一样了。

这个变化过程充满了"斗争",男孩们不但经常与父母的观点相左,而且不时地挑战长辈的权威,甚至也在和自己作各种各样的斗争。他们需要解开成长道路上遇到的疑惑,需要开始新的征程。他们会变得愤世嫉俗,动不动就会批判周围的人和事;说同龄人才听得懂的话;他们会穿奇装异服,甚至把头发染得五颜六色;他们脾气变得暴躁起来;常常埋怨家长不理解他们,家长想靠近的时候他们又会躲开……

有很多人感叹:这个年龄阶段的男孩太让父母"失望",要是当初生个女孩就好了。这个阶段的父母会害怕,会担心,因为年轻气盛的男孩可能会卷入各种纠纷,惹出很大的麻烦。不管怎样,作为男孩的父母,一定要知道,这是男孩必经的阶段,一定要花时间、有耐心地去引导男孩。教他们怎样像男人一样去做事,要让他们知道自己应担负起的职责,在哪里找到力量的源泉以及前进的方向。

要想把男孩培养成一个有能力、有思想、有智慧、有责任心的男子汉,并不是一件简单的事情,需要家长的共同努力。

(1)给予男孩正确的引导。14岁到成年的男孩爱扮酷,喜欢追求个性、时尚和潮流。他们只是随波逐流,其实自己都不知道自己到底喜欢哪种风格。不光外表,他们的内心也是非常混乱的,有时他们很自信,有时又表现得很自卑。面对自己的未来,他们带着"初生牛犊不怕虎"的精神。他们会说:"将来我一定成为百万富翁!"但一想到具体怎么去做就泄气了,觉得自己根本什么都做不了。所以,父母要给予这个阶段的男孩正确的引导。如果父母多一些肯定、鼓

第1章　男孩与女孩天生不一样

励,那么男孩的思维就会越来越清晰;如果父母总是否定、批判男孩,男孩的思维就会越来越混乱。即使男孩有不当的地方,也不要通过打骂的方式予以纠正,要运用智慧,选择男孩最容易接受的方式去引导。

(2)不要封闭男孩的成长环境。十几岁的男孩很容易产生孤独感,他们会觉得没有人能理解他们,所以又难免会产生强烈的归属诉求。他们希望自己归属于某个团体,渴望被他人认同,因此会主动与同龄人交往,甚至会跟与自己年龄有些差距的人交往。这样一来,男孩不可避免地会接触到各种各样的人,包括父母不喜欢和不认可的"坏人"。

在男孩交友这件事情上,有些父母给男孩很多限制,不准跟这样的人玩,不准跟那样的人在一起,企图把男孩放在一个"纯净"的圈子里。实际上,这样做不是纯净了男孩交往的圈子,是让他与人隔绝了,他的朋友越来越少,交往能力越来越差,逐渐变得胆小,觉得随时都可能遇见坏人。

其实,对于男孩交友这件事情,父母不用太过紧张,男孩也有自己的判断能力了,如果他们的判断真的有所偏差,父母只要及时发现并正确引导就可以了,千万不要采取封闭的措施。

(3)侧面迂回了解男孩的想法。14岁以后,男孩基本上初中了,待在父母身边的时间越来越少了。在14岁到成人的这段时间,男孩会有自己的生活,与家庭生活越来越远,父母对男孩的了解也越来越少,这不免会让父母忧心忡忡。其实父母完全可以换个方式去了解,比如通过老师、亲戚、好友等,这些人也会真心关怀孩子。长大的男孩也许不喜欢向父母敞开心扉,但是他们也需要倾诉的窗口,他们经常会把自己的想法告诉父母以外比较亲近的人,也许会在关爱他的长辈家中对父母进行"控告"。如果父母了解到这些,就会找到自己与孩子之间的隔阂,然后想办法弥补和改正。

(4)用父亲的角色影响男孩。在男孩的成长过程中,爸爸对他的影响非常大,在男孩向男人转变的这段时间,爸爸的影响更是不可缺少。爸爸是男孩接触最多的男人,潜移默化的影响非常大。

爸爸平时可以向男孩讲述自己的经历,让男孩有"与爸爸之间是男人与男人之间的对话"的感觉。这样既能控制男孩的消极行为、引导男孩的积极行为,又能增强父子间的感情。如果爸爸在男孩心中是有影响力的男人,那么男孩就会以爸爸为榜样,同时也能从爸爸那里感受到一种安全感。

不打不骂穷养男孩

　　总之，14岁之后的男孩逐渐进入了生机盎然的青春时代。这一时间段里，男孩的身心都发生了巨大的变化。父母一定要做好引导工作，让男孩坦然面对自己的身心状况。这一时间段里，男孩特别需要有经验的人的指引，指引方式与最终的结果息息相关。如果家长总是对男孩大呼小叫，即使家长说得有理，男孩也不愿意接受，他们就会变得越来越"坏"。

　　所以，在这个时期，家长不仅要把正确的人生观告诉男孩，让他学会辨别善恶美丑和是非黑白，还要像朋友一样和他沟通，在他迷茫时给他建议，在他孤独时多多陪伴，让他平稳过渡成为男人。

第2章
男孩是最难"控制"的

古希腊大哲学家柏拉图早在2300多年前就这样写过:"在所有的动物中,男孩是最难控制对付的。"本章将从男孩的行为上解析男孩为什么难控制。

男孩天生就是"冒险王"

越是难做到的事情，男孩越希望自己能够尝试，哪怕为此付出惨重代价，这就是男孩冒险心理的表现。敢于冒险让男孩的生命总是充满跌宕起伏。

5岁的兵兵总喜欢跳上跳下，妈妈教训过他很多次，他总是听不进去。这天，他突然萌生了一个想法，要从写字台上往下跳，看看自己敢不敢。这个高度将近一米，是他从未尝试过的。

兵兵想到这里，激动地马上行动起来。他借助凳子、爬上了写字台，就像爬山一样。他站在写字台上，用力向下跳了下来，只听"咔嚓"一声，他没有受伤，把桌子上的一个杯子带了下来，摔了个粉碎。

妈妈听到后，"啊"的一声尖叫，赶紧跑了过来。兵兵知道自己闯了祸，赶紧跑进卧室关上门，躲进被子里。妈妈气坏了，在门外大声责骂他，兵兵紧紧锁着门不敢出声。

以上的例子现实生活中屡见不详。男孩出于冒险心理，常常会做出一些不可思议的事情。于是，总会有妈妈叹息：有了儿子之后，我一刻都不敢让他离开我的视线，整天活在担惊受怕里。

其实，每一个男孩基本都是在各种外伤中度过的，没有受过一点伤害，那是不可能的事。男孩喜欢冲动、激烈、刺激的事情，越是能激起他们情绪的事，他们越喜欢尝试。

男孩喜欢冒险是由于他们体内的睾丸激素在"捣乱"，就是睾丸激素在让男孩要选择一种冒险的行为来释放体内的能量。

于是，几乎每个男孩都爱冒险、冲动自负，喜欢与人争吵、斗殴，喜欢出风头。在这些方面，男孩与女孩的这种行为区别非常明显。

男孩喜欢冒险并不是坏事，有很多正面的意义。男孩的冒险行为除了睾丸激素的作用外，也源于男孩的好奇心理，而许多科学知识、生存技能、劳动技能，

第2章 男孩是最难"控制"的

都可以在好奇心的推动下获取。世界上很多科学发明家、机械制造者在青少年时期都满怀好奇心,而轮船、飞机等人类物质成果的发明,大多是好奇男孩长大后的杰作。

总之,男孩天生就爱冒险,他们对这个世界充满未知,充满好奇,于是很自然地有了探索、冒险的行动。既然是冒险,那么可能存在危险性,所以,如果父母有时间,要和男孩一起去冒险,一方面可以起到保护男孩的作用,另一方面男孩有了父母的陪伴会玩得更尽兴,更欢快。

每个男孩都有"英雄情结"

男孩从小就有英雄情结,这种情结将伴随男孩一生。男孩英雄情结的表现是爱打抱不平,爱管闲事,见不得人欺负弱小等。每一个男孩都想做英雄,都希望被人崇拜。

刘伟回家后,妈妈发现他的脸上有一道伤痕,以为他在外面受欺负了,于是问道:"谁干的啊,你的脸怎么受伤了?"

刘伟低着头不说话,妈妈只好把声音放柔些说:"没事,跟妈妈说,妈妈想知道是怎么回事。"于是,刘伟便详细跟妈妈讲了事情的经过。

原来,是刘伟的同学张彪下课时欺负低年级的小朋友,还把低年级小朋友的玩具扔在了地上。张彪平时就很凶,这时吓得低年级的小朋友直哭,老师又不在。刘伟看不下去了,就走过去帮助低年级的小朋友。刘伟与张彪理论时,脸被张彪抓伤了。

妈妈了解了事情的经过,想了想说:"原来你在帮助人啊,这是好事,是个小英雄的行为。不过你以后遇到这样的事情,不要贸然上前去理论,最好去找老师或请同学们评理,相信大家都会站在你这边的。"刘伟听后,认真地点了点头,同时脸上满是自豪的表情。

对于男孩的英雄情结,父母应该给予充分理解,因为男孩独有的Y染色体和大量分泌的睾丸激素激发着他的英雄情结,这是男孩区别于女孩的重要心理特征之一。如果你足够细心就能够发现,绝大多数男孩从小就爱玩坦克、手枪等玩具，也爱看带有英雄情节的故事或影片，并立志成为"警察叔叔"……

男孩的英雄情结经常会倾注到对某些偶像的崇拜上，它们可能来自男孩平时看的动画片，如奥特曼、蜘蛛侠、蝙蝠侠、黑猫警长等，这类英雄偶像正义、勇敢、智慧、仗义，具备一种积极向上的精神，圆了男孩的英雄梦。

男孩心中的英雄形象，是伟大、神圣、没有缺点的。父母正好可以利用男孩的这种英雄崇拜情结，培养男孩勇敢、坚毅、正义等优良品质。

每个男孩都有英雄主义情结，这几乎是一种本能反应。只要男孩的天性没有过分被压抑，在任何场合下，他们路见不平时，都有拔刀相助的冲动。男孩总是幻想自己是"奥特曼"，身怀一身绝技，能够帮助弱小、扶危济困，与恶势力作斗争，甚至拯救地球，成为人们心目中的大英雄。

在现实中，男孩的英雄梦却是难以实现的。由于年龄和阅历的缘故，男孩无论在身体上还是心理上，都不能如愿施展自己的英雄抱负。他们常常觉得自己很弱小，希望得到安慰和激励，并希望有一些勇敢的举动被认可，于是在别人危难之际，总喜欢挺身而出。

孩子喜欢当英雄，想当英雄没有错，重点在于父母要帮助他建立正确的"英雄观"。当他打抱不平的时候，我们要提醒他那样会受伤，但不能用打骂的方式制止他，而是应该进行合理的引导。只要父母引导得当，英雄情结不仅能够促进他男性气质的培养，也能使他成长为真正的男子汉。

男孩多是精力旺盛的"淘气包"

很多家有男孩的家长感叹自己的儿子太淘气，为什么男孩就那么淘气呢？这是因为精力旺盛的缘故。大多数男孩从会走路起就不断展现出过人的能量。他们只要不睡觉，就一刻不停地到处攀爬、跑跳、追逐、打闹，即使上学后，课堂上也有做不完的小动作，男孩好像总有使不完的力气、用之不竭的精力。

为什么男孩的精力如此旺盛呢？从中医学角度讲，男孩是纯阳体制，生性好动，用一句古语说："憨嘻跳跃是其本性，拘坐则伤脊骨，尤损天柱。"男孩阳气足，才会显得生机勃勃。如果要把男孩拘束住，强迫他们老老实实坐着，就是

第2章 男孩是最难"控制"的

在抑制他们的天性。

男孩比女孩更好动还有一个重要的原因，那就是男孩的体内能分泌出大量的睾丸素，睾丸素致使男孩成了一个"淘气包"，只能通过不停活动来消耗能量。

父母清楚了男孩精力旺盛的原因，就不要在他"释放能量"的时候大声责骂，或者制止他，而应该想个办法让男孩把过剩的精力用到该用的地方。

父母不应该把自己的喜好作为评判男孩行为的标准，更不能因自己喜欢安静而强迫男孩不许跑跳。父母应该转变自己的心态，接纳这个体内分泌大量睾丸素的小"淘气包"。在保证安全的前提下，允许他们去释放能量。这样，男孩的身心才不会受到压抑，男孩的成长才会健康。

既然男孩精力旺盛，那么父母就应该利用男孩的这个特点，引导他去做一些有益于身体发育、身心健康的事情。比如，每天抽一些时间出来，和孩子们一起跑跑步、打打球等，做些体育运动不但能消耗男孩多余的精力，还能够增强男孩体魄，促进身心发育。对于男孩精力旺盛的最好应对办法，就是选用运动的方式，与他们一起"消耗能量"。

此外，一个有着旺盛精力的男孩，他不仅可以将能量用在肢体运动上，也大可将其用在脑力劳动中。因此，练习书法、读诵经典、画画、下棋等，都不失为锻炼男孩的耐力和注意力的好活动。

每个男孩都想当"大王"

男人的天性之一是喜欢竞争，一位研究行为哲学的专家曾说："一场比赛结束后，你看到一个被打败的男人在真诚地向对手祝贺，其实在这背后，这个男人想的是下一次如何把他打败。"

性别赋予男人巨大的能量，这在他们的幼小阶段就已经表现出来。在男孩的世界里，他们就已经有了"大王"的意识，在和小伙伴们一起玩耍时，也更在乎谁是"大王"，"大王"是男孩的行为标准，是男孩内心的竞争对手。每一个男孩都希望能够做一个"大王"，这种竞争心理促使男孩总想争第一。

魏东上初中了，他是一个见义勇为的男孩，平时结交了不少好朋友，因此赢得了大家的拥护，小伙伴们都爱围着他转，这种众星捧月的感觉让他很骄傲。

新一届的班委竞选开始了，魏东想竞选班长，就鼓动他的朋友们为他拉票。魏东最大的竞争对手是刘新。刘新是个帅小伙，在人际关系上比魏东稍差一点儿，其他各方面都更胜一筹。

班上许多女同学都很欣赏刘新，把他当做白马王子。魏东怕自己竞选失利，就开始四处散播刘新的坏话，说他是假清高，自私自利，从来都是只关心自己，不关心同学。

在竞选演讲时，刘新发言说，如果自己当选班长，会为大家做哪些事。他的真诚态度赢得了全班同学的赞赏和支持，因而获得了很高的票数。结果，刘新因品学兼优，愿意为大家服务，当选班长。

魏东很生气，他约了一帮朋友趁刘新独自回家的时候"教训"了他一顿。魏东虽然受到老师的严肃批评，但他觉得很解气。从此，他在学校里处处和刘新作对。

其实魏东之所以跟刘新过不去，主要是源自想做"大王"的心理。几乎没有一个男孩不想做"大王"。他们每到一个新环境，比如新班级、新学校，最关心的问题就是，谁是班级里的班长？谁是学校里的"大王"？通过观察和了解"大王"在学校和班级里的行为，男孩们会渐渐明白，在这里做"大王"要具备什么样的条件和"资格"。他们还会暗暗下决心，希望自己有一天也能够做"大王"。

男孩喜欢当"大王"的竞争心理本是没有错的。如果父母能够合理地教导和应用，可以促使男孩不断进步，激励他们积极向上。但是，如果男孩存在过激和偏执心理，把正当竞争变成了恶意攻击，甚至采取一些不公正、不正当的手段对付竞争对手，就会发生暴力事件。因为"大王"只有一个，而想当"大王"的男孩却有很多。那些没有当上"大王"的男孩容易扭曲竞争心理，在处理同学关系上也容易树敌。所以，在如何看待同学间的竞争上，父母不要忽视这个问题，理所当然地认为男孩就应该这样。

年纪较小的男孩还不具备准确的判断力和成熟的人生观，他们会为了争第一、做"大王"而展开"斗争"，甚至打架、引发暴力事件。一些发生在男孩身上的行为，比如违反规定、触犯法律都是不正常的竞争心理所致。如果发现男孩的正当竞争心理发生扭曲，父母一定要及时做好引路人，千万不要让男孩对竞争

第2章 男孩是最难"控制"的

产生误解。

受到父母良好心理教导的男孩,心理和行为上都显得比较成熟,他们会把做"大王"的心理变成积极追求进步的力量,靠自己的实力去战胜别人,真正地做"大王"。而那种为了做"大王"图一时之快,不计后果的行为,只能给他人造成伤害。男孩有竞争心理是可以理解的,父母应该引导他们走向健康的竞争之路,真正实现的"大王"梦。

一旦男孩当了"大王",他们会成长得更快,做起事来更会全心全力。这有利于男孩的身心成长,提高他们的责任心和领导力。平时,父母要利用男孩的这种心理,在生活中可以处处满足他们当"大王"的愿望。比如,抽出一个星期的时间,让男孩体验一下"当家"的感觉,或者做一做亲子角色互换的游戏,让孩子做回"男主人",相信在他们小小的心灵里肯定能产生一种"当家做主"的成就感;如果是比较调皮、有坏习惯的男孩,父母可以让他来当习惯监督员,负责纠正全家人的坏习惯,这样他在纠正别人坏习惯的同时也一定会偷偷地改掉自己的坏习惯。

另外,父母还可以在平时与男孩的对话中满足他们当"大王"的欲望。比如可以问问儿子:"小当家的,我有哪些地方做得不好吗?""小当家的,你对这个事情怎么看,你有什么意见?"……虽然有时男孩的意见未必合理,大人也不一定采纳,但是这样的问话往往会让他们感到高兴,会觉得自己被尊重和重视。这种做"大王"的美差会让男孩满怀对生活的热情和积极性。

让父母苦恼不已的"破坏王"

好奇心强是男孩的天性,他们喜欢探索,对未知的世界充满了渴望。所以,在男孩的成长阶段,探索和发现是一项非常重要的过程。在男孩的世界里,他们不仅仅用眼睛看,用耳朵听,更多的时候是动手探索。所以,男孩喜欢的游戏活动通常是探险、寻找、挖宝等。而在寻找、探索和发现的过程中,男孩们免不了要破坏掉一些物品,比如爬墙穿洞、踩坏屋顶、弄坏机器等。在做实验或者玩玩具时,由于知识经验的缺乏,男孩们往往喜欢通过拆卸的方式去研究物品的构造和功能，因此在父母眼里，男孩很普遍地被贴上"破坏王"的标签。

面对家里的小小"破坏王"，许多父母苦恼不已，为什么男孩那么具有破坏性？

据心理学研究，男孩的"破坏性"行为与他的生理和心理发育密切相关。男孩由于身心还未成熟，还没有具备责任感和义务感的意识，同时他们的自我控制能力比较差，在好奇心的驱使下，男孩会不顾后果地去探索，也想不到要为破坏行为负责。

当然，家里有一个喜欢弄坏东西的"破坏王"，很令父母大伤脑筋。但是，如果这种探索欲望能够得到理智的引导，无疑会提升男孩的动手能力、观察能力、思考能力和创新能力。通过"破坏性"的探索，男孩会对物品的结构和其工作原理有一定的了解和认识，他的身心也将得到良好的发展。

浩浩特别喜欢拆卸东西。一天，趁妈妈不在家，他居然研究起妈妈心爱的手表。费了好大的劲儿他把手表的外壳拆掉，然后反复观察手表的工作原理……正在他研究得津津有味时，妈妈回来了。

妈妈一看，忍不住大叫道："你在拆什么？"等看清浩浩拆的是自己心爱的手表时，气愤地说："谁让你拆手表的？你怎么不是拆这个就是拆那个？"看着满地的零件，妈妈气得不断训斥浩浩。

很多父母难以容忍男孩的破坏行为，通常是出于对物品的爱惜，比如家里的贵重物件、一些小电器等。但是，如果仅靠训斥和禁止的方法遏制男孩的探索欲望，很难奏效，甚至适得其反。父母越是阻止男孩搞破坏，他们破坏得越欢。与其冲着男孩大喊大叫，不如鼓励他们把东西重新装好，或者坐下来与他们一起探索和组装。这样令人烦恼头疼的破坏活动就变成了有意义的实验活动。当然，对于家里特别贵重或心爱的物品，父母应该提前告诉男孩不要碰坏它们，更不能私自拆卸。对于一些电器类物品，更要严格阻止孩子们进行拆装活动，并且有必要对他们讲清楚日常生活中的安全隐患。一些结构精密的物件应该保存好，最好放在孩子找不到的地方。如果是特别喜欢动手实验的男孩，父母可以选择一些不重要、安全性较高的小物品让他拆卸，这样既不用严厉斥责管教，孩子的探索欲望也得到了满足。

对于不是特别贵重的物品，如果父母有兴趣，不妨与孩子一起参与"破坏"的乐趣，一起探索机械的原理，与孩子在"破坏"中一起成长。

第2章 男孩是最难"控制"的

如果男孩喜欢拆卸一些构造比较复杂的大型物件，如机械用具、家具、车子等，这时父母请一些有机械方面专长的朋友给孩子做"指导老师"，这是一个不错的引导方法。通过专业老师现场指教和操作，孩子会将"破坏"活动变得像学习一样认真和投入。即使没有这方面的朋友，父母也可以通过看书或上网提前了解和学习相关常识，然后把基本的机械拆装原理告诉孩子，这样既满足了"破坏"欲望，也达到了学习的目的。

与孩子一起体验拆装的乐趣，进行"破坏"活动，爸爸要比妈妈更适合参与。因为对于机械类问题，男士会显得比较专业和内行一些。在指导和参与过程中，父子之间也更容易配合默契。

父母千万不要小看孩子的每一项实践活动，在男孩的任何一种"破坏"中，说不定会潜藏着莫大的惊喜和发现。随着男孩在"破坏"中学习和掌握了一定的专业知识，动手实践能力会不断地提高，这样他很可能就会从一个令人头疼的"破坏王"变成相当专业的"工程师"呢。

所以，对于酷爱拆装器械的男孩，父母完全用不着大费脑筋，与其呵斥加棍棒教育不如让他们发挥"破坏"特长，借着拆装的机会让他成为家庭的"维修工"。比如，让男孩安装家里的门把手，拧紧某个物件上的螺丝，或者给闹钟安装个新零件，给断腿的椅子修补完整。这些维修任务都可以交给男孩，让他们体验动手实践的乐趣和成功的满足感。父母不用喊叫，轻松让孩子自己学会变废为宝，只需在必要时提供一些指导即可。

当然，对于煤气管道、电器、水管之类的物件，父母最好不要让男孩参与。因为这些物品的拆装只有通过专业人员才能完成，否则会给人身安全造成威胁。所以，父母要视情况安排男孩参与维修，让他的探索欲望得到进一步发挥。

总之，对待男孩的"破坏"行为，父母应该学会因势利导，采取积极的态度和方法让"破坏王"变成"工程师"。父母在和孩子一起参与的"破坏"活动中，帮助孩子改掉只拆不装的习惯，让他们学会废物利用，变废为宝，体验组装和发明的乐趣。这样不但能促进孩子的成长，提高他们的思维能力和创造力，也培养了孩子的责任心和认真做事的态度。在"破坏"活动中，父母看到的应该是孩子的成长和探索中的惊喜，发现孩子潜在的天赋，而不是破坏后让人头疼的"残局"。要知道，男孩喜欢搞"破坏"，并不意味着成长之路的扭曲，而是发现孩子潜力与天赋的另一扇窗口。

"威信"不是教训出来的

有些家长认为,对男孩要严厉,不要多给他们笑脸,要让他们害怕,这样才能在男孩面前树立起威信,便于管教。可这种想法真的正确吗?这种方法真的奏效吗?

临近中考,小刚却迷上了电视剧《我是特种兵2》。不管作业是否完成,每天晚上必须先看两集再学习。小刚的爸爸看着儿子把大量的时间都花费在了看电视剧上,非常生气,屡次劝他要抓紧时间学习,可是小刚不听。小刚振振有词地说:

"还有几集就演完了,等看完《我是特种兵2》就专心学习,以后有再好看的电视剧也不看了。"

爸爸生气地说:"《我是特种兵2》不看又能怎样,是学习重要还是看电视剧重要?你怎么这么不听话?"

小刚听了不耐烦,大声地对父亲喊道:"还有几集就看完了,刚开始看的时候你怎么不管?"

"你还敢跟我顶嘴!看电视能提高学习成绩吗?这都马上中考了,还没完没了地看这种电视剧。"生气的爸爸上前一把拔掉了电源。

"你为什么这么霸道,凭什么不让我看电视剧?"小刚生气地喊起来。

"我不让你看,你就不许看!越来越不听话,等哪天我好好收拾你!"

儿子看电视剧的权利被剥夺了,愤怒地回了自己的房间,一晚上也没有学习。小刚的父亲也气得没休息好。第二天小刚放学后,像往常一样坐在电视机前照看不误。小刚的父亲见状,抡起巴掌将小刚撵进屋子学习去了。

可见,一味严厉地管束男孩,容易引起男孩的逆反心理,难以收到理想的效果。那么,面对"不听话"的男孩,家长该如何在他们面前树立起威信呢?

首先,在男孩面前树立威信,不能急于求成,而应水到渠成。它是父母运用恰当的教育方法,建立在与子女彼此尊重和信任的基础上,并在不知不觉中自然而然地产生的。

其次,在教育男孩的过程中,父母无须刻意树立威信,尤其要避免以教训赢得威信,否则只能事与愿违。这类父母通常无视男孩是否愿意听,也不管自己的语言是否恰当,在任何场合下都没完没了地指责男孩并要求男孩服从。在这种环境中成长的男孩,会对这种说教产生厌倦情绪。久而久之,他们对正确的教育也会产生反感。

再次,要想成为有威信的父母,在日常生活中应该以身作则。正所谓"其身正,不令而行,其身不正,虽令不从"。父母必须品行端正,身体力行,言传身教,切不可表面一套,背后一套;在外面一副面孔,在家里却又是另外一副面孔。要求男孩做到的,父母应首先做到。

再者,对男孩要管得严,哪怕是小错也不应轻易放过。但每次批评男孩之后,家长一定要想办法去安抚他,开导他,使他感受到父母的爱,不会对父母产生畏惧、抵抗心理。严与爱相结合的教育,最能建立真正的威信。

最后,父母不要管得太多,管得太琐碎,事无巨细都唠叨几句,这样就容易使男孩产生厌烦心理,反而不听父母的。而平时很少教训男孩,但抓住一些主要的东西一管到底,这样反而更有效。

别让打骂男孩成为一种习惯

"望子成龙"是天下父母的心愿,并且现在中国提倡"一对夫妇只生一个孩子"。孩子,尤其是男孩,自然成了家中的宝贝。可为什么仍有一些父母采用打骂的方式来教育男孩呢?

究其原因,主要有以下几点:

一是受传统教子观念的影响。如"棍棒之下出孝子","不打不成人,不打不成材","打是疼,骂是爱,气极了,拿脚踹"等有这种观念的大有人在。

二是有些家长小时候常被父母打骂,于是在教育自己男孩时也不自觉地继承了上一辈的教育方式。虽然他们深知被父母打骂的滋味不好受,心中会产生怨恨、反抗等,但毕竟自己早已迈过了那道坎,已经没有了切肤之痛,便糊里糊涂地以打骂的方式来教育孩子。

三是有些父母感觉教育男孩相当辛苦，再加上工作繁忙或其他原因，懒得动脑想其他方法来教育男孩，觉得打骂教育最直接有效。因此，一旦男孩犯了错误，就直接打骂——脾气暴躁的父母最有可能这么做。

四是取决于父母本身的生活状态。一些父母自己不成功，社会地位较低，往往会把操控男孩当成一种逃避和满足，甚至将自己在社会中的压力转嫁到男孩身上，比如要求男孩一定要出类拔萃，等等。

以上几个原因就是某些父母打骂男孩的主要原因，如果你也有打骂男孩的毛病，不妨对照一下。当然，也有的父母打骂男孩只是出于一时冲动，却可能酿成触目惊心的家庭悲剧。

有一对工作和家境都比较普通的夫妇，却有一个明显比同龄男孩更聪明、更活泼的不普通的儿子。

为了把这个好苗子培养成才，夫妇俩省吃俭用，为男孩报了各种辅导班，为孩子买电子琴并请了家庭教师。男孩也非常争气，学习很好，电子琴弹得也不错，特别讨人喜欢。

然而，就是这样一个好苗子，却不能让他的父亲满意，经常因一些小事被父亲训斥。邻居时常能够听到父亲训斥儿子的声音。在男孩还小的时候，父亲的训斥很管用。不过，随着男孩的日渐成长，父亲的训斥越来越不见效了，男孩有时甚至会顶撞几句。于是，父亲便将"骂"改为"打"。

邻居过来劝解，男孩的父亲却说："这没啥大不了的！官打民不羞，父打子不羞，男孩不打难成器……"就这样，在父亲粗暴的打骂之下，男孩开始逃学、打架、不思进取。当然，这样做的后果，自然是被父亲更加野蛮地暴打。

有一次，男孩因为顶嘴而被父亲用绳子吊起来毒打。母亲怕儿子被打残或打死，就向110求救。不过，那天之后他们就没了儿子的消息。等他们再次听到儿子的消息时，儿子已经进了监狱。他们夫妇去看儿子的时候，儿子怎么也不愿见自己的父亲。

因为这件事，妻子一直不能原谅丈夫，两人也以离婚收场。

本应该其乐融融的家庭，就这样支离破碎了。父母爱男孩，对孩子严格要求本身并没有错，错的是不恰当的教育方法。现在确有一些家长在教育男孩时非打即骂，而不是用尊重、说服或沟通的方式。"棍棒之下出孝子"的教育观念已经过时，动不动就打骂、训斥的教育方法后果严重。

第2章 男孩是最难"控制"的

有关教育研究指出,男孩生活在批评之中,他就学会了谴责;生活在敌意之中,他就学会了争斗;生活在讽刺之中,他就学会了害羞;生活在暴力之中,他就会成为魔鬼!心理学家也指出,杀人犯大多是在暴力的、缺乏爱的环境里成长起来的。

总之,打骂不是教育男孩的好方法,也别让打骂男孩成为一种习惯。打骂男孩,只会造成严重的亲子隔阂;会让男孩失去自信,悲观厌世;会让男孩会变得脾气暴躁,心惊胆战;会让男孩对父母、对学校、对社会产生不满的情绪;会导致男孩说谎的行为;会促使男孩陷入孤独的深渊;会使男孩学习错误的解决问题的方式;会造成男孩人格畸形……

一句话:棍棒下难出孝子,多出逆子。

以"骂"代"教"不可行

男孩的确不易管教,把男孩管教好是一门艺术。不要批评男孩的人格,而应批评他的行为。如果男孩做错了事,只需指出这样做是错的,并告诉他如何做是对的就可以了。要对男孩强调应该做什么,而非不该做什么,这样教育男孩才更能收到积极的效果。

遗憾的是,有些家长在教育男孩时,总喜欢边责备边辱骂。比如,"你真笨","跟猪似的","天哪,你怎么就那么不开窍!"如果男孩不懂事,成绩不好,有的父母就会骂:"笨蛋!你看人家×××考了多少分,你看你,长大捡破烂去吧","到学校干什么去了,就吃饱了等放学啊?"男孩犯了错误,就会说:"你还不如死了,活着有什么劲!"

大多数父母对男孩比对女孩要求更严格,对待错误和缺点也十分严苛,发现错误也会及时地加以批评。在教育男孩的问题上,这种不袒护、不放任的负责态度并没有错,这可以说是父母对男孩爱的体现。但是这种批评式教育或许可以起到短时的效果,长期使用就不见得十分理想了。偶尔的批评可以促进男孩的进取心,让他们听话,变得乖巧些,但是如果一遇到孩子犯错就批评,对男孩的身心发展是极为不利的。根据心理学研究结果,批评教育的方式并不符合男孩的心理

发展特点。每一个孩子都有上进心,即使是缺点很多、毛病一大堆的男孩,他们也是希望得到大人的表扬和肯定的。当孩子得到大人尤其是父母的肯定和表扬,会表现出积极、热情、开心和愉快的情绪。对于容易淘气和不听话的男孩,经常夸奖会让他们变得坚强、勇敢和自信,无论在精神、情绪上,还是在思想上,都会获得激励。这种积极的正能量逐步丰富和加深,男孩的自信心、自尊心和上进心也会随之增强,产生"我要做得更好"或者"我会继续努力"的良性循环。反之,如果男孩经常遭受大人或老师的批评、数落,心里郁郁寡欢,他们就会越来越觉得自己一无是处,情绪消沉,逐步丧失自信心、自尊心和上进心,变得懦弱甚至会产生逆反心理。特别是那些成绩平平、表现得不突出或者"惹人烦"的男孩,如果平时就很少听到肯定、赞扬的话,听到的多是批评和数落,那么他们很容易产生自暴自弃的念头,觉得自己反正是一个坏孩子、不讨人喜欢的孩子或者笨孩子,从而对批评和指责当做耳旁风,对任何管教都会觉得"无所谓",这种教育态度是危险的。虽然说批评教育在中国家庭很普遍,几乎成了家常便饭,但是对于成长中的孩子来说,一次小小的批评也很可能成为他们幼小心灵上的"创伤"。不能肯定自己、觉得自己没用、不可救药等想法,其源头也大多来自不当的批评方式。男孩一旦被管教得精神"麻木"了,想改变和进步也会变得非常困难。而许多父母觉得男孩对他们说的话听不进去而头疼,是因为不知道过度地批评孩子会适得其反。所以,父母要想让孩子重新变得听话懂事,就先改变不良的教育方式,对每一个男孩不要抱有成见和偏见,无论他是优秀还是平凡。古人说的"数子十过,不如奖子一长",就是这个道理。

  长期在大人的责备、批评甚至辱骂下长大的男孩,在情感上也会显得比较生疏。比如不愿意亲近大人甚至疏远父母,学会撒谎,阳奉阴违,性格孤僻,沉默自卑,内心敏感,自尊心容易受到伤害等。父母一旦在男孩的心目中形成只有威严而没有威信的形象,那么他们对待父母也只会觉得可畏,而不会觉得可亲可敬。所以,父母教育男孩,要以理服人,以气势压服并不能赢得孩子的心。

  在日常生活中,男孩一般比较淘气,经常会犯错误,做事莽撞、缺少经验、思维不够缜密等,这些问题都是难免的。孩子的判断力是有限的,他们往往搞不清什么是对,什么是错。而很多父母都会这样想,只要男孩犯了错,用训斥、打骂、恐吓是最有效的方法。做得不对要挨打,做得不好要挨骂,不做更要遭受数落。其实,这样并不能使男孩知道自己为什么做错了事情,错在什么地方,反而

第2章 男孩是最难"控制"的

增加对大人的反感和怨恨。调查显示,那些以"批评"为主的家庭里,孩子一般对父母的意见常常持否定态度。在孩子的眼里,认为"父母不信任自己"和"为什么总是遭到斥责"是自己最大的烦恼。

每个孩子都有自己的特点,父母应根据自己家孩子的实际情况对症下药,用恰当的方式来教育孩子。对于有男孩的家庭,男孩的错误和不听话绝不是能用激烈的暴风骤雨方式解决的。尤其是年轻父母应该明白,批评是伤害孩子自尊心和自信心的最大敌人,而培养自尊心和自信心才是教育的重要责任。

不要羞辱男孩。无论哪一年龄段的男孩,都不喜欢受到大人的训斥和羞辱,对男孩来说,训斥就是一种耻辱。因为男孩更在乎别人对他们的看法,特别是他们的朋友。即使有必要进行指责,也应该私下善意地告诉给孩子,哪些事能做,哪些事不能做。千万不要在别人或者在小伙伴面前揭孩子的短处和批评孩子。

父母要与孩子坦诚相待。在教育过程中难免遇到一些麻烦,尤其是当男孩的行为明显有错误甚至十分严重时,父母可能会因生气和感到受了伤害而大发雷霆,但最好的办法是与孩子真诚地交谈,从而迅速帮助孩子走出误区。

没有一个孩子愿意承认自己是个坏小孩,那样自信心、自尊心就会受到严重损害,甚至形成"破罐破摔"的不良心态。心理学认为,常常用非良性的心理暗示会影响孩子的发展。很多男孩的心理障碍,都是起因于家长一些不正确的说法。另外,对男孩进行不适当的比较会使男孩逐渐远离他的兄弟姐妹或伙伴。对男孩的一些小毛病、小缺点反复指责,会影响孩子的心灵健康。

总之,父母粗暴打骂或体罚孩子,与过分溺爱与放任一样,都会明显增加儿童品性障碍的发生,容易使孩子形成自我否定意识,产生抑郁、退缩、胆小等心理,使孩子不能很好地适应社会环境。另一方面,由于男孩比女孩的模仿能力强,长期的责骂和指责会使男孩产生顶撞、反抗等攻击行为,严重的可导致违法犯罪。

在教育男孩方面,父母应当既是严格审慎的长者,又是诚挚可亲近的朋友。

不打不骂穷养男孩

以"打"代"教"不可取

如今把"打"作为教育手段的家长不在少数。越是文化水平低的父母,越经常用此方法"教育"男孩。结果不仅将男孩的学习热情"打"消了,也将男孩的探索精神"打"没了,给男孩身心两方面都造成了巨大创伤。

几位家长在交流教育男孩的"经验"。其中一个说:"对男孩别舍不得下手,狠不下心来可不行,不打不成器,该打就得打,'三天不打,上房揭瓦'这话没错。我每周至少得打儿子一顿。"另一个也接着说:"对,对,对!男孩皮实,打一顿没什么事,还能让他长记性。"又有人附和道:"在单位里当个领导,管几十人不简单,管自己的儿子能有多难?不听话,调皮捣蛋,随手抄起木棒、笤帚往身上抡一通,看他以后还敢不敢!"

简单而粗暴的方式教育男孩,会给男孩带来极大的伤害。

一位身材高大、打扮入时的父亲抱着孩子在站台上等车。那是个2岁左右的小男孩,为了轻松些,父亲把男孩从怀里放了下来,让孩子蹲在站台上玩。不一会儿,小男孩看到地上有个烟头,十分好奇,于是捡起烟头,然后把包裹烟卷的纸撕开,想看看里面有什么。这时父亲低下头,他看到孩子正在费劲儿地撕烟卷,满手都沾满了烟灰末。他弯下身子,从小男孩手中迅速地拿走了烟头,接着狠狠地打了两下小男孩的小手,边打边生气地问:"还捡不捡了?"小男孩哭着说:"不捡了,不捡了。"

对幼小的孩子抡巴掌或打手心的行为是可怕的,更是不可取的。每个孩子都具有强烈的好奇心,对各种没见过的东西感兴趣或者喜欢探究。如果用抡巴掌的方式阻止孩子的探索欲望,或者用打手心的办法惩罚孩子的好奇心,那么孩子以后对新事物的感知能力就会降低,变得胆小害羞。生活中有很多这样的父母,认为很多的东西孩子是不能碰的,地上的脏垃圾、碎纸片、硬币或者食物,更不能去捡,否则就要挨打。因为吸烟本身是坏习惯,小男孩更不该对烟头感兴趣,因此用打手心的方法让他记住,不要随便捡地上的东西。可是,这位父亲忽略了孩子都有好奇的天性,这是儿童幼小心灵对新事物本能的感知行为。孩子的好奇

第2章 男孩是最难"控制"的

欲望还没有实现，就被父亲的打手心打了回去，而打手心的行为所带来的后果就是：小男孩从此可能就会记住，没见过的东西不许捡，不能看见什么东西都感到好奇，探索未知是不对的，长期下去的结果就是孩子对自然中的事物渐渐失去热情和兴趣。

观察发现，男孩挨打后，心灵也同时受伤，会变得胆小畏缩，不敢去探求、去尝试。而且他们为了逃避挨打，往往会被迫违心地说谎，隐瞒过失。而这种办法一旦奏效，男孩便会一再使用，变成了谎话连篇的人。再者，经常被打的男孩会变得脾气急躁，心惊胆战，对父母、对学校、对社会都会产生不满情绪。比如，因为历史没考好而挨打，他会憎恨历史知识、历史教师，甚至憎恨学校。一旦有机会，男孩可能会做出让人意想不到的事情。

总之，简单粗暴地打男孩是绝对不可取的教育方式，家有男孩的父母要谨记。

第3章
不打不骂做个好父母

在我国,父母情绪不好时,往往喜欢拿孩子出气,如工作不顺,身体不适,或处于更年期,更容易对孩子发火。对男孩发火,不仅无法纠正男孩错误的行为,反而会使男孩在生理、心理上产生消极的应激状态。所以,要想帮助男孩改正错误,避免对抗,父母首先要学会控制、调节自己的情绪。

视心情好坏对待男孩缺乏理智

有的父母一心想把男孩教育好，但是却没有很好运用现代教育理念，经常感情用事，忽冷忽热，情绪不是很稳定。心情不好时便对男孩没有好气，即使一点儿小事，也会暴跳如雷，甚至大动干戈；心情好的时候，就对男孩和颜悦色，溺爱无比，男孩有什么要求都充分满足，父母这样喜怒无常，总会弄得男孩无所适从。

如果是遇到爱吵架的夫妻，喜欢拿男孩出气，成了最常见的情况。当然，这是最不可取的。父母爱吵架，无疑给男孩造成心理阴影，这样父母再管教男孩时就会失去威信，男孩也会变得越来越不听话。父母一旦在孩子面前没有了威信，再管孩子就会变得困难了。

男孩的父母要想教育好男孩，一定要有理智、讲方法。爱男孩要讲分寸，严厉也要有尺度。例如，当男孩已经认识到错误时，就不应再批评或是惩罚他。

有一个小男孩，平时很调皮。父母要打他时，他总是流泪讨饶，但是父母却照打不误。后来，无论父母怎样打他，他也不哭不喊，连眼泪也不流了，只是用怨恨的目光瞪着父母。要知道，男孩子天生就是淘气的，就是精力旺盛。如果他一淘气你就打他，那势必对男孩的身心造成影响。有些父母也知道这些道理，但是自己脾气不好，一旦情绪上来，想控制都控制不住。

不少父母，平时对男孩百依百顺，但是，一旦男孩违反了自己的意愿，或是不尽如人意的时候，特别是学习成绩不好的时候，便气不打一处来。即使男孩有自己的特殊原因，父母也照样拳脚相加，没有半点儿宽容之意。当男孩明白，在父母面前解释、求饶是没有用的时，也就不再解释，不再流泪，父母要发怒的时候，就等着父母的打骂，但是却已经产生了逆反心理。

培根说："幸福的家庭，父母靠情感当家。"教育男孩是一门学问，要学会抓住教育时机去获得教育的最佳效果。教育男孩不应该感情用事，而应抓住教育

第3章　不打不骂做个好父母

时机，动之以情，晓之以理，帮助男孩去成长。

一些父母因为性格喜怒无常，善感情用事，在对待男孩上也时而严格要求，时而放纵溺爱。一位美国学者曾这样评价中国的家庭教育："中国父母在向孩子表达爱时，往往不在乎他们内心里想些什么，头脑里有什么困惑，是否觉得不安，而更多的是问孩子吃得饱不饱、穿得暖不暖。"也许中国的父母从来没有意识到心理教育对孩子健康成长的重要性，虽然为男孩提供了优越的物质生活，却从不关心孩子的心灵世界。他们可以节衣缩食给男孩买钢琴，也可以因为男孩钢琴练得不好而拳脚相加。

许多男孩在这种畸形的教育方式下，不但不能成"龙"，甚至成人也难。他们一方面厌倦父母的精神枷锁；另一方面，当他们脱离了父母的羽翼时，又感到无所适从。每个当父母的都应该反省一下，这种不理智、不智慧的教育让男孩怎么健康成长！简单地采取胡萝卜加大棒的方式是不能培养出优秀人才的。

有位年轻的母亲脾气很不好，喜欢感情用事，乱发脾气。一次，她的儿子饭后帮助大人扫地，哪知偏遇上这位母亲跟自己的婆婆怄气，见儿子拿着扫把在厅中舞弄，不分青红皂白上去就是一巴掌，打得男孩哇哇哭，不知道自己错在哪里，以前自己帮着扫地的时候，妈妈总是夸奖的。

可怜男孩莫名其妙地挨了揍，他以后还肯拿扫把吗？男孩不拿扫把还不要紧，可怕的是男孩将来不懂得分清是非，遇事同样感情用事，那就麻烦了。另外，如此管教男孩，等男孩渐渐长大懂得些道理了，便会感到委屈而且不服气，天长日久，对父母的尊敬也会一落千丈，那时自食其果的还是父母。

所以，男孩的父母不要感情用事地对待男孩，更不要拿男孩出气。男孩的确比女孩更淘气，当他犯了严重错误，对他进行批评教育是必要的，至少可以使他深刻地记住下一次不可重犯。但是现实生活中却经常是这样，不少男孩挨揍并不跟他犯的错误大小有关，而是和父母的情绪好坏有很大关系。有的父母心情舒畅时，无论男孩犯了多大的错误，都能睁一只眼睛、闭一只眼睛地不了了之。可是一旦心情不好时，哪怕男孩犯一丁点儿错误，就开始大发雷霆。

感情用事对待男孩，反映出了父母自身的素质问题。因此，要改变感情用事的毛病，做父母的就应不断地学习，提高自己当父母的水平。多学习一些心理学、教育学的知识，懂得感情用事会给男孩带来不良的影响。加强自身修养，善于克制自己的感情，少一点儿感情用事，多一点儿冷静思考，增强自己的育儿责任感，唯有如此，才能提高教育男孩的效果。

记住，男孩也是一个独立的个体，他也有自己的独立人格，做父母的应充分尊重他，这样才能培养出人格健全的男孩。感情用事对待男孩，是对男孩人格的不尊重，其危害是比较大的。不尊重男孩的人格，也是对自己的不尊重。试想，如果父母对男孩经常是感情用事，一开始，男孩可能会慑于父母的地位和权威服从父母。时间一长，男孩会由无所适从变为不理不睬，以致到最后男孩也会对父母反抗，与父母犟嘴，对父母不尊重。此时，父母再怎么管教，男孩都不会听话。

所以，父母不要再以自己的心情好坏去决定怎么对待男孩，要考虑男孩的特性，考虑男孩的内心感受，做一个理智的父母。

无原则地随意乱发脾气不可取

从来不发脾气的人肯定少之又少。面对整天上蹿下跳、精力旺盛的男孩，一次脾气都未曾发过的父母肯定也少见。所以，一概否定、排斥"发脾气"是不现实的。更何况，从某种意义上说，如果男孩每天都沉浸在父母的甜言蜜语中，就会变得娇气和软弱无力，日后长大，他会受不得别人的批评，这样对男孩的成长也是不利的。

可见，在教子问题上，可以允许父母偶尔发脾气，以严肃认真的态度对待男孩。尤其是当男孩屡教不改、故意捣乱的时候，父母更应该严肃对待，让男孩在错误面前懂得反省自己。

但是，父母无原则地随意乱发脾气就不可取了，因为这样会伤害男孩的自尊心。有的父母生起气来暴跳如雷，火冒三丈，对待男孩痛骂痛打，完全不顾自己的威信和形象，只顾发泄怒气，这样的管教方式是有失分寸的。有时过于粗暴和无理，言行过激，不但不就事论事，反而会拿孩子当出气筒。特别是有一些父母因为一件小事不顺心而大发雷霆，冲着孩子发脾气，使男孩受委屈，这是错误的教育方式。

如果男孩犯了错，父母一定要严加管教，要注意以下几个问题：

第3章 不打不骂做个好父母

（1）以理服人比横加指责更重要。当男孩犯错时，父母应该明确地提醒男孩错在了什么地方以及批评他的原因，而不是劈头盖脸地先大骂一通，如"笨蛋""废物""真后悔当初不应该生你""你走吧，我再也不想看见你了"等，这些不得体的语言只能伤害男孩的自尊心。有的男孩往往被打骂过后，仍然不知道自己究竟做错了什么。

（2）再愤怒也不能伤害男孩的自尊心。如果对待男孩要严厉管教，就要就事论事，少发脾气，更不能因为其他事情不顺心就迁怒于男孩。

男孩受到父母无意的言语伤害，并不意味着父母不爱他了，而是亲子之间的沟通出现了障碍或者误区。因此，父母要多爱孩子一点儿，赞美比批评更有效，爱心比打骂更重要，要使男孩感受到父母的需要、尊重和欣赏，而不是厌烦、冷漠甚至虐待。据研究，过度惩罚、过分苛求、父母操纵男孩，是影响男孩心理健康的重要因素。

（3）父母的话对男孩影响很大。心理学家建议，父母用另外一套字眼跟男孩讲话和交谈，最好还是不发脾气。不要只管肆意对男孩吼叫、发命令、提意见、横加干涉，想到什么便说什么，时常说得不准确、不清楚，也说得不对。其中有些字眼可能会伤害男孩的心灵，因为父母发火时往往听不到自己的嗓音和语气，不讲究说话的技巧和礼貌。

一些父母对男孩讲话可能是令人气馁的、令人羞愧难堪的。尽管有时父母自己是仁慈的和好心的，但即使是称赞男孩的时候也会适得其反，这就是因为父母没有很好地注意自己的语言。

和男孩说话要用爱的语言，应该用产生爱的语言，用减少争议而非打破愿望的语言，用令人生气勃勃而非挫人锐气的语言。既不伤害感情，也不挑剔别人的行为。

（4）发脾气的目的除了为使男孩明白自己所犯的错误，主要目的还是要让他了解到父母因为他的错误感到伤心、不满。这样，他情绪上就会受到很大压力，知道父母对他不满，从而产生愧疚感，并努力去改正自己的错误。

所以，如果父母经常爱发脾气，对待教育男孩便会没有什么耐心。就要认真考虑一下，加强自己的修养。否则，对男孩的性格有很大的影响，妨碍男孩的健康发展。

父母应学会调节自己的情绪

人们常说"小孩子的脸就像六月的天，说变就变"。的确，不高兴了就哭，高兴了就笑。这正是他们天真无邪的表现。如果一个大人，时刻把情绪挂在脸上，那就太不成熟了。

情绪是心理活动的核心，对身心健康有着重大的影响。因此，父母要学会自觉地调节和控制情绪，这是心理保健的重要内容，也跟教育好男孩息息相关。

我们在日常生活和学习过程中，无论做什么事都带有情感色彩：当考试取得好成绩时，会感到喜悦；失去珍贵的东西时，会感到惋惜；愿望一再受妨碍而达不到时，会失望甚至愤怒；进入一个陌生的环境时，会感到局促不安甚至产生恐惧等。喜悦、悲哀、愤怒、恐惧等情绪活动，都会引起身体一系列的生理变化。

据科学研究表明，愉快、欢乐、适度的紧张等积极的情绪有益人体健康，对心脑血管健康有好处，可以促进血液循环，有振奋精神、提高大脑工作能力的作用。反之，伤心、悲痛、愤怒、焦虑等消极情绪则有害身体健康，会阻碍人体的正常代谢，引起一些对身体不利的生理变化。如果长期处于不良情绪的影响，往往会引起多种疾病的发生，如高血压、胃溃疡以及心理障碍等。因此，父母应该懂得情绪在保护心理健康中所起的重要作用，并学会进行自我调节和控制情绪。

遗憾的是，有的父母教育男孩时，常常为自己的情绪所左右。父母高兴时，教育男孩能注意方式方法，不高兴时就简单粗暴，甚至无事找事，把男孩当做出气筒，动不动就打骂训斥、讽刺挖苦等。这种因父母情绪的好坏而出现的教子尺度不一，其害处是无穷的。

父母情绪不稳定往往会使男孩不知自己到底应该怎样做，既不利于男孩不良行为的及时纠正，又不利于男孩良好行为习惯的养成。

父母情绪不稳定容易使男孩养成看父母脸色行事的坏毛病，并且不利于父母及时、准确地把握男孩的真实情况，不利于父母教育的针对性、实效性。

父母的不良情绪直接影响着男孩的心境，特别是因不良情绪而导致的父母教

育男孩方式方法上的简单粗暴，往往会使男孩同时遭到"体罚"与"心罚"的双重伤害，这不仅严重地影响着男孩身心的健康发展，甚至会对男孩的一生带来重大伤害。

父母的不良情绪还会使父母在男孩心目中的威信大大降低，这种威信的"降低"，往往又会对以后的家庭教育人为地制造种种障碍。比如，有些父母所说的"男孩大了，反而越来越不听话"，就与这种"障碍"有关。

所以，要教育好男孩，父母应学会调节自己的情绪，扫除不良情绪影响自己对男孩的教育，具体要做到以下几点：

（1）要有乐观的生活态度。在生活中，要以乐观的、积极的态度去面对困难和挫折，任何问题都会有相应的解决办法，所以父母要勇敢地面对现实，努力进取，永不悲观失望，对前途充满信心和希望。如果父母持这样的乐观态度，孩子往往也会产生积极的情绪，形成乐观开朗的性格。

（2）适当地发泄不良情绪。人都是有情绪的，如果不良情绪一直积压着，找不到发泄的出口，最后可能会像火山爆发一样喷涌而出，如果这股火喷在了男孩身上，就会灼伤男孩的心灵。所以，父母，要注意适当发泄自己的不良情绪，平时可以向知己倾诉自己的苦恼和忧伤等。这样有助于消除心中的烦恼、压抑，从而达到心平气和的状态。

（3）做到张弛有度。有些父母因为工作不好或生活不好，经常对男孩发脾气。其实，父母在生活和工作中存在压力是正常现象，既要做到心情放松，也应该保持适当的紧张情绪。适度的紧张情绪运用到学习或者工作上，有助于维持和提高学习、工作效率，使大脑功能达到最高效率的状态。平时工作或做某件事，也需要保持适当的紧张。张弛调节适度，就会使生活更有节奏和情趣，这样才能以正常的态度对待男孩。

（4）善于理智地控制自己。世界上没有救世主，父母的种种要求和愿望，都应以符合社会道德和规范为前提，否则就是不理智的行为。父母在家庭教育中，不能苛求男孩时刻满足自己的愿望，也不要把自己的意愿强加给孩子。这样做对维持心理平衡、培养健康情绪十分有益，父母能够做到理智地控制情绪，也就等同于理智地教育男孩。

总之，父母应该通过不断加强心理品质的修养，使自己保持良好的情绪，因为父母的方式方法和情绪态度将带给男孩潜移默化的影响。

以身垂范，好父母胜过好老师

不光是父亲要做好男孩的榜样，母亲也要注意自己的言行。因为父母的言行对男孩有潜移默化的作用，它会影响男孩今后的成长。如果父母的榜样出现了偏差，男孩的思想行为就会出现偏差，在今后的生活中他就会放松自律，做出有损社会公德的事情，从而也使他失去了社会性人格的发展机会。

父母是男孩一生的老师，明智的父母都应该以身垂范，给男孩做个好的人生榜样。

有一对夫妻经常抱怨他家的男孩"贪玩""不听话""不好好学习"。有一次，因为儿子考试两门功课不及格，夫妻俩就开始"收拾"男孩，打得男孩哇哇大哭。邻居见了，实在忍不住了，就过去批评他们："你们整天让孩子好好学习，你们好好做爹妈了吗？你们整天打麻将打到半夜，却让孩子好好做作业，他能做得下去吗？"

俗话说，榜样的力量是无穷的，对于男孩成长来讲，这一点尤其重要。

正如俄国伟大的文学家托尔斯泰所说："教育孩子的实质在于教育自己，而自我教育则是父母影响孩子的最有力的方法。"

男孩最早接触的生活环境主要是家庭，而父母是孩子的第一任教师，要以身垂范，做好孩子的榜样。

启蒙老师对男孩的影响最深远。父母若想成功地教育男孩，则必须以身垂范，做男孩的好榜样。

在家庭教育中，父母经常会对男孩颐指气使，以此来规范男孩的言行和习惯，可是这种空洞的说教往往收效甚微，甚至适得其反。实际上，父母的言行举止，男孩都会看在眼里、记在心上，父母良好的行为规范会让男孩心生崇敬，并且会以父母为榜样模仿。所以，在日常生活中，父母要做好孩子的表率，做到谨言慎行，以身示教，凡是要求男孩做到的，自己必须首先做到。

父母对男孩的影响是无时不在的，尽管经常给男孩讲道理，但其行为却会对男孩产生更深的影响。

第3章 不打不骂做个好父母

如果父母对待他人友好和善，男孩也会善待他人；如果父母心胸狭窄、自私自利，男孩也同样会冷漠高傲、目中无人。如果父母找理由推掉不愿参加的约会，或者因为不想接电话而让男孩告诉对方自己不在家时，就会给男孩的心中留下父母爱撒谎的印象，受到这种不良影响的男孩渐渐地就学会了骗别人。如果父母对顺手牵羊的事不以为然的话，那么男孩也会觉得偷窃不是错事。如果父母在孩子面前难露笑脸或漠不关心，那么男孩也会缺少爱心，冷漠待人。

父母是什么样的人要比父母说什么样的话更有力量。父母做出了率直的榜样，男孩就会诚实；父母用爱环绕着他，男孩就会去爱；父母善于谅解，男孩就会宽容；父母对体育显示出兴趣，男孩就会在绿茵场叱咤风云；父母用微笑和闪烁的眼睛对待生活，男孩就会懂得幽默；父母感谢生活的祝愿，男孩就会对生活满怀欣慰；父母表示出友好，男孩就会变得和善；父母的言辞充满进取的意志，男孩就会振奋他人；父母勇敢地面对挫折、失败和不幸，男孩就能学会顽强地去生活；父母的人生肯定了其对于生命长久而深沉的信念，男孩将不再迷惘；父母用真善美维护着男孩，男孩将会发现生存的真谛；父母的行为像个英雄，男孩就会成为勇士。

此外，父母在对男孩的教育中，在深化男孩道德行为的同时，既要关注行为结果，又要关注行为过程的合理性和适当性，给男孩营造一个诚信、激励、乐观向上的好环境，以确保他在生活中不至于偏离社会轨道。

所以，男孩的父母应该认识到，父母在男孩的眼里就是模范和表率，父母的一举一动、一言一行都在潜移默化地影响着男孩。身为父母应注意自己的品德修养，无形之中，这些会深深地影响男孩的言行，促进男孩的求知欲，使男孩在耳濡目染中养成刻苦钻研、执著追求的优良品质。

父母要拿捏好爱男孩的"分寸"

父母自然都爱自己的孩子，但是要拿捏好爱孩子的分寸。总是处于父母的娇惯下的男孩，不好好学习不说，还会时常逃学。老师一说他，他会横加顶撞。男孩的坏习惯一旦形成，想要纠正谈何容易！

一般来说，刚出生的男孩有理由得到格外多的关怀，比如吃喝拉撒、父母的怀抱、没有病痛等。但是随着年龄的增长，男孩会越来越摸透父母的习惯和脾气，会用撒娇或哭闹的方式来满足自己的愿望。比如，男孩一哭闹，父母就会马上跑过来嘘寒问暖。也就从这时开始，父母就已经从养育转为溺爱了。很多年轻父母一遇到孩子哭闹就慌忙抱起来哄，即使是在半夜里，也丝毫不敢怠慢；或者每过几分钟就跑去照顾男孩、陪他做游戏，等等。长此以往，男孩就会习惯了在家里享受的这种优待，稍一不满意就大哭大闹，任性撒娇。而父母在无奈中也习惯了对男孩百依百顺。

现在的父母比以前的父母更易宠溺自己的男孩。产生这一现象的一个很自然的原因就是，现在大多数的家庭只有一个男孩，父母及其他家庭成员把全部的精力和注意力都放在男孩身上，并很自然地认为，反正只有这么一个男孩，就应该对他好。

有些父母因为自己小时候被父母管教得特别严厉或者生活不是很富裕，所以当他们自己有了男孩的时候，往往会走入另一个极端，对男孩完全放任自由，予取予求，并认为自家男孩的生活比自己小时候好是理所当然的。

有一些父母出于工作等原因，不能经常陪伴男孩，常觉得愧疚。于是，他们便常常无止境地为男孩购买贵重的玩具，满足他的任何要求，以此来弥补他们无法经常陪伴男孩的遗憾。

对于那些身有残疾或者父母离婚的男孩，父母总会觉得对男孩有亏欠，觉得对不起男孩，为了补偿他，这些父母常常会特别溺爱男孩。

在那些溺爱男孩的家庭里，常常会看到类似的场面。许多父母都会为自己辩护说："我只是希望让孩子得到最好的。"事实上，过多的爱只会害了男孩。专家有时将父母对男孩的溺爱称之为"甜毒品"，虽然表面上香甜可口，但其实它就像毒品一样，会对男孩的成长造成不良影响。

当然，不溺爱男孩，并不代表没有爱和无原则的苛求。比如，在男孩生日时，父母可以满足孩子多一点的愿望；或者在某些特定的情况下，满足男孩梦寐以求的心愿。关键的问题在于，父母要让男孩知道，每一次的"特殊优待"都有着特别的原因。

不溺爱男孩并不意味着可以打骂男孩。据美国的一项问卷调查显示，有7%的父母认为打骂是管教男孩的最佳方式，有40%的父母觉得打骂之后，男孩的表

第3章 不打不骂做个好父母

现还是一样。有经验的父母会发现，打骂一开始的确会收到立竿见影的效果，可是长久下来，男孩并没有变得比较好，有的甚至更坏了，尤其是只用打骂这一种方式来管教男孩，更是效果奇差。

因为打骂只会使男孩不再在你的面前表现出你不喜欢的一面，并非真的改正了错误，而是躲到你背后，在你看不到的地方继续淘气，继续学坏。打骂只是让他学会了逃避被打，而没有学会什么是应该、什么是不应该的是非善恶观念。如此一来，你还觉得拿出棍子打男孩是很管用的管教方式吗？而且即使男孩真的犯错，他也不会心甘情愿被打，他的内心会充满怨恨和不满，并会渐渐失去自尊、自爱和自信，同时他更学会了用打人来解决问题的模式。

那么，难道父母就只能眼睁睁地看男孩犯错，任他为所欲为了吗？不，我们只是说打骂不是唯一的管教方式，不要用体罚来解决问题，因为那样做的效果只是暂时的、表面的而已。男孩犯了错误是要受到适当的处罚的。

父母爱自己的男孩，这是人之常情，但是要拿捏好爱男孩的分寸。它对男孩的健康成长起着很大的促进作用。

（1）爱男孩要有理智。也就是说，在爱男孩的过程中，要能自觉地控制自己的感情，克制那些无益的激情和冲动。苏联著名教育家马卡连柯在《父母必读》一书中的序言有这样一段话："子女固然由于父母方面的爱的不足而感受痛苦，可是，他们也会由于那种过分洋溢的伟大的爱的感觉而腐化堕落。理智应当成为家庭教育中常备的节制器，否则男孩们就要在父母最好的动机下养成最坏的缺点和行为了。"这段话讲得十分深刻。

然而，有些相对年轻的父母，在对待男孩上，往往把握不好爱的分寸。他们对待男孩常常是毫无原则，过分溺爱，有的父母对男孩姑息迁就，自由放任；有的父母只会千方百计满足男孩的吃穿住，却从不关心男孩的心理发展和思想情绪的变化。以上这些做法很容易会把男孩惯坏、宠坏。这种爱是不理智的，是有害的。

（2）爱男孩要严格要求。爱男孩就要严格要求男孩，这也是爱男孩的一种体现。俗话说"爱之深，责之切"，意思就是说，正是出于对男孩深切的爱，所以才对他严格要求。所以，父母应该学会理智地爱孩子，要做到"严"中有"爱"，"爱"中有"严"。当然，严格要求孩子并不是对男孩进行训斥、打骂，而是要做到以理服人，态度耐心，循循善诱地说服。

平日里，父母对男孩严格要求是很有必要的，因为男孩往往缺乏经验，有时还是非界限不清，而且对自己的情感和行为往往也不善于独立控制。如果父母对他不严格要求，他往往还不能主动地、自觉地学习和按道德标准来行动。因而，这就更需要父母对男孩的思想和行为有严格的要求，使他养成良好的思想和行为习惯。仅有爱不见得能教育和培养出优秀的男孩来，只有把爱和严格要求结合起来，效果才会更好。

（3）爱男孩不意味着不管。采取"暂时的隔离"的处罚方式，可以使男孩真正地改过向善，又不留下后遗症。"暂时的隔离"就是在男孩犯错时让他暂时不和别人接触，让他坐在角落的一张椅子上，以"一岁一分钟"为原则。不过，切不可把男孩关进厕所或单独留在一个房间里，那会造成男孩的恐惧心理，影响极坏。处罚的同时要让男孩明白自己做错了什么，因为男孩如果不明白自己为何受罚，那么处罚就没有意义了。

总之，父母爱男孩一定要把握理智、严格、适当的原则，千万不要溺爱姑息男孩、过分地迁就男孩与宠爱男孩。爱男孩要拿捏好分寸。只有这样，才能把男孩培养成为有良好个性品行的优秀人才。

教育男孩父母态度要一致

父母对男孩具有强烈的暗示和感染力量。父母不仅是一种权威，而且是男孩言行举止标准的提供者，父母的表现在很多情况下会成为男孩的参照。父母要使男孩的言行有所遵循，切不可言行不一，言行相悖比对男孩放任自流影响更坏。古人云："以教人者教己。"即要求男孩要具备的良好的品质和习惯，父母应自己首先具备。

当然，要想让青春期的男孩认同父母的教育，父亲必须要和母亲达成统一的战线。并且，在这一过程中，父亲的态度一定要是真诚的。如果父亲并不是想帮助妻子，而是逢场作戏式地教育男孩，那男孩就会越来越不尊重母亲，甚至还会越来越多地向母亲的权力发出挑战。

男孩的教育中，父母的角色很重要。如果父母扮演的角色不对，则会影响教

第3章 不打不骂做个好父母

育的效果，有时是事倍功半。

我们中国习惯上说"严父慈母"，父亲和母亲双方在家庭中各自所扮演的角色性格总是有所不同。不同的角色性格以及体现这种性格的言行毫无疑问地要对男孩的成长发生不同的影响。一般说来，在中国，来自父亲一方的影响往往是尊严、果敢、进取和责任感，来自母亲一方的影响往往是温顺、宽容、体贴和义务感。父母双方面的影响是互补的，合起来形成一个相对完整和谐的教育影响环境，对男孩性格的各方面产生一系列微妙但却又实实在在的影响。从男孩心灵发育的角度看，这种双方面的影响是不可相互替代的，反而呈现出相互烘托、相互加强的态势。父亲的威严更加衬托出母亲的爱心；母亲的知足和温顺又更加突出严父的进取精神和责任意识。在这样的环境中成长的男孩的人格也肯定会获得相对完整和谐的发展。这正是家庭教育所应达到的结果。

一些父母认为，要管教男孩，必须是一个要"严"，另一个要"慈"；一个"唱红脸"，一个"唱白脸"；或叫做"父严母慈"。以为只有"一严一慈"，"一软一硬"，相互配合，"软硬兼施"，才能教育好男孩。这种说法，乍一听，似乎有一番道理，好像这是家庭教育最好的搭配和组合。所以一旦男孩出现问题时，都是父亲先打骂，母亲来庇护；有的家庭是父母严格管理，祖父母阻拦。

多数时候是父亲对男孩比较容易严厉，母亲对男孩比较容易溺爱。这都造成了主观和客观上的教育态度的不一致。

其实，"一严一慈""一软一硬"这种方式是不可取的，这是一种不良的教育方式。如果一个家长对男孩较严厉、苛刻，另一个家长过于温和、宽容；或者一个要求特别严格，另一个又特别迁就、姑息、放任。不难想象，下列情形就会出现：男孩在严厉家长的面前，很老实，战战兢兢，唯唯诺诺，有话也不敢说，有理也不敢申辩，有事也不敢做。而当着温和的家长的面，则像换了一个人似的，言行放肆，为所欲为，一点儿规矩也没有。这样的家庭教育，肯定造成男孩心理上的不正常状态，养成不良习惯。比如欺软怕硬，见风使舵，看人脸色行事，容易形成当面一套、背后一套的两面作风等。

父母态度不一致，还可使男孩学会钻空子，谁能答应他的要求他就去请求谁，并且把父母分成谁好谁坏。一些男孩就是在这种搭配组合中钻空子，出了事只告诉护着的一方，使这个家长在教育时采取迁就的态度。长此以往，男孩在家里找到了保护伞，以致家庭教育失去了约束力。而且，父母教育男孩态度不一致，也很容易造成家庭矛盾和彼此间的不信任。

一个周末，一家三口逛商店，男孩看中了一个玩具枪，非要买，爸爸不给买，男孩就开始哭闹，爸爸给他讲道理讲不通，男孩就躺在地上哭闹不起来。于是妈妈赶紧过来哄，爸爸气得要打，妈妈心疼得马上要给男孩买，爸爸不同意，于是夫妻二人吵了起来。结果男孩没管好，夫妻俩倒弄了一肚子气。

可见，父母对男孩的态度不一致，不仅会影响夫妻之间的感情，也会影响到父母在男孩心目中的威信。

另外，有老人的家庭或是老人带男孩的家庭，最容易出现老人袒护男孩的情况，老人常常阻挠男孩的父母管教男孩，这也许是"隔代亲"的缘故，这就造成了两辈人在男孩教育问题上的不一致。

实际上，老人惯男孩，父母也是有责任的，这是因为老人和男孩的父母之间缺乏沟通所致。如果从男孩小的时候父母与老人就都很关心男孩，经常探讨教育方法，也不至于使老人一味地娇宠男孩。等到男孩长大了，出现了一些毛病，才发现老人带男孩的方法不当，这就说明父母在孩子小时候对老人的教育方式是不够关心的。

如果真的出现老人太惯着男孩的情况，男孩的父母就要与老人沟通，讲清道理，耐心开导，使老人心悦诚服，同心协力把男孩教育好。

一般来说，老人与男孩的父母发生分歧，有几种情况：一是老人的旧思想太多，给男孩施加不好的影响，如教男孩撒谎、骂人等；二是老人的教育方式不当，如无止境地满足男孩的一切要求；三是老人分担的家务重，对男孩撒手不管。具体事情应具体分析，然后耐心帮助。帮助老人要讲究方法，避免出现婆媳或丈母娘与女婿不和的局面。

和谐的家庭环境往往形成和谐的人格，而残缺的家庭环境往往形成偏执的人格。在家庭教育中，父母双方的角色性格都应发挥其本来的教育影响力。一方的缺失或一方的疏忽都会破坏家庭教育环境的完整与和谐。单亲家庭对男孩教育的困难之一就是这种和谐性丧失带来的。父亲或母亲要发挥另一方的角色性格影响几乎是不可能的。双方家庭中若有一方因为工作关系或认识问题不能使自己所担负的角色性格发挥应有的影响，则亦有可能造成和谐性的缺失。

父母双方都对男孩负有不可推卸的教育责任，这是一个常识。父母双方也都

对男孩施加各自特殊的教育影响,一味地把男孩赶到母亲或父母身边的做法隐藏着很大的教育危险性。父母都应该担负起自己应有的教育责任。

夫妻之间一定要注意维护彼此的威信,绝不能为了提高自己的威信而故意贬低另一方。即使是一方对男孩的要求不合理,也不能自己单方面出面更正,而是应该与对方交换意见,由他自己出面更正。这样,既有利于男孩改正错误,也有利于维护父母的威信。

如果父母教育男孩时,总是出现矛盾,母亲这样说,父亲那样说,男孩就无所适从。男孩分不清谁是对的,不知道应该听谁的,干脆谁的也不听,也就用无所谓的态度对待自己所做的错事。

如果父母教育男孩态度不一致,就会影响男孩的心理健康。调查表明:在有心理问题的儿童中,父母采用"态度不一致"的方式的比例明显高于正常儿童父母所采取该教育方式的比例,所以父母要在子女教育中扮演好角色,并不是说两者的角色不能一样。相反,父母也好,祖父母也好,教育态度必须步调一致,互相合作,否则就是无效的。

所以,父母双方教育男孩的态度要一致,要严都严,不该严,就都不严。需要严的时候严得起来,需要慈的时候能真正有慈。每位父母都应该是有严有慈,集严慈于一身。

别忽视家庭环境对男孩的影响

过去,中国人很讲究门第,婚姻也求门当户对,除了经济和政治的原因,很大程度上是出于对子女成长环境的考虑。古人言:"近朱者赤,近墨者黑。"意思是说客观环境对人的成长有着深远的影响和作用。环境对男孩的成长至关重要。

在社会发生急剧变化的时候,男孩成长的环境与父母的环境是迥然不同的。然而,父母往往习惯于以自己的儿童时代作为榜样,全然不知其中许多方面业已过时,老一套标准已经不再适用。男孩也认为,父母的旧传统再也不能给他提供合适的行动指南了。因此,父母要适应时代的变化,跟上时代的潮流。

家庭教育是靠优良的环境条件对男孩进行熏陶,通过耳濡目染,使男孩拥有良好的性格和道德品质,因此家庭教育不同于社会教育和学校教育,也不拘泥于知识性和专业性的学习,更多的是对男孩情商和人格的塑造。这也是"家庭"和"学校"的本质区别。

古今中外,优良的家庭环境造就出类拔萃的男孩的例子不胜枚举。现在的家庭大多都是独生子女,而父母也是不惜重金大力培养孩子全面发展,钢琴、电脑、舞蹈、请家教、报辅导班,样样不落。这些只为了一个目的——给孩子学习和成长创造最好的条件。父母的这种爱子之心并没有错,也是社会进步的表现。但是教育孩子不能太过盲目,动辄几万、几十万地为孩子花费。比如,想让孩子学钢琴,目标是为了让孩子热爱音乐,成为一个出色的艺术人才,而不能光凭自己的喜好和意愿去强求孩子学钢琴。

目前,盲目地为孩子创造物质环境的倾向已成为一种潮流,以为那些"家"就是靠物质和财富催起来的。父母如果把成才看得像栽棵树那么容易,只要肥足就能开花结果,是片面的,不科学的。

不忽视家庭环境对男孩的影响,就要给男孩以良好的家庭环境,当今的问题是,不少做父母的(包括爷爷奶奶们)误以为环境就是物质条件,男孩有了物质条件就能成长得好。这也不能说不对,但却是片面的。没有物质保证,家庭教育无法进行,但太充裕的条件,也会使男孩走向极端,使家庭教育成了产生纨绔子弟的温床,这种教训也是不鲜见的。物质当然重要,但精神方面同样重要,对于多数父母而言,更应该注重培养孩子的情商和好的性格。父母至少要做到以下几点:

(1)保证和睦友爱的家庭氛围。这是一个家庭成立的基础,夫妻之间、亲子之间如果没有感受到亲情和温暖,那么孩子的心灵必受损害。曾经有一对夫妻,结婚40年,打了40年的架,结果男孩处处担惊受怕,整日生活在恐惧和忧虑之中。所以,父母即使产生了家庭矛盾,也不要当着男孩的面吵嘴打架。

(2)父母要给男孩树立道德上的榜样。男孩时刻在模仿大人,父母的一言一行都印在他心里。所以,男孩不要以为自己的言行对男孩不重要,应该以良好的道德品质以身作则,做男孩的榜样和模范,才能让男孩心生崇拜和尊敬。

(3)用自身良好的习惯去影响男孩。有一对夫妻,丈夫喜欢跳舞,妻子着迷麻将,总是将男孩留在家里自己做功课,还认为是给男孩创造安静、良好的学

第3章 不打不骂做个好父母

（1）良好的人际交往环境。男孩是家庭中平等的一员，父母既不要娇宠溺爱，也不要冷落他。父母和孩子应做到互相关爱，互相支持和鼓励，遇事和孩子沟通商量，共同享受生活的乐趣；父母要多赞美孩子良好的行为表现，运用礼貌语言和幽默，有助于提高男孩的自信心和品质的培养；可以经常开朗诵会、故事会、运动会，表演各种节目，还可请亲戚、朋友、小伙伴来家里玩，尽情享受亲情和友情，这些都对男孩的人际关系培养有益。

（2）良好智力开发环境。父母可以从孩子小的时候起就准备好小书桌、小书柜、玩具柜、地图、地球仪等工具，多方面促进孩子的智商。生活环境要整洁优美，男孩的生活环境要有色彩鲜艳的图案、美丽的风景画、优美的书法作品，"好孩子表扬榜"对男孩有积极的鼓励作用，父母可以帮助孩子建立一个好的环境，以增强孩子的积极进取心。当然，男孩还需要有一个锻炼身体的环境，如在房间的一角或阳台上吊上一个小沙包让男孩锻炼。

（3）良好的意志培养环境。父母可以和男孩一起制定良好的作息时间，如起床时间、锻炼时间、就餐时间、学习时间、游戏时间等，制定作息时间表有利于男孩养成规律的生活习惯。男孩养成按时吃饭、洗漱、排便、睡眠、劳动、看电视的习惯，父母就不用催促、提醒，既培养男孩的责任感和坚持力，也让自己更省心。男孩看电视或者进行其他娱乐项目，父母可以陪着男孩一起看或玩，尽量选择适合儿童的电视节目和娱乐项目，并且要把握好时间。这样男孩就不会整天沉迷电视和游戏，学习也会更专心致志。3岁以前的男孩每天可以看电视10分钟为宜，3岁以后每天可以看电视20~30分钟。

总之，现代社会所需要的不是书呆子，要创造良好的教育环境，让男孩拥有更多创造的自由，激发男孩的创造力和学习欲望，让男孩自己渴望成龙，这样男孩才能自觉求知，最终真正成长为一个出色的男人。

孟子的妈妈知道了，又皱了皱眉头说："这个地方也不适合我的孩子居住！"于是，他们又搬家了。

这一次，他们搬到了学校附近。孟子开始模仿祭祀、打躬作揖、进退朝堂的礼仪。这个时候，孟子的妈妈很满意地点着头说："这才是我儿子应该住的地方呀！"

"孟母三迁"的故事虽然具有很强的时代性，但是它揭示出的教育环境对教育结果有着密切关系这一道理，至今仍然适用！

天下的父母大多爱护自己的子女，这已经成为人人接受的不容置疑的真理了。然而，实际上许多父母无形中对子女进行了精神虐待，只是他们自己全然不知罢了。美国的一些精神病学者和儿科医生认为，父母在无意中对子女进行的精神虐待可归纳为三种：

一是故作冷漠。有些父母为了严格要求男孩，故意喜怒不形于色，还有些父母为了让男孩学会独立自主，对他们的一切故意装作不闻不问。

殊不知，父母这样做不但没有帮助男孩更好成长，反而使男孩失去安全感，觉得父母不爱自己而渐渐疏远，甚至不再对他们敞开心扉。

二是夸大指责。当男孩犯了错误，有些父母习惯用"总是""从来不"之类的字眼去批评男孩，甚至夸大男孩的错误，否定男孩的过去。比如指责男孩缺少责任感，不主动认错等。还有些父母由于望子成龙心切，习惯用成人的标准去要求男孩。有时，一些男孩做的事情和取得的成绩已经很了不起了，但他们的父母用成人的眼光一衡量，就变得无足轻重、微乎其微、不值一提了。这样做给男孩带来的精神刺激是可想而知的。其后果可能会挫伤男孩进取向上的积极性，促使他养成胆小怕事、自卑无能的性格。

三是爱的束缚：有些父母出自对男孩的爱，常用威胁恐吓的办法来束缚他，欲使他变得听话。如果父母利用男孩对自己的信任，就让他终日神经紧张、提心吊胆，这就是残酷的精神虐待！

生活在精神虐待中的男孩，怎么可能快乐健康地成长呢？环境具有强大的影响力，它给男孩耳濡目染、潜移默化的力量，环境是立体化的、从头到尾的"三维教材"。就像青蛙在不同的环境中会改变不同的体色，男孩在不同的环境中会形成不同的个性。

那么父母该如何给男孩建设一个良好的成长环境呢？

习环境,让他专心学习。可是,夫妻二人经常半夜三更才回来,孩子吃不好,睡不好,当然更没有心情和精力学习。

(4)父母要给男孩传导积极向上的正能量。即使生活压力大,心情不好,父母也不要对着男孩发牢骚和不满,在男孩面前更要少说泄气的话。如"上什么大学呀,现在大学生还不如门口卖菜的。"慢慢地,男孩就会产生厌学念头,变得不学无术。

所以,作为父母,千万不要忽视家庭教育环境对男孩的影响。据调查,少年儿童犯罪,十有八九和家庭的环境有关。家庭和社会是息息相关的,因为家庭是社会的一部分。

环境对孩子的影响是巨大的。当然也有的家长认为自己的孩子"出污泥而不染",但这只是个别的特例,绝不是普遍现象,如果我们把男孩任意放逐,而不重视建立家庭环境,这种试验是危险的。当然,这也并不等同于对男孩进行挫折教育。

所以,父母要想提高家庭教育水平,必须先提高自身的素质,重视家庭文化氛围,给孩子创造一个良好的身心健康发展的条件。

给男孩创建良好的成长环境

《三字经》中有"昔孟母,择邻处;子不学,断机杼"的传诵名句,孟母的"三迁择邻""断机教子"等脍炙人口的故事,成为千百年来中国妇孺皆知的历史佳话,成为天下父母教育子女的样板故事。

孟子小的时候非常调皮,他的妈妈为了让他受到好的教育,花了极大的心思。当时他们住在墓地旁边,孟子就和邻居的小孩一起学着大人跪拜、哭嚎的样子,玩起办理丧事的游戏。

孟子的妈妈看到了,就皱起眉头说:"不行!我不能让我的孩子住在这里了!"孟子的妈妈就带着孟子搬到市集旁边去住。

到了市集,孟子又和邻居的小孩学起商人做生意的样子,一会儿鞠躬欢迎客人,一会儿招待客人,一会儿和客人讨价还价,表演得像极了!

第4章
自古纨绔少伟男

在生活环境越来越优裕的今天,如何让男孩具有"身在苦中不知苦,面对困难不觉难"的素质,对孩子的一生具有重要意义。做父母的要为孩子长远着想,就要让他在幼年的时候学会承受挫折,接受惩罚,经历磨难。孩子长大以后,一定会感激父母赠予的这份人生财富。

穷人的孩子为何当家早

香港地区前特首曾荫权在中学毕业之后考上了香港大学，但是他家境贫穷，拿不出学费来供他上学。无奈之下，他只好放弃去香港大学读书，到一家药品公司当推销员，小小年纪就尝尽了人生的苦辣。几年之后他考上了公务员，由政府送到哈佛大学深造，攻读博士学位。后来一步一步走到了今天。

从一位推销员到成为一名行政区的特首，这中间需要多少努力才能达到？可想而知，任何一个胸怀大志的人都没有必要去做推销员，可能年轻的曾荫权也是这样想的，但是谁叫他老爸是个穷警察呢？如果不做推销员就没有饭吃了。在当时的处境之下，还能做什么呢？

也许，这就是"穷人孩子早当家"的道理。为什么要这样说呢？相信答案只有一个，那就是自强。正因为家境贫穷，他们才会不断地拼搏努力，除了这一条路没有其他的路可以走，是这样的环境迫使他们学会了自强。

当然，穷的含义并不只是家庭经济这一个方面。贫困的意义很广，陷入了困境，都算得上是一种贫困。常言道："自古英雄出贫贱，纨绔子弟少伟男。"因为在顺境中的人容易受到迷惑，他们往往会贪图享受，不思进取，不知道苦难为何物，所以没有志向。没有进取心的人，又怎么会有成就呢？而身处逆境中的人则不同，他们饱受磨难，一次次与命运和苦难做斗争。人如果没有动力就不知道奋进，这正是处于顺境中的人所不具备的。

现在的社会，工业化、数字化、信息化的进程过快，导致现在的青少年心智成熟较缓慢。也可以说是由于经济基础决定了孩子的心智成熟缓慢。美国的专家做过这方面的研究：20年前美国的青少年心智成熟是在15岁，而现在美国的青少年要到25岁至30岁心智才成熟。为什么会出现这样的倒退呢？很重要的一个原因就是工业化的进程太快，孩子的物质条件太优越，动手机会和实践能力都大大减少了。而穷人家的孩子则不是，他们的生活压力大，要做很多家务劳动和其他事

第4章 自古纨绔少伟男

情。所以越是富裕的地区，孩子的心智成熟越慢。

在瑞士，父母为了孩子不成为见风使舵之辈，从小就培养孩子自食其力的精神。比如，一个十六七岁的姑娘，在她初中毕业的时候就会来到一家有教养的家庭当女佣，上午劳动，下午上学。这样做的好处，一方面培养了劳动能力，另一方面有利于学习语言。因为在瑞士有讲德语的地区，有讲法语的地区，所以这个语言地区的孩子通常会到另一个语言地区当佣人。

德国的家长从来都不会包办代替孩子的事。那里的孩子到了14岁之后要在家里承担一些义务，如要替全家人擦皮鞋。这样做的好处，一方面是培养了孩子的劳动能力，另一方面有利于培养孩子的社会义务感。

孟子云：生于忧患，死于安乐。忧患和安逸同样是一种生活方式，但一个可以培育信念，一个只能播种平庸。

英国博物学家、进化论者赫胥黎说："人在早年遭受几次挫折实际上有极大的好处。"

古人常讲："少年得志大不幸。"从少年到青年是人生的关键时期，如果在这个时期里一帆风顺，那么长大后，一旦遭遇挫折，心理就未必能承受得住。如果在这个时期经历一些挫折，那么长大后，不论遇到什么样的失败，都不会被打倒。

四十得子的一对农民夫妇对儿子非常宠爱，儿子要风得风，要雨得雨，从小便爱发脾气，做事却毛毛躁躁。

儿子上学了，从来也不知道爱惜衣服，回家时不是弄脏了衣服，便是把书包忘在田里，回家后就只知道哭鼻子。母亲即使每天跟在他身后，也没有办法。

一天，父亲拿着铁锹，在儿子回家的必经路上挖了很多坑，又在坑上搭起一座座独木桥。孩子回家时，走到桥边，不知所措。田野里没有人，只有风从树林中吹过，孩子想哭，却不知道哭给谁听。没有后路，孩子只好小心翼翼地走上桥，他胆战心惊地走过一座座独木桥后，学会了认真对待小桥。

回家后，孩子得意洋洋地告诉父母今天的经历。母亲不理解。父亲解释说："他走在平坦的大路上，当然不会注意脚下，现在路途艰险，他自然会集中精神走好路了。"

孩子因为走过了一条艰难的路而变得认真起来。人生就是一条大路，如果我们的路途太平坦，那么不免会左顾右盼，忘了注意脚下的路，如果有挫折在脚下，那么孩子们会因挫折而变得坚强、成熟起来。

心理学家常常会接待这样的母亲，她们被自己的孩子伤透了心。心理学家发现，这些母亲的共同之处是，如果孩子第一次系鞋带的时候打了个死结，母亲们便不会再给孩子买有鞋带的鞋子。如果孩子第一次洗碗的时候弄湿了衣服，母亲们就不再让孩子走近洗碗池。这样的孩子永远也学不会系鞋带，学不会洗碗时不要让水溅到身上。他们长大后遇到困难也会想办法绕开，他们没有学会克服困难。有时候，父母们真的需要咬咬牙，放手让孩子去独立完成一些事情。男孩在成长的道路上吃一些苦，绝对不是坏事。

溺爱是男孩成长的大敌

疼爱孩子是父母的天性，但是如果疼爱得过了头，那就变成溺爱了。

教育男孩，最忌讳的就是溺爱。一个在溺爱环境中长大的男孩，别指望他将来会有出息。对男孩的爱，只能放在心里，表现出来的，该狠还是要狠一点。要舍得让男孩吃一点苦头，不要对男孩的要求全部给予满足。以男孩为中心，一味地溺爱，是不利于男孩身心健康的，对他们的成长极为不利。

一对夫妇中年得子，对儿子是百般疼爱，什么都依着他，他要什么就给什么。儿子是个比较内向的男孩，平时不爱和人交往，学习成绩也是普普通通。高中毕业之后，儿子没有考上大学，父母就将他送入了一所私立大学读书。就在儿子读书期间，夫妻两个人每两个星期都要到儿子的学校去看望他，生怕他有什么不适应。

大学毕业之后，父母并不鼓励儿子主动去找工作，他们对儿子说：你是大学毕业生，可以找一份好点的工作，意思是不让儿子出去受苦受累。于是儿子也很心安理得地在家里过了两年，但是什么工作都没有找到。后来父亲不得已帮儿子找了一份很普通的工作，儿子上班不到一个月就回来了，说是不适应，而这一回来，就在家里待了4年，这4年中不出家门一步。

看到儿子这样，做父母的尽管十分担心，还是一味地由着他，但是老两口年纪一把，这么下去，儿子以后怎么办呢？父亲为此渐渐变得不爱说话了，心中的压抑堆积了起来，最后得了忧郁症。父亲住院了，儿子也不去看望，而母亲不得不在照顾了丈夫之后又回家给儿子做饭。

第4章 自古纨绔少伟男

这是一个真实的故事,可以说,儿子能走到今天,都是父母溺爱的结果。这样的男孩,如此自闭、冷漠、寡情、无能,几乎是等于一个废人,更谈不上什么男子汉了。这是孩子的悲剧,更是父母的悲哀。

一般来说,在家庭当中,家长溺爱孩子,最典型的表现有以下几种:

其一,对男孩给予"特殊待遇",使男孩滋生优越感

有很多家长依然抱着"重男轻女"的思想不放,或者由于男孩是家里的独生子等原因,在家里的地位高人一等,处处都会受到特殊照顾。这样的男孩必然是"恃宠而骄",变得自私没有同情心,不会关心他人。

其二,对男孩的各种要求"无条件满足"

有的父母对男孩的各种要求总是无原则地满足,儿子要什么就给什么。有的父母觉得"再穷不能穷孩子",即便是自己省吃俭用,也要满足男孩的无理要求。这样长大的男孩必然养成不珍惜物品,讲究物质享受,浪费金钱和不体贴他人的坏性格,而且毫无忍耐和吃苦精神。

其三,对男孩过分保护

有的父母为了男孩的"绝对安全",不让孩子走出家门,也不许他和别的小朋友玩。更有甚者,变成了儿子的"小尾巴",步步紧跟,含在嘴里怕化了,吐出来怕飞走。这样养成的男孩一定会变得胆小无能,丧失自信,养成依赖心理,或者是在家里横行霸道,到外面胆小如鼠,造成严重的性格缺陷。

其四,袒护男孩所犯的错误,成为"护犊子"

当男孩犯了错误的时候,妈妈总是视而不见,反而说:"不要管得太严,孩子还小呢。"有时候爷爷奶奶还会站出来说话:"不要教得太急,他长大之后自然会好的。"这样环境里长大的男孩没有是非观念,长大之后很容易造成性格的扭曲。

为了男孩的健康成长,家长要给予他充分的爱,但是不可以一味地迁就儿子,这样培养出来的孩子将来会出现很多问题:缺少远大的理想,缺少是非的观念,缺少良好的习惯,缺少挫折教育,等等,直接影响孩子的未来。

"我们的童年过得很艰辛,再不能让孩子经受我们已受过的那些磨难了。"

"现在条件好多了,只有一个孩子,因此,无论如何不能让他吃苦受累。"

"算了,他还是个孩子。"

家长的这些童年经历为他们对男孩的溺爱提供了一个很好的理由和依据。正

是出于这种心理，溺爱子女已然成为当今社会的普遍现象。

家长对男孩没有要求，一味地迁就，百依百顺，满足男孩的一切要求，唯恐他不高兴。男孩是全家的中心，三千宠爱在一身。在这种家庭中，家长是孩子的奴隶，绝无任何威信可言。在这种家庭环境中成长的男孩往往成为唯我独尊、任性、为所欲为的人。

冬天的一个晚上，妈妈带着4岁的皮皮去朋友家串门。回到家，皮皮突然发现一直攥在手里的糖果不见了。那块糖果是妈妈的朋友给的，他的家里没有这样的糖果。发现糖果没有了之后，皮皮着急地哭了起来。爷爷、奶奶、爸爸、妈妈都来安慰他，并且给他承诺，第二天一早就去给他买同样的糖果和他喜欢的玩具。但是，皮皮没有丝毫的妥协："我要！我要！我现在就要！"

皮皮在地上打着滚，哭得伤心欲绝，爷爷奶奶、爸爸妈妈看得实在心疼，于是，全家人带上照明工具，"倾巢"出动，沿着回来的路进行了"拉网式"的搜索。眼看着时间一分一秒地过去，都快午夜12点了，还是没有见到糖果的踪影。妈妈看到因绝望而哭得伤心欲绝的皮皮，终于硬着头皮敲开了朋友家的门……

生活中，像皮皮这样的男孩随处可见，他们做事情时往往对自己不加约束，想怎样就怎样，爱做什么就做什么，不分是非，固执己见，明知自己不对还要继续做下去。任性的男孩常常用一些手段来威胁他人，如不吃饭、大哭大闹、摔打东西、自杀、离家出走等。

苏联著名教育学家马卡连柯警告说："父母对自己的子女爱得不够，子女就会感到痛苦，但是过分溺爱虽然是一种伟大的感情，却会使子女遭到毁灭。"如果我们无视这种警告，一意孤行地认为只要尽力把男孩的生活道路铺得平平顺顺的，就能保证男孩幸福健康地成长，那么，这种教育方式势必会影响男孩在各个方面的发展，让男孩失去竞争力，甚至使男孩养成各种不良性格。

法国启蒙主义思想家卢梭说过："幼儿时期是成长中的最主要时期。"现在，很多家长都很重视男孩的早期家庭教育，但由于许多父母缺乏家庭教育方面的知识，存在着两种极端表现，一是对男孩的管教过严，给孩子定下许多清规戒律，这也不许干，那也不许干，把孩子的手脚束缚得紧紧的；一种是教育过宽，对孩子的要求，不管是正当的还是不正当的，一律满足，结果导致男孩放任自流，为所欲为。

第4章　自古纨绔少伟男

不要让男孩坐享其成

都说智商、情商和财商是综合能力的三驾马车，智商已经被众多的教育家们说"烂"了，情商在教育界正当红。论资排辈，财商还要算是新事物，有远见的家长们正在慢慢接受它。

金钱不是万能的，没有金钱是万万不能的。谁都不希望自己的孩子将来是一文不名的穷光蛋，更不想孩子的一辈子都由家长来埋单——那样的男孩永远不知道成功的滋味。男孩有所成就，比家长自己有成就更令人高兴。"青出于蓝而胜于蓝"，培养男孩的理财意识是大势所趋，会理财的人，能在有限的条件下生活得很好，而不会理财的人，不管挣了多少钱都不能提高生活质量。

金钱是社会的通行证之一，人们拿它来衡量不同的创造，也就是说，必须要有创造，才能有财富。没有创造，就只能受穷了。所以，财富教育的第一课，仍然是勤劳。有这样一个故事，父母可以和男孩分享：

小克莱门斯的老师玛丽是一位虔诚的基督徒，每次上课之前，她都要领着孩子们进行祈祷。有一天，玛丽老师给男孩们讲解《圣经》，当讲到"祈祷，就会获得一切"的时候，小克莱门斯忍不住站了起来，他问道："如果我祈祷上帝，他会给我想要的东西吗？""是的，只要你愿意虔诚地祈祷，你就会得到你想要的东西。"

小克莱门斯当时的梦想是得到一块很大很大的面包，因为他从来没有吃过那样诱人的面包。而他的同桌，一个金头发的小姑娘每天都会带着一块这么诱人的面包来到学校。她常常问小克莱门斯要不要尝一口，小克莱门斯每次都坚定地摇头，但他的心是痛苦的。

放学的时候，小克莱门斯对小姑娘说："明天我也会有一块大面包。"回到家后，小克莱门斯关起门，无比虔诚地进行祈祷。然而，第二天起床后，当他把手伸进书包的时候，除了一本破旧的课本，什么也没有发现。他决定每天晚上坚持祈祷，一定要等到面包降临。

后来，金头发的小姑娘笑着问小克莱门斯："你的面包呢？"

小克莱门斯已经无法继续自己的祈祷了。他告诉小姑娘，上帝也许根本就没有看见自己在进行多么虔诚的祈祷，因为，每天肯定有无数的男孩都进行着这样的祈祷，而上帝只有一个，他怎么会忙得过来？

听到朋友的坦白，小姑娘说出了一句影响他一生的话，这句话对任何祈祷者都适用：

"原来祈祷的人都是为了一块面包，但一块面包用几个硬币就可以买到，人们为什么要花费这么多的时间去祈祷，而不是去赚钱买面包呢？"

小克莱门斯决定不再祈祷。他理解了小姑娘的话中的含义——只有通过实际的工作，才能获得自己想要的东西，而祈祷永远只能让你停留在等待中。"我不要再为一件卑微的小东西祈祷了。"小克莱门斯开始了新的道路。

小克莱门斯长大成人，当他用"马克·吐温"的笔名发表作品的时候，他已经是勤奋而且多产的作家了。他再没有祈祷，因为在无数个艰难的日子中，他都记着：只有自己通过努力和辛勤的汗水换来的收获才是最真实的。也只有勤奋才是通向成功的必由之路。

美国的家庭教育就是以培养孩子富有开拓精神、成为一个自食其力的人为出发点。父母会让男孩从小就树立自立精神，即便是富豪子女，也要外出体验打工。美国前总统里根的儿子，就不靠父亲的权利来为自己安排舒适的工作，而是靠自己的能力去奋斗。

而在中国的父母中则很缺乏这样的意识，他们习惯为男孩创造最好的物质条件，尽量不让男孩受苦。但是，每个人的一生都不是一帆风顺的，一个人如果习惯了坐享其成、养尊处优的生活，将来一旦面对了困难该怎么办呢？男孩总有一天是要长大的，他们总有一天需要自己去工作、去独立生活，父母不可能永远跟着他。

据不久前的一项抽样调查显示，上海高中生对家务劳动的疏远程度，达到了令人吃惊的地步。调查表明，高中生近六成起床不叠被子；五成从不倒垃圾，也不扫地；七成不洗碗，不洗衣服；九成从不洗菜做饭。还有部分高中生什么家务也不做，个别人连整理书包都还要家长代劳。

是现在的男孩真那么懒，不肯做家务劳动吗？其实不然，调查结果出人意料，有82%的高中生表示愿意做家务，36%的学生认为做家务很开心，是一种乐趣，有40%的学生说家长不让做家务，也从不教他们怎么做。

第4章 自古纨绔少伟男

家长的理由是：他还只是个孩子，他现在的任务就是学习，这些事等他长大了再学做也不迟。这些家长的一片"苦心"，使男孩们不仅不会做家务，养成了衣来伸手、饭来张口的习惯，以为别人为自己做什么都是应该的，却不知道自己也有关心与帮助别人的一份责任。

教育家苏霍姆林斯基认为，体力劳动对于小男孩来说，不仅是获得一定的技能和技巧，也不仅是进行道德教育，而且还是一个广阔无垠的、惊人的、丰富的思想世界。这个世界激发着儿童的道德的、智力的、审美的情感，如果没有这些情感，那么认识世界（包括学习）就是不可能的。

为了男孩将来能更好适应社会，让男孩了解父母的辛苦与不易，家长可以在男孩上小学高年级或初中时，周期性地让男孩当一天(或两三天)家，是一个行之有效的办法。

具体的操作方法：找一个周末，让男孩为第二天的生活与活动安排做一个预算与计划，然后从明天早上起床开始，就由男孩上岗指挥与组织一天的家务与游玩。父母则在男孩指挥下加以配合，需要多少钱，买什么菜，到哪里玩，坐什么车，走哪条路线，均由男孩来筹划。父母要放手、信任，不要干预，即使男孩安排得不是最合适，也不要当即否定，而是等第二天再与他一起总结，先让他自己提出改进意见，然后再补充。相信男孩对这样的活动定会兴致很高，也会十分用心和负责任，快乐与收获定会出乎你的意料。

其实每个男孩身上都隐藏着勤劳的种子，小时候他们往往看到妈妈擦桌子，就迈着小步伐跑过来想帮妈妈擦；长大点看到妈妈做饭，就跑去厨房给妈妈打下手，但是碰到这种情况时，我们的父母常常会说："你干不好，让妈妈来。"或者说："一边看书去，别来打扰我做饭。"男孩心中勤劳的小火苗，就是这样慢慢被父母熄灭了的。等父母发现孩子变得越来越懒的时候，想重新点燃它，就会变得异常困难了。

作为父母，如果想教育男孩从小养成勤劳的好习惯，首先应该教导男孩有一个积极的劳动态度。

俗话说态度决定一切，要男孩养成良好的动手习惯，就先从改变他们对劳动的态度开始吧。你可以选择对男孩进行言传身教，多给他讲一些勤劳的故事，比如在勤奋中长大的商人李嘉诚、用勤奋换来天才的童第周，给孩子制造一个勤劳的家庭氛围，让他从意识上觉得劳动最光荣。只要养成男孩热爱劳动的习惯，燃起他们认真劳动的渴望时，就能使他形成勤劳的性格。

让男孩尽早参与家务劳动，要讲究方法，你可以列出一张家务清单，让他每天依次照做。这样，不但可以培养男孩的独立性，也可以使男孩更有责任感。比如可以让男孩帮忙擦桌子、洗碗筷等。当男孩完成了你交给的任务后，要跟他说声"谢谢"，并给予适时鼓励。

警惕男孩的"王子病"

然然每天早上起来都要做瑜伽，然后喝一杯果汁。他有着干净的面庞、长短不一错落有致的头发，他有着明眸皓齿和灿烂的笑容，总是把自己的眼神修饰得深情款款，喜欢漂亮的衣服。

无论春秋冬夏，然然的包包里永远都备着润唇膏，而且平均不到半小时就要"补妆"一次。他喜欢把桌子擦得光亮光亮，这样就可以看到自己的倒影美了。

不要误会，然然并不是个女孩，而是一位男士。对于这样的然然，别人的评价是褒贬不一，女孩子可能会喜欢他，男孩子会骂他娘娘腔。甚至会被人误会是性取向有问题。而对于然然本身来说，可能他并不觉得这有什么不好，他反而会骄傲地向周围的人炫耀："我有王子病，所以周围的人都喜欢我。"

王子病都有哪些与众不同的特点呢？

他在说话的时候时常夹杂着英语，以显示自己与众不同；

他喜欢留着长长的头发，并且喜欢长发在空中飘逸的感觉；

他喜欢从最前沿的领域中淘点皮毛来向人炫耀，可是再问下去他就一无所知了；

就算是在零下10摄氏度，他都会穿得很单薄，宁要风度不要温度；

他开始埋怨自己的爸爸为什么不是董事长或是财团巨头。

作为父母要警惕自己的男孩是否有类似这样的迹象。王子病虽说是一种对流行的追捧，如果火候太大也会过犹不及。所以父母应该想办法避免男孩有这样的发展倾向，避免的方法之一就是不要把生活条件创造得太精致，多给男孩讲一些艰苦创业的事例。

第4章 自古纨绔少伟男

据德国儿童行为学家的一项专题研究,大约6%的男孩在上中小学,甚至进幼儿园时,就会出现程度不等的"娘娘腔",而且其中有一半在其成年后仍表现得"奶油味"十足。

所谓"娘娘腔",指的是男孩行为上某种程度的女孩化,表现也因人而异,不尽相同。其中较典型的"娘娘腔"有:说话爱嗲嗲,走路踩"碎步",举手投足动作忸怩,爱跟女孩子玩等。一般来说,"娘娘腔"并不一定会像有些人想当然的那样可能会有同性恋倾向,但却可能给男孩心理上的健康成长带来某种程度的负面影响。

曾经有一位网友写过这样的一篇帖子,或许会给我们一些警示:

"我的外表和身材跟女的一模一样,走路也是,从小到大都被别人取笑'娘娘腔''人妖'之类的,身边没有一个朋友,也没人愿意和我交朋友。到现在毕业了,尽管我很努力地改变自己,把自己打扮得Man点,虽然动作是改变了,但是外表和身材却改变不了。现在出来工作了,天天都有一些老女人在背后议论我。我很烦,很郁闷,很不开心。我恨她们为什么要这样对待我,又不是我想这样的。我天生外貌就这样,那你叫我怎么办?所以我很痛恨她们,她们说我的时候我也会还去她们,骂她们死老太婆……为什么我的命运这么惨,为什么我不能像其他男生那样过正常的生活,为什么我的父母要把生我成这样。"

之所以会出现这种现象,原因是多方面的,最常见的原因就是父母搭建的温柔陷阱。长辈的过度关照和温柔软化了孩子成长应有的个性和棱角。有些父母喜欢把男孩当女孩养,扎小辫,带小花帽,穿裙子。此外,许多孩子都是在母亲、奶奶和姥姥的怀抱中度过学龄前时光,等到上了幼儿园、小学也都以女性老师为多,这种从女性怀抱中走出来的孩子,大都不自觉地以女性形象规范自己,性格做派也在潜移默化中向女性靠拢……

在教育子女的过程中,尊重他们的性别特质实际上是"因材施教"理念的一种延伸。卢梭说得好:"在女人身上培养男人的特性,而忽视女人固有的素质,很明显对女人是有害的。"其实对男孩来说也一样。男孩和女孩是如此不同,教育他们也需要不同的规则和技巧。

在我们身边,如果一个人性别界限模糊,不符合传统规范的个体,会受到歧视。

老子在《道德经》中说"道法自然",如果把这一观点用在教育上,那么,它指的就是要按照男孩女孩的自然差异进行教育。通过性别定位、性别差异、性教育等培养孩子性别意识的觉醒。教育男孩就是要使男孩自然健康地发展，就是要尊重男孩成长的步调，根据男性的生理、心理有所侧重地挖掘男孩的潜能，进行与女孩不同的训练。

作为家长，我们应该怎样做才能正确地对男孩进行性别教育呢？

1. 给男孩创造一个良好的性别环境

要对男孩进行性别教育，家长首先要做好性别榜样。一般来说，父母是男孩性别的启蒙老师。男孩都是通过父母认识自己性别的。如果父母在家庭中扮演不同但正确的性别角色，那么很自然的，男孩就会接受父亲的影响并认同父亲，女孩则会认同并模仿母亲。

2. 明确他的男性性别特征

可以在取名、着装、生活用品的选择上进行规范，以便日后让男孩形成正确的性取向。在男孩稍微长大一些，能听懂言语的时候，家长应将性教育贯穿在日常生活中，如在洗澡、着装、修整发型和玩具选择等方面要有明确的性别区分。还可通过书报、画册、影视、故事等去引导男孩观察动物、植物的生长和繁殖，使男孩对生殖产生一种自然的认识。从而使男孩在不断的成长过程中学会结合大自然，热爱人类，认识生命的本质，是男孩的性认知在一种很自然的情况下完成。

3. 让男孩自由探索自己的身体是父母进行健康性教育的开端

父母在家庭生活中，要选择恰当时机，如洗澡、睡前很自然地让男孩认识自己的身体，尤其是要男孩认识到生殖器官与人体其他器官一样，并不神秘。而且父母还要引导男孩保持身体的清洁，让男孩从小就养成一种良好的卫生习惯。

4. 让男孩喜欢自己的性别

"妈妈，我也要留长头发，我也要穿裙子！"你的儿子是否表达过这样的愿望？这绝不是一句戏言，而是有着深刻的根源存在。男孩的性别与父母的希望相反，对男孩实行相反性别抚养和反性别角色教育和要求，男孩会竭力投父母所好，而改变自己的性别认同，学习异性行为。

如果一个男孩的父母特别希望要一个女孩并在男孩面前有意无意地表达出了这种愿望，那么男孩为了得到父母更多的爱就有可能会在潜意识中希望自己是个女孩，久而久之，就会厌恶自己的性别。如果对这种现象不及时纠正，这些男孩就会发生性别认同混乱的现象，这使他们非常痛苦，常常觉得自己在一个错误的身体里。

第4章 自古纨绔少伟男

对男孩的攀比心理进行及时疏导

如今，在男孩中出现攀比心理早已经屡见不鲜。孩子们用来攀比的钱，一般都是家长提供的。即便是男孩通过自己的劳动，将挣来的钱都用在穿戴上来显示自己的阔气，这显然也是受到了家长价值观念的影响。所以，出现了这样的问题，家长要负全责。

攀比隐藏着的是一种竞争、好胜的心理成分。男孩在年龄小的时候，缺乏判断是非的标准和自制能力，只要别人有的他也一定要得到。作为家长如果一味地满足孩子的攀比欲望，那只会助长男孩的虚荣心。因此当家长一旦发现自己的孩子出现了攀比的苗头时，就要有意识地引导孩子。

现在的中学生里流传着这样的一个穿衣标准：脚上穿的是阿迪、衣服一定是耐克、腰带选择鳄鱼。而一双货真价实的新款阿迪达斯运动鞋，价格通常是在800~1000元。为了杜绝学生之间的攀比现象，学校也都主张学生平时穿校服。但是，学生之间那种"吃要美味、穿要名牌、玩要高档"的奢侈之风弥漫着校园。

有位同学就这样讲道："学校平时要求我们穿校服，所以只有穿一双比较高档的鞋子才能显示出我的个性。班上的同学对鞋子都很讲究，谁穿上名牌，谁穿上新款，马上就会成为班上谈论的话题。我们班上40多个同学，大家几乎都有耐克、阿迪等名牌鞋子，有的甚至都有四五双。如果有谁不穿名牌，就会觉得很没有面子。"

男孩的这种攀比心理，有时是因为孩子往往不知道父母的钱是从哪里挣来的，并对父母给予的钱抱有一种无所谓的态度。而父母因为男孩是全家的宝，所以男孩要什么就给买什么。无形中使男孩变得花钱大手大脚，一点也不知道节约。男孩不知道钱怎么来的，觉得来得很容易，久而久之，乱花钱的行为就会根深蒂固。

诚然，现在的家庭生活条件提高了，在家庭条件可以允许的范围内，家长给孩子在物质上以最好的供应，这本身无可厚非。但是，如果一味地攀比就没有必要了。有的父母本身就喜欢把金钱、名车、豪宅看做是成功与否的标准，而孩子的心理尚未成熟，他的辨别能力很差，他的价值观也是取决于父母。父母是孩子的一面镜子，是孩子人生的第一位老师，日常的言行举止和价值取向都对他有着很大的影响。作为家长应该首先要给孩子树立一个好的榜样，正确引导他的消费观和价值观。如果家庭条件允许，孩子完全可以穿名牌。如果家庭的条件不允许，绝对要对孩子的攀比行为加以干涉，以免产生不良后果。

"男孩穷着养，女孩富着养"，不能片面地理解"穷"与"富"的概念。穷与富的内涵，是对于不同性别的孩子进行的不同的教育方法，在教育内容上有所侧重，因此富与穷包含着不同于金钱的意义。穷养男，是对我们自身期望的一种投资，是对男孩的人生决策、职业发展有关的投资。"穷"养出应对人生的能力和本事，"穷"养出他的积极、主见、雄心、理智、自我依靠。

美国总统西奥多·罗斯福的大儿子20岁时去欧洲旅行，一个多月的时间他把自己所带的路费差不多花光了，临行前他遇到了一匹非常好的马，正好它的主人要卖掉它。他太爱这匹马了，就把自己最后的一点路费拿出来买下了这匹马。然后他打电报让父亲寄点路费让他回家。罗斯福给他回了一封电报说："你和你的马游泳回来吧！"儿子只好又卖掉了马。罗斯福反对男孩依靠父母生活。他希望自己的儿子能凭自己的本事自食其力。

罗斯福总统训练男孩独立的方法则可以称为"穷养"。罗斯福贵为总统却不肯为儿子出路费，中国现今的大中城市却出现了一批批的"啃老族"。他们并非找不到工作，而是主动放弃了就业的机会，赋闲在家，不仅衣食住行全靠父母，而且花销往往不菲。这种教育方式和罗斯福的教子方式大相径庭。"啃老族"的出现让我们不禁想到中国的那句老话"富不过三代"。

富不过三代的背后到底隐藏着怎样的意义呢？中国台湾塑胶大王王永庆给出了答案。

王永庆常常用"富不过三代"自勉，也用其教育子女。

他认为"富不过三代"是因为后代不能继续吃苦，缺乏危机感，而且过分追求享乐，把前人的家业都挥霍掉了。王永庆分析了三代人的特征，他认为：

第一代人，不怕困难，不怕吃苦，踏踏实实，克服一切困难，最后取得了成功。

第二代人，虽然没有经历创业的艰辛，但深受父辈的影响，还能够勤于自勉，努力工作，但是跟第一代人比起来，用功和吃苦的程度已经大大降低了。

第4章　自古纨绔少伟男

　　第三代人，创业的艰辛，对于他们来说已经是很久远的事了，他们没吃过苦，也不知道什么是吃苦，认为今天得到的一切是理所当然的，因而随意挥霍，不知珍惜，长久下去，自然家境衰败。

　　"富不过三代"的谚语告诉人们，再富也要"穷养男"，在竞争激烈的现代社会里，要让男孩知道，富裕的生活是要靠自己的双手成就的，不能让孩子以为父母已经提供了一个衣食无忧的环境，不需要自己奋斗。在富裕的家庭里，不在男孩面前露富是一个很重要的方面。

　　澳大利亚悉尼一家妇产科医院曾出现过这样一幕：一对夫妻来做二胎产前检查，妻子进诊室面见医生去了，丈夫便带着两岁的儿子在外面大厅等候。少顷，儿子闹着要喝水，于是那父亲便在身旁的自动售货机上顺手扯了一个免费纸杯，进厕所接了一杯自来水递到男孩手里（自来水经过净化，可以饮用）——那父亲不是买不到饮料，自动售货机正出售一元一杯的可口可乐和橙汁，而他也不是买不起饮料，据说，他是一家体育用品公司的主管，年薪15万澳元。

　　上面案例中的父亲的身体力行为"穷养男"做了最好的诠释。他的做法的确值得我们中国的父母学习。

过分阔绰的生活会助长男孩的坏习气

　　很多父母热衷于为孩子创造最好的物质条件，而不是教给他们自力更生的能力。《易经》中讲："积财伤道。"古代有智慧的父母从来都不会给孩子留下财富，担心他们会坐吃山空，会丧失谋生的能力，这样的做法，是为孩子的一生一世着想。聪明的父母会把谋生的本领传授给孩子："一技在身，胜过家财万贯。"

　　汉朝的刘邦打下天下之后，为100多个功臣分封土地，并且分给他们很多田宅。在分封土地的时候，丞相萧何要了一块很贫瘠的土地。因为土地贫瘠，如果不辛勤耕作就没有饭吃，并且后代的子孙也会懂得勤劳节俭。汉朝建国100年之后，有一位史学家做了个考察，想了解一下最初被分封的这100多个功臣，如今他们的后代都怎样了，结果这个史学家非常吃惊，因为这些功臣的后代，基本上都已经没落了，而丞相萧何的后代还生存得很好。人们不得不佩服萧何的深谋远虑。留财产给子孙的做法是最愚蠢的，重要的是留下做人的智慧给子孙，留下做人的榜样给后代，这才是他们取之不竭的财富。

父母给孩子最好的礼物，不应该是限量版的耐克或芭比娃娃。比有形的财富更重要的，是在保护中让他前进、尝试适应艰苦的环境。用金钱来奖励，其实是扼杀了孩子的尝试机会，让一切想要的东西都变得简单、唾手可得，这样他们就失去了支配自己的生活、教育自己、锻炼自己的能力和意识。

民国时期，曾国藩的外孙聂云台先生写了一本书叫《保富法》，因为当时聂先生长期居住在上海，就留心观察了一下上海的有钱人。在他的书中介绍了一个周姓的商人，他是开钱庄的，很有钱，并且在各地有很多的分店。有一次由于某地发生了灾祸，当地这个分店的主管拿出了一部分钱用于赈灾，这位周先生知道了之后把主管骂得狗血喷头，其吝啬的程度可见一斑。周先生对旁人讲：我之所以有这么多的钱，方法只有一个，就是聚财，不散财。

周姓商人到他临终的时候，他的财产已经达到了3000万银元。他有10个子孙，每人分了300万银元。后来聂云台先生就观察周家的这10个后代，在短短的数年中，所有的子孙都把钱败光了，把钱都挥霍掉了，甚至有人走在街上乞讨。

马克·吐温是美国历史上最有名的作家之一，有谁能想到，他年幼的时候曾为得到一块面包而祈祷、最后却给后人留下了丰富的精神食粮！无论是艺术家、科学家、演员还是建筑工人、农民，勤劳是所有人创造财富的不二法门。

现在的孩子都是家里的"小皇帝""小公主"，有爷爷奶奶亲、父母疼，因此，孩子手中的零钱多了，大手大脚花钱的现象也随之增多。有的家长每天拿钱给孩子打电子游戏，少则几元，多则几十元。小孩手中的零钱数额越来越大，某些男孩还产生了攀比心理，谁的零钱数额大，谁就是"大王"，于是无钱者就硬缠着家长要。如果这么小的男孩就对金钱有强烈的占有欲，那么他们势必会兴趣转移，而常常想着要钱，摸大人口袋，这对男孩的成长极为不利，甚至可能导致男孩走上犯罪道路。我们注意观察，就会发现周围金钱观错误、跟风、追求高消费的男孩比比皆是。

李昂刚下班，儿子就贴了上来，"老爸，给我买个折叠的手机吧？"

李昂有点吃惊："你的手机不是去年新买的吗？"

儿子撇嘴道："老土了吧您，现在的直板手机谁还敢拿出来啊？今年最流行翻盖能拍照的。"

第4章 自古纨绔少伟男

李昂的儿子今年才16岁，穿的用的却样样讲究名牌。若父母不满足他的要求，他就会赌气不吃饭，不上学，也不和父母说话。

这样的情景相信很多高中生家长都或多或少地经历过。家长们无奈叹息之余，可能都会感慨，男孩越大越能花钱了，而且他们花钱不心疼的劲头完全可以用一掷千金来形容。

现在，我国的许多家庭物质条件好了，又只有一个男孩，所以家长一门心思地想让男孩尽量过得舒服些，男孩要什么就给什么，口袋里零花钱不断，如今随便从一个男孩的身上掏出50、100元钱，不是什么稀奇事。孩子手里钱多了，家长应该感到欣慰，因为这毕竟是人们生活水平提高的一种体现。但是男孩手里的钱多了，也令人担忧。据报道，我国大城市中有95%的男孩有吃零食的习惯，32%的男孩用零花钱进"三室二厅"，还有的男孩(特别是城市男孩)之间攀比穿戴，不惜重金购买高档服装，互送贵重礼物现象日趋严重。个别男孩用零花钱吸烟、酗酒、赌博，邀集"兄弟哥们"为自己撑腰。

与之相反的，美国的洛克菲勒家族拥有的财产难以数计。但是老洛克菲勒每个月才给儿子几美元零花钱。有人问他："你这么多钱，为什么还要如此吝啬？"

洛克菲勒回答说："这不是吝啬，而是责任。我之所以这样做，是要让他从小就知道，钱来之不易。只有养成节俭的习惯，长大后才能有所作为。"

其实管好男孩零用钱，是培养男孩理财的一个很重要的细节教育。有些父母担心，给小孩零用钱会养成他们浪费的习惯，或拿去做不正当的活动，不但影响功课，而且会使男孩走入歧途，造成一生的遗憾。因此，对给零用钱一事应十分慎重。事实上，在男孩的成长过程中，金钱的运用是一项很重要的社会学习，它深深影响男孩一生的人际关系与人格、心理的发展，无论采取过度限制还是过度放任的做法，都不太妥当。给男孩零用钱，并非只是为了满足他们的需要，而是能够教会男孩具有经济头脑，也能够训练男孩养成良好的理财习惯，而且这类教育宜早不宜迟。受到良好金钱观教育的男孩长大成人后才能对金钱抱有正常的心态，才能处理好人与金钱的关系。

因此，和儿子商定零花钱的数目有着很大的学问。

首先零用钱要给得适当。一是数额要适当，要根据家庭经济状况和男孩的合理需要统筹考虑。一般以够支付男孩合理的开支为限，不宜多给，也不宜少给。多给，容易养成孩子大手大脚的习惯，使孩子不知钱来之不易，不珍惜父母用血汗换来的金钱；少给，又不能满足孩子正常合理的需要，弄得不好，还可能引发他私自拿钱或偷窃行为。

二是时间要适宜。零用钱可以选在一个有纪念意义的日子开始给，如小孩上学的第一天等，告诉男孩这笔钱的用处，并使他懂得自己在家庭中的地位和责任，之后可以定期发给。根据男孩的年龄，对不同阶段的儿童零用钱发给的数目与时间可以不同。

三是零花钱的数额必须适合男孩的不同身心发展阶段和生活范围。男孩入小学就可以给零花钱，低年级时男孩的活动范围和特点，一般以自己为主，因此只考虑男孩本身的需要；而到了高年级，男孩的思想范围和活动范围逐渐扩大到亲属、邻居、朋友，花销也就相应增加。究竟给多少合适呢？这需要认真调查研究，考虑到家庭收入、当地经济生活水平和物价等各种因素，总的原则是比男孩所需数额稍低一些为佳，定期发给较合适，1个月1~4次。其原因是，如果男孩要多少给多少，想买啥就买啥，一切都能随心所欲，男孩就不会懂得金钱的价值和财富的宝贵。反过来，自己的愿望得不到满足时，男孩就会感觉到钱不能乱花，东西也不能乱扔，开始领悟到钱应该省着点儿花，动脑筋少花钱多办事，或者为了买到自己喜欢的东西而积攒零花钱。

最后，让男孩从小体验到因没钱或钱不足而买不到自己迫不及待想要的东西而感到惋惜和无可奈何的情绪。这种情绪，使人不容易忘却，很长时间都会影响着人。这不仅使男孩进一步认识到金钱的价值和重要性，而且还能对想象力起着催化剂的作用，为追求更有价值的和美好的东西进行设计、策划，增长智慧。

避免男孩产生"小皇帝"的优越感

俗话说：穷人的孩子早当家。要让男孩了解点家情，让他知道你在做什么样的工作，从而学会体谅大人持家的不易。现在的社会，由于企业经济的不景气，父母下岗已成为一个社会问题。父母就更应让男孩了解自己的家庭情况，甚至是经济情况，让他知道父母工作的艰辛。有必要的话，做父母的还可以带孩子去看看自己的工作环境与工作情况，让他亲眼目睹你工作的辛苦与劳累，告诉男孩这

第4章 自古纨绔少伟男

样做一天可以赚多少钱,让男孩更懂得珍惜所拥有的一切。

现实中有些父母尽管自身有许多生活艰辛和身体病痛,但他们总是竭力在男孩面前掩饰,错以为这是爱男孩,却不知是在害孩子。生活中有苦才有乐,家长不要刻意去掩饰生活的另一面,而应让男孩从小学会分担你的痛苦艰辛,理解生活的不易,长大后他才会珍惜眼前的生活,才会以真诚之心关爱别人。

也许是中国的父母曾经受过很多苦,当他们日子好起来时,便把所有的宠爱都给了孩子,借以补偿自己童年的缺失。像这样在"溺爱"的环境中长大,没有任何自理和自立能力的孩子,在成年之后,会遇到很多本该在青少年时遇到的问题,但适应能力又不如青少年时期好。

有一个商人有两个儿子。父亲宠爱大儿子,想把自己的全部财产都留给他。但是母亲很可怜小儿子,她请求丈夫先不要宣布分财产的事。商人听从了妻子的劝告,暂时没有宣布分财产的决定。

有一天,母亲坐在窗前哭泣,一位过路人看见了,就走上前来,问她为什么哭得这么伤心。她说:"我怎么能不伤心呢?我很疼爱两个儿子,可是我的丈夫却想把全部财产留给大儿子,小儿子什么也得不到。我请求丈夫先不要向儿子们宣布他的决定,但是我到现在也没有想出更好的办法。"过路人说:"这个问题很容易解决。你只管让丈夫向两个儿子宣布,大儿子将得到全部财产,小儿子什么也得不到。以后他们将各得其所。"

小儿子一听说自己什么也得不到,就离开家到耶路撒冷谋生去了。他在那里学会了许多手艺,增长了知识。大儿子一直依赖父亲生活,父亲去世后,大儿子什么都不会干,最后把自己所有的财产都花光了。小儿子在外面学会了挣钱的本事,变成了富翁。

犹太父母通过这个故事告诉孩子:只有摆脱对父母的依赖,拥有智慧又能维持生计的人,他以后的人生才会走对路。

生活并不是一帆风顺的,是有艰辛的。作为家长,当遇到不如意的事情时,应该把实际情况实实在在地讲给孩子听,让孩子明白生活的艰辛。让孩子直接面对,和家长共同承担起家庭生活的艰辛。要通过活生生的事实告诉孩子,生活就是这样,它既能造就幸福,也能带来痛苦。我们生活在这个世界上,唯有直面人生,通过自己最大的努力,才能掌握命运,创造美好的未来。家长要教育孩子从小懂得这些,这才是对孩子最大的关心和爱护。

许多男孩一直过着饭来张口、衣来伸手的生活，只要有需要，就可以毫不费力地从父母处要到钱。但对于这些钱是怎么来的，他们从来没想过。

父母不妨带孩子到自己的工作场所去参观一下。通过这些，让他知道钱是从哪里来的，了解钱的来之不易，了解钱在生活中扮演的重要角色，男孩会反思自己的消费行为和消费习惯，他们会主动想着去挣钱，而不是随时伸手向父母要钱。

"石油大王"约翰·戴维森·洛克菲勒，从小家教很严，靠给父亲做"雇工"挣零花钱。他清晨便到田里干农活，有时帮母亲挤牛奶。他有一个专用于记账的小本子，把自己每天做的工作记下来，然后按每小时0.37美元与父亲结算。洛克菲勒在做这些工作和记账的时候都非常认真，他觉得从中能得到无穷的趣味。更有意思的是，洛克菲勒的第二代、第三代乃至第四代，也都延续了这种"打工"挣钱的做法，一旦谁想不劳而获，就别想得到一分钱的费用。

洛克菲勒这样做并非家中贫困，也不是父母虐待孩子，只不过是延续了犹太教育中"要花钱，自己挣"的传统。那小账本上记载的何止是一笔流水账，而是孩子接受磨难和考验的经历！

在其他一些发达国家的家庭里，家长也都很注重孩子"独立赚钱"能力的培养。在日本，许多学生利用课余时间在饭店洗碗、端盘子，在商店售货或照顾老人，做家教等赚取学费和零花钱。在美国，七八岁的小孩就成了"小生意人"，出售他们的"商品"挣钱零用。

孩子终有一天要长大，也终有一天要走向社会，如果不让这棵"温室的花朵"接受外界的风吹雨打，它如何才能茁壮成长？是时候了，当孩子下次向你要钱时，请毫不客气地告诉他：要花钱，自己挣！

警惕男孩的"蛋壳心理"

据说在日本的北部生存着一种狐狸，当母狐狸生下幼崽后，狐狸家庭的生活是充满温馨和幸福的。但当狐狸崽儿刚开始蹒跚学步，狐狸父母便迫不及待地教它们如何捕猎食物，再稍大一点后，狐狸父母便狠命地把小狐狸逐出家

门。当怀恋家庭温暖的小狐狸又偷偷地回家时，狐狸父母便会毫不嘴软地咬它，哪怕咬得鲜血淋漓，伤痕累累，也绝不容许它们返回家门。狐狸们深知，小狐狸不可能靠大狐狸养一生，在激烈的生存竞争中，只有学会高强的生存本领，长大才会潇洒自如地生存下去，而高强的生存本领则只能无依无靠地从小锻炼才可以。

狐狸的教子方法无疑是很聪明的，大狐狸狠心地把小狐狸咬出家门，让小狐狸在吃苦中成长，久而久之，锻炼出了小狐狸较强的生存能力。中国人常言"庭院里驯不出千里马"。为了孩子能成为千里马，家长千万别把"小马驹"圈在庭院里保守地"饲养"，而应该让他们冲出庭院。

在现代的家庭教育中，父母要让男孩们知道，他们面临的是一个处处充满竞争的社会，"物竞天择，适者生存"，"优胜劣汰"将是普遍现象，未经锻炼的翅膀难以搏击人生的风雨，难以在未来的竞争中取胜。父母要认识到，想让男孩在竞争中立于不败之地，必须对男孩进行挫折教育，让他们自小接受艰难困苦的磨炼，教会他们敢于面对挫折，不怕失败，以培养他们坚忍不拔的意志和毅力。在逆境中千锤百炼成长起来的男孩才能更具生存竞争力，这也是父母应为男孩尽到的义务和责任。

人的生活并非都是一帆风顺的，在我们的生命中总是充满着这样或那样的困难和问题。但是我们应该让男孩明白，在逆境中开放的花是最美的，就像冰山上的雪莲那样的纯洁、美丽！所以我们要让男孩相信：挫折和困难正是上天给予他们的试金石，它淘汰懦弱和无能者，坚强者更懂得人生，懂得如何去完善自己，也获得更多的经验和教训。

逆境能让男孩获得更好的成长机会。从一个人成长的一般规律看，顺境可以出人才，但是逆境、挫折的情境更容易磨砺意志，逆境也可出人才。在逆境中经过挫折千锤百炼成长起来的人更具有生存力和更强的竞争力。因为，逆境中奋斗的人既有失败的教训又有成功的经验，更趋成熟；他们能把挫折看成一种财富，深谙只有失败才可能成功，成功是建立在失败的基础上的，因此更具有笑对挫折、迎难而上的风范。

当男孩可以直面挫折，保持用乐观的心态生活时，他们的精神、灵魂、美德都从这种愉悦的心情中得到滋润，尽管烦恼和不安时时吞噬着这种美好的心情，各种挫折和磨难会一点一滴地消耗它，但这如清泉甘露般的美丽心情永远不会枯

竭，而是历久弥坚以至永远。

让男孩保持乐观的心态，微笑着面对生活是很必要的。调查显示：开朗乐观的人和其他人相比较不仅更为健康，而且生活的幸福指数会更高，事业上更容易获得成功。家长在生活中应该如何引导男孩乐观的生活，乐观地面对生活的各种挫折呢？必须注意以下几条原则：

1. 要朝好的方向想

有时，男孩变得焦躁不安是由于碰到自己所无法控制的局面。此时，你应该让他们承认现实，然后设法创造条件，使之向着有利的方向转化。此外，还可以引导男孩把思路转移到别的事上，诸如回忆一段令人愉快的往事。

2. 不要过于挑剔

大凡乐观的人往往是"憨厚"的人，而愁容满面的人，又总是那些不够宽容的人。他们看不惯社会上的一切，希望人世间的一切都符合自己的理想模式，这才会感到顺心。因此尽量让男孩避免挑剔的恶习。挑剔的人常给自己戴上是非分明的桂冠，其实是在消极地干涉他人的人格。怨恨、挑剔、干涉是心理软弱的表现。

3. 偶尔也要屈服

当男孩遇到重创时，往往变得浮躁、悲观。但是，浮躁、悲观是无济于事的。我们要告诉男孩不如冷静地承认发生的一切，放弃生活中已成为他们负担的东西，并重新设计新的生活。大丈夫能屈能伸，只要不是原则问题，不必过分固执。

4. 不要对男孩控制过严

男孩到了不同的年龄段，应该给予他适当的选择权。让男孩可以充分为自己的生活做主，比如：午餐可以吃什么，上街要穿什么样的衣服，假日选择到哪里去玩，要选择什么样的玩具……只有从小就享有"民主权"的男孩，才会感到充分的快乐自在。

5. 鼓励男孩与人融洽相处，多交朋友

与人融洽相处有助于培养男孩快乐的性格。家长可以多带男孩接触不同年龄、不同性别和不同社会地位的人。此外，家长还应该与他人融洽地相处，热情待客，真诚待人，为孩子树立良好的榜样。如果男孩性格内向，家长更应该鼓励他多交朋友，可以让他变得更加开朗、乐观。

6. 让男孩的兴趣爱好广泛

一个孩子如果没有一些课余的爱好,就难免会觉得生活无聊。试想,一个爱看电视的男孩,如果当天晚上没有合适的电视节目可以看,那么他就会郁郁寡欢。如果男孩的兴趣爱好广泛,他可能不仅是个书迷,还有可能热衷体育活动、喜欢饲养小动物或者参加话剧表演,他的生活怎么可能不会丰富多彩呢?他肯定每一天都生活得充实快乐。

能干的父母,夺走了男孩成长的机会

被喂养惯了的动物接受放养时,通常自己不会捕食。大自然的生存法则告诉我们:动物如果学不会自己捕食的话,就会被饿死。同样的道理,在父母的庇护下长大的孩子通常没有在社会独自生存的能力。一旦父母因为一些原因无法顾及到他们,他们就只能被社会淘汰。

可现实情况却让我们颇为沮丧。据天津市少工委对1500名中小学生的调查,其中51%的学生长期由家长整理生活用品和学习用具,有4%的学生在生活和学习上离开父母就束手无策,只有13%的学生偶尔做些简单家务。情况实在令人担忧。

由于现在独生子女居多,几代人的关心与爱护都集中在一个孩子身上,我们家长会为孩子们铺路——替他穿衣,替他系鞋带,替他安排工作,替他迎接挑战,一次,两次,一百次……所以孩子们在家里凡事不肯自己动手。这些孩子长大后依赖心理严重,凡事不想自己动脑筋,遇到事情第一个就想到找人帮忙,而且这样的孩子惯于推卸责任,将来势必不为社会接受。

对儿童心理和脑力开发研究造诣颇深的日本杰出教育家多湖辉认为,使孩子能力的最好办法,就是使父母成为"教育的实践者"。父母不仅要了解孩子独特的心理动态,而且应该针对不同孩子的个性特征,不断地在生活和学习实践中摸索了解教育孩子的方法。而要求孩子帮助多做家务,对于孩子来说,会起到比课堂更有效的学习效果。因为这不但可以提高他们动手实践的能力,而且孩子在实际动手中必须学会安排计划,这就促使孩子将家务活与学习时间调剂好,在做不同家务的同时，培养了孩子的耐性和身体素质。

我国著名教育学家陈鹤琴先生曾说过："凡儿童自己能够做到的，应该让他自己做；凡儿童自己能够想的，应该让他自己去想。"这是一句符合成长规律的至理名言。其实，要让孩子脱离对别人的依赖，独立地发展和锻炼自己，扔掉拐杖，走出成长的误区，并不是一件非常困难的事情。

有人说，中国孩子很累，中国父母更累。每个做父母的都希望自己的孩子成龙。他们给孩子倾注了全身心的爱，事无巨细都替孩子着想，恨不得一切包办代替。就像有的母亲所说："我一颗心都扑在孩子身上，可以说现在所做的一切都是为了孩子；只要孩子将来有出息，再苦再累我都愿意。"因为他们只有一个孩子，不想让孩子"输在起跑线上"，于是，家长们从孩子一出生就开始为他们设计人生。不幸的是，作为传承性很强的家庭教育，今天的父母并没有太多可以借鉴的经验。在这种情况下，父母为孩子设计好的人生计划，很有可能是自以为是的规划。孩子在成长的过程中，只能沿着这条道路前进，不能有"非分"之想。还总是以"我是为你好"为理由，让孩子觉得不听从安排就是"不知好歹"。

著名的教育工作者孙云晓说："中国的父母正在辛辛苦苦地酝酿着孩子的悲剧命运，争分夺秒地制造着孩子的成长苦难。实际上，我们的父母在和自己作战，用自己的奋斗来击毁自己的目标。"作为家长，诚然我们不希望看到这样的结果，那么应该怎样做才是正确的呢？

1. 做力所能及的事情，培养孩子动手的习惯

家长不可能照顾孩子们一辈子，因此从小就应该让他学做一些力所能及的事情，比如洗衣服，收拾文具，帮父母拖地、洗碗等。只有从小事做起，才能逐渐培养起他们独立自主的精神。

2. 给孩子犯错误的机会，锻炼孩子的自立能力

要避免对孩子过度的保护，我们首先应该充分尊重孩子的想法和意愿，放手让孩子自己拿主意，如果我们对孩子过度保护，因为怕孩子犯错，就一味地为他铺垫一切，事事领着孩子的手，那么他永远都不可能长大。

鲁迅先生曾说："子女是即我非我的人，但既已分立，也便是人类中的人。因为即我，所以更应该尽教育的义务，教给他们自立的能力；因为非我，所以也应同时解放，全部为他们自己所有，成为一个独立的人。"鲁迅先生的话正表达了这样一种现代儿童观——子女，是我的孩子，又不完全等同于我，他从母体

出来后,已与母体分开,成了人类中的一个独立的人。因为还是我的孩子,作为父母就有教育他的义务,而这种教育主要是教给他自立的能力,因为他不等同于我,所以要解放孩子,使他们完全成为独立的人。

巨额财产难保孩子一生富贵平安

我们知道财富需要靠劳动换得,但是在孩子眼里,金钱和信用卡可以帮他们买到玩具、零食,可以让他们在游乐园尽情狂欢,也可以让他们享受很好的生活。而且孩子往往会认为,父母的金钱就像蘑菇,取走以后自然就会长出新的,这样的误解让孩子不懂得感恩,也不知道节俭生活。失去感恩和节俭意识的人,也就失去了很多快乐。

要让孩子明白财富与幸福的关系,对父母来说不是一件轻松的事情,很多成年人自己也没有找到财富与幸福的平衡点。因此,让我们在幸福教育之前,先补上这一课。

有人将财富比成万恶之源,也有人视财富为毕生的目标。其实,财富终究只是一种中介,通过它去换回自己想要的东西,在这个过程中,我们体会到幸福。财富与幸福之间未必会有正比的关系,更多财富并没有带来更多幸福。

有一个很好的例子:"二战"以来美国人的收入连翻3倍,大约有1/3的人在1950年接受调查时说他们"非常快乐",现在这个比例并没有明显变化。世界变得越来越富足了,不过人们的幸福感觉并没有像财富一样翻番。这种现象可以用"适应效应"来解释:人们对生活水准的提高很快作出心理调整,就像彩票中奖兴奋一段时间以后,就会回到原来的幸福感水平上来。

其实,有一个更主要的原因埋藏在我们的潜意识当中:我们大多数人追求的幸福,实际上是相对的。也就是说,只有在自己比他人得到更多时,我们才会有更多的幸福感。生活在北京的人与生活在武汉的人,平均收入会有较大的差距,但拥有幸福感的人群比例,却不会有什么差别。我们常问自己:"我的房子是不是比邻居的更漂亮?"而不是:"我的房子是不是够用?"

人们对待财富往往不能心平气和,所幸财富也不是快乐的唯一源泉。在财富满足基本生活所需之后，它对生活的乐趣没有多少真正的影响。与朋友或家人聊天、听音乐、帮助他人等都对幸福有比财富更大的影响力。那些最让人感到幸福，譬如爱、朋友、家庭、尊重、对生命价值的信念等，都不是钱可以买到的。

怎样做一个幸福快乐的人？心理学家调查发现，最快乐的人和最消沉的人之间最大的差别在于，他们与朋友、家人之间的紧密联系，以及愿意花时间和他们在一起的许诺。友好、感激和爱更能带来快乐，因为付出让人感到自身对他人的价值，给人生带来意义。

在对幸福和财富的关系做了如此大量的讲解之后，父母不妨再想想自己的生活经验，我快乐吗？最快乐的时候是怎样的情况？相信很多人会想到和家人在一起的快乐时光，得到别人的肯定以后的激动和欢欣，看到孩子小小的进步时的宽慰和惊喜……既然如此，孩子的疑惑也就能顺利解开了，因为生命中的幸福已在你心中，幸福就是选择好自己的心态，怀着感恩的心去面对人生。

懂得分享的人，让自己的知识为别人增值，别人也会以同样的方式来回报你，这样的财富增长才是一个良性的循环。联合国秘书长潘基文说自己的"武器"也是分享。

"我竞选这个职务，不是为了个人名誉，更不是争夺个人利益，当选联合国秘书长就意味着责任和奉献。我希望在我的任期内，通过各方面的努力，让全世界的人民，不分种族、性别、国籍，都能过上幸福、和平、快乐的生活。"这是潘基文在就职演讲中说过的一句话。短短的话语中，充满亲切和爱，人们看到一个懂得分享的领导者，分享努力带来的幸福和快乐。

小时候，有人送来两箱苹果给潘基文的爸爸，其中一箱苹果过分成熟，不马上吃掉很快就会腐烂，另一箱比较新鲜，还可以保持长一点的时间。

父亲把三个儿子找来，商量苹果的吃法。大哥说，趁还没有完全坏，先吃那成熟的一箱。父亲说，不过等吃完这箱，那箱也就坏了。二哥说，先吃那箱好苹果，这样就尽可能多吃了。可父亲说，这样一来，熟的那箱肯定全部浪费。潘基文却说，我们把两箱苹果混合起来，分一半给邻居，所有的苹果都不会浪费。父亲听后，若有所思地笑了笑，大概他也看出儿子的与众不同，因为他有别人难有的高贵品质。

分享是一种力量，在选择给予别人的同时，自己本身也已经收获到心灵上的慰藉和温暖，更何况善行的背后，往往是源源不断的资源自发地朝分享者聚拢。

第4章 自古纨绔少伟男

让孩子学会分享，说来容易，做起来难。如果孩子还小，父母可以以身作则来示范分享，多和邻居往来，多和孩子讲讲自己的故事，在生活中把分享演绎得自然而然。

有一个男孩子过生日，自己挑了一个很大的蛋糕。由于平时爸妈不让他放开吃甜食，这回他想一个人独享这个蛋糕了。

结果晚上给孩子庆祝生日之前，竟来了一群不速之客——爸爸的同事们。大家三三两两地赶来了，孩子背地里对爸爸说："唉，早知道就订一个更大的蛋糕了，这下子我的那份要被人拿走了。"爸爸看出孩子是在为自己的损失伤心，于是安慰他说："叔叔阿姨们过来给你过生日，这是多好的事情啊，一块小小的蛋糕算什么。"

等到吹熄蜡烛许完愿，叔叔阿姨们纷纷亮出了自己的礼物，有小闹钟，有彩笔，其中还有一盒精致的小蛋糕！孩子当即就说要打开大蛋糕请大家尝一尝，看来，获得的快乐已经大大超过了独享大蛋糕了。

晚上临睡前，爸爸问孩子高兴不高兴，孩子说很高兴。爸爸问："你还为叔叔阿姨吃了你的蛋糕而难过吗？"孩子摇摇头。"当你把自己的蛋糕和别人分享了之后，别人也会把他们的好东西和你分享。就算叔叔阿姨们没有带礼物来，至少你多了几个朋友，朋友肯定要比蛋糕的保质期长久，是吧？"孩子点点头。

当孩子乐于与他人分享的时候，他的快乐就变成了双倍的快乐，他就不会伤心了，从而也就体会到了生活中真正的乐趣。作为家长，在鼓励孩子"乐于与人分享"时，既要培养孩子大度、自然抒发感情的意识和能力，也要培养孩子体贴他人、自信、豪爽的性格；同时，还应该增加孩子与他人交往的机会，使孩子认识到人是离不开他人的，人与人之间是需要互相扶持、互相慰藉的。

在日常生活中，家长关心别人、帮助别人，自然会给孩子潜移默化的影响。父母要做与人分享的模范，经常主动地关心和帮助别人。做了好吃的点心分给邻居尝尝，毫不吝惜地借给别人需用的物品等，都会为培养孩子的分享意识起表率作用。

第5章
穷养男孩并非放养

父母要学会向男孩说"不"。没有挫折的教育是不完整的教育,男孩没有经历挫折会变得脆弱异常。因此,要让孩子的生活中有禁区,他们犯了错误要受到惩罚;要让孩子懂得有些规则是无法动摇的,有些过失是要自己承担后果的。

男孩的魄力从苦难中来

一位已经上了大学的男孩,喜欢吃鱼,但不"喜欢"摘刺儿。据说他妈妈"喜欢"摘刺儿,而"不喜欢"吃鱼。于是他们母子多年来就成了理想的"搭档"。后来,男孩到了一个盛产鱼的国度。他从那里回信说,正是妈妈的"喜欢"帮助,几乎剥夺了他维生的"技术"。

爱默生说:"坐在舒适软垫上的人容易睡去。"一个人坐在健身房里让别人替自己练习,是永远无法增强自己肌肉力量的。狮子将小狮子推到深谷自己求生的故事,就说明"不依靠别人,凭自己的力量前进"的可贵。

惯于依赖的孩子喜欢追随别人,遇事求助别人,没有自信心,不敢自作主张,不能自己决断,在家中依赖父母,工作后遇事宁愿依赖同事或上司,害怕独立,不愿自己创造,不敢表现自己。这些都意味着人格还没有趋于成熟和健全。

心理学的研究把人分为两种类型,即内控型和外控型。内控型的人常常这样描述自己:"我身上发生的事很大程度上取决于我自己做出的决定和付出的努力。当我无法改变事情的时候,我仍然可以决定以何种方式来应对。"外控型的人经常会这样说:"我的快乐和痛苦不是我能决定的,这取决于别人或取决于命运。"换句话说,内控型的人相信自己,并会通过努力和负责的行动,改变自己的命运;外控型的人认为人是不能改变自己的命运与境遇的,因而他们是被他人、外界或命运摆布的弱者。

把孩子放在随时可以指望父母或他人帮助的地方是非常危险的。在一个可以触到底的浅水处是无法学会游泳的。而在一个很深的水域里,孩子会学得更快更好。当他无后路可退时,他就会安全地抵达河岸。依赖性强、好逸恶劳是每个人与生俱来的人性弱点,而只有把孩子逼到"迫不得已"的形势下才能激发他们身上最大的潜力。只有让孩子完全抛弃可以依赖的拐杖,勇于去走自己的道路,才能真正自立自强。

第5章 穷养男孩并非放养

一家大公司的老板曾说,他准备让自己的儿子先到另一家企业里工作,让他在那里锻炼锻炼,吃吃苦头。他不想让儿子一开始就和自己在一起,因为他担心儿子在他的大树荫下,被他遮住了阳光,难以成为栋梁。在这方面,华人富豪李嘉诚做得很好。他曾让自己的儿子李泽钜和李泽楷两兄弟到过外国人的咨询公司打过工,磨炼他们独立的精神,他的用心得到了实际的回报,李泽钜后来担起了家族发展的重担,而李泽楷也拥有了新的事业,和父亲并驾齐驱,一同奋战商海。

这些具有远见的家长知道,在父亲的溺爱和庇护下,想什么时候来就什么时候来,想什么时候走就什么时候走的孩子很难会有大的出息。只有自立精神能给人以力量与自信,只有依靠自己才能培养成就感和做事能力。

有这样一则寓言:两只青蛙在觅食中,不小心掉进了路边一只牛奶罐里,牛奶罐里还有为数不多的牛奶,但是足以让青蛙们体验到什么叫灭顶之灾。

一只青蛙想:完了,全完了,这么高的一只牛奶罐啊,我是永远也出不去了,于是,它很快就沉了下去。

另一只青蛙在看见同伴沉没于牛奶中时,并没有沮丧,而是不断告诫自己:"上帝给了我坚强的意志和发达的肌肉,我一定能够跳出去。"它每时每刻都鼓起勇气,鼓足力量,一次又一次奋起、跳跃——生命的力量与美展现在它每一次搏击与奋斗里。

不知过了多久,它突然发现脚下黏稠的牛奶变得坚实起来。原来,它的反复践踏和跳动,已经把液状的牛奶变成了奶酪!不懈的奋斗和挣扎终于换来了自由的那一刻。它从牛奶罐里轻盈地跳了出来,重新回到绿色的池塘里,而那一只沉没的青蛙就留在了那块奶酪里,它做梦都没有想到会有逃出险境的机会。

有时候我们的人生也会遭遇青蛙的境遇,很多突如其来的挫折或困难会阻挡我们前进的脚步。

但是有的人却成功了,是因为他们能够坚强地面对,而有的人失败了,是因为他们面对困难一蹶不振,失去了继续拼搏的勇气。伟大的发明家爱迪生说过,厄运对乐观的人无可奈何,面对厄运和打击,乐观的人总会勇敢地迎接挫折!因此,我们要告诉孩子,跌倒了不要怕,勇敢地站起来就能看到一片艳阳天!在日常生活中,我们也要不断地锻炼孩子的勇气!

在锻炼孩子勇气方面,英国人的做法是值得家长们学习的。曾经有这样的事情：英国西南部的瓦伊河畔，有一所由少年探险组织建立的河流探险训练中心，专门为孩子们提供探险机会。

在那里，孩子们每天一早就来到河边，由专门的人负责教他们游泳和划船。训练是艰苦而紧张的，每一次练习都有孩子落水，也有些人受伤。在激流中拼搏，需要具有坚强的意志和勇气。孩子们在这里不仅仅学习了划船等技术，更重要的是锻炼了他们的意志，培养出勇敢的精神，同时也懂得了互敬互爱和团结合作。

在英国很多地方都有类似的活动，目的不是为了学习某种技巧，而是为了锻炼孩子的意志和勇敢精神，为以后的工作和生活做好各方面的准备。

在家庭教育中，英国人的这种做法是值得提倡和推广的。锻炼孩子的勇气，首先要求父母是勇敢的人。如果父母自身就对困难或对带有一些危险的活动感到害怕，那么这样的父母培养出来的孩子就不可能有勇敢的精神。有些父母仅仅是为孩子的安危担忧而牺牲给孩子锻炼的机会。事实上，这样做是很自私的，也是很懦弱的表现，因为这些父母更多的是为了保护自己的感情不受到万一可能发生的危险所带来的伤害。

对男孩"狠"一点

美国西点军校有一个久远的传统，遇到学长或军官问话，新生只能有四种回答：

"报告长官，是！"

"报告长官，不是！"

"报告长官，没有任何借口！"

"报告长官，不知道。"

除此之外，不能多说一个字。比如学长问："你认为你的皮鞋这样就算擦亮了吗？"你的第一个反应肯定是为自己辩解："报告长官，刚才排队时有人不小心踩到了我。"但是不行。

这不在那四个"标准答案"里，所以你只能回答："报告学长，不是。"学

第5章 穷养男孩并非放养

长要问为什么,你最后只能答:"报告学长,没有任何借口。"

如果军官派一个新生去完成一项任务,而且限定在一定时间内完成。这项任务完全可能会因种种原因而不能按时完成,但军官只要结果,根本不会听你长篇大论地解释为何完不成任务。"没有任何借口"迫使这位新生只有把握每一分每一秒去争取完成任务,根本无暇为完不成任务找借口。

也许我们认为西点军校的校规过于苛刻,但是它能够存在必然有存在的道理。学校之所以这样规定,就是要让新生学会忍受压力,学会恪尽职责,明白表现不达标是"没有任何借口"的。

我们必须告诉自己的孩子,在面对困难的时候不要找任何借口。

借口是做不成事、做错事的挡箭牌;是敷衍别人、原谅自己的护身符;是孩子掩饰弱点、逃避责任的百验灵丹。借口掩盖了过失,推卸了责任,使孩子心理暂时平衡,但长此以往,便是大事做不了,小事做不好,最终一事无成。

做家长的要引导孩子正确地认识自己,正确对待成功与失败,只为成功找方法,不为失败找借口。对于过去的失败抱着正确的态度,分析原因,找出不足,进行弥补。客观、合理地制定自己的目标,并为生活中的成功和失败找出原因。孩子不为任何事情找借口的习惯一旦养成,他们将会受益终生!

茅盾5岁那年,父母就商量应该给儿子进行早期的启蒙教育。当时茅盾进的私塾学习气氛不好,父母担心他得不到严格训练,会养成不良习惯,便决定自己来教儿子。他们自己找了教材,还根据历史古书编成儿童易懂的歌曲教给孩子,或者是把晦涩的历史文献讲成一个个小故事,由母亲来讲给孩子听。这些早期的家庭教育,对茅盾形象思维的形成起到了重要的作用。

茅盾10岁那年父亲病逝,教导孩子的重任就落在了母亲一个人身上。母亲怕茅盾落下功课,便让茅盾拿课本来自己教他。有时候茅盾在学习上遇到了问题,母亲总是严加管教,毫无情面可言。

茅盾小学毕业,征求母亲的意见,是上师范院校呢,还是读自己喜欢的工科。虽然母亲独自一人艰辛地抚养着两个孩子,但她还是让茅盾上了工科。

虽然离开了家,但是母亲也没有放松对儿子的管教和关心,茅盾也经常把自己发表的作品或是和弟弟通的信寄回去给母亲看。

茅盾快结婚的时候,母亲担心他和目不识丁的未婚妻在一起没有共同的人生追求,就想帮他把婚事退了,但是茅盾害怕退婚给母亲添麻烦,就想把未婚妻娶过来,让母亲教她识字。于是第二年,母亲就为儿子办了婚事。

后来,在茅盾弟弟的教育问题上,母亲也体现出极大的严而有格,严而有度。茅盾的弟弟在工科学业即将结束的时候受新思想影响,响应革命的需求要东渡日本专心研究政治,但此时离他毕业只有短短的半年时间了。茅盾很反对弟弟的选择,但母亲看小儿子去意已决,便同意了儿子的要求。

茅盾母亲在教育孩子的时候懂得宽严相济,既不一味地强求孩子服从自己的管教,也不纵容孩子不好的习惯,这点值得很多父母好好学习。

在我们现在的家庭中,一般情况下男孩和母亲在一起的时间大大多于和父亲相处的时间,母亲在男孩的早期家庭教育中扮演着很重要的角色。可是有的母亲爱子心切,常常过度地溺爱自己的孩子,往往是男孩主宰着家长的一切。

儿童教育学家和幼教工作者普遍认为:对孩子应当宽严相济。该严的时候严,父母才能在孩子面前树立起应有的威信;该宽的时候宽,孩子才能够不被束缚,收到良好的教育效果。父母应该怎样对男孩进行家庭教育呢?

1. 对男孩宽而有度

对于男孩无理的要求,父母要果断拒绝,比如孩子看到其他小朋友的汽车模型很漂亮,非要让父母也给他买一个;吃饭的时候看到自己喜欢吃的东西就拿到自己面前,不给其他人吃;吵着闹着非要在吃饭的时候吃冰激凌。家长只要答应了孩子无理的要求,就必然失去了自己的威信。

2. 对男孩严而有度

在父母管教过严的家庭环境下长大的孩子,往往性格懦弱、没有主见、遇事慌张。家长过度限制孩子的自由,处处指责,也会影响他们自身各方面能力的提高,限制孩子的发展。

3. 对男孩的严加管教要讲究方法

当孩子做错事情的时候,比如逃学、不交作业、打骂同学,父母千万不要一味地打骂孩子,粗鲁的管教方式往往只能收到适得其反的效果。

4. 男孩的人格独立平等

在良好的家庭环境中,家长和孩子的人格应保持平等,父母不应该因孩子年纪小而漠视他在家中的地位。平等是营造良好的家庭氛围的前提。父母、子女任何一方的优越感都会对其他家庭成员造成心理压力,使双方产生心理隔阂。

第5章　穷养男孩并非放养

为男孩创造条件适应社会

一个研究《塔木德》的犹太学者，刚刚结束他的学习生涯，到艾黎扎拉比那里，请求给他写封推荐信。

"我的孩子，"艾黎扎拉比对他说："你必须面对严酷的现实。如果你想写作充满知识的书，你就必须像小贩那样，带着坛坛罐罐，挨门挨户地兜售，忍饥挨饿直到40岁。"

"那我到40岁以后会怎么样？"年轻的学者满怀希望地问。

艾黎扎拉比鼓励地笑了："到了40岁以后，你就会很习惯这一切了。"

这一则小故事流行于犹太人之间，他们用这样的故事教育后代苦难是不可避免的。苦难教育对一个人的一生影响深远，很多人总是逃避苦难，不愿意去品尝，但要知道，只有经历苦难，才能从苦难中汲取动力和能量，只有真正懂得苦难的含义，才能品出苦难赋予它的甜。

对于苦难，任何人都会有一种不由自主想要逃避的心理，殊不知，经历了苦难之后的生活才能更甜。所以，交给孩子品尝苦难的本领，他才能够明白究竟什么才是真的甜。

父母要让孩子自小接受艰难困苦的磨炼，教会他们敢于面对挫折，不怕失败，以培养他们坚忍不拔的意志和毅力。

在逆境中千锤百炼成长起来的孩子才能更具生存竞争力，这也是父母应为孩子尽到的义务和责任。

让孩子在心理上经得起挫败，关键就是要他能"缩小"自己，不要有唯我独尊的意识，在看问题的时候能够从别人的角度来看，那么他就不会轻易被一件小事情打败了。

然而，现在的很多家庭，家长不舍得孩子吃苦，他们动辄"宝贝宝贝"地叫着，恨不得为孩子做一切。在这样的教育下，孩子好吃懒做、娇气任性，还缺乏责任心、感恩心。

站在孩子的角度想一想：很多事情没有经历，不知道生活还有不如意的一面，很多东西从来都是像天上掉下来的一样容易，不需要费一点心力，这个时候，他怎么有机会、有能力去承担生活给他的各种考验呢？

现在的孩子，尤其是那些家境优越的孩子，他们从来没有认真努力过，总认为一切都不用愁，自有父母安排。这样的孩子就缺乏危机的意识，当真正的困难来临的时候，他们会被彻底打败。在任何情况之下都保持着高度的警惕，才能更好地掌握自己的命运。

给男孩进行苦难教育，男孩才能真正强大。如何培养男孩的危机意识呢？可以有以下的几种方法：

（1）家长不用担心给孩子的物质条件不够或者觉得自己孩子穿的吃的比不上别的孩子，应当明确告诉孩子，家里条件没他想象的好，父母挣钱不容易。如果希望得到更好的东西，要通过自己的努力来实现。

（2）在培养孩子危机意识的过程中，不应该一味地批评和限制，当孩子有一些进步时，比如懂得节俭了，父母也应当不失时机地加以表彰和鼓励。

（3）要使孩子的危机意识成为一种思考习惯。在孩子小时候，就告诉他：不努力马上就会有危机：你立刻就会得不到你想要的好东西。先让他在脑子里形成这种条件反射和好的习惯。当他慢慢长大时，再不断地向他灌输奋斗、进取的意义。

同是几个孩子的母亲，一天，母亲拿出了几个苹果，要给孩子分苹果。可是苹果有红有绿，有大有小，各不一样。

一个母亲告诉孩子："好孩子要学会把好东西让给别人，不能总想着自己。"

另一个母亲把那个最大、最红的苹果举在手中，说："这个苹果最大、最红、最好吃，谁都想要得到它。很好，现在，让我们来比赛一下。我把门前的草坪分成几块，你们一人一块，负责修剪好，谁干得最快、最好，谁就有权得到大苹果。"

结果，前一个母亲的孩子为了讨母亲的欢心，违心地让出好东西，最后学会了撒谎。而后一个母亲的儿子从中明白了一个最简单也最重要的道理：要想得到最好的，就必须努力争第一，最后成了白宫的主人。

第二个母亲，她做法的高明之处在于激发了男孩的成就感。经常有成就感的男孩能够在将来更好地实现自己的人生目标。

父母都希望自己的男孩在将来能够出人头地，那么如何培养男孩的成就感呢？可以从下面的几个方面开始：

（1）建立起良好的亲子关系。良好的亲子关系是提升孩子成就动机的大前提。孩子敬重和认同父母，这样能够充分发挥家长的影响力，家长正确价值观的建立对孩子的成就欲也有着间接的鼓励。

（2）丰富孩子健全的情绪体验。脑生理学家指出，支配创造欲望的区域与支配情感的区域，同在大脑"新皮质"的额叶。这正是与动物本质不同之所在。人有两片额叶，动物没有。只有人才会产生动物远不能比拟的复杂欲望和感情。因此，要发展孩子的成就欲，必须丰富孩子的情绪体验，使他们成为情感丰富、健全的人。

（3）要尊重孩子的独立性。孩子在独立做事情的时候会体验到各种情感，这种体验会反过来激发他们做事情的欲望和兴趣。在他们的努力下，事情成功时，心情与在别人帮助或强迫下成功是大不一样的，巨大的喜悦会激起争取取得更大成功的欲望，相反，失败了也会使他们产生出不屈不挠的精神。

（4）要创造条件让孩子尽早取得成功。成功欲是在一次次取得成功的基础上发展起来的。因此，无论孩子学什么、做什么，都要为之创造条件，耐心引导。切忌冷嘲热讽，伤害孩子。

（5）适时地给予正向回馈。适时的鼓励和支持能成为激发孩子成功的动力。回馈可以用具体明确的言语表达，也可选择孩子感兴趣的方式。

（6）鼓励孩子涉足新的领域，敢于尝试没有做过的事情。家长习惯于责怪孩子的冒险行为："太危险了！""那可不能去！"禁令和责备对孩子十分有害，会使孩子兴趣的萌芽、新奇的体验受到摧残。额叶因得不到足够的刺激而发展不起来，孩子会变成一个缺乏欲望的人。

（7）要帮助孩子不断总结经验教训。事后家长可以帮助孩子想想哪些地方存在不足，如果重新做时应怎样改进会做得更好，使孩子的聪明才智和成就欲得到更好的发挥。

不打不骂穷养男孩

大多数的成功者都有过"穷"养经历

刘明今年13周岁,上初中一年级。不久前,他滋生了一种和别的同学比阔气、比花钱大方的思想。比如,学校组织校外参观,他听说有的同学带了20元零花钱,他就要家长给他30元。以前,踢足球穿一般的足球鞋就行,现在他则嚷着要买名牌球鞋,还说:"不少同学穿的是进口名牌,我买国产名牌已经是低标准了。"为了他上学方便,家里专门给他买了辆轻便自行车,结果没骑多长时间,他就又缠着要买辆变速车。

这是很多孩子的一种攀比心理。青少年往往不知道钱是怎么来的,他们觉得来得很容易,久而久之,乱花钱的行为就会根深蒂固。如果这种行为愈演愈烈,也许真的会有那么一天,你的孩子的生存会因此而受到威胁。

现在,我国的许多家庭物质条件好了,又只有一个孩子,所以家长一门心思地想让孩子尽量过得舒服些,孩子要什么就给什么,口袋里零花钱不断,如今随便从一个孩子的身上掏出50、100元钱,不是什么稀奇事。孩子手里钱多了,是人们生活水平提高的一种体现。但是孩子手里的钱多了,也令人担忧。

靠工资生活的"工薪族",在购买商品时未免有些踌躇,很难真正潇洒起来。然而,和"工薪族"的孩子相比,一些暴富人家的少男少女们却先"富"了起来,着着实实地"潇洒":穿的是"彪马"或"耐克"名牌运动衣,用的是"派克"金笔、日本进口卷笔刀、高级文具盒,骑的是千元的赛车,累了就到麦当劳爆撮"巨无霸"和冰激凌,那份派头儿,令每月靠工资生活的父母们叫苦不迭。

在发达国家,人们生活普遍比较富裕,但大多数富人对孩子要求甚严。他们生活保持低标准,并不鼓励孩子纵欲使性,为的是砥砺孩子的意志,培养孩子艰苦的品质,不让他们堕落成钱多智少的庸才。

前面提到的罗斯福总统不肯为儿子拿路费的例子,实在出乎大家的意料,但正是他用"穷养"的方法才教会了儿子自食其力。

让男孩们"穷"着点实际上是为他们的未来着想。如有可能,可以让孩子

第5章 穷养男孩并非放养

适当地参与父母的劳动，让他们深刻体会到父母工作的辛苦。有一名对已下岗的父亲嗤之以鼻的男生，有一天，陪父亲在街头替人修自行车，还在父亲手把手的指导下拧了几下扳手。他回家后默不作声，脸上写满了愧疚。从此，每当父亲回家，他必定端一盆温水，绞干毛巾塞到父亲手里。那份真诚的孝心，出自对父亲艰辛工作的感激和敬重。

如此"穷养"大的男孩子，必定懂得生活的艰苦，比同龄的孩子更坚韧，在将来的人生道路上，也就更容易取得成功。

西汉宣帝时一位大官叫疏广，告老回乡后，每天让家人提供酒食，宴请亲朋乡邻。他经常问家里剩钱还有多少，让家人赶快拿出去买酒买菜。这样过了一年多，家人劝说疏广买一些田地和住宅，留给子孙。疏广说："我难道老糊涂了，不想子孙的事了？我是想，我们已经有了一些田地和住宅，子孙如果勤劳，足够供给衣食，与普通百姓差不多。现在再给他们增加什么都是多余的，有了多余的就会使子孙变懒。如果是贤材，财富多了，就会损害他的志向；如果是蠢材，财富多了，就会增加他的罪过。而且，富人容易招群众的嫉恨。我既然没有什么可以用来教育子孙，也不想增加他们的罪过而又被很多人嫉恨。"

经常听说某某官员铤而走险给子女安排一份好工作，谋求一个好职位，用心可谓良苦。这些人总是"聪明一时糊涂一世"，把老祖宗"财富不长宜子孙"的忠告置于脑后。

一般人富贵了之后自然想到封妻荫子，给子孙留下一笔可观的财富。但是，我们从历史上看，很多人虽然留了财富，子孙都不会享受一辈子的。名门之后，还想高人一等，结果是连普通人都不如，享受少而受苦多，有出息的更少。在东南亚的华侨，有很多人发了大财，但是，传到第二代，就破产了。电脑大王王安有若干亿美元的财富，传到第二代也就破产了。所谓"富不过三代"，这是一种比较普遍的社会现象。

问题在于这些有钱人把钱的作用扩大化了，把钱看做是万能的，因而忽视了孩子的教育以及独立生活能力的培养。积累财富任其消费，以为这样就是爱心的充分体现。实际上，这是危害子女的普遍做法。"坐食山空"，即使有金山、银山也会花完的。鉴于古人的教训，我们应该如何为子孙后代计划呢？

我们应该给孩子留些什么？林则徐做出最好的回答："子孙若如我，要钱干什么，贤而多财，则损其志；子孙不如我，留钱干什么，愚而多财，益增其过。"

曾国藩写信给儿子说:"银钱田产最易长骄气逸气,我家断不可积钱,断不可买田,尔兄弟努力读书,绝不怕没有饭吃。"

为人父母者假若不下苦心培养子女的一技之长,在当今乃至今后"凭本事吃饭"竞争日趋白热化的社会里,你的孩子那个饭碗如何能端得牢靠?你纵然财大气粗富甲一方,给你的孩子留下一座金山,也架不住子孙坐吃山空、挥霍一尽。

养尊处优并不是父母送给孩子的最好礼物,恰恰可能埋下祸根。倒是那些从小就挣扎在社会最底层的人们,没有别的出路,没有任何指靠,只有以死相争,常常可以出人头地建功立业。理性的家长是用金钱为孩子健康成长提供基本条件,而不是让孩子在挥霍金钱中消磨意志,自毁前程。

让男孩有意识地管理自己

1919年小西奥多竞选纽约州议会席位。有人称他靠父亲的声望竞选,他答道:"是我在竞选……并不是我父亲。"这是他鲜明的"独立宣言"。

小西奥多竞选失败后,父亲罗斯福写信鼓励他,信的大概内容是:

在你做决定的时候,最好的情况是你选择了正确的决定,其次是作出了错误的决定,最差的就是你什么决定都没做。我们每个人都是独立的个体,所以做人要独立,要敢于作出决定。即使失败了,也没关系,因为你已经能做自己的主人了。记住:只要学会独立,总有一天你会取得成功的!

与西奥多·罗斯福的做法相反,现实生活中,许多孩子的父母不重视孩子生存能力的培养,千方百计地给孩子创造安逸舒适的生活条件,一点困难和磨难也舍不得让孩子受,致使有的孩子到了中学,甚至到了大学,离开了父母就不会独立生活,处处表现出懦弱、畏缩、无能,这样的孩子将来恐怕难有出息。缺乏独立生存和自理自立能力,缺乏生存困境的磨砺,就很难成为生活的强者。家长的责任应该是培养孩子有生存和自我保护的本领,使他们有勇气去面对生活中可能出现的危险与困难。伟大的科学家爱因斯坦回顾自身的教育经历,在一篇《论教育》为题的讲话中曾深刻指出:"发展独立思考和独立判断的一般能力,应当始终放在首位,而不应当把获得专业知识放在首位。如果一个人掌握了他的学科基

础理论,并且学会了独立地思考和工作,他定会找到他自己的道路。"

自立是生存的开始。如果要让孩子生活中自立,就要养成他自理的好习惯,自己能做好的事一定要靠自己的力量做好。因为孩子们迟早要独自面对这个社会。如果说长辈的呵护是一篓鲜嫩的鱼,那么自理就是一根鱼竿。鱼总有吃完的时候,孩子们只有得到钓鱼的鱼竿,才能保证你未来的生活衣食无忧。

然而,在现在的青少年朋友中,具有自理能力的实在太少了。中国青少年研究中心"中国城市独生子女人格发展状况调查"显示:20%的青少年明确表示"缺少生活自理能力",18%的青少年"做事依赖别人",28%的青少年"很少帮助家长干活"。

国内有一位著名的青少年教育专家曾忧心忡忡地说,青少年在父母如此"周到"的服务、如此"严密"的保护中,自理行为大大减少,对成年人依赖性越来越强。很多青少年都将父母的呵护当做"拐杖",可是却没有想过,一旦离开了"拐杖",自己就寸步难行。

我们要让孩子知道我们不可能帮他做所有的事,因此必须培养他们的独立能力,那么,具体我们该怎么做呢?

1. 要养成独立生活的意识

有研究表明,如果能够从父母身上得到充分的支持和爱,男孩会比女孩更早地走向独立。通过对6个月大的男女婴的对比实验,可以发现,面对困难的时候,男婴已经开始试图通过自己的探索尝试解决问题的途径,而不是借助哭泣等手段。因此,孩子不够独立我们应该在自己的身上找原因。我们总是娇惯自己的孩子,不愿意让孩子"受苦",怕他不小心磕着或碰着。另一方面是父母怕麻烦。有些父母说:有教孩子做事情的那些时间,自己也就替他做好了,其余的事情包括力所能及的事都不用做,从而剥夺了他们生活自理的机会。当今独生子女缺乏自理能力普遍是由于上述原因。

事实上,这种完全忽略自理能力培养的心态,既害了孩子,也害了父母。因此,强化培养自理能力的意识是很有必要的。

2. 让他要养成动手的习惯

在训练自理能力的时候,除了训练孩子管理自己的日常生活以外,还要特别强调训练他学做家务。如让他自己做早点、洗袜子、拿牛奶、买东西等。同时,可以对孩子提出切合实际的要求并做具体的技术性指导,即使是洗手帕、洗碗碟或收拾房屋也要注意这一点。

3. 要正确地对待孩子的错误

有时候，孩子由于年龄小，认识水平不高，考虑问题不周全，力气小，在做事的过程中，难免会出现一些失误。不要指责他，更不能惩罚他，对于有失误的地方，要帮助他分析原因，找到问题所在，以提高操作的技能和水平。这样，既能保护孩子自理生活的自觉性、积极性，培养良好的心理品质，又能逐步走向成熟，不断提高自己的认识水平和生活自理能力。

如果孩子总是做得不好，也切不可性急。要以激励为主，肯定孩子做得好的方面，在此基础上找出不足之处，从而为下一次避免失误找到方法。这样的方法，不仅可以锻炼孩子的自理能力，而且极大地增强了自信心，对促进孩子的身心发展将产生积极作用。

男孩娇滴滴，没有竞争力

不少父母都不自觉地把男孩看做"我的孩子"，认为他是属于自己的，没有意识到男孩其实是一个独立的人。作家纪伯伦告诫人们："孩子来自你的身体，但是不属于你。你可以给他们爱，但不能塑造他们的思想……"家长对男孩过度的呵护与保护、过高的期望及管教，会扼杀男孩本来的天性，令其窒息，甚至产生严重的后果。不经意间，我们的做法正是以爱的名义代替了男孩精神的独立。

2007年10月31日，某大学年仅26岁的研究生小洪跳楼自杀，当场死亡。他在遗书中说，因找不到理想的工作，不愿意成为父母的拖累，所以选择自杀结束生命。

某大学学生在一次学院联欢晚会上因唱歌走调，引起观众的哄笑，一时想不开，竟于当晚自杀身亡……

男孩原本应该是刚强的，如今却被这些不起眼的小挫折所摧垮。一个个不胜压力的男孩自杀的报道充斥报端，而他们自杀的首要原因就是在生活、学习中遭遇挫折、打击，比如无法适应独立生活、受到师长的批评、某个要求未被满足、就业不顺利、工作压力大和失恋等。

第5章 穷养男孩并非放养

挫折是任何人都无法逃避的，一个人从事有目的的活动时，总会遇到障碍和干扰。现在的男孩们吃得好、穿得好、玩得好，从这个角度来说，他们是幸运的。可是他们抵抗挫折的能力较低，往往在学习和生活中经不起挫折，一旦遭到挫折和不幸，极易悲观失望、自暴自弃，有的甚至走上轻生的道路。从这方面来讲，当今社会的男孩又是不幸的。

男孩挫折心态产生的原因是多方面的，主要来自学校、家庭、社会和自身：

学校方面

男孩由于生理、心理发展较女孩慢，因此，中小学阶段的男孩考试成绩都不理想，老师对男孩的言行也不像对女孩那样慎重，这些都能使男孩心理受挫，出现挫折心态，产生恐惧感和焦虑感，进而怀疑自己的智力、能力，导致悲观、失望。性格外向的男孩会变得少言寡语、不苟言笑，性格内向的男孩会变得心灰意冷。

家庭方面

有些男孩因家里突然发生意外情况，如亲人伤亡、父母离异、天灾人祸等，或因父母"望子成龙"心切，甚至经常受到责备打骂，在家里得不到温暖，从而产生挫折心态。他们往往会表现出非理性的行为或消极的处世心理，性格上也会出现种种不良影响，如狭隘、抑郁、怯懦、孤僻、离群、对立、仇视等。经受这些挫折的男孩往往为了求得心理上的平衡，或放弃追求目标逃避现实，或离家出走，或迁怒于他人。

社会方面

社会对男孩的影响是潜移默化的。有的孩子看到社会上出现的不良现象，如种种腐败现象，心理上失去了平衡，想到自己的基础差，学习又吃力，不如早点回家去做个体生意或外出打工，这样便产生了挫折心态。

自身方面

有的男孩由于自己生理上的疾病及缺陷导致挫折心态，或由于自我设计的"理想"总不能实现而导致信念动摇，产生了挫折感。有这种心态的男孩，轻则对周围采取无所谓的态度，我行我素；重则逃避现实或玩世不恭、自暴自弃。

挫折其实是社会生活中的正常现象，几乎每个人都无法逃避。如果你想成就自己的人生，就更不能逃避挫折。正如中国古代大思想家孟子所言："天将降大任于斯人也，必先苦其心志，劳其筋骨，饿其体肤，空乏其身。"也就是说，以

吃苦为代价才能换取"降大任"的报偿。挫折,是成功的必经之路。

为了帮助男孩摆脱脆弱心理,家长可以试着从这几个方面进行:

1. 让男孩学会辩证地看待问题

让男孩知道一个人经受一些适当的挫折,并不完全是坏事。反之,一个人如果从未经历困难和挫折,从来都是一帆风顺,就会犹如温室里的花朵,经不住人生中的风霜雨雪,很容易被一时的挫折压垮,这样的人也是难以有所作为的。

让孩子知道他遇到的每一个挫折都是对自己的考验:学习中遇到难解的题目,证明提高自己学习水平的机遇来了;生活中遇到问题,证明增长阅历的机会来了。只有这样,才能将挫折视为乐趣,迎接各种挑战。

2. 告诉男孩"跌倒了再爬起来"

父母可以给男孩举一些坚强的事例,比如体操运动员桑兰,比如诺贝尔等人的经历,让孩子明白一个道理:挫折并不可怕,只要能适应挫折、直面人生、勇于拼搏,就能战胜惊涛骇浪,驶过激流险滩,从而到达成功的彼岸!

3. 和男孩一起寻找失败的原因

比如,孩子的期中考试没有考好,那么家长可以和孩子共同坐下来分析这次没考好的主要原因。分数虽然不能绝对说明问题,但一定程度上反映了孩子对这些知识的掌握情况。父母可以帮助孩子总结经验。另外,学习的重点应当明确,学习不是单纯为了追求分数,而应注意解题方法的全过程;许多知识都触类旁通,不能只是机械地去背,要学会思考。只有这样,才能把各种知识联系起来,把学来的知识记牢。

通过与孩子一起正确归因,使孩子面对现实,认清自己学习的缺漏所在,从低落的情绪中走出来,在以后的学习生活中重整旗鼓。

不经风雨何以见彩虹

惠施和庄子都是魏王的好朋友。一天,魏王分别送给他俩一些大葫芦的种子,对他俩说:"你们把这些种子拿去种在地里,会结出很大的葫芦。比比看,你俩究竟谁种的葫芦大,到时候我还有奖赏。"

第5章 穷养男孩并非放养

惠施和庄子都高兴地领受了,并去种在地里。

为了能种出比庄子更大的葫芦,惠施非常用心,而且每天都施肥、除草。庄子的葫芦就种在不远的地方,但他从不施肥、除草,只是到时候来看看,见没有什么异常,就做别的事去了。

没过多久,惠施的葫芦苗一棵一棵地相继死去,最后,一棵也没成活。而庄子的葫芦苗却长得格外好,慢慢地,都开花结了果,而且,正如魏王所说的那样,长出的葫芦都很大。

惠施觉得很奇怪,就跑来请教庄子:"先生,为什么我那么用心地栽培,所有的苗都死光了,而您从来都不曾好好地管理,反而长得那么好呢?"

庄子笑着答道:"你错了,其实我也是在用心管理的,只不过与你的方法不同罢了。"

"那你用的是什么方法呢?"

"自然之法呀!你没见我到时候也要去地里转转嘛!我是去看看葫芦苗在地里是不是快乐,如果它们都很快乐,我当然就不用去管它们啦。而你却不管它们的感受,拼命地施肥,哪有不死之理啊?"

"这么说来,还是我害了它们?"

"就是啊!你的用心是好的,可是你不用自然之法,怎么可能得到自然万物的拥戴呢?"

惠施恍然大悟。

这个故事对当今的家庭教育会有所启迪。在孩子成长的道路上,存在着一个非常温柔的陷阱,就是那些过分庇护孩子的父母亲自挖掘的,掉进陷阱里的孩子,由于被剥夺了犯错误和改正错误的机会,从而也失去了长大成人的权利。

保护孩子是父母的天性,没一个父母不对孩子倾注着满腔的热爱。没有父母的保护,孩子是很难长大成人的。然而,过度的保护则没有益处,只会使孩子变得软弱无能,缺乏自主性和独立性。

据报载,一名8岁的小男孩,仅仅因为一次在回家时迷路,他母亲便痛下"不再让儿子离开自己半步"的决心,并辞去公职,留在家里照看儿子。这样的事例,在生活中是很少见的,但家长对孩子过分呵护,凡事顺着孩子,生怕孩子饿着、累着、受委屈的现象却不是个别。我们在一些小学门口观察发现,家长早送晚接,更有甚者,干脆帮小孩做家庭作业,收拾学习用品,帮小孩值日打扫学校卫生区等。一个四年级的学生上课没带课本，老师问他为何不带课本，他却振振有词地说："还不是我妈忘记装了！"

有一位母亲，由于在孩子很小的时候和丈夫离异，她便把全部的爱倾注在孩子身上，好吃好穿的任他挑，在家想干什么就干什么，想要什么母亲就帮他买什么，恨不得把天上的月亮也摘给他。母亲的娇惯和纵容，使他滋生了"唯我独尊"的心理。在学校里霸道十足，不听老师的话；在家稍不如意，就拍桌子摔碗。

过分保护导致如今孩子某些生理、心理机能退化。一些家长一方面在学业上拼命给自己孩子"加压"，另一方面又为他们在生活上尽可能地创造了很好的条件，这便导致现在的孩子大脑"发达"，四肢无力。在舒适的环境中，孩子身体中的某些机能正在逐步退化。因为他们生活的需要很容易得到满足，几乎不用克服什么困难，不用付出，也就没有发展。孩子成长过程中用于发展自己能力的机会就这样被剥夺了。

另外，我们要说的是，父母过度保护孩子的做法其实是一种自私心理的反映。因为过分溺爱的背后，一定会有对孩子行动的禁止和干涉。父母们总是按照自己的意愿去爱孩子，总是站在大人的角度去判断何事该做，何事不该做，从来没有问过孩子是否真的就需要这样的保护。尽管这些都是出自于对孩子的爱心和关怀，但是父母们有没有想过，孩子会在这种连续"禁止"中，逐渐失去表达自己要求的能力，甚至会变成"无力量""无意欲""无关心"的"三无人类"。

一位父亲去美国考察，一天正遇风雪天气，看到一群小学生，穿着短短的羽绒衣，单薄的裤子，敞着领子，背着沉重的书包，在大街上困难地行进，并没有汽车接送，也没有家长陪同。孩子们小脸冻得红红的，欢笑着，跳跃着，没有一个愁眉苦脸的。这位父亲回国后，对正上小学三年级的儿子讲了在美国看到的情况，对他说："从明天开始，你自己上学去，不再由大人接送了。"话音未落，孩子"哇"的一声大哭起来。问他为什么让他自己上学就哭，"是不认得路吗？"摇头。"怕过马路车多吗？"还是摇头。到底为什么呢？他抽泣着说："人家都有人接，我没人接，多没面子呀！"原来如此。

家长们"众星捧月"般的娇纵，无异于为孩子们建起了一座座坚不可摧的壁垒，最终将孩子囚禁成鹦鹉、金丝雀，无法具备独立的人格，这样的孩子必将在未来的社会中尝遍苦头。"育子何妨粗放些"，有专家曾如此呼告——因为，我

第5章 穷养男孩并非放养

们的孩子需要粗放式的教育方式!

育子何妨粗放些。作家毛志成在他的文章里,也有着这样的感慨:

那一年冬天,好冷好冷。积雪久久不化,继续酿造着令人恐惧的低温。

有一天,我夜宿某个山村,房东将一对八九岁的双胞胎男孩打发到我屋里同住。两个小东西脱得赤条条的,同钻一个被窝,好一通打打闹闹之后才睡着。第二天一早,两个小东西刚睁开眼,又是一通"被窝战"。后来,一个跳下炕,向室外跑去,另一个也跳下炕,穷追不舍。

室外是零下二三十度的严寒。

我穿衣下炕之后,走到户外,不禁惊愕了,两个小东西正在雪地上滚作一团,做"相扑"状。

其母出来抱柴,只是漫不经心地骂了一句"总是抽风",随即便取柴回院,未显示出任何惊愕。

其父出来担水,只是瞟了一眼,什么话也未说,看来他已司空见惯。

那时我20岁,尚未觅偶,不过心中却暗暗祈祷:"生子当如此儿!"

我很崇敬这对父母,认为他们简直是培养雄性的行家。

十余年后,我也有了一对双胞胎小儿,不知为什么,两个小东西的脸总是白嫩,经久不黑,肉多脂肪,缺棱短角隐生憾……

温室的花朵是经不起风雨的,过多的呵护和娇纵养出的孩子经不起生活的考验,这样的孩子必将在未来的社会中尝尽苦头。对待孩子,不必有太多的呵护,松开你捧着掖着的双手,让他们从摸爬滚打中成长,当有一天他们从生活的泥淖中站起来的时候,他们将拥有一副折不弯、压不软的硬骨头。

强健男孩的内心

不管是有时间的家长,还是忙碌的家长,都会遇到男孩有进步或者是犯错误的情况。这个时候,很多家长会采用一些方式来对男孩进行一些"回馈",如果男孩表现好家长给孩子买零食来奖励他。相反,如果男孩表现不好,家长可能会不让他吃饭,甚至通过体罚来让他记住教训。赏罚有学问,简单的物质奖励和皮肉之苦都是不恰当的，也不会收到最好的效果。

英国17世纪著名的政治家、哲学家和教育家约翰·洛克提出过"绅士教育"，曾得到大部分人的认可。他主张一定要用温存的语言，耐心热情的态度，和颜悦色的劝导，有计划、有步骤地培养儿童的习惯，切记不可声色俱厉、简单粗暴地责备和训斥他们，以免伤害儿童脆弱幼嫩的心灵和正在成长中的自尊心。他提出的这种奖惩方法就是使孩子知道羞耻和光荣。孩子一旦懂得了受尊重与羞辱的区别，尊重和羞辱对他们的心理就成为一种最强有力的刺激。家长一旦能让儿童爱惜名誉，惧怕羞辱，就等于使他具备了一种真正的做人原则。这个原则会永久性地发挥作用，使他们走上正轨。

在对待孩子的奖惩上，日本教育家多湖辉又有自己的看法。他认为，孩子会在被批评的过程中，学会辨别是非，学会区分哪些事情是好的、哪些事情是坏的。因此，家长要学会既纠正孩子缺点，又不伤害孩子的自尊心的批评。

批评孩子，应该保持冷静的态度，向他讲道理，以理服人，而且自己的立场也要始终如一。另外，批评孩子要有分寸、方法得当。

多湖辉曾因不满学校的严格管理，做出了伙同他人一起破坏学校部分校舍的荒唐之举。学校的规章制度非常严格，所以他已做好了退学的思想准备。而校长却把他们召到校长室，流着眼泪说了下面的一段话："太令人遗憾了。我现在什么也不说，想必你们也在反省自己吧？希望你们能再一次反思一下自己所做的事情。"校长宽宏大量的批评，深深地刺激了学生们，使他们进行深刻的自我反省。因此，采用什么样的批评方式非常重要，它既能使孩子的才能得到提高，反过来也能使之下降。

多湖辉一直主张："批评时要正襟危坐。"进行重要的谈话时，任何人都要端正姿势，创造一种严肃的气氛。而且，不是单方面地命令别人如何去做，而要采取一种理解对方的立场、倾听对方意见的具有包容性的态度。不论做了多么荒唐的事情，都应该有其原因。问清这些原因并予以理解是能让孩子接受批评的先决条件。

斯宾塞是近代西方科学教育思想的倡导者、英国教育学家、哲学家，在他的精心培养下，他的儿子获得了剑桥大学的博士学位，他的教育方法已成为欧美大多数家庭培养社会英才的指南。有一位哈佛大学的校长曾这样评价他："他像闪电一样冲击着美国和英国的学校教育。在美国，他的思想统治着美国大学达30年

第5章 穷养男孩并非放养

之久,他是一位真正的教育先锋。"

小斯宾塞一直被铁匠的儿子强尼视为竞争对手,因为小斯宾塞的成绩在班里一直遥遥领先。

小斯宾塞对这件事向来都不在意。直到有一次他在体育课上长跑输给了强尼,并且被强尼和其他孩子奚落,小斯宾塞才愤怒了,冲上去扑打强尼,但是强尼个子比他高,力气也比他大,小斯宾塞反而被推倒在地。

当斯宾塞了解了整件事后,说:"孩子,你输给强尼是很自然的,但这并不是你的错,而是我没有加强你平时的体育锻炼……现在弥补还来得及,你愿意吗?你还想赢他吗?"

"想!"小斯宾塞擦干脸上的泪水,精神马上就足了。

于是,从第二天起,小斯宾塞就开始锻炼——为了超越自己,在跑步方面胜过强尼。

在第二个学期的长跑比赛中,强尼和小斯宾塞并列第一。小斯宾塞对这个结果感到很满足。

斯宾塞认为,适当引导孩子的好胜心也是培养的关键。孩子天生就有或多或少的竞争意识和好胜心理。这种心理本身没有好坏之分,只要家长给予正确引导,就可以利用孩子的这种心理促进其全面、健康地发展,使孩子变得更优秀。

既然对好胜心的引导那么重要,那么,在实际生活中,我们应该怎样引导男孩的好胜心朝着正确的方向发展呢?

1. 让男孩明白,竞争最终的目的是要超越自我

竞争取得胜利的关键在于实力,而要增强实力,关键是超越自己。当然,孩子要提高自己就得向别人学习,要进行横向比较,以发现自身的优势和不足,但是无论怎样横向比较,最终还要改变自我,才能有成效。连自我都不能超越的人是无法超越别人的,超越自我是超越别人的前提,超越别人只不过是超越自我的一种自然结果。很多家长把超越自我和超越别人的关系颠倒了,他们总是横向比较,忽视了孩子自己跟自己比是否有进步。这样时间久了,孩子就会形成眼睛盯着别人位置的不正常的"排队心理",于是很自然就会滑向嫉妒的泥坑。

2. 竞争应该对事不对人

所谓"胜",只是说一个人在某一件事情上比别人做得好,如此而已。别人语文不如你,但数学可能比你好;别人学习不如你,但体育可能比你强;别人绘

画不如你，但音乐可能比你好。也就是说，所谓胜负，主要是对事而不对人的，人人都是平等的，都是好孩子。这样的"好胜"和"竞争"就比较健康。就不容易造成某些孩子的妄自尊大和另一些孩子的自卑。如果对孩子某次考试成绩的高低和某次比赛的输赢太在意，必须分出个"好生"和"差生"来，这种竞争的结果就会涉及孩子整个的生活质量，于是一下子就把孩子的注意力从事情的比赛转移到人的位置上去了。

3. 告诉男孩，有竞争就有失败

在竞争中，孩子难免会遭到失败，受到打击。这时，父母千万不能责备、讥笑孩子，这样会使他气馁，甚至失去信心、丧失竞争意识。父母可以引导孩子从竞争中发现自己的进步和长处，帮助孩子走出失败的阴影，使他懂得竞争既是展示自己的力量，也是检验自己的不足，其目的是求得进步。

磨难是男孩成长的礼物

人生中总会有各种各样不顺心的事情，这时要鼓励男孩保持感谢的态度，如果没有外界的折磨，怎么会使人不断地成长呢？法国的启蒙思想家伏尔泰说过："人生布满了荆棘，我们晓得的唯一办法是从那些荆棘上面迅速踏过。"人生不是平坦的，但同时也说明了生命正需要磨炼，就好比是一块燧石，敲打得越厉害，发出的光才会越灿烂。人也如同燧石一样，在生命的过程中一定要接受各种各样的洗礼，才会淬炼出生命的精华。家长要让男孩懂得这样的道理：感谢折磨你的人，你是在感恩生命给你的机会。

美国独立企业联盟主席杰克·弗雷斯从13岁起就开始在他父母的加油站工作。弗雷斯想学修车，但他父亲让他在前台接待顾客。当有汽车开进来时，弗雷斯必须在车子停稳前就站到司机门前，然后去检查油量、蓄电池、传动带、胶皮管和水箱。

弗雷斯注意到，如果他干得好的话，顾客大多还会再来。于是弗雷斯总是多干一些，帮助顾客擦去车身、挡风玻璃和车灯上的污渍。有一段时间，每周都有一位老太太开着她的车来清洗和打蜡。这个车的车内踏板凹陷得很深很难打扫，

第5章 穷养男孩并非放养

而且这位老太太极难打交道。每次当弗雷斯给她把车清洗好后,她都要再仔细检查一遍,让弗雷斯重新打扫,直到清除掉每一缕棉绒和灰尘,她才满意。

终于有一次,弗雷斯忍无可忍,不愿意再侍候她了。他的父亲告诫他说:"孩子,记住,这就是你的工作!不管顾客说什么或做什么,你都要记住做好你的工作,并以应有的礼貌去对待顾客。"

父亲的话让弗雷斯深受震动,多年以后他仍不能忘记。弗雷斯说:"正是在加油站的工作使我学到了严格的职业道德和应该如何对待顾客,这些东西在我以后的职业生涯中起到了非常重要的作用。"

面对父母的有求必应、百依百顺,男孩头脑中会逐渐形成这样一种思维定式:我要什么马上就能有什么。男孩会变得越来越任性,越来越贪心。可一旦离开家庭走入社会,那种任性、暴躁、急功近利的性格特点肯定会令他们饱受挫折和打击。而事事不顺心的他们,往往不会从自身找原因,反而觉得别人有意跟他们过不去,总是与周围人处于一种对峙状态,长此以往,很可能患上忧郁、偏执、狂躁等各种心理疾病。

心理学家米切尔从20世纪60年代开始对斯坦福大学附属幼儿园的男孩做过下面的实验。

面对糖果,部分男孩决心熬过那漫长的20分钟,一直等到实验员回来。为了抵制诱惑,他们或是闭上双眼,或是把头埋在胳膊里休息,或是喃喃自语,或是哼哼叽叽地唱歌,或是动手做游戏,有的干脆努力睡觉。凭着这些简单实用的技巧,这些小家伙勇敢地战胜了自我,最终得到了两块果汁软糖的回报。而那些性急冲动的小孩几乎在实验员出去的那一瞬间,就立刻去抓取并享用那一块糖了。

这个实验表明,儿童抗拒诱惑和延迟满足的能力并不是像人们想象的那样——要等男孩上学懂事之后才能形成。这种能力在幼儿时期就已经有所发展,只不过此时儿童容易受到外界各种因素的干扰。

米切尔的这项研究是从这些男孩4岁时开始跟踪研究的,一直坚持到他们高中毕业。大约12~14年后,在他们进入青春期时,这些男孩在情感和社交方面的差异已经非常明显,那些在4岁时就能够为两块糖抵制诱惑的男孩长大后,有较强的社会竞争性、较高的效率、较强的自信心,能较好地应付生活中的挫折、压力,他们不会自乱阵脚、惶恐不安,不会轻易崩溃。面对困难,他们勇敢地迎接挑战,他们独立性强,有自信心,办事可靠,能赢得普遍的信任。

经不住诱惑的男孩中有1/3左右的人缺乏上述品质，心理问题相对较多。社交时他们羞怯退缩，固执己见又优柔寡断；一遇挫折，就心烦意乱，把自己想得很差劲或一钱不值；遇到压力，就退缩不前或者不知所措。

研究表明，那些能够为获得更多的软糖而等得更久的男孩要比那些缺乏耐心的男孩更容易获得成功。由此可见，培养男孩的"延迟满足"的能力对培养男孩的良好性格是非常重要的。

要训练男孩的耐心和耐力，父母首先必须要有耐心，能够沉住气。

培养男孩的"延迟满足"能力关键就在于帮助男孩形成控制、调节自己的情绪和行为的能力。"延迟满足"不是单纯地让男孩学会等待，也不是一味地压制他们的欲望，更不是让男孩"只经历风雨而不见彩虹"，说到底，它是一种克服当前的困难情境而力求获得长远利益的能力。

克服苦难是艺术

每个男孩都渴望成功，但由于年龄小、能力有限、经历和经验缺乏以及各种因素的影响，难免会受到失败和挫折。一次小小的失败，对成人来说是微不足道的，对男孩来说却是一个不小的危机。

在我们的生活中，有许多这样的男孩，他们本来拥有聪明的头脑，以前也曾是全班甚至全校的尖子生，但往往因为一次考试不理想或是老师某一句话对他的打击，就变得消沉起来，学习成绩下降、上课精力不集中，甚至逃学。在这种心态的影响下，男孩的精神就可能变得委靡不振，做事没劲，完全一副颓废的模样。这种心态如果得不到调整，他的一生就只能是碌碌无为，不敢面对一点困难。

失利，是必然会引起焦虑的事件。失利其实对男孩的打击很大，尤其是一些竭尽了全力的男孩。在巨大反差的刺激下，男孩承受着一定的心理压力，往往会出现应激障碍，出现情绪低落、抑郁、愤怒、悔恨、沮丧、绝望，以及对未来失去信心等现象。失利之后，如果父母不能及时发现并给予理解，男孩的压力会更大。因此，现在父母们面临的最大挑战，就是如何面对男孩的失败而仍然有信心去鼓励和支持他。很多时候，给男孩带来最大打击的往往不是失败本身，而是他

对失败的理解。作为家长,帮助男孩正确面对失败很重要。

有些家长喜欢对男孩使用空洞的说教。比如"失败是成功之母""不吃苦中苦,怎做人上人"等。这样的语言,一来没让男孩得到真实的体验和帮助,二来男孩也无法理解其中真正包含的意义。正确的做法是和男孩一起分析失败的原因,帮助男孩认识到哪些导致失败的原因是自己可以改变的,哪些是改变不了的。相比之下,明明妈妈的做法就很好。

明明刚上小学,上学期刚开学时,他们班开展了"一帮一"活动,明明的任务是帮助一位考分总在60分上下的男生。班里只有10个人被分配了任务,刚接到这个任务的时候,明明又得意又紧张。他对这个任务很上心,每天一放学,他就留在班里帮那个男孩解答难题,回家后还不忘打电话提醒那个男孩背单词。

可是这个学期快结束了,那个男孩的各科成绩还是在60分左右。因为这个,老师在班会上当着全班同学的面批评了明明,说他没能帮助同学共同进步。在随后改选班干部时,当了一年多小队长的明明落选了。

这件事对明明的打击很大,他哭着对妈妈说不想在这个学校读书了,想转到别的学校去。妈妈对他说:"妈妈知道这件事情你受了委屈。"听了这话,刚刚忍住不哭的他眼泪又落了下来。妈妈接着问:"告诉妈妈,你尽最大努力了吗?"明明使劲点了点头。"这就可以了,你要知道,世界上很多事并不是你尽力了就一定能成功的。但只要你尽最大努力就可以了。"这以后,明明深深记住了"凡事尽最大努力就好"这句话。

男孩失利之后,为人父母者应有的最好心态是平和,要理解男孩的委屈、苦闷和绝望情绪。应送给男孩的最好礼物是理解,应扮演的最好角色是给男孩当个好参谋。细心观察男孩,及时疏导,防止出现意想不到的情况。在必要的时候,应该去找心理医生咨询,让男孩平稳渡过这段"灰色时期"。有的父母说看不出男孩有什么压力,其实那只是表面现象,是他在进行心理防卫,在心理学上叫做"否认作用"和"反向作用",是在潜意识里运用的自我心理防卫机制。如小男孩闯了大祸自己用双手蒙上眼睛,抹杀现实以免内心焦虑痛苦,这就是否认作用;有的小男孩对妈妈说我没有偷吃水果,以此压抑了自己想偷吃水果的欲望带来的痛苦,这就是"反向作用"。

现实生活中,常胜将军是没有的,只要是人就会有失败,有沮丧。孩子也不例外。如果男孩不能以正确的态度对待失败,就会在他的人生道路上遇到更大的阻碍。因此，父母应尽早训练男孩正确对待失败。

男孩迟早都要离开父母的怀抱独自生活。在成长的道路上吃一些苦，绝对不是坏事。所以，父母应该懂得适时放手。

所谓"放手"，即从孩子生下来，父母就设法给他们创造自我锻炼的机会和条件。现在的社会，竞争是残酷的，如果没有早早地锻炼出男孩自强不息的拼搏精神，日后他们拿什么来立足于社会，得到幸福的生活呢？

看到这里，父母们也不用着急，那该如何来培养男孩呢？其实你只要注意以下几个方面就可以了。

1. 不要给男孩太多的呵护

不要给男孩太多的呵护，学会做一个"懒父母"。家长对男孩的事情，不可以事必躬亲，比如为了锻炼男孩的自理能力，让男孩自己上学，自己洗衣服，自己打扫房间，自己的朋友来家里，就让他们自己招待，家长不在家的时候，让他们自己做饭。父母给予男孩最大的爱，就是让他们早日脱离父母温暖的怀抱，学会自力更生。毕竟，你不可能一辈子都在男孩的身边照顾他。

2. 不要把男孩放在掌心里

男孩看到地上的树叶很漂亮，想捡起来。父母一看不得了，赶紧把男孩抱走，生怕地上有什么脏东西。男孩看到其他小朋友爬树很好玩，就跃跃欲试，父母知道后，把男孩叫回去批评一顿："谁让你去爬树的？你知道那有多危险吗？"男孩想自己去学校，父母又说："路上那么多车，撞到了怎么办？"过度的限制，让男孩少了很多童年必要的成长经历。"要想知道梨子的滋味儿，必须亲自尝一尝"，所以让男孩自己去感受吧，就算吃苦，对他们的成长来讲也未必是件坏事。

3. 教男孩学会自主处理事情

让男孩自己学着去生活，说起来容易做起来难，这就要求父母给予男孩必要的配合。比如，男孩想和同学去野炊，征求你的意见，你就可以让男孩自己决定去还是不去。选择的权利交给了男孩，他感觉到了父母的尊重，自然会慎重行事，不让父母为他担心，同时也锻炼了他自己思考、处理问题的能力。

第6章
走进男孩的内心世界

男孩的内心世界充满矛盾，他们在渴望与别人建立联系的同时却也力图与别人保持距离，这就造成了他们情感上的分裂。他们在需要联系和渴望独立之间挣扎，在他们的成长轨迹中我们可以看到这种挣扎的各种表现。但是，不论他们处于哪个年龄阶段，大部分男孩在通向健康情感的成长道路上都存在心理准备不足的问题。

理解，孩子的世界像水晶

有这样一个故事：

英国某家报纸曾举办过一项高额奖金的有奖征答活动。题目是：在一个充气不足的热气球上，载着三位关系到世界兴亡命运的科学家。

第一位是环保专家，他的研究可拯救无数人，使他们免于因环境污染而面临死亡的厄运。

第二位是核子专家，他有能力防止全球性的核子战争，使地球免于遭受灭亡的绝境。

第三位是粮食专家，他能在不毛之地，运用专业知识成功地种植食物，使几千万人脱离因饥荒而亡的命运。

此刻热气球即将坠毁，必须丢出一个人以减轻载重，使其余的两人得以存活，请问该丢下哪一位科学家？

问题刊出之后，因为奖金数额庞大，信件如雪片飞来。

在这些信中，每个人皆竭尽所能，甚至天马行空地阐述他们认为必须丢下哪位科学家的宏观见解。

最后结果揭晓，巨额奖金的得主是一个小男孩。

他的答案是：将最胖的那位科学家丢出去。

孩子的声音无疑是伟大的！有人说，千万不要当着孩子的面说谎，因为那是上帝的眼睛在看着你。孩子的童心世界，装满了梦！代表着纯真、新奇、祥和、简单、友爱。孩子那清澈透亮、活力充盈的眼神，清纯得让你的良心不忍欺骗他、碰伤他。在孩子眼中，一切都是新的，没有所谓的社会、礼仪、道理、经验、尊卑，甚至你我之分，完全是"自然人"状态，而后的种种经历、说教、文字和声音等的影响才使之逐步变成一个社会人，完成了"从猿到人的惊险一跃"！可以说，孩子本身代表着一种文化，比如，诚信、创新、人本、爱心、无

边界等,都在孩子身上有所体现。

循循善诱,充分的说理,是家长教育孩子的重要手段。跟孩子说理不仅需要有耐心,还应结合少年儿童的心理特征,选择恰当的方法和技巧。

(1)要充分肯定孩子的长处。古语云:"数子十过,不如奖子一长。"跟孩子讲道理,应充分肯定孩子的长处,对孩子的进步给予及时的表扬和鼓励,在此基础上再对孩子的过错予以纠正,这样孩子就容易接受大人的意见。如果一味地数落孩子,责怪孩子这也不是那也不对,只会让孩子产生自卑心理和逆反心理。

(2)所讲的道理要"合理"。跟孩子讲的道理应合情合理,不能信口胡说,也不能苛求孩子。因为大人信口胡说,孩子是不会服气的,大人的要求过分苛刻,孩子们是办不到的。比如,生活中有的父母自己喜欢吃零食,却对孩子大讲吃零食的坏处,如此,孩子是不会听从的。

(3)要给孩子申辩的机会。跟孩子说理时,孩子可能会对自己的言行进行辩解,大人应给予孩子申辩的机会。应该明白,申辩并非强词夺理,而是让孩子把事情说清楚讲明白;给孩子申辩的机会,孩子才会更加理解你所讲的道理,使教育收到良好的效果。

(4)要了解孩子的情绪状况。孩子和大人一样,情绪好时比较容易接受不同的意见,不高兴时则容易发拗。因而跟孩子讲理,要充分了解孩子的情绪状况,在其情绪较好时,对其进行教育;若在孩子情绪低落时跟他说理,是不会奏效的。

纠正,让孩子不再霸道

"我家宝宝简直是'小霸王',稍不如他意就大哭大闹,最后我们只能妥协,顺应他的要求。""我家孩子就像一头蛮牛,年纪小小却很有自己的意见,拗起来,10头牛都拉不动。"像这种霸道的孩子并不少见,让父母伤透脑筋!是自己教育方法不对吗?那么该如何让"小霸王"变成"小乖乖"呢?

现在独生子女越来越多,父母亲的关爱往往集中在一个孩子的身上,以致小孩容易变得以自我为中心，十分霸道，不知惜福，不愿意负责任，难以承受挫折，不愿与人分享。过去教育所强调的"同情心，帮助别人"，如今在孩子身上越来越难见到。

一般而言，造成孩子霸道、不讲理的原因，有下列几项因素：

一是父母过分溺爱。孩子要什么有什么，凡事有求必应。现在一个家庭只有一个孩子，每个孩子都像是上帝赐予的恩物，是父母的天之骄子，不但受到长辈们疼爱，更受到父母们用心的关照。因此从出生到孩子会抓取物品、会爬行、会登高、会走路，孩子的一举一动，所用的一衣一物，父母们总是想尽办法满足他们的需求。如此渐渐养成孩子予取予求的霸道行为。而当孩子有霸道行为出现时，父母又认为没关系，认为他只是个孩子，而未能及时加以辅导并给孩子适当的纠正；因此，日积月累之后，孩子就会觉得凡事都理所当然，从而变得越来越霸道。

例如，有一个孩子每天上幼儿园前必做的事情就是将自己的想法同母亲先做交代，同时要求妈妈依其顺序一一告诉老师；下车时，妈妈还须抱着他，再背着书包走到教室内，然后妈妈需依照孩子在车上所交代的内容顺序，一一地复述给老师；只要妈妈说的顺序有错，这孩子马上就哭闹说妈妈说得不对，要求妈妈重新再说一遍，因此他的母亲只好将内容重新更正再念过一遍。直到妈妈全部念对，孩子才会停止哭闹，以至于每天早上都会见到孩子的母亲不断地在重复做此交代："老师，我们今天有四件事情要交代，第一件事情是，我们今天要在幼儿园吃午饭的，第二件事情是我们还没睡足，第三件事情是我们有点肚子痛，第四件事情是我们还想睡觉……"

二是年龄的关系。一般来说，孩子在一岁前，霸道行为出现的情形不多，主要是这个时期的孩子口语表达能力还不足，因此虽然会有身体上的反抗，但还不会让父母伤透脑筋。可是随着孩子逐渐成长，开始有他自己的想法，同时也想摆脱旁人的束缚，自己决定怎么做，因此会开始出现"不要"的字眼、"不要"的动作和"不要"的行为。而且现在的孩子比较早熟，大约在一岁零八个月时就会出现很强烈的自我意识，有时拗起来，10头牛都拉不动，而这种霸道的行为会持续到3岁左右。

三是个体差异。每个孩子都是一个独立的个体，他们也都会以自己的速度，经过一般的行为阶段。因此有些孩子极具社会性，能愉快地和他人相处；有的孩

子则很害羞,只对那些他熟悉的人有反应;有的孩子心中不愉快时会尖叫、大吵大闹,愤怒地发泄一场;有的孩子则是皱皱眉或低声哭泣就算了。每个人天生气质不同,所表现出的行为也有很大的差异。

四是模仿。就社会学习观点来说,孩子深受父母以及大众传播媒体的影响,例如电视、卡通等。而且如果父母本身很霸道,孩子发现父母这种行为,往往耳濡目染之下也跟着模仿、学习。

那么霸道的孩子如何教育?

(1)适时地进行辅导和纠正。当孩子有霸道行为出现时,父母应先处于他的立场想,试着了解他的心情。对孩子的霸道行为,勿过于迎合或敷衍,应当适时地给予辅导与纠正。从行为治疗的观点来看,当孩子有好的行为表现时,要给予鼓励和肯定,强化他的这种行为,孩子一旦受到肯定,心中便会意识到何事可为;而当孩子表现霸道行为时,则须给予辅导和纠正,孩子便能知道何事不可为。

(2)培养和孩子讲理的习惯。父母要学着每一件事情都要和孩子讲理,让孩子慢慢了解和接受。如果孩子年纪小,还不了解或听不入耳,父母也不必强求或过分期待孩子接受,因为孩子每天都在成长,随着他身心的成长,孩子会学得较为讲理。切勿"以霸治霸",以免误导孩子,以为霸道可以解决一切。

(3)内心慈爱,处理事情态度坚定。父母事先可以和孩子共同商定原则,让孩子了解和赞同,原则确定后,就要坚持且确实执行,父母不可轻易妥协。尤其在碰到危险的紧急情况、会伤害到孩子的身体时(例如,触摸电源、热水等危险物品),则可用强硬的制止手段,立刻禁止这种行为,然后立即与孩子解释"不行"的原因;若孩子无法理解,不排除以强制的手段来禁止。

(4)寻求长辈们的经验承传。每一位孩子的天生气质不同,因此父母所用的辅导方法将因人而异,因此若能寻求长辈们协助,透过其经验传承,将能使父母在教导孩子时更得心应手。

(5)帮助孩子建立人际关系。霸道的孩子因只顾自己,不会考虑到人际关系,因此在孤单的环境里,霸道的行为会显得更为强烈。因此可多带孩子去参加社交活动,如庆生会等。在和别的孩子共同分享中,可以让孩子学习到施与受的关系,进而反省并改正霸道的行为,从而建立良好的人际关系。

不打不骂穷养男孩

反省，让孩子认识自己的错误

　　自我反省的能力是人们的一种内在人格智力，是认识自我、完善自我、不断进步的前提条件。对成人而言，具备自我反省的能力，就能正确认识自己的优缺点，自尊、自律，有计划地规划人生。遇到困难和挫折时，能够及时调整自己的情绪，积极进取，度过一次次难关，一步步走向成功。在幼儿时期，孩子尚未形成完备的自我意识，自我反省的内在人格智力还处于萌芽阶段，因此需要家长正确引导，从小培养孩子的自我反省能力。

　　姑姑送给毛毛两条美丽的小金鱼。毛毛十分喜欢，把鱼儿放在玻璃缸里，看它们在水中自由地畅游。有一天，毛毛突发奇想，把金鱼从水中捞出来，丢在地板上。看到金鱼不停甩动尾巴，毛毛觉得很好玩。

　　"毛毛，你怎么这么残忍！鱼会干死的，赶快把它们放回水里去。"妈妈看到这一情景，大声呵斥毛毛。毛毛无动于衷，对妈妈的呵斥置若罔闻。这时，外婆走过来说："毛毛，如果你口渴时不给你水喝，你会怎样呢？"

　　"我会很难受。"毛毛有过口渴难耐的经历，便不假思索地说。

　　"是啊，没水喝很难受，可你把鱼从水里抓出来丢到地上，让它们没水喝，你说它们难不难受啊？而且，鱼是水生动物，比人类更需要水，一旦离开水，会很快死的。它们拼命甩动尾巴，是因为它们太难受了。"外婆开导毛毛。

　　毛毛不做声了。沉思了片刻，毛毛对外婆说："我错了，我以后再不把金鱼丢到地上玩了。"

　　从这件事上可以看出，孩子是否具有自我反省能力跟父母和长辈的引导和教育直接相关。

　　教育专家指出，孩子到了一定年龄都会有一定的判断能力，可以简单判断好坏，并且也有一定的自尊心和羞耻感。如果做错了事，他们也一定会感到羞愧，只是不同的孩子羞愧的程度不同而已。问题是怎样启发他们的自尊心、羞耻感，进而使他们反省，自己下决心改正。

　　会自我反省的孩子，能够反思自己的言行，能置身事外观察自我的状态，因

第6章　走进男孩的内心世界

此，能换位思考父母的感受。所以，一般来说，会自我反省的孩子都是好孩子。那么父母如何培养会反省自己的孩子呢？

首先，要引导孩子预见事物的后果。许多孩子往往比较冲动，想做一件事情的时候根本就不考虑后果，而且由于孩子经历比较简单，能够预见到的后果往往与成人能够预见的不一样。这时候，父母可适当指导孩子，如果孩子无法跟成人一样思考，父母不妨让孩子尝试一下，结果肯定会出乎孩子的意料，这时，孩子就会反省自己的行为了。

其次，不直接指责孩子的错误。当孩子做错事时，父母不要一味给予斥责，这样易引起孩子的反感，对父母产生抵触情绪，使孩子内在智力的发展受到限制。这时，父母可采用冷静的态度，从侧面引导孩子进行自我反省，明辨自己的过失。上例中的毛毛在外婆的引导下，对自己的行为进行了反省，最终认识到错误，这是值得我们父母学习的。

再次，正视负面道德的正面效应。给孩子灌输正直、善良、勇敢等正面道德情感，可塑造其美好的心灵，而让孩子体验羞愧、内疚等负面道德情感也会使其受益匪浅。而且羞愧、内疚等负面道德情感与正面情感相比，更能在孩子的心中留下深刻的记忆，促使他们不断自我反省，区分好坏、是非、对错和美丑，改正错误。

最后，让孩子承担犯错的后果。孩子做错了事，许多父母常常替孩子去承担犯错的后果，使孩子觉得做错了也没关系，丧失责任心，不利于培养其自我反省的能力，使他以后容易再犯类似的错误。所以，父母应该让孩子自己去承担犯错的后果，让孩子明白，一旦犯错，将会造成不良甚至严重的后果。如毛毛把金鱼从水中抓出丢到地板上玩，要让毛毛意识到金鱼的死很可惜，金鱼缸将是空空的了，而这些都源于自己的错误行为，自己造成了不可挽回的后果。

因此，当孩子犯错或者不听话时，应让他懂得羞愧和内疚。如孩子做错事或者不听话了，父母可直接平静地指出错误所在，促使孩子自我反省，激发起他的羞愧感和内疚感，以后不再犯此类错误。

宣泄，给孩子一个释放情感的机会

不要认为孩子在父母面前就永远是孩子，也不要认为男孩子就应该是小男子汉，其实他们与成人一样有情绪变化，诸如愤怒、哀伤、失望、害怕等。保持孩子的心理健康必须让孩子适度宣泄。宣泄就是舒散、吐露心中的积郁，让孩子淋漓尽致地吐露自己的委屈、忧愁、牢骚和怨恨等不快，使其达到心理平衡。

5岁的楚楚从幼儿园回来后喜欢一个人在小区里，边玩边等妈妈，妈妈下班回来都要先到儿童游戏区叫他，然后牵着他的手一起回家，楚楚感到幸福极了。可是这一天，妈妈病了，楚楚一个人在小区玩了很久，最后撅着小嘴跑回家。

看到妈妈躺在沙发上休息，楚楚更委屈了："你为什么不接我回家？"然后伤心地大哭起来。妈妈很烦，不准他哭。楚楚跑进房间把玩具扔了一地。

奶奶赶紧把楚楚拉到小房间，拿过一叠报纸说："你生气就撕报纸，撕得碎碎的就好了。"楚楚狠狠地撕着报纸，眼泪终于吧嗒吧嗒掉下来："妈妈不去接我，还打我。"奶奶把他牵到小书桌旁边："楚楚最会画画啦，把你难过的事情画出来好吗？"楚楚拿起笔，在纸上认真地画了一个娃娃，然后在空白的地方画满了眼泪。奶奶又让他跟爸爸打电话，也不知爸爸说了些什么，楚楚笑了，他挂了电话，小心翼翼地推开妈妈房间的门，瞧了一眼又悄悄地缩回脑袋，对奶奶说："小声点，妈妈真的病了。"

对孩子过分溺爱，任由孩子无理取闹是当今家庭教育的一大误区。同样，不让孩子发脾气，不许孩子哭也是不可取的行为。除了哭，我们应该引导孩子学会更积极的情绪发泄方式。儿童的思维是以动作思维为主导，所以用大道理对孩子进行情绪疏导往往收效甚微，而假以肢体动作的发泄就极为有效了。上面案例中奶奶帮助楚楚疏泄情绪的成功之处也就在于此，"撕纸"的动作帮助孩子宣泄了内心的愤怒，画画使孩子实现了自己消极情绪的表达，在对爸爸的倾诉过程中，孩子达到了对妈妈的理解。

每个人都有情绪，尤其是孩子，他们心理承受能力差，也不会用大道理来开脱自己，要他们能很快调整心态，做到豁然开朗似乎有些苛求。最直接的方法就

第6章 走进男孩的内心世界

是让他们将情绪发泄出来,这对他们的身心都有好处。尽管有时他们的方式有些过激,父母也应该给予充分理解。父母所需要做的不是阻止他们,更不是大发雷霆或使用暴力,而是让他们懂得,发泄自己的情绪不能拿别人当出气筒,也不能失去理智,应该适可而止。

当孩子情绪平复后,你会发现他比以前更懂事了,还会为自己的过激行为感到惭愧,并对你的宽容心存感激;反之,如果一味地急风暴雨式地"批评加检查",遏制他发泄,效果会适得其反。

那么父母如何教会孩子宣泄呢?

首先,让孩子把心事都说出来。父母要告诉孩子把心事说出来。比如可以这样说:有什么事你不想告诉别人,但憋在心里又觉得不舒服的,你可以通过写日记的方法把心事写出来,心里就会感到轻松一些;也可以学会向人倾诉,把自己的心事向你的好朋友、好伙伴,向自己的心理辅导老师倾诉。有时候自己的倾诉也许并不一定能得到别人的帮助,但你会发现倾诉过后自己的心情会变得坦荡舒畅。还可以找一个没人的地方大声喊叫来发泄内心的积郁;当然也可以找一些自己喜欢的运动让自己出一身大汗来放松自己的心情。

其次,可在家里布置"发泄角"。实验证明,孩子用粗笔涂鸦的方式消解愤怒的效果最好,投掷飞镖,或是练习跑步上篮,也可以让男孩宣泄负面情绪。特别是那些感觉被老师和父母冤屈的孩子,掷飞镖是"发射愤怒"最有效的手段。

再次,鼓励孩子奔跑或大叫。如果父母发现孩子较长一段时间都处在忧郁、愤懑的情绪中,切忌反复追问"到底发生了什么事"。父母不妨佯作不知,只是带他去有山有林的地方晨练,比如,与孩子一起变速跑、一起攀登台阶或一起在山林中喊叫。喊完之后可以谈谈自己的感受:最近妈妈在工作上也有很多不如意,不过到这里来喊一喊、跑一跑,心中就畅快多了。你觉得怎么样?一般孩子会在这种交流状态下,主动跟父母提起他究竟遇到了哪些不愉快,而且,在"喊叫"之后,他已经能比较客观地看待这些不快了,他甚至会自我检讨说:"比起妈妈的烦恼,我的烦恼真的不算什么。"

最后,孩子发泄过后记得要拥抱他。不管对孩子造成困扰的是不是你,作为父母,一定要用肢体语言对孩子进行这样的保证:"我会站在你这一边。我相信你能走出来,重新变成快乐的精灵。""虽然世间让我们气愤的事很多,但是令我们感觉温暖的事一样也很多。"单纯的发泄会让孩子倍感茫然,而发泄加拥抱的模式，才能令发泄之后的孩子感受到抚爱与亲情的注入。而后者，才是孩子成长为乐观主义者，并在成长中逐渐学会调控自身情绪的基础。

暗示，巧妙引导不听话的孩子

大教育家苏霍姆林斯基说："任何一种教育现象，孩子在其中越少感觉到教育者的意图，他的教育效果越大。"所以，我们的很多父母在对待孩子的教育上，应去掉那些让人不快的"要求、命令、必须"等词汇，而通过启发、暗示等形式来进行，这种形式的教育，孩子会更乐于接受，更喜欢。

李森的妈妈在生李森的时候不太顺利，医生不仅给孩子吸了氧，还说李森以后可能会出现智力问题。

李森今年9岁了，和一般的孩子不太一样。李森身上出现了许多令妈妈头痛的行为，例如，旷课、贪玩、一意孤行、自私、偷窃、撒谎等。既不老实，又不听话。邻居们都说李森是个问题孩子。

妈妈却不这么认为，而是担心他有智力低下的问题。

但妈妈带他看了七八家医院，也做了很多检查，结果测定，李森智力水平完全正常，根本不存在智力低下的问题。之所以会出现诸多不听话的行为，很大程度上是李森妈妈长期对李森进行了不良教育。

在医生的建议下，李森妈妈深刻地反省了自己的教育方式，并在医生的指导下，开始有意识地使用良性暗示法，对李森悄悄开始实施教育。

对一句话、一个动作、一个眼神，李森妈妈都会深思熟虑，都力争给予李森正面积极的暗示。经过半年多的暗示教育，李森就像变了个孩子一样，身上的诸多不良行为完全不见了。

可见，暗示教育对孩子是一种十分有效的方式，这种形式的教育，孩子会更乐于接受，更喜欢。暗示，是无声的教育，是"润物细无声"的教育。

那么，作为父母，面对不听话的孩子，应该如何巧妙地使用暗示呢？美国教育专家爱德华教授指出，暗示教育主要有如下几种形式：

（1）表情暗示。家里来了客人，林林有了小伙伴，高兴得忘乎所以，发起了"人来疯"。他一会儿狂笑，一会儿尖叫，连爸爸的眼神也视而不见。于是爸

第6章 走进男孩的内心世界

爸猛地皱起了眉头。这下,林林总算看到了,声音也降低了不少。

表情比眼神表现得更明确,人的表情能传达多种信息,比如肯定、同意、可以、不能、不该等,形成刺激,使暗示对象做出反应。孩子做了好事,你对他赞许地点一点头。孩子经过努力,解开了一道题,你对他会心地笑笑,都是一种最好的激励。

(2)眼神暗示。吃过晚饭,爸爸给刚子讲故事。讲着讲着,刚子的双手搞起了小动作。爸爸没有停下来,不过他用眼睛紧盯着儿子的小手。不一会儿,刚子"醒"了过来,双手安静了。

眼神是一种无声的语言,比语言能更细腻更清晰地表达感情。眼神暗示就是用眼睛把要说的话、要表达的态度暗示出来。

(3)动作暗示。周末,晚上9点多了,罗强还坐在电视机前。妈妈一言不发,却站起来把孩子床上的被子铺开,自己也停下手中的工作,上床休息。无声的语言提醒了孩子,罗强马上走进了自己的房间。

动作暗示就是用体态语言把自己的想法表露出来,从而达到教育孩子的目的。父母辅导孩子做作业时,发现孩子坐姿不正,可以面对孩子做几个挺胸的动作,并书写一两个字,让孩子接受这些暗号,他就会学着做出反应。小孩子需要大人的爱和注意,特别是父母常常口头上赞许他的正确行为,或亲亲他、拍拍他、搂搂他,这些点点滴滴表达了对他的感情和鼓励,从而建立起他的自信。

(4)言语暗示。小贵早上起床后从不叠被,妈妈提醒过几次,但效果不理想。一次,妈妈告诉小贵,今天遇到楼下的妈妈说小刚真乖,每天总是自己把被褥打理得整整齐齐。小贵听后表面上不以为然,但渐渐地学会了自己动手叠被。

既然是"暗示",就是不用言语直接表态。当要表扬或批评时,采取一种迂回的方法,用讲故事、打比喻、作比较等把自己的观点巧妙地"点"出来,让孩子心领神会,在一种柔和的气氛中接受教育。

(5)情境暗示。当爸爸在写作时,金金跑到爸爸桌前又叫又跳,妈妈怎么厉声制止效果也不好。后来有人教了妈妈一个方法,就是每当金金闹的时候,妈妈就蹑手蹑脚进屋,小声对金金说咱们到外面玩。金金就马上跟着妈妈出来了。

情景暗示主要建立在一种氛围的基础上,父母只要把握好适当的情景氛围,这种暗示,一般来说,对孩子都是相当有效的。

（6）榜样暗示。点点跟妈妈逛商场，看到玩具车就想要。但家里已经有好几辆了，妈妈不想买。点点就抱着妈妈的腿，蹲在地上哭。妈妈指着旁边一个跟点点差不多大的小男孩说："你看那个小弟弟，多乖啊！多听话啊！"点点一看旁边的小男孩真的很乖，也就不再哭闹了。

另一项来自爱丁堡大学的教育心理学教授马丁的调查表明：几乎90%在品质、意志和智力方面有杰出表现的人，在自己的童年或少年时期都受到过来自亲人的积极暗示，最多的来自母亲，也有的来自父亲、老师、祖父母等。

那么对父母来说，如何在孩子的教育中进行积极的暗示呢？

首先，这种暗示要充满真挚的情感。只有无私的爱和细致的观察才能发现孩子在某方面的优点与潜能，并给孩子积极的暗示。如对孩子性格中优秀成分的敏锐捕捉："这孩子这么小，就愿意与小朋友分享自己的玩具"，"他还经常帮他的小伙伴呢"；对孩子智力的真诚赞美："我们家宝宝现在就会数数了，能从1数到100呢"。

其次，这种暗示不能是夸张和人为地对缺点的掩饰。来自亲人的暗示，常常会有夸大和期望的成分。但是对孩子明显的缺点也大加赞赏会养成孩子在品质上的一些坏习惯。比如，有个孩子拿了妈妈的钱自己买零食吃，父母知道后不但不批评而且还夸奖自己的孩子："你看，我们家宝宝会花钱了，知道钱重要了"。不顾事实，一味好胜，缺乏对真理的必要的认识，这样的暗示，与消极的暗示所带来的坏处一样。

最后，暗示要能引起孩子身心的愉悦。不要轻易给孩子下定义。当孩子确实在某些方面做得不够好时，我们应避免用以下语句："你怎么这么笨呢"，"你看人家小强比你小，做得都比你好"，"你怎么这么不争气呀"等。因为这样很容易给孩子造成一种"我不行"、"我很笨"的暗示，特别是由于它来自孩子所尊敬的父母、老师时，这种暗示会导致孩子出现挫折感。我们不妨用以下语句："我相信你下次会做得更好"，"你一直就是我最可爱的孩子"，"你一直就是最棒的，不是吗"。这样，同样一件事，不同的暗示会对孩子产生不同的影响，而后者能引起孩子的身心愉悦。

综上所述，暗示对孩子起着重大的潜移默化作用，在不知不觉中巧妙地给予孩子正确的引导，从而避免了生硬的说教使孩子产生逆反心理的不良后果。面对行为不良的孩子，巧妙使用暗示教育法，必定能收到良好的教育效果。

第6章 走进男孩的内心世界

冷静,处理好孩子的过分要求

大多数男孩都会有强烈的竞争心理,他们不希望自己比别人差;他们有强烈的占有欲和尝试欲,自制力很差,但事后往往对自己的某些行为感到后悔。

面对许许多多的诱惑:功能更多的文具盒、更神气的汽车模型、更刺激的电脑游戏、更美味的食品……男孩往往会败下阵来,哭着闹着让家长满足他们的要求。比如,"小江,吃饭了。""今天吃什么?""牛排、蔬菜沙拉。""妈妈,我要出去吃比萨饼。"小江大叫。"为什么?""我不喜欢吃你做的牛排。我现在就要去,走啊,快点。""不行,小江,我太累了。明天再去吧。""现在就去!"孩子跺起脚来。"小江,我今天干的事太多了。我刚打扫了房间,又做了饭,实在太累了。以后有机会再去吃比萨饼,不行吗?""我现在就要去,现在!"妈妈继续请求小江,小江根本不听,接着又哭、又叫、又喊、又闹。最后妈妈屈服了,带他去街上吃比萨饼。

小江生活在一个单亲家庭,他从小就没有父亲。孩子由母亲一个人带,没有爸爸的小江在母亲眼里是很可怜的,为了补偿这个缺陷,妈妈总是尽量满足儿子的要求。小江感觉到了这点,就总是不停地向妈妈要这要那,甚至有些无理要求妈妈也总是一味满足,这使小江感到有求必应、随要随到的乐趣。只要妈妈对小江的一些无理要求给予拒绝,小江就大发雷霆。

教育专家认为,对于孩子的不合理要求绝对不能满足,迁就和顺从孩子的不合理要求,实际上是助长他们以"自我为中心"的意识。这种自我意识的无限膨胀,容易使孩子变得自私自利,完全不懂得对父母的感激,认为父母对自己所做的一切都是理所当然的。因此,父母要拒绝孩子的不合理要求,让孩子明白,这个世界并非可以为所欲为的,应该学会控制自己的欲望。一个不曾被拒绝的孩子长大后是经受不了挫折考验的,为了孩子的成长,父母应施以理智的爱,学会对孩子说"不"。

苏联教育家马卡连柯早就指出:"人们时常说,我是母亲,我是父亲,一切都让给孩子,为他牺牲一切,甚至牺牲自己的幸福,这恐怕是父母送给孩子的最可怕的礼物了。这种可怕的礼物可以这样来比方：如果你想毒死你的孩子，你就给他吃一剂足量的你个人的幸福，这样他就可以被毒死。"这句话或许会伤害那些父母的爱心，但它的确一针见血地道出了"宠子如杀子"的深刻内涵。

生活中，有很多孩子都会经常提出一些要求，这些要求中有很多是不合理的，而如果父母生硬粗暴地拒绝，则会引得他大哭大闹。如何应对孩子的不合理要求呢？教育专家建议父母这样做：

首先，要会区分孩子的"想要"和"需要"。对诱惑"免疫力"比较低的男孩常常向家长要这要那。面对孩子的这些要求，做父母的如何分清哪些是合理要求，哪些是过分要求呢？

比如，10岁的儿子要求爸爸为他买一个臂力器，爸爸问他："你是'想要'，还是'需要'这个臂力器呢？""我想要。""对不起，你'想要'但不'需要'的物品，我不能满足你。"听爸爸这样一说，儿子马上改口："我需要。""你为什么需要呢？""……"儿子无言以对。"儿子，如果你说你学习要用一本字典，或者生活中必须要用某一件物品，爸爸会高兴地去给你买。但是，你想要的物品，往往是你的虚荣心在驱使你这样做。爸爸不能助长你的虚荣心，所以不会满足你的这种要求。你能听明白吗？"爸爸一本正经地给儿子讲道理。儿子虽然很不高兴，但仍然点了点头。

几岁到十几岁的男孩，虚荣心很强。由于好奇和攀比的心理，他往往会向家长要求很多。这时，家长一定要分析孩子是"想要"还是"需要"，并给他讲明这个道理，才能既不伤害孩子的自尊，又不助长他的虚荣心。同时，还能帮助孩子有效地抵抗诱惑。

其次，父母应对孩子的过分要求采取冷处理。

比如，男孩："妈妈，你给我买个新书包吧。"妈妈："不是刚买了书包吗？怎么又要买？"男孩："我的书包不好，现在有一款新书包，能起到保健的功能，我们班有好几个同学有呢。一个书包有多种功能，多好呀，你就给我买一个吧。"

……

面对男孩的唠叨，这位妈妈不予理睬，继续忙自己的家务。看妈妈不为自己的要求所动，这小家伙一会儿就把买新书包的事情忘记了。

面对男孩的过分要求，做家长的千万不可轻易满足他，否则只会助长他的虚

第6章 走进男孩的内心世界

荣心，降低孩子对诱惑的抵抗力。

当孩子提出某些要求时，家长可以先了解孩子想购买该物品的动机，如果孩子只是想显示自己或与别的同学攀比，这时，家长可以对孩子的要求采取冷处理。即对他的要求不做任何回答，给他几天冷静期，等他确定这个物品是否真的需要后，再和他一起讨论是否需要购买。即便家长的观点孩子不能完全接受，他也不会轻易再向家长提出过分要求。

家长也可借此机会对他进行深入教育，告诉他，其实他花的每一分钱都来之不易。当你的男孩明白这些时，他对诱惑的抵抗力就会提升一大截。

此外，还要给男孩打一支"诱惑"的"预防针"。

男孩经常会问家长这样一个问题："爸爸，你每个月的薪水是多少呀？"也许他只是随便问问，但是，家长却要警惕孩子因此去与别的孩子进行攀比。这时，做家长的应该怎样回答呢？也许很多家长会如实回答，也许有些家长会告诉孩子："这不关你的事，别问"，"问别人的薪水是不礼貌的行为"……但是，最聪明的答案应该是什么呢？让我们来看看这位家长的回答："儿子，在回答你这个问题之前，我先告诉你，在这个世界上，有很多人比我们穷，也有很多人比我们富有。虽然我们家的生活水平比一般的家庭要好一些，但是爸爸妈妈，还有你都要继续努力工作、努力学习，那样我们就会迈向更富有的生活。"

这位家长很巧妙地给孩子打了一支"诱惑"的"预防针"，这样回答就告诉了孩子：比我们富有的人很多，只有通过努力学习、努力工作才能追上他们。这样，即使孩子问这个问题的目的是去和别人攀比，听了家长这样的回答，他也不会再去比了。

另外，这位家长的回答巧妙之处还在于，他告诉孩子，虽然我们的家庭不是非常富有，但比一般的家庭要好，这样会使孩子因生活在这样的家庭里而感到自豪。同时，他告诉孩子，我们的家庭并不是最富有的家庭，这也增强了孩子的家庭责任感。

疏导，让孩子的心理没压力

研究表明，现在的孩子普遍存在厌学、考试焦虑、作弊以及青春期烦恼等问题，有不少孩子出现性格狭隘、孤僻、懒惰和任性等问题。

有这样一个男孩子，上小学时一直学习很努力，成绩也不错。妈妈一天到晚说："好好学习，一定要考上好的中学，考不上好的中学就没有出路。"在妈妈的督促和自己的努力下，他如愿以偿，考上了理想的中学。妈妈又说："你在班里的成绩要进入前十名，否则就没有发展前途。"这个男孩子经过不懈的努力进入了前10名。妈妈又说："你得争第一，这就是出路。"很自然，接下来妈妈会要求考大学，考名牌大学，否则就一事无成。这个男孩子就在妈妈无休止的要求中艰难地成长。

他在日记中写道："妈妈无止境的加码，压得我实在喘不过气来……每当我实现了妈妈的愿望，妈妈就高兴极了，此刻我就成了天上的星星；当我失败没达到妈妈的要求，我就成了地上的狗熊，无休止的奚落就会劈头盖脸地扑来……多少年来，在我的心中只有第一，必须第一，无数个第一整天在追赶着我，我真是太累了……"试想这样的孩子一旦失利会怎样呢？

在这个紧张不安、充满竞争、快速发展的社会里，每一个人，包括孩子，都会遇到压力。现在，孩子们的课业负担重，学习时间长，父母管得过死，还有考试不及格，竞赛不入围，升学上不了重点学校，和同学、老师关系不好等，这些都会给孩子带来心理压力，影响孩子个性的发展。特别是那些性格内向的孩子，学习成绩差的孩子，单亲家庭的孩子，智商低或生理有缺陷的孩子，调皮的孩子或失足、有过错的孩子，他们面临的问题更多，再加上一些家长不能正确对待他们，使这些孩子在遇到不愉快的事情时，就会有话不敢说，忍气吞声，心理的郁积得不到疏散。久而久之，他们就会表现出注意力不集中、行为迟钝、精神不振、人际关系紧张等情况。

许多父母和老师说，现在的孩子太娇气，心理承受能力太差啦。的确，一个人只要参与社会生活，就会遇到各种压力、困难和挫折。对此，有的人坚强、乐

第6章 走进男孩的内心世界

观,勇敢地去战胜它;有的人就显得懦弱、悲观,处处逃避它。做多大的事需要多大的心理承受能力,使孩子逐步形成遇忙不乱、遇惊不颤、宠辱不惊的心理品质,保持心理健康。家长要从关心孩子出发,有爱心、有耐心地与孩子多谈心,做孩子的知心朋友。只有这样,才能使孩子的郁闷得到疏散,使孩子每天都有个好心情。具体可采取以下做法:

(1)父母不要给孩子制定不切实际的奋斗目标,不要给孩子的行为太多约束。如果不顾孩子自身实际,只知道让孩子事事争取第一,就会给孩子造成巨大的压力。还有的父母只让孩子学习,这也不让干,那也不让干,这也会让孩子感到压抑。

(2)要让孩子有足够的休息和娱乐时间。如果孩子不能得到足够的睡眠,休息不好,就会感到身心疲劳,无法集中精力学习,最终让孩子感到紧张,给孩子带来压力。娱乐是化解孩子压力的较好途径,与孩子一起做游戏,使孩子沉浸在快乐的事情之中,压力就会被抛到九霄云外了。

(3)认真地倾听孩子的心声。要帮助孩子克服压力,首先要了解孩子心理上有什么压力,压力从何而来,所以,要抽时间和孩子面对面地交谈,认真地倾听孩子的述说,让他畅所欲言,说出真话。与孩子之间坦诚相待才能了解孩子的心理压力的真实情况,才能够针对问题帮助他们。

(4)积极鼓励孩子。减轻孩子的心理压力,做父母的还可以采取积极鼓励的态度,这也能大大减轻孩子的学习压力,而父母对孩子的否定态度则往往会增加孩子的学习压力。如做父母的往往会这样说:"你看某某又得了满分,你又只有80分,真笨,没出息!"而持积极鼓励态度的父母则可能说:"虽然你比他考得差些,但只要你像他那样努力,你可以做得比他更好。"所以,要想减轻孩子的压力,应该理解孩子、多与孩子交流;应该尊重孩子,对孩子表示信任;要积极鼓励孩子,尤其是在孩子失败的时候。

(5)帮助孩子面对恐惧。有时候孩子会因为自己和别人不一样(比如不跟别人一起逃学,不跟别人作弊、抽烟、抄作业等),就因此而受到嘲笑,甚至受到孤立,感到恐惧、不知所措。这时,父母应当教导孩子要坚持原则,不正确的事情坚决不能做,让孩子知道,能够做到不随波逐流是很不容易的,这正是一个人成熟勇敢的表现。

(6)和孩子一起分享自己的经验。父母小时候一定也曾经遇到过和孩子类似的情况，当时是怎样对待的或者遇到了什么难题又是怎样处理的，这些都可以用通俗易懂的语言和孩子分享。当孩子知道了父母原来也常常会面对压力和烦恼的时候，他们对父母所说的话就比较容易听进去了。父母告诉子女自己是怎样应付压力的，这实际上是为孩子树立了一个很好的榜样，也就增强了孩子克服压力的勇气和信心。

（7）培养孩子的自尊。培养孩子的自尊可以加强他们抗拒各种不良诱惑的能力。比如让孩子发表一些建议，把一些适合孩子年龄的事情交给他们自己去做，并且重视孩子的想法和言行，这些都是培养孩子自尊的好方法。孩子有较强的自尊就会有勇气、有胆量，就会有明辨是非的能力。

（8）关心孩子的成长。鼓励孩子培养广泛的兴趣爱好、多参加一些学校组织的课外活动，这对缓解孩子的心理压力是大有裨益的。最好不要强迫孩子去学这个、学那个，应该多听听孩子自己的意愿。大多数情况下，只要你能够及早发现并且加以恰当的引导，孩子就不会产生沉重的心理压力，从而轻松愉快地度过少年时光。

尊重，孩子也有隐私

有一位妈妈偷看了上初中的儿子的日记，看了以后大发雷霆，因为她发现儿子在日记里写了他的性幻想。她对儿子狠狠地说："你真不要脸，这么小的年纪就想到这些问题，丢死人了！"最后，这位母亲还说要把儿子的日记告诉老师、同学。儿子感到十分愤怒，和他妈妈争辩，可是这位母亲怎么也不道歉，而且执意要告诉学校。结果儿子被逼无奈，离家出走，母子关系闹僵了。

这位母亲的做法是愚昧、错误的。错在哪里？第一，她侵犯了孩子的隐私权。孩子的隐私权是不能侵犯的，简单地说隐私就是一个人不愿意告诉别人的事情；第二，她不但偷看了儿子的日记，而且还扬言把日记的内容告诉老师，那么她就犯了第二个错误。把他人的隐私通告给别人，是错上加错。

不止一位家长这样说过："孩子越大越不听话，不像从前那样，有什么事都和父母讲。"还有的家长发现孩子有些事背着自己，有些东西藏起来不让自己看

第6章 走进男孩的内心世界

见,同学之间的书信和他自己的日记总要放到加了锁的抽屉里,对孩子的这种行为他们感到不安,生怕孩子染上坏毛病。

这样的家长,习惯了对孩子过于保护和包办一切的教育方式。他们有的人因发现孩子对自己有所保留,竟千方百计地翻看孩子的书信和日记,然后把其中的一些内容当做孩子"错误行为"的证据,拿去指责孩子,伤了孩子的自尊心。这样做进一步关闭了孩子和父母之间沟通的渠道,失去了孩子的信任。家长关心孩子的心情可以理解,但这种过度保护、过度干涉,不允许孩子保护自己隐私的做法是不妥的。

人的心理发展是分阶段的,也是有迹可寻的。婴幼儿时期,孩子一切依赖父母,少年时期孩子也许仍把父母当做学习、模仿的第一榜样。但是,进入青春期后情况发生了变化,随着成人意识的出现,他们要在更广的范围内接触社会和人生,此时,人的隐私内容发生了变化而且范围逐渐扩大。

保护个人隐私是适应社会生活的一个方面,保护隐私就是保护自己。当孩子的隐私意识逐渐增强时,家长应当高兴才对。因为这是你的孩子开始走向成熟的标志。一个毫无保留地在父母和他人面前诉说自己内心感受的傻孩子是不会成为成熟的人的。

人都有不愿告诉别人的私事,这便是隐私。个人隐私应得到尊重,法律也规定保护个人隐私不受侵犯,这便是隐私权。大人的隐私权且不说,孩子的隐私权受侵犯是常见的事。侵犯者常是父母,那么,侵犯孩子的隐私权有哪些危害呢?

(1)伤害孩子的自尊心。隐私常常包含个人缺陷(包括生理、行为等方面)、错误、失算等。如果把自尊心比喻为花瓶,隐私就是瓶上的细小裂纹,所以当老师的、做父母的更应细心保护好这个花瓶。随便暴露孩子的隐私,甚至当众宣扬,这无异于敲打这个有裂纹的花瓶,让孩子无地自容,把孩子的自尊心敲碎。

(2)打击孩子的自信心。孩子希望有一定的独立性,希望自己的某一领域不受干预,这正是有自信心的表现。做错了事,想偷偷改;学习落后了,想暗自追上去,这也正是不丧失自信心的表现。轻易地破坏他们的这种希望,侵犯他们这方面的隐私,就会无意中打击了他们的自信心。

(3)麻痹孩子的羞耻心。孩子因知羞耻才把某些过失、缺陷看做隐私,随便被揭开、公布、宣扬,孩子起初还会觉得难堪、痛苦,以后便会麻木了。俗话说"破罐子破摔"就是这个意思。

（4）削弱孩子的自省力。写日记是一种自省方式。偷看孩子的日记，又把日记的内容宣扬出去，是不可取的。向父母吐露心事也是一种自省方式，父母听了却又透露给外人，这也是很不可取的。不尊重孩子这方面的隐私，孩子就会不再重视这些自省方式，这样就会大大削弱自省的欲望和能力，妨碍孩子健康成长。

（5）破坏孩子的人际关系。孩子的一些隐私会涉及他的同学、朋友，比如与朋友一起进行并非不正当但又不愿别人知道的活动，并约定保密。教师和家长知情后，不分青红皂白将事情公之于众，这便会招致朋友和同学的怨恨，破坏孩子与别人的友谊。

（6）削弱孩子与亲人的亲密关系。孩子的隐私常被侵犯，家长又不善于补救，其结果必定是孩子对父母反感，不信任。一旦双方形成隔阂，再对孩子进行有效教育就困难了。

有人问：照这么说，一切由着孩子，孩子的私事都不能过问了？要过问，但要明确指导思想，讲究方法。应该先尊重孩子的隐私权，再让孩子自觉自愿地和你谈他的隐私。隐私的特点是具有一定的相对性，自己的私事对一些人是隐私，对另一些人可以不是。隐私可以转化，不信任你时是隐私，信任你可以不是隐私。

了解孩子，并不是把孩子当成一个没有尊严、没有隐私的个体。恰恰相反，我们首先要充分尊重孩子的权利。尊重孩子、信任孩子，才能够建立和谐的亲子关系，才能真正地了解孩子的个性、特点、优势，教育才能真正有效地发挥作用。当孩子和你之间充满敌意，和你疏远，你就根本无法走近孩子，也就无法了解孩子的内心。教育只停留在表面，那不是真正的教育。

合格的父母是应该这样做的：

（1）争取让孩子信任你，使孩子主动、自愿地披露心中隐私。这就必须尽可能做到：长期日积月累地培植孩子对父母的信任感；培养孩子与父母交流思想感情的习惯；不要找各种理由偷看孩子的日记，私拆孩子的信件；兑现对孩子的承诺，不能兑现时也得说清缘由，取得孩子的谅解。

（2）给孩子一个独立的空间。作为父母应该放下心来，相信孩子能带着秘密健康成长。如果家庭有条件的话，可以给孩子一间独立的房间，或者给孩子一

第6章 走进男孩的内心世界

个只有他自己才能开启的抽屉,允许孩子有一个较自由、安全的空间,并让孩子知道,父母相信他,不会破坏属于他自己的空间。这样能让孩子在家里找到一个有安全感的地方,不至于向外寻求安全,从而远离家庭,远离父母。

(3)父母以身作则。父母之间可以有一些小秘密,相互尊重对方的隐私,不要相互指责、猜疑。必要的时候,把自己的秘密拿出来和孩子分享,听听孩子的意见。

(4)不打击孩子。即使知道了孩子的秘密,也不要一直对孩子打击、批评,要像帮助朋友一样帮助孩子,给他们出主意想办法。

信任,他的时间他做主

当今教育改革,把原来的以教师、课堂、书本为中心转变为以学生、社会、经验为中心。素质教育,主要以培养学生的个体自主、人格独立和精神自由为目的,突出学习的乐趣、思维的创造力、精神的愉悦和心理的健康。这要以尊重学生为前提。但连自主支配课余时间的权利都被剥夺,谈何尊重?如今,学生们的课业负担仍然十分沉重,尽管中央三令五申给学生减负,但现实中,学生们并没得到真正的减负,就连课余时间都被安排满了。近日上海市少工委的调查数据表明,有80%的学生双休日及课余时间都在学习学科知识,没有自主支配的时间,学生只能在困惑和无奈中认可学校与家长的安排。

其实,孩子对许多事情有自己的打算和想法,已逐渐学会了自己安排时间和活动。对于家长的安排,孩子们或抱怨或沉默,在家长觉得平静或很正常的表象下,其实已积蓄了孩子的叛逆心理。课余时间任由家长支配,剥夺了孩子的自主支配权,实际是对孩子的不尊重。教孩子如何尊重别人,而身为父母却对孩子给予不尊重,父母言行不一,如何有利于孩子的身心健康?翻译家傅雷,这个在我们看来很成功的父亲,在孩子成年后,写下这样一番感人肺腑的话:"孩子,我虐待了你,我永远对不起你,我永远补赎不了这种罪过!……可怜过了四十五岁,父性才真正觉醒!"原来,傅雷让几岁的儿子每天上、下午连续几小时地练琴,有时弹得十分困倦,手指酸痛,也从不让松弛。傅聪终于成了钢琴家,可傅雷还是说:"结果是一回事,当年的事实又是一回事。尽管我埋葬了自己的过去,却始终埋葬不了自己的错误。孩子!孩子!孩子!我要怎样的拥抱你才能表示我的悔恨与热爱呢!"因此,家长最好不要干涉孩子的正当活动,这是家长和孩子在权利和义务方面互相尊重的体现。

自主并非意味着毫无目的,随心所欲,无拘无束。自主支配课余时间指的是孩子在课余时间里能够自己确定活动目标,制定活动计划,在活动中对自己的行为做自我监控、自我调节、自我评价。而由孩子自主安排时间的好处是显而易见的。

(1)可培养孩子的个性。当前,我国各学校实行的是班级授课制,(可能)来自不同地域而拥有不同文化背景,具有不同性格气质的学生来到同一所学校,坐在同一间教室,看同一本书,听同一个老师讲课,做同一本练习册,这种工厂车间模式化的"生产方式"暴露出来的弊端越来越明显。这种教学方式由于不考虑学生的兴趣爱好、学生原有的知识水平,一味采取灌输式的教学方法,抹杀了学生的个性,培养出千篇一律的学生。考虑到教育改革的渐进性和我国的教育现实,让孩子自主支配课余时间将有利于培养孩子的个性。在课余时间,孩子能根据自己的爱好特长,自我制定发展目标和计划,弥补学校班级授课制的不足。当时17岁的女高中生郁秀就是典型的例子,因为老师、家长给她充分的自主支配课余时间的权利,她利用课余时间读了大量的书,到高三时写成20多万字的《花季·雨季》,自己的个性才华得到了充分的发展。

(2)可培养孩子的创造力。创造力是一个民族兴旺发达的不竭动力。学生是国家未来的建设者,学生时代是培养创造力的关键时期,而创造力的培养必须有一个较为宽松的环境。如果家长、老师在课内课外都把学生盯死,事事时时都为孩子制定各种严密的计划,这样的教育环境怎能造就一代新人?而孩子如果长期习惯听命于教师、家长的安排,不学习安排支配自己的时间,按部就班,将导致畏首畏尾,缺乏自主意识和独立思考的创新精神。伟大的生物学家达尔文,小时候放了学就奔向大自然,观察鸟兽美丽的羽毛,聆听昆虫动听的歌声,思考动物种类之间的关系。成年后他根据自己的发现,大胆地提出进化论,否定了特创论、目的论和物种不变论,开辟了生物学和人类学的新纪元。如果,当初小达尔文课后也被家长限制做这做那,今天做"名师指点"明天做"高考指津",恐怕就没有他日后的成就了。

第6章 走进男孩的内心世界

（3）可培养孩子自立、自强的品格。能否对自己的行为进行自我计划、自我监控是判别真自主与伪自主的重要依据。当今的中国孩子特别是城市的学生，大部分出生在优裕的环境中，再加上家长们的高期望，一些孩子出生后，就被纳入一整套的"精英教育计划"中，课内"满堂灌"，课后还要参加家长报名的名目繁多的奥赛班、钢琴班、舞蹈班、书画班……学生没有自己的主见，似乎是为他人而活，从不考虑给自己做计划，养成了依赖的坏习惯，失去了独立的生活能力，有的碰到一点挫折就想到轻生。北京大学，每年大约有20名学生因为缺乏自主自理能力，造成生活学习的不适应而被劝退或留级。如果老师、家长还孩子自主支配课余时间的能力，给他们锻炼自己的机会，可让他们日后能更快适应新的生活，接受各种各样的挑战，把命运牢牢掌握在自己手中。这其实是对孩子更加负责，是对人的生命的尊重，是人性的回归。

约翰·洛克说："学生兴致最好的时候，学习效率要好上两三倍，而强迫去学就要花费加倍的时间与汗水。"孩子在课余时间里按兴趣选择活动，获得轻松与愉悦，再以良好的状态回到学习中去，能得到最好的效果。况且娱乐并不等于玩物丧志。娱乐可以是阅读，可以是游戏，可以是打球、练乐器，这些都能促进学生身心健康成长。在课余时间里，学生可以根据自己的兴趣与爱好选择娱乐、学习、休息等自己需要的活动，这是减轻学习负担的好方法。

让孩子自主支配课余时间，是人内在本质特征的要求。马克思认为人的内在本质是自由、自觉。由大人们支配孩子课余时间的恶果也许短时内还难以表现出来，真正的危机发生在他们成人之后。当不再有人要求他们做什么时，当他们真正需要主宰自己的行动时，他们开始手足无措，显然，他们已养成了依赖别人的习惯，已缺乏自己做事的欲望、勇气与能力。孩子从小看父母和老师的眼色办事，长大后看领导的脸色办事，如此无主见的人生，就像雄鹰被拔掉了羽翅，又谈何在现代社会立足？

爱因斯坦说"人的差异产生在业余时间"。同样，达尔文说"我从来不认为半小时是我微不足道的很小的一段时间"。从这两位科学家的话里，就可以看出他们是多么重视时间，珍惜时间，同时他们也都是运用时间的能手。作为家长可以从以下几个方面着手培养孩子安排时间、运用时间的能力。

（1）让孩子出去玩。该玩的时候，就应让孩子们去玩，要让他们多和别的孩子在一起，培养开朗、热情的性格与集体主义精神。在这方面，家长不要有功利心，否则，会扼杀孩子的天性。不要在雏鹰刚学会飞翔时就为它规划好飞行的轨迹，那它永远也飞不高。

（2）把睡觉的时间还给孩子。根据中小学生长身体的规律，每天需要睡眠时间为9小时，可调查显示学生的睡眠时间在8小时以内的占48.6%，在9小时以上的仅占51.4%，说明有近1/2的学生睡眠时间不足。正因为如此，有29%的学生把睡眠时间当做自己最想争取的权利之一。专家指出，如果睡眠时间和质量得不到保障，将严重影响儿童的身体发育和身心健康。当你的孩子想要睡上一小会儿时，作为家长的你一定要满足他的要求，因为那也是他的权利。

（3）为孩子制定一份休闲计划。对一些较重大的节假日和休闲项目做出妥当的安排，这样能使孩子的休闲和学习有条不紊地交叉进行，使身心得到有效的放松和调适。而且，一旦制定了既愉快又切实可行的休闲计划，那么在这一时间尚未到来之前，孩子的心情会是愉快而充实的，能精神振奋地投入到学习和工作之中。

（4）善于利用假期。假期是亲子间沟通了解的好机会。平时孩子有写不完的作业，家长也很忙，相互只看到忙碌的身影。只有到了假期孩子才有了更多自由支配的时间。而有些家长把放假看成是上学的延续，因此各种家教、各种培训班充斥着孩子的假期生活。

家长应利用假期多听听孩子的倾诉。现在的孩子越来越多地承受着间接来自社会，直接来自家长、老师、学校的压力，因而家长更要注意利用假期对孩子的心理进行调适。不要以为只有得了心理疾病之后才需要调适，家长应试图通过调适、沟通来缓解孩子的压力。

（5）帮助孩子对他在近期内的活动做一个理智的分析。看看孩子近期内要达到哪些目标，长远目标是什么，孩子最迫切需要的是什么，各种活动对孩子发展的意义又有多大等。然后让孩子做出最好的时间安排，并且在执行计划中不断地修正和发展。

第7章
时刻关注男孩的情绪

对于男孩来说,由于种种原因,他们的情绪常常会发泄不出来。情绪不能正常发泄时,人便会感觉到很大的压力。也许正是因为如此,有儿童心理学家说:"在孩提时代,男孩比女孩更容易抑郁。"大多数的家长也许会怀疑这个观点,甚至提出反驳:我的孩子是快乐的、无忧无虑的。但是,如果家长注意到了男孩的异常行为,是否还能如此理直气壮地予以反驳呢?

不能让孩子成为情绪的俘虏

常常听到一些家长这样教育他们的儿子:"哭什么哭,女孩才总是哭哭啼啼的呢!""有什么好哭的,像个女孩子一样!"……

在接受家庭教育方面,男孩有时是很可怜的。因为是男孩,他们被剥夺了哭泣的权利;因为是男孩,他们必须坚强;因为是男孩,他们的情绪往往被家长忽视……所以有人说,做男人是可悲的,即使在还是小孩子的时候,就要承担比女孩大得多的压力。

事实也的确如此,对于男孩来说,由于种种原因,他们的情绪常常会发泄不出来。情绪得不到正常发泄时,人便会感觉到很大的压力。也许正是因为如此,有儿童心理学家说:"在孩提时代,男孩比女孩更脆弱、更情绪化。"

12岁的石磊没有上初中就辍学了。他非常自卑,害怕见陌生人,脾气古怪、暴躁,动不动就大发脾气,并常常以自杀威胁家长。正处于初生牛犊不怕虎的年龄,石磊为什么会变成这个样子呢?

原来,石磊曾经是一个性格开朗、学习成绩优异的孩子。在他上五年级时,班级评选班干部,他满心欢喜地以为能当选,结果老师没选他,反而选了比他差的同学。

这件事对他打击特别大,他放学回家后一句话都没说,直接躲到了屋里。第二天,他把这件事告诉了爸爸妈妈,并且反反复复说了好几遍。但当时爸爸妈妈由于工作忙,谁也没在意孩子情绪的变化。

从这以后,石磊就像变了一个人似的,沉默寡言,对所有的事都提不起兴趣,不爱上学,也不喜欢参加班级和课外活动,甚至在街上看见同学和老师他都会立刻绕着走。然而,石磊的这种异常行为还是没有引起父母的注意……最后,等父母发现孩子异常时,他已经变成了现在的样子。

有时候男孩就是这么脆弱。他们也会迷路,而且他们不像女孩,发现自己错

第7章 时刻关注男孩的情绪

了便会马上回头,他们有一股一路走下去就是不回头的"倔劲儿"。因此,他们有时更需要家长的关注,需要家长在适当的时候为他们确定航标、指引方向。

我们有理由相信,石磊本来可以成长为一个可爱的少年,他只是在一个人生的岔路口迷了路。但是,由于家长的疏忽,却造成了他性格的转变。

与女孩相比,男孩不善言辞,更不愿意表达自己内心的想法,更容易暴躁、发火……但正因如此,男孩才更需要父母的关注,尤其是在他情绪变化的时候。

有一项针对初中生进行的深入调查表明,多数孩子都存在情绪失控的问题,在情绪和行为上存在一定问题的学生比例高达15%,其中,5%的初中生存在敌对、攻击行为。而全国22个省市青少年心理健康的调查数字显示,我国有3 000万青少年处于心理亚健康状态。有关专家表示,存在心理与行为问题的孩子实际人数远远不止这个数字,关注孩子的"心病",已经到了家长必须正视的时候。

现在有些孩子越来越情绪化,稍有不顺就发脾气、摔东西、吵架、打架,甚至在情绪失控的状态下发生犯罪行为。最近,媒体不断报道有的孩子在情绪失控时采取极端的方法伤害自己或他人的生命。

孩子已经成了情绪的"俘虏"。这极大地危害了孩子的身心健康,影响了孩子的未来。作为家长,一定不要忽视孩子的情绪问题,在看到孩子的情绪出现问题时,就要采取积极的手段进行挽救。

另外,家长也应注意,如果男孩的诉说内容有偏激的倾向,切记不要在当时就指出孩子的错误,这样会让他感到更加无助,或是加重他的反叛心理。家长可以等孩子平静后,在孩子很高兴的情况下,再帮孩子分析他的错误观点,并帮他提出改正的建议。

让孩子意识到不良情绪的危害

哈佛大学的研究人员做过这样的试验,他们将6个月大的婴儿与他们的母亲请到实验室,在事先设定的情境中玩耍并进行录像。首先,母亲给婴儿看玩具并与婴儿说话;然后,母亲停止与婴儿玩耍并板起面孔以使婴儿烦躁不安。接下来,母亲要尽可能地安慰婴儿,抚摸婴儿,注视并跟婴儿说话。

实验结束之后，研究人员慢速播放录像带，分析婴儿和母亲的表情及行为变化。结果发现，母亲板起脸后男婴哭泣和烦躁的次数更多，表现得更为愤怒，他们要么比划着想让母亲抱自己，要么在椅子上动来动去好像要逃走。而且，在母亲试图安慰他们的时候，男婴也表现得更难平静下来，母亲要付出更多的努力才能让男婴高兴起来。

男孩，极不擅长情感表达。而女孩相对要好得多，女孩对情绪和情感更加敏感。2岁的女孩比2岁的男孩能更多地使用"爱"和"伤心"这样的情绪词语。

儿童时期如此，到了青少年期，这种情感差异日趋加大，越来越多的男孩不会表达自己的情感，对别人的情感反应更不敏感，更有可能隐藏自己的真实情感。男孩往往更容易情绪失控，用攻击或暴力的方式解决问题。有时候，他们把这种攻击指向自己，就是自杀；有的时候，他们把这种攻击指向他人，就是暴力。

最近，张先生对儿子的"情绪化"已经到了无法忍受的地步。孩子刚上初一，已经是大孩子了，可还动不动就哭鼻子，还爱跟同学吵架，甚至还跟父母吵架。据张先生反映，他儿子不管在生活中还是在学习上都特别"情绪化"。在生活上，儿子常常由着自己的性子来，不想干的事任家长怎样说都不为所动，想干的事任父母怎么阻挠都非要干。比如，上周他说要学吉他，要张先生给他买。张先生不肯，他当即就气得哭起来，还摔门而出，把张先生弄得莫名其妙，儿子有必要为此生这么大气吗？他觉得太不可理喻了。

但是，平时遇到一点点高兴的事，他都乐得手舞足蹈，又是唱，又是跳。可正在高兴的时候，如果别人有一句不经意的话刺激了他，他马上就情绪化起来，或者是摔东西，或者是流眼泪。"简直不像个男孩，太不可思议了。"张先生觉得儿子跟个女孩似的情绪化。

在学习上，儿子也是由着自己的性子来，偏科非常严重。他喜欢数学，就天天抱着数学课本；不喜欢语文，就连语文作业也不做。任老师和家长怎么说、怎么逼都没有办法。

有时候，儿子变得沉默寡言起来，似乎很忧郁的样子，常常一个人关在房间里。父母去问他有什么事时，他总是不耐烦地让父母不要过问。

儿子的情绪让张先生非常担忧，他不知道儿子到底怎么了，是到了青春期了？还是心理出现了问题？

其实，每个人的情绪都会时好时坏，更别说孩子了，只是成人大都会控制自

第7章 时刻关注男孩的情绪

己的情绪,而孩子却做不到。孩子的情感往往是最真实的,他们的喜怒哀乐就是自我内心的表达,出现情绪化的原因一般是由于自身的一些需要未得到满足。一件在成人看来是极小的事,常常可以引发孩子十分强烈的情绪波动,甚至引起情绪的"海啸",使孩子的表情、声调、手势和姿态发生变化。一旦他们内心的防线被打破,就会出现发脾气、使性子之类的反抗行为。

孩子的情绪问题对孩子的成长至关重要。积极的情绪对孩子的身心发展能起促进作用,有助于孩子潜能的发挥;消极的情绪则可能使孩子的心理失去平衡,甚至影响他的人格建构,影响他未来的生活和事业。因此,家长需要进行有效的干预,以及正确的教育和引导,让孩子意识到不良情绪的危害。

帮助孩子梳理自己的情绪

情绪是人们对客观事物是否符合或满足自己的需要而产生的一种态度或内心体验。打个比方,强强听到同学正在说他的坏话,就会产生气愤的情绪;林林正在夸他的小伙伴兵兵,兵兵则会产生愉快的情绪。再比如,小宾正在观看一部电影,电影中悲伤的镜头让他产生难过的情绪;何亮登上领奖台时微笑着向大家挥手,则显示了他快乐的情绪。

人们的不良情绪主要包括两大类,即过于强烈的情绪反应和持久性的消极情绪。这两种情绪对人的身心健康是十分有害的。下面我们来看几个事例:

事例1:在《儒林外史》中,范进中举的情景想必大家都十分难忘。范进多年考不中举人,直到他50多岁时,才终于听到自己"金榜题名"的消息,不禁"喜极而疯"。

事例2:在《三国演义》中,周瑜虽然才华出众、机智过人,但是,他气量狭小,终被诸葛亮巧设计谋,断送了风华正茂的生命。

事例3:有一个粗心的医生,把两个病人的诊断报告弄错了。结果,原来那个没有癌症倾向的病人由于医生的错误诊断报告而极度伤心、痛苦,情绪极不稳定。过了一段时间,这位病人再到医院检查,果真发现有了癌症倾向。而原来那位有着癌症倾向的病人,却因为拿到了没有癌症倾向的诊断证明而情绪变得高涨，心情变得愉悦，病情渐渐好转。

可见，过于强烈的情绪反应和持久性的消极情绪都会给人们带来危害。

孩子的不良情绪包括持续性的恐惧、沮丧、愤怒、焦虑、悲伤、犹豫、嫉妒和情绪淡漠。情绪淡漠即对环境变化缺乏情绪反应以及情绪低落、不稳、倒错等。

一个男孩曾经这样描述自己："我的情绪变化很明显，一会儿兴高采烈，憧憬着美好的未来，觉得一切都是美好的；可有的时候又像被风刮入万丈深渊，情绪低到极点，看见什么烦什么，什么也不想干，脑子昏得厉害，隐隐约约地有一种说不上来的滋味，仿佛是个木偶，什么事情都懒得做，不夸张地说，我现在真像个半死的人。我爱好书法，但总是因练不好一个字而把笔摔得叭叭响；我想把班级治理好，可从没有勇气在全班同学面前说一句话；我爱好文学，可瞧着退回的稿件，就再也不想写第二回；我想无忧无虑、快快乐乐地学习和生活，可又常因一些世道的不平而满腔愤怒，无法安心学习。稍有不顺心的事，我就怒气冲天，精神也就一蹶不振。望着自己的成绩和老师日益冷漠的脸，我真想努力赶上去，可就是无法平静下来。"

不良情绪不光会让孩子容易做出意想不到的事情，而且，还会影响他的身心健康，给孩子带来许多疾病，如内分泌紊乱、神经衰弱、精神失常等。当孩子感到悲观、失望、忧愤、恐惧时，其机体内就会产生过多的肾上腺素。如果长期处于这种不良情绪中，就会引发身体疾病。如果孩子经常处在不良情绪中，就容易任性，乱发脾气，从而处理不好人际关系，甚至还会产生孤独感和抑郁症等。不良情绪可使孩子缺乏积极向上的精神，注意力不集中，从而影响其学习，如记忆力下降、厌学、成绩下滑等。

那么，父母如何让孩子意识到不良情绪的危害呢？不妨从以下几点做起：

首先，帮助孩子了解自己的情绪。当孩子处在情绪高峰期，较少焦虑时，身体的活力、胃口和睡眠都处于最佳状态，即使有破坏情绪的事情发生，他也可能一笑了之；当孩子处在情绪低落期时，整个世界都是灰蒙蒙的，没有什么能激起他的兴趣，他开始变得多愁善感，对事物特别敏感；孩子处在情绪平稳期时，就表现得积极乐观，处理问题合理而顺手，可以做出比较成熟的决定。一般来说，情绪周期是在童年建立起来的。在孩子童年时，帮助其了解情绪周期正是恰当的时候。当孩子出现情绪周期变化时，要让孩子想想自己的情绪周期是什么情形，

第7章 时刻关注男孩的情绪

并下决心减少不良情绪周期的频率。尤其当孩子处在情绪低落期时,父母一定要让孩子意识到不良情绪的危害,如,每当孩子有规律性地产生不良情绪时,父母可以这样告诉孩子:"孩子,你放松一下。"

其次,帮助孩子梳理自己的情绪。一般来说,孩子的情绪包括乐观型和悲观型两种。同样是面对桌上的半杯水,乐观的人就认为杯子的一半是满的,悲观的人就认为杯子的一半是空的,你可以用这个方法考察一下孩子的想法。在实际生活中,当孩子表现出不同的情绪时,父母可以适时地帮孩子认识情绪的类型。比如,当孩子哭泣、悲伤时,可以恰当地告诉孩子:"哭泣是不好的,悲伤会让人变得很丑。"再比如,当孩子在失败后还面带微笑时,告诉孩子:"宝贝,你很乐观,你是最棒的!"孩子将来会面对人生的诸多曲折、难题,正确的对策是尽力去解决它。

其实,孩子的不良情绪有很多,父母在让他们意识到不良情绪的危害时,一定要根据实际情况,循循善诱,耐心指导。当你把这些道理给孩子讲清楚时,孩子就会意识到不良情绪的危害,而努力不让自己陷入不良情绪中。

冲动让孩子失去理智

爱冲动的人总是容易失去理智。孩子冲动时,会很难控制自己的情绪,因而失去理智,做出让自己后悔的事情。孩子偶尔冲动在所难免,但如果经常出现冲动逆反的情况,就会影响其身心健康,尤其易使孩子性格出现偏离和行为异常。

容易冲动的孩子无论在什么情况下,总会觉得自己受委屈了,有时候会用自己的拳头去征服别人,去报复别人。容易冲动的孩子探索欲和占有欲都特别强,看见什么新鲜东西,都想扑过去抢,或者伸手去抓,往往不计后果。比如,不走大路,偏偏要走高低不平的曲折小路;一会儿可能去触摸饮水机的开关,过了一会儿,可能又会去爬窗台。虽然额头上已经摔出了大大小小的伤疤,屁股也多次被父母教训,但是,还是不停地惹麻烦,做一些很危险的事情。

李强的儿子冠群上小学二年级,特别容易冲动,总是毫无理智地做一些令人担心的事情。不仅在家里经常发脾气、摔东西,而且在学校也会仅仅为了一两句话，就和同学大打出手。有一次，李强接到儿子班主任的电话，说冠群在学校里和同学打架，把那个同学的鼻子打得流血了。李强接到电话后急匆匆地赶到学校。原来，冠群和同学玩纸牌，输了不服气，就动手打那个与他玩游戏的同学，其他同学报告老师。老师来了，他还是冲动地不能控制自己，一个拳头把同学的鼻子打得流血了。

这样的孩子怎么能让家长放心呢？孩子爱冲动总是让父母的神经绷得紧紧的，总是担心他会惹祸，会出事。

一般来说，孩子容易冲动的因素主要有两大方面，既有生理因素，也有社会因素。

生理因素是指孩子中枢神经系统的发育不够完善，特别是大脑皮层兴奋和抑制过程还很不平衡。因此，一旦他们遇到紧张刺激，就会非常激动而不能自控。比如，三四岁的孩子，神经系统的兴奋过程和抑制过程虽然都有发展，但兴奋过程仍占优势，所以这个年龄的孩子在行为上容易兴奋，不能约束自己，从而发生冲动行为。

社会因素首先往往是父母对孩子百依百顺，使他的冲动行为得以强化。其次就是父母过分地"保护"和限制孩子。比如，不允许孩子与小伙伴在一起玩等，时间长了，孩子会很封闭，缺乏集体合作的体验，于是就形成了"以我为中心"的思想，一旦有什么不满就会表现冲动。此外，环境的不良刺激，如家庭气氛的紧张，父母对待孩子教育的不一致，缺乏双亲配合的爱以及遇有疾病或外伤的打击等都会导致孩子的兴奋而产生逆反和冲动。再比如，有些孩子因为常常受到父母打骂，形成暴躁性格，不能控制自己，因而会出现冲动行为。

除了生理因素和社会因素之外，还有孩子自身的因素。孩子的情感是不稳定的，好冲动，遇到喜欢的事就愉快，遇到厌恶的事就不高兴，他们不能有意识地控制和调节自己的情感，比如，几分钟前还在大哭大闹，几分钟后就"雨过天晴"，笑声朗朗了。

当孩子因冲动而失去理智时，很多父母会手足无措。对待爱冲动的孩子，父母不妨试用以下几种方式：

（1）耐心引导。如果孩子出于好奇心而冲动，把东西搞坏了，父母不要打骂孩子，而应耐心地引导他，给他讲清楚东西损坏了是很可惜的，要求他以后做事要细心、认真，并启发和帮助他对感兴趣的事情进行探索。

第7章 时刻关注男孩的情绪

（2）冷处理法。比如，有的孩子会出现"人来疯"现象，家里一来客人，他就十分兴奋，什么都不顾了。父母一时也难以说服他，这时可采取冷处理，不理他，等客人走后，再对他实施适合的教育。

（3）以身作则，言传身教。父母应以身作则，做到言传身教，给孩子树立良好的榜样。比如，父母应善于调控自己的举止行为，坚持正面教育的原则，改掉动辄打骂的教育方法。

（4）父母教育方法要一致。孩子冲动时，父母一个唱白脸一个唱红脸是很不好的，这会让辨别力不强的孩子陷入迷茫，因此，父母对孩子的管教一定要一致。同时，在对孩子的爱中还应提出要求，使孩子懂得为所欲为的做法是绝对不允许的。同时父母要有修养，不急躁、不愤怒，要用冷静理智的态度来对待孩子。

（5）转移孩子的注意力。比如，两个孩子正为争一个玩具而哭泣时，你可以用另一种游戏转移孩子的注意力。孩子融入另一种游戏的快乐中，就会破涕为笑。

总之，随着孩子神经系统的逐步发展和心理水平的不断提高，加上父母的正确教育，孩子的自制力也会逐步加强，他们的冲动行为也会相对减少。

教会孩子释放不良情绪的方法

多数家长肯定有这样的体验：当孩子发脾气时，你往往会火冒三丈，大声训斥孩子立即停止吵闹，甚至一巴掌打过去。这样的做法对孩子的成长极其不利。对孩子来说，产生情绪是再平常不过的事。当一个成人发脾气的时候，旁观者尚会知趣地离去，或者好言相劝，何况对一个孩子呢？

孩子往往很难控制好自己的情绪，如孩子恐惧、喜悦、悲哀、愤怒时，常常会发泄自己的情绪。而很多父母并不了解这一点，因此，自觉或不自觉地对孩子像对大人一样要求其情绪平稳，不让孩子宣泄情绪。结果，一些孩子压抑惯了，长大后，性格抑郁沮丧，心理不够正常。

因此，当孩子因为某种原因，哪怕是不合情理的原因而产生不良情绪时，一定不要采取批评、打骂的方式去遏制孩子的情绪，而要允许孩子去发泄，并懂得采用适当的方法引导孩子把不良情绪发泄出来，而不是压抑在心里。

精神分析学派的奠基人弗洛伊德充分肯定了情绪宣泄对维护心态平衡的作用，他认为，通过倾诉、哭泣、运动等途径，能减轻精神上的症状。当孩子遇到挫折或者感受到不愉快时，让他能不受压抑地通过语言或非语言的方式表达自己的情绪，可以减轻他心理上的压力。

那么，家长该如何引导孩子发泄不良情绪呢？下面几个方法可供参考：

第一个方法是哭泣法，它是孩子情绪宣泄的一条重要渠道。有人说过，家长对孩子最残忍的事莫过于不让孩子眼眶里的泪水往下流。几乎所有的家长都不舍得让自己的孩子哭泣，更不曾引导孩子用哭来宣泄自己的情绪。

当孩子遭遇恐惧、委屈、愤怒时常常会用哭来表达内心的感受，此时，家长不要哄劝孩子停止哭泣，或者强行压制孩子不许哭。因为，哭泣可以让在紧张状态中的孩子变得轻松。

虽然哭是孩子情绪宣泄的一条重要渠道，是孩子情绪的自然流露，但绝不是唯一的渠道，而且也不是最佳的渠道。因为这种方式往往会让周围人认为是孩子不坚强的表现，得不到周围人的同情和理解，相反，常会使人感到烦躁不安。因此，引导孩子哭泣也要适可而止。

第二个方法是转移法，也是孩子宣泄情绪的良好途径。当孩子遇到冲突和挫折时，不要让孩子过多关注所遭遇的事情，而要引导其从这种情境中摆脱出去，尽早投入到自己感兴趣的活动中去。例如，孩子因为与其他孩子出现争执而受到老师的批评，家长不要指责孩子不听话，而要跟孩子谈谈心，讲讲老师为什么要批评他，然后，可让他到室外去踢一会儿球，在剧烈运动中将积累的情绪能量发散到其他地方。

第三个方法是倾诉法，可以说这是一种处理孩子情绪的好方法。倾诉是缓解压力的重要途径，如果不能让孩子学会倾诉，那么久而久之，孩子遇到什么事情都不愿向家长及他人倾诉，而是把心事闷在心里，长此以往，就会造成孩子的心理危机。

倾诉可以缓解人的压力，让人把紧张的情绪释放出来。要让孩子学会通过这种途径来排解情绪，在遇到冲突或挫折时，要鼓励、引导孩子将事由或心中的感受告诉他人，以寻得同情、理解、安慰和支持。孩子对成人有很大的依赖性，成人对孩子表现出的同情或宽慰会缓解甚至清除孩子的心理紧张和情绪不安，即使

第7章 时刻关注男孩的情绪

在孩子倾诉并不合乎情理的情况下,也要耐心地听下去,至少保持沉默,等待孩子情绪的风雨过后,再与他细作理论。

告诉孩子几个快乐的法则

"孩子,你快乐吗?"在一些城市的街头,一位调查人员随机向孩子们抛出这个问题。令人吃惊的是,不少孩子摇摇头,脸上写着与年龄不符的忧郁。

随后,调查人员来到北京市某幼儿园,孩子们来这里时高高兴兴,但有一名孩子却蹲在门口不肯进去。妈妈告诉调查人员:"幼儿园分班,孩子与他的玩伴分开了,所以不开心。"对于儿童来说,有玩伴的童年才有快乐。

这位调查人员就"开心与快乐"话题又随机采访了一些中小学生,一名小学生说"不上培训班就是快乐的",而一名中学生则表示"不搞分数大排队就是快乐的"。

很多家长认为,现在的孩子就像在蜜罐里长大的一样,要什么有什么,吃穿用样样好,还能不快乐吗?可是,调查结果表明,感觉自己不开心的孩子似乎并不在少数。

专家指出,不少孩子在物质上是富裕的,而在精神上却不够快乐。除了应试教育剥夺了他们一部分自由玩耍的快乐时光以外,家庭教育失当也使一些孩子快乐不起来。

每个孩子的成长环境不同,个体也有所差异,因此,孩子不快乐的表现也不尽相同。如果父母无法了解孩子不快乐的原因,让其一直保持悲观、难过的状态,就会影响到孩子的健康成长。

一对夫妻带着7岁的儿子来到了一家心理咨询室。他们告诉心理医生,孩子还小,非常希望他能够继续读书,可是闷闷不乐的孩子死活不愿再去学校。经过家庭互动,心理医生了解到孩子心里有很多愤怒和委屈,父母和老师对孩子的误解以及父母对孩子气急败坏的打骂,造成孩子对学习极为反感,每天郁郁寡欢,没有一点儿笑容。

这个孩子特别调皮,也特别聪明,父母都期望他老实听话,父母的这种想法让他吃了不少苦头。孩子已经用他所有的语言行为告诉家长：我是个调皮的孩子；而父母却要用父母的威严来告诉孩子：你必须当一个听话的孩子。

正是因为父母读不懂孩子，孩子才会不听父母的话，因而不快乐，进而想办法反抗。心理医生了解了这对夫妻的教育方式后，给他们制定了一个适合孩子的教育计划与方法。经过四次咨询，孩子的脸上终于见到了笑容，情绪也慢慢得到了改善，和父母的关系也变好了，他开始喜欢上学，喜欢读书。期末考试时，孩子的成绩明显提高。

可见，教育方式是否适合孩子直接影响到孩子快乐与否，也决定了孩子制造快乐能力的高低。

作为父母，应该知道孩子为什么不快乐。孩子不快乐时就像身体不舒服时一样，都会发出各种各样的信号以引起父母的注意，比如，多动（因生理引起的多动除外）、注意力不集中，都是典型的要引起父母注意的行为症状。很多时候，父母大都会把问题直接推向孩子，责怪孩子不听话，自控力不强，甚至认为孩子有病，带孩子去吃药。当父母用此种方式来面对孩子时，孩子的问题症状得到父母的"大力支持"而快速发展，有时会转变为其他症状。

天下所有的父母都希望自己的孩子快乐地生活，健康和快乐是父母给孩子最深情的祝福。那么，孩子快乐的性格如何形成呢？心理学研究者认为，一个人的性格不是一朝一夕就能形成的，也不是先天可以遗传的，而是人出生后不断受周围环境的影响和熏陶以及自身实践、长期塑造的结果。因此，孩子的快乐性格可以培养。在孩子成长的道路上，父母应掌握以下几点快乐法则：

（1）家庭中应保持和谐愉快的气氛。在一个家庭中，成员之间互相依恋，互相赞赏；在困难面前互相激励、互相支持；能够以乐观的态度对待家庭所面临的压力和危机，彼此谅解扶助；在人生观、价值观、以及评价事物的标准方面，父母能够在孩子面前坦陈自己的观点，能为孩子提供良好的榜样和作出表率。在这样的家庭里，家庭成员皆身心放松，思想活跃，性格开朗，积极乐观，愿意为他人和社会做出贡献，这便是良好家庭环境的基本特征。巴尔扎克曾经说："爱情浓厚的夫妻的孩子，往往赋有爱情的特色：温柔、活泼、快活、高尚、热心。"

（2）带孩子到大自然中去。喧嚣的都市生活，对孩童的心灵有许多侵蚀作用，孩子的感情世界不免机械、冷漠、烦躁。如果父母利用假日带着孩子离开喧

闹的都市,去郊外、河畔,和孩子一起捉小虫、放风筝,在草地、田野奔跑、嬉戏,那时大自然会把孩童的心紧紧拥抱,孩子会有享不尽的乐趣。

(3) 让孩子避开消极情绪影响。成人都有七情六欲,有时也会愁苦不堪,也会大光其火,也会伤心哭泣,但这种情绪应尽量避开孩子发泄。如果父母与子女同处于一种压抑沉闷的氛围中,不仅于健康无益,而且很难有进取的激情和向上的力量。父母不要随意向孩子宣泄种种不满和沮丧的情绪,更不要随意流露茫然悲观之态。家庭成员都应注意情趣的陶冶和幽默感的培养。夫妻间应当互敬互爱,遇事商量,不轻易将矛盾暴露在孩子面前。父母应经常给予孩子积极的鼓励与引导,做孩子的大朋友,注意倾听孩子的意见与要求,心平气和地与孩子讲道理、谈问题。在平等交流的气氛中,让孩子逐渐懂得自己对家庭和社会应承担的责任和义务。父母绝对不能让孩子幼小的心灵过早地体验到忧伤、惊恐、冷漠、愁苦等否定情绪,而应该有意识地让他经常看到你的笑脸,这样才有利于孩子形成昂扬乐观的心境。

(4) 培养孩子多种兴趣。某个孩子可能因为错过了他喜欢的动画节目而整个晚上都不高兴;另一个孩子兴趣较广泛,看不成动画节目,他就会改为看书或玩游戏,也同样自得其乐。尽管父母不可能尽知孩子的兴趣是什么,但可以提供各种各样的活动让孩子试试。任何方面的兴趣都是可以培养出来的。家长要经常引导孩子去完成力所能及的事情,让孩子不断体验成功的欢乐。对于年龄较大的孩子,更要如此。有一个7岁的孩子,家长平日不让他做任何事,也不让他和邻居家的孩子一起玩耍。孩子不高兴时,就让他吃爱吃的食物,买他喜爱的各种玩具,可是孩子仍然不高兴,经常发脾气。后来家长改变教育方式,让孩子经常和小伙伴玩,帮助家长干些简单的家务劳动,孩子的生活充实了,而且他在完成各种任务的过程中也得到了极大的满足,体会到成功的快乐。

对待脾气暴躁的孩子怎么办

孩子脾气暴躁的表现是多方面的,不讲理,喜欢跟人吵架,打人,稍有不顺心就哭闹不止,等等。孩子形成暴躁的性格,容易产生暴躁的不良情绪,主要原因有以下几点：

（1）家人的溺爱。家人的过分疼爱会使孩子滋生一种以自我为中心的意识。当父母听到孩子的无理要求时，本不想答应，但孩子一发脾气，就立刻满足，这是一种最糟糕的做法。因为孩子从这样的事情中知道，发脾气是满足愿望和要求的最有效的手段，于是就变得更容易发脾气，从而造成恶性循环。

（2）家庭教育缺乏一致性和一贯性。比如，母亲认为是好事，父亲观点却相反；爷爷同意的事情，奶奶偏要阻拦；今天禁止的事情，明天又鼓励孩子去做。这样就会增加孩子的受挫感，从而导致其烦躁和暴躁。

（3）父母对孩子的要求过于严格。孩子稍有过错或没按要求去做或做得不好，父母就会严加训斥，甚至狠狠地揍孩子一顿。父母的这种做法只会造成不良的结果，如使孩子感到不满和压抑，这种不满和压抑会在以后的某种场合中表现出来。

此外，疾病和生理条件也是引发孩子脾气暴躁的原因之一。如神经衰弱的孩子特别容易兴奋、发脾气，处于疾病和疲劳状态中的孩子也常常有烦躁不安、易于发火的表现。

很多父母经常会为孩子的暴躁脾气所惊讶，不知道该怎样对待经常发脾气的孩子。父母必须记住，如果不去适当控制孩子暴躁的脾气，事情只会变得更糟。

蓝蓝是一个7岁的孩子。有一天，爸爸对他说："蓝蓝，妈妈和我明天要一起去外边进晚餐，你明天和保姆阿姨一起吃饭吧！"

"不行！"蓝蓝大声嚷嚷道。

"对不起，宝贝，明天是我和你妈妈结婚8周年纪念日，我们一定要单独在一起庆祝一下。"爸爸又说。

"不行！就是不行！"蓝蓝仍旧坚持自己的想法。

"这孩子，管不了你啦？真不听话！"爸爸有些生气地说。

蓝蓝开始变得焦躁不安，开始摔桌子上的书本，继而号啕大哭。

爸妈决定把他隔离，让他在隔壁的小房间里单独待一会，以为这样他就可以听从父母的话。没有想到，蓝蓝在小房间里声嘶力竭地又哭又喊，还不停地摔打每一件触手可及的东西。半个小时过去了，蓝蓝的哭声变小了，但他仍然没有平息因暴躁而引发的怒气。爸妈在外面悄悄打开了房门，蓝蓝仍然没有停止他的破坏行为，甚至开始自残，把自己的手往墙里抠，还把头往墙上撞。

第7章 时刻关注男孩的情绪

像蓝蓝这样的孩子并不少见，父母往往不知所措。如果孩子暴躁地发脾气时，父母能够对其进行正确的引导，一切都会有所好转。

对孩子的培养和教育本来就是一件极有风险的事，因为父母稍有不慎就会损害孩子的情感，并给其个性带来终身"残疾"，这种损失比任何投资都要惨重得多。父母需要细心观察孩子，理解他们，允许他们自由地表现，在理解的基础上进行引导。只有如此，才能保证他们的身心健康地成长。

当孩子暴躁发脾气时，父母可以这样做：

场景一：在商场的玩具专柜前，5岁的灵灵拿着喜欢的玩具不松手，但是看见妈妈仍不愿意买，他就撒泼、哭闹，甚至摔东西。

孩子之所以发脾气，最常见的原因就是需求得不到满足。遇到这种情况，有的家长好面子，赶快买东西走人，还有的家长，当场就大打出手。其实两种做法都不合适。喜欢的东西得不到，大人也会心情失落，这时孩子发脾气的心情可以理解，但不能因此而满足他的不合理要求。否则，会强化他用发脾气来表达情绪，甚至让他感觉只要自己发脾气就会什么事都如愿以偿。

但是，家长当场大打出手或训斥孩子也不妥当。孩子的模仿能力特别强，遇事家长怎么处置，他也会从家长身上学会解决问题的方法。此外，5岁左右也是自尊心最初建立之时，家长当着别人的面对他进行批评，会损伤他的自尊。

家长可以走过去，用轻柔和同情的语气说："你是不是很不开心？看见你这样，我的心里也不舒服。"就这样分享他的情绪。一开始，孩子可能会拒绝你的关怀，你可以走开，一会儿再回来，仍然用同样的方式跟他说话。用这种方式向孩子表明，你对事情的立场是坚定的，但在情绪方面，你愿意和他分享，因为你理解和在乎他的感受。甚至，你可以告诉孩子，他不开心，你也难过，因为你是很心疼他的。但他的要求不合理，是不可以答应的。不过，如果孩子需求合理，尤其家长曾答应过孩子，就必须满足孩子的要求。

场景二：早上起床，6岁的明明正准备穿衣服，妈妈过来不问缘由，匆匆帮他穿好，他坚持要解开，重新自己来穿。可妈妈怕耽误上学时间而不肯，明明竟发起了脾气。

当孩子有了独立的愿望，特别是在行为上要求独立时，他们喜欢自己动手做事，也常用"不"来表示自己的独立性。如果被家长或自己有限的能力所阻碍，他们不仅会产生愤怒情绪而发脾气，还会挫伤刚刚萌发的积极性。

为尽量避免上述情况发生，一方面，家长不要过多限制孩子的行为，不要给孩子提出过多规定、要求，以维护孩子逐渐发展的独立意识；另一方面，如果孩子因为能力所限，做不好事而发脾气，家长要多鼓励、引导，必要时为其做示范，然后让他独自再做一次，并及时予以肯定和奖励。

场景三：最近，4岁半的游游特别容易发脾气。和小朋友玩的时候，玩人家的东西，别人不给，他就抢夺，而自己的东西却不肯借给别的小朋友玩，别人强行拿走的话，她就会大吵大叫，表现得很霸道。

儿童时期心理活动的一个特点就是存在显著的"自我中心"现象。家长不妨尝试这些方法：向孩子倾诉情感。明确告诉孩子，你这样做，我很高兴，你那样做，我会很生气等，并讲清楚为何会产生这种情绪。这不仅能让孩子体会别人的情绪，知道自己的行为会给别人带来欢乐或痛苦，还能学到表达情感的词汇和表达情感的方法。另外，还要教孩子换位思考。比如遇到一个孩子摔倒时，让他回忆自己摔倒时痛苦的感受，从而换位体会他人的情绪。

但是，如果孩子依然情绪激动，家长还可以为孩子创造一个安全的宣泄方式，比如让孩子捶打枕头、撕纸、大吼等；或者放点音乐，进行户外运动，既是一种释放，也能转移孩子的注意力。

敌意，让孩子变得好斗

可能太多的中国家长都喜欢攀比，觉得别人的孩子这比自己孩子强，那比自己孩子好，比来比去，比得孩子眼里只有敌意和争斗。

一位父亲讲过这样一件事：

儿子正在幼儿园学武术，儿子的运动天赋还比较好，学运动之类的还不错，所以老师教的东西很快就会。一次我去看儿子练，他们在练侧手翻的时候另一个小孩的父母亲也来了，一看自己孩子翻得不是很好，再一看我儿子比他儿子好（我儿子比他孩子后学），劈头就是一句："你真笨，这么简单的东西都做不好，你看别人比你后来都做得那么好了。"本来小孩看到父母来看自己了想好好表现，哪知得到这样的评价，我看到那个小孩看儿子的眼神，充满了不满和气

第7章 时刻关注男孩的情绪

愤。老师再让翻的时候他翻得更差了,因为面前有一个高不可攀的目标(他怎么努力都赶不上别人,父母把他跟别人比,没有跟他自己比),所以他的兴趣都没有了。我自己也有深刻体会,原来教儿子认字的时候我总是想用激将法,就说他的好朋友比他认得多,结果儿子跟他们吵架了,以后都不要跟他们玩了。

和成人一样,孩子天生就有权利了解并表达他们的情绪,包括愤怒。但这并不是说他们有权伤害别人或破坏物品,像咬人以及拳打脚踢这样的行为应该被制止,他们还要养成不乱发脾气的习惯。年幼的孩子尤其需要学会尽量用言语把怒气发泄出来,而不是用行为。父母要接受并尊重孩子的挫败感,同时还要坚持规范孩子的行为,掌握二者之间的平衡是个不小的挑战。

现实中,一些父母的行为也直接导致了孩子好斗。在中小学校里,孩子之间的小冲突是常有的事情。可不少家长却在教孩子怎样去和同学打架斗殴。一个四年级的男孩,在值日的时候不小心把同学的作业本弄地上了,同学来了后,就恶狠狠地让那个男孩赔一个新的作业本。两个男孩就因为要不要买个新的作业本发生了口角。"值日男孩"可能觉得心里委屈就向父母撒谎说,那个同学打了他。第二天"值日男孩"的父母就到学校去找对方"算账"。夫妻俩直接到学校的班级里,把小男孩叫到教室外面,什么也不问,就开始暴打,一个拽着,一个打,导致男孩身残。这是多么残暴的行为啊!

在打别人的孩子之前,为什么就不问清楚事情的前因后果?怎么就不去问问班主任老师?冲动的家长不仅把自己送进了监狱,也葬送了两个家庭的幸福和两个孩子的一生。伤残的孩子这一生将在痛苦和仇恨中度过,而自己的孩子以后怎样在学校里继续学习?他的一生又将怎样度过?

家长这样做不仅使事情变得更复杂严重,而且会给孩子留下极坏的印象:有了争执和敌意,那就用武力来解决!

几乎每个孩子在学校都有可能遇到"坏同学",孩子在学校受了委屈,家长要做的是帮助孩子解决问题,化解矛盾,而不是去报复。家长们完全可以针对不同的对象采用不同的处理方式,但一定要记住处理事情的一个底线——在生理及心理上都不能伤害那个"坏同学",而是像尊重自己的孩子一样,尊重那个"坏同学"。同时要考虑所采用的方式对自己孩子人格行为的影响,以及对他今后人际关系的影响。

爱孩子,就需要帮他创造一个和谐的局面,不要给他制造麻烦。

嘲笑，让孩子变得畏缩

某市发生了这样一件事：

一个大约七八岁的男孩站在一套民房的2楼阳台上，双手抱着隔断墙，一只脚悬在离地面约四五米的空中，大喊："非要让我上学，我就跳下去！"楼下一位中年女子眼中带泪，焦急地喊着："孩子，快下来！有什么事和妈妈讲啊。"

据楼下一位周姓女士介绍，想跳楼的男孩今年8岁，在附近一所小学读二年级。小刚调皮，总爱和同学打架，经常被老师请家长。小刚学习成绩不佳，经常以各种借口逃学。而该女士和丈夫忙于做生意，一直没时间与孩子沟通。

就在早上的时候，在周女士的"押解"下，小刚极不情愿地收拾书包准备去上学。走到该处时，周女士遇到熟人停下来聊天。聊完准备继续前进时，却发现找不到小刚了。突然一个声音从头顶飘来："妈妈，你非要让我上学，我就跳下去！"周女士抬头一看，这才发现不知什么时候儿子竟然爬到了2楼阳台上，摆出跳楼姿势。担心孩子发生意外，周女士一下子慌了神，不知所措。

小刚其实并不是真的要跳楼。在众人的劝说下，年幼的小刚说："我不想去学校，同学都不喜欢我。"他说，父母做生意比较忙，没时间照顾他，他经常穿着脏衣服上学，有些同学就嘲笑他，他才和别人打架。父母也不管他的学习，想找人问问题都找不到，所以成绩一直都不好。

就在小刚和下面的人说话时，一位好心的年轻男子已经上了阳台，趁小刚分神，一把将他抱住，救了下来。

这时众多围观的群众悬着的心才放了下来，周女士更是紧紧抱住小刚哭个不停。周女士说，回家后会与小刚好好谈谈读书的问题，不再用粗暴的态度对待他，还要多抽出时间来照顾孩子的学习和生活。

每个孩子都不是十全十美的，都有自身的缺点，当孩子的一些缺点成为别的孩子嘲笑的焦点时，孩子就会变得消沉、羞怯、逃避现实。

12岁的小波是校篮球队的队员，但是他在运动方面天赋不高，每次比赛，他都会犯一些错误。于是，队员们见到他就会喊："小波，再错一次！小波，再错

第7章 时刻关注男孩的情绪

一次！"被嘲笑的小波起先有点困惑，然后就变得很愤怒，接下来的比赛更打不好了。即使不在比赛场合，小波也没有逃脱被嘲笑的命运。他觉得很丢人，脸变得通红，不敢看别人的脸。于是，上学成了小波最沉重的梦魇。

嘲笑声中带着轻蔑，无论年纪大小，人们一时都很难认清。小波一开始根本没想到别人在嘲笑他，他的本意不过是参加一项人人都喜爱的游戏。意识到自己成为嘲讽的对象时，他变得难堪。

如果这种情况持续下去，小波很容易变得畏缩、胆怯，不愿意参加学校的任何活动。即使只是担心遭到嘲笑，也会让一些孩子倾向于做个局外人，进而养成胆怯内向的顽固性格。而一旦孩子变得过分谨慎，就会形成恶性循环。因为如果别的孩子发现某个孩子特别害羞，就更容易取笑他。一个孩子被迫担任这种角色是非常痛苦的，还会为此付出很大的代价。

被嘲笑的孩子会觉得相当难堪，或者觉得父母也帮不上什么忙，因此不一定愿意告诉父母他们的遭遇。父母的确帮不上大忙，如果父母插手孩子的事，只能让情况越来越糟。但是，我们可以鼓励孩子战胜自卑，并且找到新朋友。

另一方面，如果我们的孩子嘲笑别人，我们也要有所察觉。做个正直的人，承认自己的孩子也有做得不对的地方，做起来并不容易。如果只是简单地警告一声"别那么说"或者"那样不礼貌"可不够，应当引导孩子"换位思考"，"想想如果是你会怎么样"或者"看看人家多不好意思呀"，这样才更能让孩子体谅别人的感情。如果父母总是和孩子站在一起，并且让他们知道"我就在你身边，我能理解你"，孩子就能学会同情和善良。如果孩子自己体会到这种情感上的相通，就更容易理解什么是推己及人和与人为善。

孩子被别人嘲笑，家长该做什么呢？

（1）耐心倾听孩子的诉说。认真地听孩子讲述事情的整个过程，是父母给他提供帮助的重要前提。听完孩子的诉说，父母可以说："这样肯定让你感到非常难受。"这时，父母不要做任何判断，先直接把孩子的感受说出来，这样可以让孩子感觉找到了心理依托，进而会对家长产生信任，从而让孩子能够毫无顾虑地说出自己的感受。

（2）和孩子商讨对策。父母可以开导你的孩子，比方说："我记得我在你这个年纪的时候也被别的小朋友说过。"为什么要这么说呢？因为被别人戏弄、嘲笑是非常孤单的事情，听说父母小时候也有过同样的经历，他会觉得自己不那

么孤立，同时他也会愿意继续听父母说下去。这时，千万不要认为父母已经可以告诉他应该怎么做了，父母应该鼓励孩子自己解决，"我们该怎么办呢？"因为在孩子自己成功地解决问题时他才会有成就感，这能帮助他树立起一种自信心。

（3）给孩子心理支持。或者父母也可以站在戏弄者的角度，通过某种方式告诉孩子："孩子，也许你很难相信，其实那些小朋友也有不开心的时候。"为什么要这么和孩子说呢？因为这可以使孩子认识到那些孩子自身也是有缺陷的，他们并不是那么可怕，他们也有伤心难过的时候。

（4）细心观察了解孩子。最后，父母可以问孩子："你需要爸爸妈妈为你做什么呢？"孩子也许需要，也许不需要，因为他们可能会觉得家长的介入会把事情弄得很复杂。但是作为一种选择来提供，这是很重要的。

一些孩子对于别人的玩笑过于敏感，我们如何与孩子沟通取决于我们对孩子的了解程度。父母可以问自己一些问题：我的孩子是不是特别敏感？他们经常会自己嘲笑自己吗？这样的事情以前发生过吗？他与大多数的孩子相处得怎么样？

如果我们的孩子不管在什么场合都是被嘲笑的对象，而且孩子已经习以为常，这时我们就得求助于学校或者心理咨询中心了。

第8章
穷养的男孩内心很强大

如今心理健康已经成为家庭教育必须面对的话题。随着社会的发展,健康这一概念也有了很大的变化。健康不仅是指身体没有疾病和缺陷,同时还要有良好的心理状态和适应能力。为保持孩子们的心理健康,要从重视健康、重视心理卫生、培养健全人格、防治心理疾病做起。

对症下药,让男孩走出自闭的天地

联合国于2007年12月通过提案,确定自2008年起,将每年的4月2日永久定为世界自闭症日。专家认为,让更多的人了解自闭症,能够尽早发现孩子的异常。而在治疗上,应在早期开展以行为矫正为主的各项训练,一步步提高儿童的能力和合作性,让他们长大后最大可能地融入社会中去。

健仔生下来就长得浓眉大眼,肤白发黑,脸色红润,看上去人见人爱。但他长到一岁半,还不会开口叫妈妈,妈妈心里着急,说孩子为啥不喜欢说话呢?奶奶安慰说:不怕不怕,男孩子有的要三岁多才说话,晚说话的孩子才聪明。两岁多,健仔终于开口了,但只会叫爸爸妈妈,家里人问一句话,他或点头或摇头,能不开口就不开口。实在不行了就答"是"或"不"。妈妈奇怪,这孩子话为何这样少?奶奶说:不急不急,长大了话多你就烦啦!这样挺好的。健仔总是一个人静静地坐着玩积木,要不就一个人看电视里的天气预报和广告,动画片反而不喜欢看。健仔三岁半被送到幼儿园后不久,老师找家长反映:你的儿子可能是自闭儿,一天都不说一句话,快点带去看医生啦!

有关调查显示,中国现在约有150万的孩子有自闭倾向,而且正在以10%到17%的比例增长,已达到人口比例的千分之一。自闭的严重程度远远超出人们的想象。

自闭存在于男孩的潜意识里,可能是由于基因方面的原因或男孩在现实生活里难以达到自己的目标,产生了自卑的情绪,或是因为男孩承受着很大的压力,还有可能是因为对现实不满,但是自己能力有限,无法改变现状,进而对自己失去信心等。这些都是男孩产生自闭的原因。

儿童自闭症表现多样,但一定存在交流障碍、语言障碍和刻板行为这三个主要症状,同时在智力、感知觉和情绪等方面也有相应的特征。一般从1岁半左右,家长逐渐发现儿童与其他儿童存在不同。

第8章 穷养的男孩内心很强大

（1）社会交流障碍。儿童喜欢独自玩耍，不愿意或不懂得如何与小朋友一起玩，不能参加合作性游戏。对父母的多数指令常常充耳不闻，但会愉快地执行某些他所感兴趣的指令，例如上街、丢垃圾、吃饼干等。目光对视差，通常害怕陌生人。有需要时通常拉着父母的手到某一地方，但是并不能用手指物，很少主动寻求父母的关爱或安慰等。

（2）语言障碍。这是大多数自闭症儿童就诊的主要原因，语言障碍可以表现为多种形式。多数患儿语言发育落后，通常在2~3岁时仍然不会说话，或者在正常语言发育后出现语言倒退，部分患儿具备语言能力甚至语言过多，但是语言缺乏交流性质，表现为无意义语言、重复刻板语言或是自言自语，模仿言语和"鹦鹉语言"很常见，不能正确运用"你、我、他"等人称代词。

（3）狭隘的兴趣和重复刻板行为。自闭症儿童可能对多数儿童喜爱的活动和东西不感兴趣，但是却会对某些特别的物件或活动表现出超乎寻常的兴趣，并因此表现出这样或那样的重复刻板行为或刻板动作，例如，转圈、嗅味、玩弄开关、来回奔走、排列玩具和积木、双手舞动、特别依恋某一种东西如车轮、风扇或其他圆形物体、反复观看电视广告或天气预报、爱听某一首或几首特别的音乐，但对动画片通常不感兴趣。患儿往往在某一段时间有某几种特殊兴趣和刻板行为，并非一成不变。

如果男孩得的是医学上的自闭症，就需要父母到专业的机构咨询，用科学的方法帮助男孩摆脱自闭。但是如果男孩的自闭是在后天的环境中形成的，父母就要加强和男孩的交流，在生活中有意识地增强男孩的自信心，帮助男孩逐渐走出自闭。

只要父母能及时发现男孩自闭的情况，并采取正确的方式进行干预和锻炼，男孩会逐渐走出自闭，成为自立、自信的男孩。

自闭的男孩往往不能自信地走出去，接触更为广阔的世界，也就难以实现自己的理想和目标，这是父母所不希望看到的。这就需要父母留心观察男孩，一旦发现男孩有自闭的现象，就要及时给予男孩鼓励和帮助，帮助男孩重新获得自信。父母可以参考以下几点：

第一，分析男孩是先天自闭还是后天自闭。很多研究人员认为，自闭是由基因控制，再由环境因素触发的。症状主要表现为社会交往和语言交往障碍，以及兴趣和行为的异常。天生的自闭和后天的自闭形成原因不同，所以教育男孩时也要采取不同的措施。

3岁的文钰最近变得不爱说话，对什么事情都很默然，即使身边的人逗他玩，他也没有反应，什么事情都不敢自己动手了。以前那个活泼开朗的文钰不见了，这可吓坏了妈妈。

妈妈带他去看心理医生。经过诊断，医生说是因为最近父母对文钰的照顾不够，男孩觉得自己受到了忽略，也不敢大胆地做事，他在想是不是自己做得不够好，妈妈才不那么爱他了。他用这样的方式来抗议。妈妈反省自己最近的表现，确实是因为工作太忙而忽略了文钰。她适当增加了与文钰相处的时间，文钰又恢复了往日的活泼。

对于天生自闭的男孩，父母可以通过早期发现、早期干预，通过行为干预和特殊教育训练等方法，以此提高他们在日常生活中自理、认知、社会交往及适应社会的能力。对于男孩后天形成的自闭，父母就要给男孩关爱，鼓励男孩，让男孩在自信的支撑下走出自闭。

第二，父母要积极创建欢愉的家庭氛围。除了遗传因素外，幼儿时期的生活环境对男孩性格的形成和发展有着重要作用。父母之间如果亲密和谐、互敬互爱，男孩就会感受到温馨和愉悦，心情也会随之开朗。

小坚的爸爸妈妈关系不好，整天吵架，根本就无视他的存在。父母从不好好和他说话，他误以为是自己不够好，才导致父母常常吵架。久而久之，小坚就产生了自卑感，他不愿意和身边的人说话，也从不主动在课堂上回答问题。

如果父母不和睦，整日争吵，男孩就会有心理压力，久而久之会影响男孩的身心健康，严重的会引起男孩自闭，不爱和外界交流，生活在自己的世界里。

所以，父母要积极创建欢愉的家庭氛围，让孩子感到温馨和快乐，这样有助于孩子敞开心扉。

第三，要让男孩学会宣泄不良情绪。自闭的男孩往往不自信，对自己的行为不满意，但是因为缺乏生活经验，不知道该如何正确地表达自己的情绪，父母要将正确表达情绪的方式教给男孩，让男孩合理地宣泄自己的不良情绪。

父母可以让男孩将自己的不良情绪写下来，或是大声喊出来，也可以鼓励男孩拥有自己的爱好和兴趣，在情绪不佳的时候将注意力转移过去。通过这些方式，男孩能及时宣泄不良情绪，保持心理健康。

第四，父母要鼓励男孩和外界接触。父母要鼓励男孩多和外界接触，多结

第8章 穷养的男孩内心很强大

交朋友。接触中孩子可以联络和他人的感情,增长了见识,提高了应变、活动能力,促进了身心健康发展。

父母如果一味地限制男孩的自由,不允许他走出去,容易使孩子产生逆反情绪,产生自闭心理。男孩多出去走走,多接触大自然和其他环境的人,多结交朋友,就能远离自闭。

让自卑的孩子昂首向前

自卑是一种性格缺陷,而一个人的自卑性格的形成往往源于儿童时代。无疑,自卑对儿童的心理健康将产生负面影响,更对一个人的身心两方面的正常成长起消极作用。专家指出:家长需关注自己的孩子有没有自卑心理,一旦发现,应尽早帮助其克服和纠正,以避免随年龄的增长最终形成自卑性格。

毛毛出生于知识分子家庭,父母都是高级知识分子、大学里的教授。毛毛是独生子,因此爸爸妈妈把全部希望都寄托在他身上,希望他们的儿子和他们一样有知识,甚至超越他们。于是从毛毛很小的时候起,爸爸妈妈就给他制订了发展计划。当毛毛刚咿呀学语时,父母就教他念英文。等毛毛长到三四岁时,他每天的时间就被父母安排得满满的。如早晨起床要练声,上午学知识,下午学跳舞,晚上练琴。毛毛的爸妈希望毛毛成为一个全才,所以对他各方面的要求都非常严格。

毛毛起初的表现很出色,不论在幼儿园里还是后来的学校里,他都是一个活跃分子,老师同学们都很喜欢他。在德智体等方面,他都不会落于人后,但这样仍不能让他的父母满意,因为父母给毛毛定的标准是第一。每当毛毛拿着自己还认为满意的成绩单高高兴兴地回家时,得到的总是父母的训斥:"这一道题怎么能错呢?这么简单,真是笨呀!"听到父母对自己的评价,毛毛伤心地低下了头。上小学一年级时,毛毛参加了全市的歌咏比赛,拿了二等奖。下台之后,他欣喜地向爸爸妈妈跑去,没想到面对的却是爸妈冰冷的面孔:"你看人家获一等奖的那个小朋友,嗓子多甜美,表情多自然,可比你强多了,你呀,真让我们失望。"可怜的毛毛,流下了委屈的泪水。在这样的教育方式下,毛毛慢慢地变了。现在，他已经12岁，上小学五年级了。据老师说，这几年来，毛毛仿佛换了一个人，原先他是一个特别开朗、调皮、聪明可爱的孩子，而现在他总是一个人独处，很害羞、胆怯，不和小朋友们一起玩；上课从来不主动回答问题，就是老师把他叫起来，他的回答也是含含糊糊，犹犹豫豫，总是说我不行、我不知道，再也看不到毛毛那充满自信、活泼可爱的样子了。

专家认为，自卑儿童往往会表现出如下早期征兆。

常年情绪低落。如果孩子常常无缘无故地郁郁寡欢，那很可能就是自卑心理使然。

过度怕羞。儿童，特别是女童略有怕羞纯属正常，但如怕羞过度（包括从来不敢面对小朋友唱歌，从来不愿抛头露面，从来不敢接触生人等），则可能内心深处隐含有强烈的自卑情绪。

拒绝结交朋友。一般来说，正常儿童都喜欢与同龄人交往并十分看重友谊，但具自卑心理的孩子绝大多数对交朋结友或兴趣索然，或视为"洪水猛兽"。

难以集中注意力。自卑感强的儿童在学习或做游戏时往往难以集中注意力，或只能短时间地集中注意力。这是因为"挥之不去"的自卑心理在作祟。

经常疑神疑鬼。自卑儿童对家长、教师、小伙伴对自己的评论往往十分敏感，特别是对别人的批评，更是感到难以接受，甚至耿耿于怀。长此以往，他们还可能发展到"疑神疑鬼"的地步，总无中生有地怀疑他人不喜欢或者怪自己。

过分追求表扬。自卑儿童尽管自感"低人一等"，但往往又会反常地比正常孩子更追求家长和教师的表扬，而且可能采用不诚实、不适当的方式，如弄虚作假、考试作弊等。

贬低、妒忌他人。自卑儿童可能常常会贬低、妒忌他人，如可能为邻桌受到老师表扬而咬牙切齿甚至夜不能寐。心理学家认为，这是他们为减轻自身因自卑而产生的心理压力设计的宣泄情绪的渠道，尽管这往往并不奏效。

自暴自弃。占绝大比例的自卑儿童往往会表现为自暴自弃、不求上进，认为反正自己不行，努力也是白搭。更有甚者，还可能表现出自虐行为，如故意在大街上乱窜、深夜独自外出、生病拒绝求医服药等，似乎刻意让自己处在险境或困境之中。要是遭到家长指责，便以"反正我低人一等"作辩解。

回避竞争、竞赛。虽然有的自卑儿童十分渴望在诸如考试、体育比赛或文

第9章 穷养的男孩内心很强大

娱竞赛中出人头地,但又无一例外地对自己的能力缺乏必要的自信心,因而断定自己绝不可能获胜。由此,绝大多数自卑儿童都是尽量回避参与任何竞赛,有的虽然在他人的鼓励下勉强报名参赛,但往往在正式参赛时又会临阵逃脱,甘当"逃兵"。

语言表达较差。据专家统计,八成以上的自卑儿童的语言表达较差。他们或表现为口吃,或表述不连贯,或表达时缺乏情感,或词汇贫乏等。专家们认为,这是因为强烈的自卑感极有可能阻碍了他们大脑中负责语言学习系统的正常工作之故。

对挫折或疾病承受力差。自卑儿童大多不能像正常儿童那样承受挫折、疾病等消极因素带来的压力,每每即便遇到小小失败或小小疾病便"痛不欲生",有时甚至对诸如搬迁、亲人过世、父母患病等意外都感到难以适从。

父母不正确的态度是孩子自卑的重要原因,因为自卑的孩子往往根据父母对他们的评价来进行自我评价。解铃还要系铃人,因此,孩子自信的获得大都要靠父母。如何纠正孩子的自卑?我们给家长的建议是:

(1)家长对孩子的要求要适当。帮助孩子建立自信,克服自卑,家长的要求要适当,不能苛求孩子,家长对孩子的要求应该与孩子实际的能力和水平相适应。孩子取得成绩,家长应及时表扬、鼓励,使孩子对自己充满信心。对于平时学习成绩差、考试总不及格的孩子,家长应以关心和安慰的态度,帮助孩子分析错误原因,总结经验教训,给孩子以耐心的指导,一步步地提高孩子的成绩,让孩子看到自己的进步,逐渐树立自信心。

(2)关心孩子的困难和挫折,帮助他们正确对待失败。孩子在生活中难免遇到失败和挫折,由于孩子承受挫折的能力很弱,对自己的评价还不客观全面,在困难面前就容易产生自卑。家长应及时了解孩子的心理变化,给孩子以指导,帮助孩子克服困难。

(3)丰富孩子的知识,开阔孩子的眼界。我们常常会发现当好多孩子在一起交谈时,有的孩子讲得有滋有味、绘声绘色,有的孩子却只在一旁听着、一言不发。孩子之间为什么有这么大的差别呢?这主要是由于孩子的知识面不同,有的孩子见多识广,有的孩子见识短浅,相比之下,那些知道的很少的孩子就容易产生自卑感。因此,家长应有意识地丰富孩子的知识,开阔孩子的眼界,提高孩子的能力。为此,家长可以指导孩子多读书,多接触新事物,广交朋友,让孩子觉得自己有知识，有能力，从而消除自卑心理。

（4）尊重孩子的自尊心。帮助孩子建立自信，树立孩子的自尊心非常重要。有的孩子自尊心很强，如果做错事，自己就会很内疚。如果家长再对他冷嘲热讽，甚至拳脚相加，就会严重挫伤孩子的自尊心，孩子会"破罐破摔"，越来越差。孩子做错事时家长应关心、体谅孩子，对他说人人都会犯错，只要知错就改，下次不犯就行。这样，孩子会排解消极情绪，越来越自信。

帮男孩甩掉"胆小鬼"的帽子

在面对陌生人或在一个不熟悉的环境中时，胆小害羞的孩子往往显得局促不安，不能与人坦率自然地交往，同时也让旁边的人感到不舒服；当遇到不熟悉但认识的同学，胆小害羞的孩子常常因为不好意思而没有与人打招呼，结果可能会让别人误解为高傲、目中无人，从而影响了人际关系；当一项新的任务摆在面前的时候，胆小退缩的孩子总是缺乏信心，认为自己可能胜任不了这项任务，可能就会放弃或逃避，于是就比其他孩子少了很多发展的机遇；胆小害羞的孩子总是过于在乎别人的评价，对于别人的话过于敏感，所以别人的一句否定或批评可能就会让他们闷闷不乐、耿耿于怀，从而影响自己的心情；无论在学习上还是生活上，胆小退缩的孩子在追求目标时，总是缺乏主动性、勇气和信心，所以可能错过了原本属于自己的成功和幸福。

梦梦很胆小，是班上年纪最小的孩子，看起来很柔弱。同学们都把他当做小弟弟，平时有什么事情，大家都帮助他，迁就他。

这天梦梦和同学们去郊外野营。临走前，妈妈嘱咐："这是锻炼你的时候，要和同学们相互照应，不要总是找同学们帮忙，自己的事自己完成……"梦梦高兴地拍拍胸脯，回答道："放心吧，妈妈。我不会拖累同学们的！"

刚到郊外，梦梦就迫不及待地向同学们宣布：大家不要像以前一样处处帮助我，我能把自己的事情处理好的。话虽然这样说，可是梦梦还是没少让同学们操心。他的行李包裹都是由其他同学拿着；在山林中走的时候，梦梦总是害怕地紧紧拽着同学的手。梦梦最怕的是夜晚，觉得郊外的夜晚尤其恐怖。他一个晚上都

第8章 穷养的男孩内心很强大

没有合眼，一直惊恐地睁着眼睛到天亮。

野营活动结束后，梦梦回到家。妈妈看到他因为一夜没睡而发黑的眼圈，问道："怎么才出去一天，眼睛就凹了下去，没睡好吗？"

梦梦忍不住抱怨道："郊外的夜晚到处都是猫头鹰的叫声，很恐怖，我害怕得根本就不敢睡觉。"

妈妈问道："那其他同学害怕吗？"

梦梦摇摇头："他们很勇敢，睡得很香！"

妈妈忍不住骂他："看看，就你一个人麻烦，你真是个胆小鬼，真麻烦，唉。"

妈妈的话让梦梦觉得很委屈，连妈妈都觉得自己是胆小鬼，那同学们一定都觉得他是胆小鬼了……

一般说来，孩子怯懦的形成主要与家庭教育相关，具体说来有以下几方面的原因。

（1）孩子经常受到大人的恐吓。当孩子调皮捣蛋时，家长为了制止孩子胡闹，经常恐吓孩子说，"你再闹就让老虎把你吃了"，"你再不听话，晚上魔鬼会把你抓走的"，等等。虽然这样做在一定程度上能让孩子安静下来，殊不知，这些话对于一个辨识能力不强的孩子来说，会有相当大的心灵创伤。

（2）家长动不动就训斥孩子。许多家长都望子成龙，对孩子要求很苛刻。当孩子的表现没有达到家长的期望时，家长就会严厉地训斥孩子，骂孩子没有本事，甚至体罚孩子。这样做会大大地挫伤孩子的自信心。许多家长为了让孩子多利用时间好好学习，把孩子管得过死，甚至剥夺了孩子除学习以外的一切自由。长期发展下去，孩子的活动范围就特别小，甚至不敢和人打交道，怯懦的性格就慢慢形成了。

（3）家长对孩子的爱太多。现在的孩子大多是独生子女，许多家长疼孩子疼得太过分，对孩子的一切都大包大揽。有人这样描述一些溺爱孩子的家长的举动："饭不用他自己盛，生怕烫着；苹果不用他自己削，生怕伤着；路不让他多走，生怕累着；高处不让他去，生怕跌着；学骑自行车，父母双双跟着、扶着，生怕摔着……"这样做实际上是在暗示孩子，你什么都不能做，孩子自然就对父母产生了严重的依赖心理。

（4）家长经常向孩子灌输"卑微"的思想意识。我们经常听见一些家长对自己的孩子说:"我们家穷,没权没势,也没什么本事,你要少出头露面,少与人搭话,吃点亏就吃点亏。"在这种意识的诱导下,孩子就会产生强烈的自卑感,觉得自己各方面都比不上别人。

要矫正孩子过于胆怯的心理,家长应力求做到以下几点:

(1)鼓励孩子走向社会。要改变孩子的懦弱性格,首先必须纠正家长的过分保护或过分严格。家长要有意识地为孩子创造外出活动及与他人交往的机会,尤其是由祖父母、外祖父母带养的孩子,更应从家庭的小圈子里解放出来。应经常带孩子到公园或其他公共场所去,让他们走向社会,接触外界,认识社会,适应社会。家长还应带他们走亲访友,去各地旅游,以开阔他们的视野,丰富他们的知识。家长应鼓励孩子与小朋友们一起游戏、交往,参加各种文体活动。

(2)鼓励孩子不怕陌生,大胆说话。一些内向懦弱的孩子,不喜欢多说话,更不善于争辩,尤其在陌生人面前、大庭广众之中,更是如此。对于这种孩子,家长应多为孩子创造条件,为其提供大胆讲话的机会。比如,孩子不敢在生人面前讲话,每当客人来时,家长应让孩子与客人接触,并求得客人的配合,让客人有目的地发问,一回生,二回熟,可逐渐改变孩子的懦弱性格。此外,家长可多为孩子提供独立思考、表达自己意见的机会。碰到事情,家长应多问孩子:"你看怎么办?"如果孩子说得对,家长应大加赞赏,给孩子以鼓励,使孩子获得自信和勇气。如果孩子说得不对,或表达得不确切,也不要责怪孩子,不要让他感到难为情,应指导孩子,让他自己思索为何说得不对。这样,可不断提高孩子说话的能力,克服孩子懦弱的性格缺陷。

(3)一点一滴地培养孩子的独立性。培养孩子坚强的毅力和良好的生活习惯,鼓励孩子去做力所能及的事情,让他们学会自己照顾自己。当孩子遇到困难时,不要一味包办,而要让他们自己想办法解决。当然,开始时父母要给予必要的指导,使孩子慢慢学会自己处理各种事情,但不能一下子就不管不问使孩子手足无措,以至于更加胆小。父母应该充分地意识到对孩子的溺爱、娇宠,只会造成孩子怯懦、任性的性格。父母要树立起纠正孩子怯懦性格的信心,要认识到只有教育得当,才能使年幼的孩子得到健康发展。

(4)给孩子营造温馨的家庭环境。让孩子自由自在地生活,并让孩子有充分发挥的余地。带孩子到大自然中去,使孩子敞开胸怀,开阔眼界,还要教给孩子适当的技能,如唱歌、绘画、手工等,使孩子坚信自己并不笨,从而增加自信

心,敢于参加小伙伴的活动。

(5)教育孩子要勇于维护自己的尊严。当孩子受到别人嘲笑或欺负时,父母教导孩子这样做——让孩子认识到大多数取笑人的行为是很无聊的,不值得理睬。但有些取笑伤害了孩子,因而不能置之不理。对取笑进行分类,有些取笑非常愚蠢或明显不真实,对此,孩子可以一笑了之;不要对取笑太敏感,教孩子用以静制动的方法对付嘲弄者,不回嘴,只是把头转过去或转身离开。有时制止嘲弄的最佳方式是先发制人,伶俐的口齿是有效的武器。帮助孩子学会灵活机动地做出恰当的反应,不能一味退让,要勇于维护自己的尊严。

(6)信任孩子,树立孩子的自信心。自信心是指人相信自己的一种心理状态。一个自信的人往往具有乐观开朗、坦荡豁达的品质,敢于创新,自强进取,勇敢地面对未来。自信心的培养,要从尊重孩子、维护孩子的自尊心开始。孩子年龄小,刚开始做事往往不如意,有时简直是添乱,越做越忙,这时父母切不可嘲讽孩子:"做的是什么呀?乱七八糟"。父母这种不信任的态度,会使孩子认为自己很无能,以后就没有自信,遇事就束手束脚。所以,平时父母要常对孩子说"你真行"、"了不起"。在生活、娱乐过程中,孩子往往有属于自己的行为方式和见解,与成人不同,我们要尊重孩子的意见,不能粗暴地按自己的意愿,指责孩子这样做不对,那样做不好,否则会伤害孩子的自尊心,浇灭孩子的自信心。

孩子毕竟年龄小,能力有限,当他们遇到困难或失败,感到沮丧时,父母要积极、热情地去扶一把,与孩子一道解决问题,并告诉孩子"失败乃成功之母",许多著名的科学家是经过无数次的失败才成功的。给孩子鼓足勇气,让孩子从失败的阴影中走出来,勇敢地面对失败,分析失败的原因,不断总结经验教训,勇敢地向成功迈步。

莫让孩子的虚荣心同身体一起"发育"

据报载,某市曾发生过一起重大的盗窃案,作案者是两位中学生。他们为了追求物质享受,与别的同学攀比,在虚荣心的驱使下盗窃了一居民家中的46万元钱,然后乘船去上海。在短短的四天之内,他们挥霍掉了所有的钱,平均每分钟花钱60元。他们购买最昂贵的衣服,到最高级的饭店吃饭,住最豪华的旅店,并且专门租了一辆车带他们四处享乐,奢侈之极。

这个案件中的作案者之一秦涛生活在农村,自幼丧父,靠母亲一个人干活儿养家。虽然家庭条件不好,但妈妈从来不让秦涛在吃穿上受委屈,凡是别的孩子有的,秦涛都会有。她觉得孩子已经缺少了父爱,如果在物质上再比别人差,那就太可怜了。所以妈妈平时总是省吃俭用,而对秦涛提出的要求从不拒绝。秦涛在小伙伴中间算是很气派的一个,他感到很满足。从小学到初中,秦涛的学习成绩一直很好,在妈妈和老师眼里,秦涛是一个好孩子。

但是自从秦涛上了省城的高中,情况发生了很大的变化。高中的同学和他以前的同学家庭条件不一样。现在的同学们的爸爸妈妈都是高收入者,花钱如流水,穿的都是名牌,用的都是高档产品。相比之下,秦涛显得十分寒酸,以前的优越感再也没有了,秦涛的心理严重失衡。他不甘心落于人后,于是他每次回家都向妈妈要很多钱,和同学们比吃比穿来满足他的虚荣心。起初妈妈还大方地给他,但后来妈妈实在承受不了,好几次都拒绝了他。

秦涛见妈妈这个经济来源断了之后,就动了邪念:"别人有的我为什么不能有,这不公平。"在这种想法的驱使下,秦涛开始偷同学的钱,几次偷盗都没被发现,这更增加了他的侥幸心理。在金钱的诱惑之下,他越陷越深,最后伙同另一少年作案,被公安机关抓获,受到了法律的制裁。

青春期的孩子虚荣心很强,比如他们喜爱穿华丽的衣着,骑价格较贵的车,在同学中做出哗众取宠的举动,目的是要显示自己。这种倾向虽说是青春期的正常现象,但应该加以正确引导,否则有些孩子有可能为了满足虚荣心而走上邪路。

孩子的虚荣心理,常表现为下列几种攀比行为:

(1)比酷。如挑新衣服穿,看见别人穿了件品牌衣服,自己一定也要去买;穿了双新鞋会把脚伸给别人看。

(2)比富。夸耀自己家新买的空调、音响,自己和爸爸"乘飞机、住宾馆"等。

(3)比"能"。常说:"这有啥稀奇,我也会!"爱听表扬、受不了批评,只能赢、不能输,否则失去心理平衡。

心理学研究认为,虚荣心是种扭曲了的自尊心,是一种追求虚表的性格缺陷,是为了取得荣誉和引起普遍注意而表现出来的一种社会情感。一个人只要有

第9章 穷养的男孩内心很强大

追求荣誉的欲望,就不可能没有虚荣心。

随着生理与心理的成熟,孩子的社会认识能力与自我意识也逐步提高,开始了个体的社会化。自尊心强的孩子,对自己的声誉、威望等比较关心;自尊心弱的孩子,一般对这些都不在意,但也不能因此就认为,虚荣心强的人一般自尊心强。自尊心同虚荣心既有联系,更有区别,就拿表扬后的情感体验来说,一个人做了好事,受到表扬,心里高兴,这是有荣誉感的表现;珍视自己的荣誉,顾全自己的面子,这也是一切有自尊心的人都会有的正常要求。但是,若对表扬沾沾自喜,甚至为了表扬才去做好事,为了面子不惜弄虚作假,那就不是正确的自尊心了。

每个人都应该有荣誉感,也该以拥有荣誉而自豪,可是真正的荣誉,应该是真实的,而不是虚假的,应该是经过自己努力获得的,而不是投机取巧取得的。面对荣誉,应该是谦逊谨慎、不断进取,而不是沾沾自喜、忘乎所以。虚荣心是自欺欺人,给自己带来痛苦。所以,每个人都应该善于克服自己的虚荣心。

虚荣心强的孩子在成长中经常会出现各种问题,如为了满足其虚荣心而经常说谎、情绪不稳定、不认真学习、缺乏意志力等。虚荣心强对孩子来说无疑是一种可怕的不良心理。

父母预防和纠正孩子的虚荣心时,可采取如下方法:

(1)以身作则,以免孩子模仿。父母首先要摆正自己的心态,不要同别人攀比,盲目追求物质享受。也不要总是给孩子买东西,习惯性地给孩子买各种礼物,因为如果形成习惯,孩子就会感觉他得到这些礼物是应该的,而且需要你不断给他买,他的虚荣心就会不断膨胀。

(2)多给孩子讲道理。有的父母为了使孩子不受委屈往往满足孩子的各种要求,有的父母对孩子则采用先吼后打的办法,让孩子有理说不出。其实,最好的办法是多给孩子讲道理。应该告诉他们,与别人攀比、拥有名牌并不意味着拥有了较高的地位,只有依靠自己的努力取得成功,才能获得别人的尊重。

(3)让孩子通过自己的劳动获得想要的东西。父母可以为孩子创造一些机会,让孩子用靠自己的劳动挣来的钱购买所需要的东西。如让孩子做一些力所能及的事,分担一些家务,然后从中取得回报。一分劳动一分收获,一滴汗水一点回报,让孩子知道仅靠不停地向爸爸妈妈张口要这要那,不仅不光彩,而且行不通。

引导孩子不盲目攀比

现今,很多孩子的攀比心越来越严重,比谁家里有钱,比谁的父母职位高,比谁零花钱多,比谁的电脑玩技高,比谁网友多等。

任何事情都是有度的,如果超过了一定的度,事情就会向反面发展。攀比如果超过一定的度,就会影响孩子的身心健康,过度攀比对孩子的健康成长有很大的危害:

首先,攀比易分散孩子的注意力,使孩子把兴趣点集中在自己正在攀比的东西或事物上,这样势必会影响孩子的学习。

其次,盲目攀比容易导致嫉妒心理,在和别人比较时,比不过他人就会心里不高兴、羡慕别人,甚至产生嫉妒心理。

再次,虚荣心会更加严重。盲目攀比往往来自于虚荣心,虚荣心是自尊心过度的表现,过分自尊的孩子容易产生虚荣心理。在这种心理的支配下,孩子对面子更在乎,虚荣心也更严重。

最后,有的孩子在攀比心理支配下,为了获得某种自己需要的玩具、物品等,甚至去偷窃,走上犯罪道路。

那么该怎样应对这些攀比心理?

首先,采用"反攀比"的方法。孩子们在攀比的时候,最典型的理论就是"别人都有,所以我也应该有"。因此,别人买了新书包,他也应该有;别人买了名牌服装,他也应该有;别人有了新式玩具,他更应该有。这时,无论父母如何解释,因为孩子的心理和行为往往受情绪控制,缺乏理智,不能理解人的需要的满足是受一定条件限制的。对付这样的孩子,比较快速有效的办法是实行反攀比。比如:用他的长处去比别人的短处,用他进步的一面比别人退步的一面,用他有的东西比别人没有的东西等。

其次,是改变"攀比兴奋点"。孩子有攀比的心理,说明孩子的内心有竞争的倾向或意识,想达到和别人同样的水平或超越别人。父母就要抓住孩子这种上进心理,改变孩子攀比吃穿、消费的倾向,引导孩子在学习、才能、毅力、良

好习惯方面进行攀比。比如,当孩子埋怨老师经常表扬某同学时,父母可以和孩子一起研究,列出这个同学的优点,让孩子暗中努力和同学比一比,看能否超过他。比如,孩子和同学比穿着时,父母可以从穿着的整洁美、颜色的搭配美等方面去改变攀比兴奋点。

最后,引导孩子"纵向攀比"。不妨多鼓励孩子自己和自己比。例如,让孩子今天和昨天比,这个月和上个月比,本学期和上一学期比。在特殊的攀比中,孩子会经常看到自己的进步,原来不会的拼音现在都会了,原来不认识的字现在都认识了,原来不懂的道理渐渐地懂了。这些比较都可以让孩子获得进步,其自信心也会增强,并在欣赏自己的过程中努力超越他人。

攀比是一种社会心理现象,是每个人都会有的心理状态,在任何时代、任何社会都有攀比心理存在。对于孩子来说,攀比不一定都是坏事,问题在于父母向哪个方向引导。

(1)在生活中积极引导。父母应积极适时地介入孩子的欣赏过程,在与孩子共同欣赏的过程中进行引导和点拨。例如,孩子欣赏影视中的武打镜头,家长不妨抽时间与孩子一起观看几部武打片,当你和孩子坐在一起的时候,孩子便感到你的心与他的心的距离一下子缩短了。有了这种情感的基础,你的引导、点拨、教诲更容易进入孩子的心灵。这时,可以运用插话、议论、回忆等方式,强化武打片的积极内容;也可以在观看之后的空闲时间(吃饭时、散步时、共同游戏时、共同做家务时),与孩子回忆有积极意义的影视片断,这样在加深孩子积极记忆的同时,也抑制了对消极内容的记忆。

(2)推荐有积极意义的欣赏对象。引导孩子的欣赏心理,另一个有效措施是推荐、介绍和宣传积极的欣赏内容、高尚的欣赏对象。例如,孩子倾心西洋音乐,这样的欣赏心态并不错,但不能让孩子因此而忽视或贬低民族音乐。于是,家长可以购进一些介绍民族音乐的书刊,可以经常播放一些民族音乐的乐曲,可以带孩子参加一些民族音乐会。通过这些方式拓宽孩子的视野,丰富孩子的音乐内涵,变调的"欣赏"现象自会逐渐减少。

(3)培养孩子健康的欣赏心态。欣赏是一种情感。因而,父母培养孩子健康的欣赏心态,矫正孩子变调的欣赏,都要重视充分发挥情感的陶冶、感染、熏陶、暗示、震撼的功能,力求收到最佳的效果。

(4)将攀比变为动力。孩子有攀比心理,说明孩子的内心有竞争的倾向或意识，想达到和别人同样的水平或超越别人。父母要抓住孩子这种上进的心理，改变孩子攀比吃穿、消费的倾向，引导孩子在学习、毅力、良好习惯等方面进行攀比。同时，父母也可以引导孩子将攀比变成动力，告诉孩子要通过自己的努力，去实现攀比的条件。

不让孩子生活在恐惧中

儿童恐惧症是指儿童对某些事物或某些特殊的场景表现出异常的恐惧情绪，患儿虽然知道不用害怕，但仍然不能控制。正常的儿童在其成长过程中几乎都有过恐惧体验，不过这种恐惧反应是一时性的，并不因此产生严重的使人焦虑不安的情绪。

儿童的恐惧心理与其认知事物的局限性有关。年龄很小的儿童由于不知道某些事物的伤害性，所以就不怕。以后随着年龄的增长，知识比以前丰富了，害怕的事物也就多了起来。但只要儿童害怕的事物在生活中并不常见，或害怕的程度未超过一定的限度，正常的生活与学习没有受到什么干扰，就不能被归入恐惧症。

患恐惧症的儿童在恐惧紧张时，常伴有心悸、出汗、面色苍白等植物神经紊乱症状，并常有睡眠障碍、遗尿或咬指甲等表现。

导致孩子们患上恐惧症的原因有以下几个：

（1）情感过于依赖导致胆怯。非非的妈妈说自己的儿子胆子特别小，怕陌生人，经常问："妈妈，你晚上肯定去幼儿园接我吗？你不会不要我了吧？"

像非非这样的情况就属于特定阶段出现的分离焦虑，在刚刚上幼儿园的小朋友里，十个有八个都会或多或少地出现分离焦虑，也就是害怕和妈妈分开，怕再也看不见妈妈了。这是因为他和妈妈太熟悉了，妈妈给自己带来的安全感太强烈了，宝宝们还没有经验去辨别和信任外面的人的友好程度。因此，在害怕和妈妈分开的同时，还怕幼儿园的老师和小朋友对自己不好。

（2）父母的传染。5岁的朱朱特别怕小动物。小区里一有小狗跑过来闻他的脚和裤腿，他就会吓得脸色都变了，大喊"妈妈"。妈妈说朱朱很小的时候，并不怕动物，越长大胆子反倒越小了。原来，朱朱妈妈也特别怕毛绒动物，遇到小

猫、小狗时也会神色慌张。朱朱潜移默化地受到妈妈的影响,也变得胆小起来。所以,朱朱妈妈再遇到小动物就要忍住,假装不害怕,不让朱朱看出来,这样时间长了,朱朱也会认为小动物并不可怕。

(3)害怕不熟悉之物。孩子对于任何他没有见过的东西、没有听过的声音都会感到非常害怕,虽然这在成人眼中,是绝对不会造成伤害的。譬如孩子可能知道吸尘器是用来清洁房间的,但是他无法肯定那个吸灰尘的大口会不会把他也吸进去。

(4)想象力带来麻烦。一般而言,四五岁的孩子不仅对亲眼看见的东西会感到害怕,经过想象力加工的各种场景也会让他们担心不已。他们会想象,如果父母不在时,躲在床下的怪兽就会出来,晚上可能会有溜进房间叼走自己的狼……这时的孩子很难区分现实和虚幻,而这个年龄也是最易受到噩梦骚扰的时段。

聪明的父母解除孩子的恐惧,通常都会这样做:

(1)加强孩子面对恐惧的毅力。任何儿童在生活中,必然会遭遇恐惧情境。我们若想预防恐惧发生,首先要增强儿童面对恐惧的毅力,不宜过度保护,但也不应放任不理,忽视孩子的害怕情绪。应鼓励孩子主动面对他所害怕的事物,提升他与环境的互动关系。

(2)减少人为恐惧情境。虽然儿童的恐惧情绪是自然、不可避免的,但也有部分是父母有意、无意的不当处理所促成的。例如,在日常生活中,我们常可以听到父母说:再不听话,要把你送人了;若不睡觉,大灰狼会把你捉去。诸如此类的话,父母完全忽略了孩子对害怕的感受,无形中增添了许多恐惧情境。假若平常为人父母或师长者都能谨慎避免制造这些恐惧情境,将可减少部分儿童恐惧情绪的产生。

(3)促进孩子了解恐惧事实。家长要让孩子知悉:在人们生活中,恐惧、害怕是极为平常的事。不要把害怕视为一种懦弱行为,应勇于接受,让害怕表露出来,不使害怕心理埋在心底而产生紧张的情绪。

(4)提供给孩子满足、乐观的榜样。悲观、恐惧的父母会直接影响孩子的情绪,父母若能适当提供满足、乐观的榜样,无疑可减少儿童的恐惧情绪。父母若能保持冷静、自然和乐观的态度,面对问题和解决问题,无形之中亦能化解孩子恐惧、害怕的情绪。

百害而无一利的自我否定

近年来，青少年自杀现象常见诸报端，引起了社会广泛的关注。15~34岁的青年自杀已占自杀死亡人数的40%，18~20岁是青年自杀的高峰年龄段。青少年为何在如花一样的年龄选择死亡？仔细分析起来，原因千差万别，根据国内学者库少雄先生的研究成果，这里对青少年自杀的原因做一个简要的介绍。

影响自杀的危险因素虽然错综复杂，但归纳起来主要有四大类：生理危险因素、心理危险因素、认知危险因素和环境危险因素。这些危险因素之间可能发生相互作用，一旦综合作用达到了个人承受能力与应对技能的极限，自杀意念就有可能产生。当自杀意念发展到一定程度，它可能以预警信号的方式表现出来，也可能因触发事件而得到加强，最终导致自杀行为的实现。

生理危险因素包括遗传因素和个体的生理生化因素的差异。越来越多的研究表明，抑郁症患者大脑中的神经传递物质也许是抑郁症的重要原因，从而成为自杀的间接原因。

心理危险因素主要包括抑郁的情绪、绝望和无助的感觉、不良的自我概念与低自尊、不良的自我防御机制与应对能力，以及对生命意义的怀疑。对于青少年来说，其中的绝望心理特别值得关注。已有研究表明，与抑郁、不良的自我概念和低自尊相比，绝望度能够更准确地预测自杀行为。青少年在生理、心理和社会性各方面都尚不成熟，他们必须受家长和学校的约束，受同辈群体的压力，必须寻求社会的接受并在社会中寻找自己的位置，必须努力发展自己独特的个性。有时，这些努力会遭遇不可克服的困难，让人绝望———一些在成人看来并不严重的问题却足以使青少年感到伤心、绝望，其中又以繁重的学业（特别在父母过高的期望下）、情感问题（往往缺少父母老师的指导以及他们与孩子的沟通）居多。

认知危险因素主要来自三个方面。

第一，青少年已经达到的认知水平。处在前运算思维阶段的儿童若想自杀特别危险，因为这一阶段的儿童不知道死亡是不可逆转的。因此准确地判断儿童与青少年处在哪一个认知发展阶段有助于诊断其自杀的危险性并制定适当的介入策略。

第8章 穷养的男孩内心很强大

第二，来自于孩童对自己的认识以及适应外部环境的方式，也可称之为"自我谈话"。消极的"自我谈话"可以导致对环境的不良适应，而积极的"自我谈话"有助于对环境的适应。自杀者倾向于不断进行消极的"自我谈话"，这会加强已经存在的否定性的思维方式，从而加速自杀意念的产生。

第三，消极刻板的认知，包括过度概括、糟糕透顶、消极归因等。过度概括即对事件的评价以偏概全，常片面地根据某件事情的一方面评估自己的价值，其结果常导致自暴自弃、自责自罪，认为自己一无是处而产生焦虑抑郁情绪，只认为事件的发生会导致非常可怕或灾难性的后果。这种非理性信念常使个体陷入羞愧、焦虑、抑郁、悲观、绝望、不安、极端痛苦的情绪体验中而不能自拔。这种糟糕透顶的想法常常是与个体对己、对人、对周围环境事物的要求绝对化相联系的。

环境危险因素主要有两类：第一类是成长环境。例如，否定性的家庭经历容易导致自杀的意念与行为。在自杀儿童的家庭中，虐待与忽视是经常遇到的，而自杀青少年的家庭中，父母的关系往往是不和与紧张的。因此，不良的家庭环境是生命各阶段自杀的重要危险因素。第二类环境危险因素是否定性的生活事件。既包括考试失败如高考落榜，也包括亲人与朋友得重病或不幸去世。对那些已经有自杀念头的人来说，这样的打击——特别是当它们接踵而至的时候——就可能彻底摧毁其脆弱的生存勇气而成为自杀的触发事件。

触发事件不一定是青少年最严重、最糟糕的事件，但它犹如压倒骆驼的最后一根稻草，在最脆弱之时压在他们柔弱的肩上。这个时候自杀的青少年可能表现出、也可能不表现出预警信号。常见的预警信号如他们也许会说一些不想活、想自杀之类的似乎是开玩笑抱怨的话，而最危险的预警信号是以前的自杀行为。许多以前尝试过自杀的青少年最终还是自杀了。其他常见的预警信号还有吃睡不宁、学习成绩下降、社交方面渐渐退缩、与父母或其他在生活中占有重要地位的人中断交往，以及有似乎是不顾一切、自我伤害、非常独特的行为，如严重的吸毒、酗酒，不顾一切地乱开车等。

帮助孩子走出困境，父母应该这样做。

（1）保持镇静。不要让孩子的悲伤影响你的判断。孩子需要他人尤其是家长帮助他恢复理智和客观，而不需要一个本身就情绪不稳的人来帮助他。

（2）指出孩子自身的优点。谈论孩子的优点和长处是有益的，例如孩子文雅、乐于助人、待人诚恳、活泼开朗、富于吸引力的等。想自杀的孩子很可能只看到他自身及其生活中不好的一面，而忘记了好的一面。

（3）不要与孩子发生争论。避免就生命与死亡的哲学问题与孩子争论，同时也应避免说一些陈词滥调，例如，"还有很多美好的东西在等着你，你的生命才开始"等。这种说话方式使孩子觉得你是在泛泛而谈，而非真正理解他们内心的感受。企图自杀的青少年最需要的是客观的、设身处地的、感情移入的理解和支持。

（4）帮助孩子获得客观的态度。一个被各种问题和压力压得喘不过气来的人很可能无法冷静、客观地评价自己和环境。在这种情况下，做家长的首先要保持客观的态度，并帮助孩子尽可能客观地看待自己的环境。

（5）抓住想活下去的愿望。想自杀的孩子几乎都是矛盾的，一方面想死，另一方面还想活下去。发现并紧紧抓住他们想活下去的愿望是非常有用的。

（6）指出其他的行为选择。由于个人经历、生活压力等原因，人们常常囿于个人对生活的一己之见——他们也许只看到了目前的危机而看不到其他的东西，平时注意与孩子谈谈其他的可能选择是有益的。有时想自杀的人处于其情绪的最低点，他们认为人生从来就是如此糟糕而且永远如此糟糕。实际上，人生如潮水，有涨也有落。一个想自杀的人很可能曾经"涨"过，并且在以后的生活中将再次"涨"起来。指出这种生活涨落的规律是有益的。

（7）帮助孩子获得资源。对孩子最有力、最具体的支持就是帮助他们得到想要的东西。因为想自杀的人一般说来比较孤独，因此，家长要帮助他们获得各种资源。这些资源包括家庭和朋友，也许还包括帮助孩子去见一位他想见的老师、电影明星或心理医生。最终，需要专业的心理咨询人员为那些需要帮助的人提供长期的关心和帮助。

帮孩子克服害羞心理

你的孩子是否曾经有过这种感受，或者曾经出现过下面一些征兆？

（1）站在陌生人面前，总感到有一种无形的压力，似乎自己正在被人审

第9章 穷养的男孩内心很强大

视,不敢迎视对方的目光,感到极难为情。

（2）与人交谈时,面红耳赤,虚汗直冒,心里发慌。即使硬着头皮与人说上几句,也是前言不搭后语,结结巴巴。

（3）不善于结交朋友,常感孤独,常因不能与人融洽相处或充分发挥自己的才干而烦恼;不善于在各种不同场合对事物坦率地发表个人意见或评论,因此不能有效地与他人交换意见,给人拘谨、呆板的感觉。

（4）常感到自卑,在学习和生活中往往不是考虑取得成功,而更多的是考虑不要失败。

那么,可以肯定,当时你的孩子正在害羞,或者正拥有一种被称为羞怯的心理。羞怯的本质就是一种不自信。其实,几乎每个人都有害羞的时候,对青少年来说更为普遍。美国俄亥俄州立大学的一项统计结果表明,97%的学生认为做公开演说和核武器是世界上两件最可怕的事情。那么,羞怯产生的原因有哪些呢?

一是先天原因。有些人生来性格内向,气质属于黏液质、抑郁质类型,他们说话低声细语,见到生人就脸红,甚至常怀有一种胆怯的心理,举手投足、寻路问津也要思前想后。

二是家庭教育不当。过分保护型与粗暴型的家庭教育方式都可能造成子女怯懦的性格。前者,家长代替了子女的思想和行为,子女缺乏经验,生活办事能力差,单纯幼稚,遇事便紧张、恐惧、焦虑。后者,家长剥夺了子女思维和行动的机会,子女时常担心遭批评和斥责,遇事便紧张、焦虑、消极、被动。有些家长对儿童的胆小不加引导,孩子见到生人或到了陌生的地方,便习惯性地害羞、躲避,没有自信心。儿童进入青春期后,自我意识逐渐加强,敏感于别人对自己的评价,希望自己有一个"光辉形象"留在别人的心目中,为此,他们对自己的一言一行非常重视,唯恐出差错。这种心理状态导致了他们在交往中生怕被人耻笑,因此表现得不自然、腼腆、心跳。久而久之,便羞于与人接触,羞于在公开场合讲话。

三是缺乏自信和实践锻炼。有些人总认为自己没有迷人的外表,没有过人的本领,属能力平平之辈,因此他们在交往中没有信心,患得患失。长期的谨小慎微不仅使他们体验不到成功的喜悦,而且使他们更加不相信自己的能力。加之多数学生生活环境比较顺利,缺乏实践锻炼的机会。这些往往是导致害羞的重要原因。

四是挫折的经历。据统计，约有1/4害羞的成人在儿时并不害羞，但是在长大后却变得害羞了。这可能与遭受过挫折有关。这种人以前开朗大方、交往积极主动，但由于复杂的主客观原因，屡屡受挫而变得胆怯畏缩、消极被动。

克服孩子的害羞心理，父母需要这样做：

（1）帮助孩子正确评价自己，树立自信心。日常学习和生活中，应让孩子多考虑"我要怎么做"；在各种社交场合中，应让孩子顺其自然地表现自己，不要担忧别人是否注意。告诉孩子与别人交谈时，眼睛要看着对方，并将注意力集中在对方的眼睛，这样可以增加孩子对对方的注意，减少对方对孩子的注意。

（2）让孩子勇于和别人交往。让孩子向经常见面但说话不多的人如邮递员、售货员等问好；与人交往，特别是与陌生人交往，要善于把紧张的情绪放松。使用一些平静、放松的语句，进行自我暗示，常能起到缓和紧张情绪、减轻心理负担的作用。

（3）告诉孩子一些谈话的技巧。比如，在连续讲话中不要担忧中间会有停顿，因为停顿一会儿是谈话中的正常现象。在谈话中，当感觉脸红时，不要试图用某种动作掩饰它，这样反而增强不自信的感觉，进一步增加羞怯心理。明白羞怯并不等于失败，这只是由于精神紧张，并非是不能应付社交活动。

（4）让孩子不要过于敏感。凡事尽可能往好的方面想，多看积极的一面。平时注意培养孩子的良好情绪和情感，让孩子相信大多数人是以信任和诚恳的态度来对待自己的，不要把自己置于不信任和不真诚的假定环境中。那样，对别人就总怀有某种戒备心理，自己偶有闪失，或者并无闪失，也生怕别人看破似的，这样自己就会惶惶然，更加重了羞怯心理。

帮男孩驱散紧密相随的孤独

当前，独生子女已相当普遍，独生的环境，易使孩子产生孤独的性格，这个道理是显而易见的。通过平时的观察，我们发现有不少孩子不爱讲话，不爱与人交往，性格孤僻。有位独生子女说，作为孩子，有些话题和父母是谈不来的，自己平时很多心事只能放在心里，快乐和忧伤都是自己一个人承担。

第8章 穷养的男孩内心很强大

中国心理学会科普专业委员会的吴世煌教授说，目前在一些城镇地区，独生子女比例占到90%。他们是"心理脆弱的一代"，在成长过程中备受宠爱甚至溺爱。长期以自我为中心，使他们难以客观地认清自己在社会中的地位和作用，在与他人的交往关系上，往往表现得过于敏感或处理不当。专家认为，孩子们处于生长发育的关键时期，如果每天都陷入紧张的人际关系中，极易受到孤独、寂寞、自卑和疑虑等心理问题的困扰。独生子女中有多少人在孤独中挣扎呢？调查显示，大部分独生子女的伙伴关系是令人满意的，但是自述"感到孤独"的独生子女也达到了约20%，其中，感到非常孤独的为6%，感到比较孤独的为13.9%。据1997年的一项大型调查表明，在北京、上海、广州、重庆、福建五大城市独生子女的三口之家中，"最让人担忧的问题"里，"孩子孤独、有压力"仅次于"老龄化"，居第二位。当然，孤独也不仅仅是独生子女独有的心理问题，很多非独生孩子也会感到孤独。

初三学生李谊在日记中写道："为什么周围的人都不理解我呢？想找个说心里话的都没有，我该向谁说说我的感受呢？感觉好孤单啊。同学们都忙着上课做作业，应付一场接一场的考试，彼此之间住得也很远，平时连个聊天的时间都没有，更别说在一起玩了。我觉得自己的世界随着自己的成长越来越小，越来越单调。多么希望不这么孤独啊，好渴望跟爸爸妈妈或同学们聊聊天，就像小时候那样，快乐无忧。我希望自己的世界能够变得多彩多姿，每天都有许多的新鲜事，而不是充满了这可恶的孤独感。"

据调查，14.8%的孩子自述"没有什么知心朋友"，17.6%的孩子"常常感到孤独"。现在的独生子女实在是太孤单了，钢筋水泥、高楼深院仿佛给他们构筑了一个个小笼子，而与电视、电脑、游戏机的亲密接触，又使他们与别人离心离德。近日公布的"北京市未成年人现状调查"显示：有20.8%的孩子存在中等程度的孤独，有22.5%的孩子表示"我没有知心朋友"，有45.6%的孩子相信"多数人是不可以信赖的"，有36.1%的有过离家出走的念头。

进入青春期的男孩女孩都有这样一种体验：觉得自己是大人了，于是总想一夜之间成熟起来；父母的关心变成了唠叨，老师在心中似乎也失去了往日的威信；就连平时挺要好的同学，现在也不是那么亲密无间、无话不谈了，自己一肚子的心事，不知道和谁诉说。

这种孤独感也是青少年自我意识发展的一种表现。孩子一方面自认为已经是长大成人了，竭力想摆脱父母的管教，不愿意再被当做小孩，希望别人尊重、理解他们；另一方面，由于独立工作、生活的能力还较差，又十分眷恋、依赖父母。孩子与人交往、社会化的需求进一步增强了，而需要的性质也有所变化。他们希望被理解、被尊重，心理活动开始指向自己的内心变化，有了秘密，自我交谈的时间有所增加，在与人交往时变得不那么坦率，即使是面对亲近的人也有所保留。他们不仅难以与长辈沟通，在同龄伙伴之间也不容易找到真正"心心相印"的知音，因而常常感到不被人理解，在心理上产生不同程度的孤独感。

作为父母，不能仅仅给孩子提供物质上的东西，也应该关注孩子的心理和精神世界。无论平时工作多忙，都应该抽空陪陪孩子，听听孩子的心里话，哪怕孩子不愿意说，多说一些关心的话对孩子来说也是很大的安慰，他会因此感受到父母对自己的关怀和爱，而不至于陷入到孤独的泥淖之中。如果孩子长时间地陷入孤独，就可能造成性格上的缺陷，甚至患上抑郁症。那样将得不偿失，父母即使赚再多的钱也无法弥补孩子的健康成长。

（1）父母需要改正观念。有些父母其实在无意间就为孩子的交际能力设置了很多障碍，比如，告诉孩子不能和成绩不好的同学交朋友、年纪还小不要跟异性交朋友等，这些都是不可取的。

（2）培养孩子的自立能力。不管父母有多爱孩子，也不管家庭条件有多么优越，父母切忌事事包办。只有让孩子学会自己的事情自己做，而且有意让孩子碰碰钉子，尝尝苦头，才能磨炼孩子的意志力，走出过分依赖、自我封闭的天地。

（3）提高孩子的抗挫折能力。人生的道路不可能是一帆风顺的，总会遇到坎坷，应该让孩子及早明白这样的道理。提高孩子的抗挫折能力，会减少孩子自闭抑郁的概率。

（4）注重孩子情商的培养。情商即社会适应的综合能力。一个孩子仅仅学习成绩优秀是不够的，还须懂得接受别人并让别人接受自己，这也是爱的基本含义。在培育孩子良好品德的同时，要教导孩子形成好的性情。

（5）让孩子展示自己的才华。心理学家说："如果孩子有某个方面的特长，就一定要给他机会展示他在这方面的才华，这对他的交友很重要。"比如，你的孩子很擅长打篮球，就可以让他在篮球场上展示自己的天赋；孩子唱歌好听，就要鼓励孩子去参加学校组织的文艺活动等，不能因为怕影响孩子学习而限

制孩子的特长发展。

（6）引导孩子正确地交朋友。父母往往会有一些交友的习惯，所以也特别希望孩子也能按照自己的思路去交朋友，一意孤行，到最后就只能和孩子吵架。可能父母是出于好心，害怕孩子从朋友身上学一些坏习惯，但是在和孩子提出来的时候，一定要持"软"态度。听一听孩子说的，看看有没有一些道理。比如问问孩子在这个朋友身上学到的东西，是不是有父母看不到的益处。

（7）不要直接否定孩子的朋友。处在青春期的孩子，逆反心理特别强，可能父母说的一些建议都是对的，但是如果你想要孩子接受的话，一定要讲究一些技巧和方法，直截了当地阻拦是不行的。

当他有了新的朋友，一般会愿意和家长聊天，比如"我今天新认识了一个朋友"，"他哪方面比较强，但是哪方面就比较讨厌"等等。这时候家长就要抓住机会，帮他来分析，帮他去了解这些。父母也可以附和孩子，在你的同事里也有这样的一些人，你是怎么对待那位同事的，或者大家是怎么对待他的。

调整孩子的依赖心理

这个世界上，从来就没有什么救世主，一切只能靠自己。因为父母会老，朋友会散，而"自己"却始终不会远离。歌德也曾说过：谁要是游戏人生，他就一事无成；谁不能主宰自己，他就永远是一个奴隶。或者你还可以看看下面这个故事：

小蜗牛问妈妈："为什么我们要背负这个又硬又重的壳？"

妈妈："因为我们的身体没有骨骼的支撑，所以要有壳的保护！"

小蜗牛："为什么毛毛虫和蚯蚓不需要壳呢？"

妈妈："因为毛毛虫能变成蝴蝶，天空会保护她；蚯蚓会钻土，大地会保护他。"

小蜗牛哭了起来："我们好可怜，没人保护。"

蜗牛妈妈安慰他："所以我们有壳啊！我们不靠天，也不靠地，我们靠自己。"

可见，自己的困境只有依靠自己走出，自己的良机和快乐，只有靠自己去发现和把握。一个人最重要的一件事情，就该是"知己"了，只有"知己"才能够把握自己的人生。

人应该是独立的。独立行走，使人脱离了动物界而成为万物之灵。当孩子跨进青春之门的时候，就开始具备了一定的独立意识，但对别人尤其是父母的依恋常常困惑着他们。依赖，是心理"断乳期"的最大障碍。随着身心的发展，青少年一方面比以前拥有了更多的自由度，另一方面却担负起比以前更多的责任。面对这些责任，有些人感到胆怯，无法跨越依赖别人的心理障碍。他们容易失去自我，遇到问题的时候，自己不动脑筋，易产生从众心理。依赖别人，意味着放弃对自我的主宰，这样往往不能形成自己独立的人格。

依赖心理主要表现为缺乏信心，放弃了对自己大脑的支配权。往往表现出没有主见，缺乏自信，总觉得自己能力不足，甘愿置身于从属地位；总认为个人难以独立，时常祈求他人的帮助，处事优柔寡断，遇事希望父母或师长为自己做决定。

依赖性强的学生喜欢和独立性强的同学交朋友，希望在他们那里找到依靠，找到寄托。学习上，喜欢让老师给予细心指导、时时提出要求，否则，他们就像断线的风筝，没有着落，茫然不知所措。在家里，一切都听父母摆布，甚至连穿什么衣服都没有自己的主张和看法。一旦失去了可以依赖的人，他们常常会不知所措。

具有依赖性格的中学生，如果得不到及时纠正，发展下去有可能形成依赖型人格障碍。依赖性过强的人需要独立时，可能对正常的生活、工作都感到很吃力，内心缺乏安全感，时常感到恐惧、焦虑、担心，很容易产生焦虑和抑郁等情绪反应，影响身心健康。

那么，人为什么会在对别人的依赖中迷失自己呢？这是因为：依赖的产生同父母的过分照顾或过分专制有关。现在的青少年多为独生子女，家长常常对子女过度保护，一切为子女代劳，他们给予子女的都是现成的东西，孩子头脑中没有问题、没有矛盾、没有解决问题的方法，自然时时处处依靠父母。对子女过度专制的家长一味否定孩子的思想，时间一长，孩子容易形成"父母对，自己错"的思维模式，走上社会也觉得"别人对，自己错"。这两种教育方式都剥夺了子女独立思考、独立行动、增长能力、增长经验的机会，妨碍了子女独立性的发展。

第8章 穷养的男孩内心很强大

要克服依赖心理，可从以下几个方面着手帮助孩子。

（1）要纠正孩子平时养成的依赖习惯，提高孩子的动手能力。教导他多向独立性强的同学学习，不要什么事情都指望别人，遇到问题要做出属于自己的选择和判断，加强自主性和创造性。

（2）要帮助孩子在生活中树立行动的勇气，恢复自信心。自己能做的事一定要自己做，自己没做过的事要锻炼做。

（3）丰富孩子的生活内容，培养其独立生活的能力。让他们在学校中主动要求担任一些班级工作，以增强主人翁的意识。使他们有机会去面对问题，能够独立地拿主意、想办法，增强自己独立的信心。

改正孩子的骄傲自满

请你仔细找找，你的孩子是否存在下面的一些表现，如果回答为"是"，就请你看看这一节，因为你的孩子已经有了自负心理的表现。

是否存在自视过高的现象？认为自己非常了不起，别人都不行。很少关心别人，与他人关系疏远。这类孩子时时、事事都从自己的利益出发，从不顾及别人。不求于人时，对他人没有丝毫的热情，似乎人人都应为他服务。是否存在看不起别人的时候？总认为自己比别人强很多，这类孩子固执己见，唯我独尊，总是将自己的观点强加于人，在明知别人正确时，也不愿意改变自己的态度或接受别人的观点。总爱抬高自己贬低别人，把别人看得一无是处。是否曾经过度防卫，有明显的嫉妒心？有很强的自尊心，当别人取得一些成绩时，其嫉妒之心油然而生，极力去打击别人，排斥别人；当别人失败时，幸灾乐祸，不向别人提供任何有益的信息。同时，在别人成功时，这类孩子常用"酸葡萄心理"来维持自己的心理平衡。

翻看《辞海》，"自负"的条目后跟着的是简单明了的四个字："自恃；自诩"。那么，究其原因，是什么导致了青少年自负心理的产生呢？

一是过分娇宠的家庭教育。家庭教育是一个人自负心理产生的第一根源。对于青少年儿童来说，自我评价首先取决于周围的人对他们的看法，家庭则是他们自我评价的第一参考系。父母宠爱、夸赞、表扬，会使他们觉得自己"相当了不起"。

二是生活中的一帆风顺。人的认识来源于经验，生活中遭受过许多挫折和打击的人，很少有自负的心理，而生活中的一帆风顺，则很容易养成自负的性格。现在的中学生大多是独生子女，是父母的掌上明珠，如果他们在学校出类拔萃，老师又宠爱他们，他们就会养成自信、自傲和自负的个性。

三是片面的自我认识。自负者往往缩小自己的短处，夸大自己的长处。有的孩子缺乏自知之明，把自己的长处看得十分突出，对自己的能力评价过高，对别人的能力评价过低，自然产生自负心理。当一个人只看到自己的优点、看不到自己的缺点时，往往会产生自负的个性。这类孩子往往好大喜功，取得一点小小的成绩就认为自己了不起，成功时完全归因于自己的主观努力，失败时则完全归咎于客观条件的不合作，过分的自恋和自我中心，把自己的举手投足都看得与众不同。

四是情感上的原因。一些孩子的自尊心特别强烈，为了保护自尊心，在挫折面前，常常会产生两种既相反又相通的自我保护心理：一种是自卑心理，通过自我隔绝，避免自尊心的进一步受损；另一种就是自负心理，通过自我放大，获得对自卑、不足的补偿。例如，一些家庭经济条件不很好的学生，生怕被经济条件优越的同学看不起，装清高，在表面上摆出看不起这些同学的样子。这种自负心理是自尊心过分敏感的表现。

人不能没有自负。尤其对青少年来说，在适当的范围内，自负可以激发青少年的斗志，树立必胜的信心，坚定战胜困难的信念，使自己能勇往直前。但是，自负又必须建立在客观现实的基础上，脱离实际的自负不但不能帮助人们成就事业，反而影响人们的生活、学习、工作和人际交往，严重的还会影响心理健康。

自卑与自负看似有天壤之别。自卑者自己瞧不起自己，自负者自己太看得起自己。但是究其产生的根源，就能找到它们的相同之处，那就是两者都不能准确地评价自己，对自己没有正确的认识。

自卑者认为自己技不如人，他既不像自暴自弃者那样自甘堕落，也不像自强不息者那样勇往直前。有自卑感的人如同阴影中的萌芽，他们向往成功、羡慕辉煌，却又拒绝生长、无法舒展。他们往往看不起自己，在乎别人的眼光，种种顾虑锁住了前进的脚步，面对困难一筹莫展……比自卑更可怕的就是自负。自负感的产生往往源于已经获得的一些成绩，是自满情绪的进一步恶化。有自负感的

人,我们可以说他有一定的"本钱"当做资历,但在成功面前不小心便失去了自我,以为自己已成了人物,唯我独尊而听不进去他人的劝谏。

自卑与自负是两个极端,二者的结果却是相同的,都会导致人生的失败。自卑者总是低着头走路,因为缺乏自信,往往心灵上背负着沉重的担子,被压得喘不过气来,以致最终把自己压垮;自负者总是仰着头走路,因为过于自信,常常趾高气扬,昏昏然不辨东西,不是迷途就是跌跤。

因此,父母要坚决改掉孩子骄傲自满的心理,具体可以这样做:

(1)引导孩子接受批评。愿意接受家长、老师、同学的批评是根治自负的最佳办法。因为自负者的致命弱点是不愿意改变自己的态度或接受别人的观点。引导他尝试着虚心接受别人的批评、教育,改变过去固执己见、唯我独尊的形象。同时,让孩子本着谦逊的态度去了解、学习他人身上的优点,这样对孩子也是一个促进。

(2)帮助孩子提升自我认识。让孩子全面认识自我,既要看到自身的优点和长处,又要看到自己的缺点和不足,不可"一叶障目、不见泰山"。

(3)适当地提高孩子的目标和追求。如果你同孩子将目标定得太低,孩子很容易就实现了,那他自然觉得自己做什么都行,不会尝到困难和挫折,也不能够从困难和挫折中吸取经验和教训。

(4)培养孩子与人平等相处的能力。自负者视自己为上帝,不论观念上、行动上都无理地去要求别人服从自己,否则便被激怒,甚至大打出手。平等相处是要求自负者以一个普通社会成员的身份与别人平等交往。

引导孩子告别"网瘾"

一位父亲这样痛苦地诉说道:"我儿子今年17岁,正在读寄宿高中。他现在整天不上课,不是上网吧就是在宿舍里睡觉,父母、老师的话都听不进去,上个学期考试好几门不及格。除了上网玩游戏外他什么爱好也没有,我曾试着带他一起锻炼、郊游、摄影、逛书店,但他哪儿也不去,周末回家后就是睡觉。原来他不是这样的孩子,在初二上学期之前,他性格很活泼,但初二下学期突然回家不爱说话了，迷上了网游。一放学就自己待在屋里，不管什么时候都要关上门，作业也不做。原来我们以为是青春期的表现，但已经三四年了，仍不见好转。我很困惑，不知道怎样才能改变他。我也曾试着和他在网上聊天，但效果不甚理想。我该怎么办呢？"

网瘾对青少年的种种毒害，不能不引起我们的忧虑：孩子沉迷于网络的原因是什么？我们应该怎么帮助他们？

网瘾是一种心理疾病。一般来说，网瘾患者与酒瘾、毒瘾患者一样，存在着程度不同的抑郁症、焦虑症、强迫症和社交恐惧症等心理障碍。

如果孩子具有以下的两三种表现，就可以初步判定他对上网已经成瘾：

吃过饭就直奔电脑，严重的甚至在吃饭时还在网络上"厮杀"、"通关"；干什么都没有兴趣，但一提到上网就立刻兴奋起来；经常把自己独自关在电脑房，并且时间越来越长；没有正当理由地经常晚回家，甚至夜不归宿；一段时间（从几小时到几天不等）不上网，就会明显变得焦躁不安，不可抑制地想上网；企图缩短上网时间，但总以失败告终；花大量时间搜寻、购买、下载、安装新软件；上网已经严重影响学习，影响与父母的关系和与同学、朋友的交往。

孩子为什么容易上网成瘾？主要原因是中国的孩子普遍孤独而且生活单调。中国的父母和学校把成绩看得重如泰山，绝大多数孩子程度不同地有压抑和挫败感。无论成绩如何，父母的永不知足让孩子疲惫不堪，丝毫感觉不到学习的快乐和成就感，也就容易出现上网成瘾的情况。

与现实中的失败和挫折相反，孩子在网络上体会到的是前所未有的成功：在网络游戏中，他们可以统率千军万马指挥若定，可以以少胜多除暴安良，可以随心所欲主宰别人的生死。

另外，对于内心孤独的孩子，网络可以成为他们寻求发泄和认同的原动力。

面对孩子的上网瘾，家长朋友们应该怎么办呢？

（1）和孩子一起上网。父母不要视网络为洪水猛兽，而是要引导孩子合理使用网络，并和孩子一起享受网络给生活带来的方便。亲自体会网络，有利于父母以一颗宽容的心去引导与帮助孩子。

（2）上网之初先立下规矩。小学生每天上网一般不应超过1小时，中学生不应超过两小时；要学会选择并欣赏健康网站；要保护自己和家庭，不能在网上留下家里的电话，不能泄漏家庭隐私，不能把自己家的住址轻易告诉网友。

第8章 穷养的男孩内心很强大

（3）把电脑放在家里的"公共场所"。家中有中小学生的父母，可以把电脑放在家里的"公共场所"，如客厅或公用的书房等，这是帮助孩子安全上网最简单的方法。

（4）指导孩子上网聊天。网络聊天的自由随意和网络语言特有的魅力，是吸引孩子的主要原因。面对网络聊天，有的成人都无法自持，更何况是心智不成熟的孩子。所以父母首先要在自我节制的前提下，对孩子进行一定的引导。可以让孩子和网友制定一个明确的谈话主题，选择情趣相投的聊天对象，还可以指导孩子用外语聊天，在轻松的氛围中提高外语水平。

（5）与孩子一起参与专家聊天室。现在很多网站都会有计划地邀请专家、学者或知名人士坐客聊天室，这种聊天一般都会就某个领域的某个话题深入交流，既解决问题，又增长见识。父母不能不加分析地把网络聊天一概斥为无聊和浪费，而是应因势利导，将网络这种现代科技应用在现代理念、良好品行的培养上。

（6）戒除网瘾有过程。对于孩子的网瘾，父母可以巧妙运用递减法。比如，从原来每天上网6小时改为5小时，再改为4小时，逐步减到每天1~2个小时，慢慢恢复到正常状态。不能急于求成，打算一刀下去斩草除根，要在循序渐进中收到成效。

网络是把双刃剑，我们应用其利而避其弊，积极引导孩子科学理智地使用网络，成为网络真正的主人。

第9章
不打不骂给男孩成功个性

孩子将来步入社会、进入职场，他人对其的评价往往依据两个标准：职业技能和性格特点，而在很多时候，后者往往起决定性作用。从小学、中学到大学，学校教师传授给孩子的是技能，而父母则要教育孩子在社会中取得成功所需要的性格特质。

不打不骂穷养男孩

为孩子做个好榜样

汉森习惯在每天工作之前,先去镇上的酒馆喝上一盅。虽然知道这是个不好的习惯,妻子也一直劝他戒掉,但是他想,反正只是自己的一个坏习惯而已,又不影响别人。

一天,天降大雪,汉森穿好棉袄,戴上手套,吻别妻子后,和往常一样吹着口哨向酒馆走去。没走多远,他觉得有人跟在后面。回头一看,竟是自己年幼的儿子。

儿子踩着父亲留在雪地上的脚印,边跑边兴奋地喊:"爸爸,你看,我正在踩你的脚印!"

儿子的话令汉森心中一顿。他想:"如果我去酒馆,儿子踏着我的脚印,将来他也会去酒馆的。"

从那以后,这位父亲再也不光顾酒馆了。

为人父母请走好你们的每一步,要知道,孩子正踏着你们的脚印呢。

父母的品质、人格对孩子有潜移默化的作用,它会影响孩子今后的成长。如果父母的榜样出现了偏差,孩子的思想行为就会出现偏差,在今后的生活中他就会放松自律,做出有损社会公德的事情,从而也使他失去了社会性人格的发展机会。

家长日常生活的一言一行无不对孩子产生影响。有一位男人这样谈及他的父亲:"我记得我的爸爸在工会保护制度还没有建立起来以前,他每周有5天要为他的本职工作干很长时间,星期六还有另外的工作,也要干很长时间。我还能记得每天天还没亮的时候如果我醒了,就能听见父亲起床并悄悄地出去上班,而此时家里其他人都还在睡觉。我不记得他生过病,请过一天假。他唯一不工作的一天是星期天,他总是和我们一起做些事情来消磨这一天,比如探望亲戚、和我们一起骑车等。他的家庭就是他生活的全部。他的工作信念和他对家庭的全力投入

第9章　不打不骂给男孩成功个性

给我留下了很深的印象，而且至今影响着我。"

许多人还记得他们的父母是怎样向家庭之外的人伸出援助之手的。一位母亲说："萦绕在我脑海中的是那种对家庭之外的其他人的真诚关心的氛围。我的父亲直到60岁时仍然是一位志愿消防员和救援工作者。我的母亲则一直做各种志愿工作并时常帮助社区中的其他人。即使自己并不富有的时候，父母对别人仍很慷慨。因为父母的友善，许多人在我和姐姐的面前常常称赞他们。"

父母对孩子的影响是无时不在的，尽管经常给孩子讲道理，但其行为却会对孩子产生更深的影响。

当父母友好而和善地对待他人时，孩子就会学到善；当父母心胸狭窄、自私自利时，孩子也同样学到了这些。如果父母为了推掉一个不愿参加的约会而说谎，或者因为不想听电话而让孩子告诉人家不在家时，父母便在孩子的心灵中播下了撒谎的种子，受过骗的孩子会去骗别人。孩子若看到家长从工厂里偷工具或在旅馆里偷毛巾便会以为偷窃不是错事。在家里看不见家长笑脸、得不到爱抚的孩子将来很难开朗和对人友爱。

孩子在注视着父母生活，父母是什么样的人要比父母说什么样的话更有力量。父母做出了率直的榜样，孩子就会诚实。父母用爱环绕着他们，孩子就会去爱。父母善于谅解，孩子就会宽容。父母对体育显示出兴趣，孩子就会在绿茵场叱咤风云。父母用微笑和闪烁的眼睛对待生活，孩子就会懂得幽默。父母感谢生活的祝愿，孩子就会对生活满怀欣慰。父母表示出友好，孩子就会变得和善。父母的言辞充满进取的意志，孩子就会振奋他人。父母勇敢地面对挫折、失败和不幸，孩子就能学会顽强地去生活。父母的人生肯定了其对于生命长久而深沉的信念，孩子将不再迷惘。父母用真善美维护着孩子，孩子将会发现生存的真谛。父母的行为像个英雄，孩子就会成为勇士。

不要只是站着，只用手比划或指点着期望孩子征服的高度。攀援吧，他们就会跟上来！

此外，家长在对孩子的教育中，在深化孩子道德行为的同时，既要关注行为结果，又要关注行为过程的合理性和适当性，给孩子们营造一个诚信、激励、乐观向上的好环境，以确保他们在生活中不至于偏离社会轨道。

作为家长，应该认识到：父母在孩子的眼里就是模范和表率，父母的一举一动、一言一行都在潜移默化地影响着孩子。身为父母应注意自己的品德修养，如孝敬老人、诚实守信等。父母勤于钻研、勇于探索的榜样，无形之中，也会深深地影响孩子的行为品质，促进孩子的求知欲，使孩子在耳濡目染中养成刻苦钻研、执著追求的优良品质。

有这样一个故事：一个旧城市，市民生活环境脏乱，并且城市的绝大多数人都已经习惯了这种生活环境。城中一所小学，一位年轻女教师给班上一个小女孩买了条新裙子。当小女孩穿着新裙子站在妈妈面前时，妈妈吃惊地睁大了眼睛，没想到自己的女儿原来如此漂亮可爱，但脸显得太脏了，头发也很乱。于是妈妈就给女儿洗洗脸，梳理好头发。这下，这个小女孩简直成了一个漂亮的小公主。这时，妈妈又发现屋子太乱、太脏了。于是她把屋子里面打扫了一遍，屋子很快变得很干净整洁。这时孩子父亲回来了，看见干净的屋子和漂亮的女儿，不禁一愣，随即感觉自家脏乱的院子和屋里太不相称了，于是他把院子彻底打扫得干干净净。邻居家看到小女孩家的改变，很是羡慕，于是他也主动行动起来，打扫干净自己的家。这样没过多久，这条街上的人们都把自己的家园打扫得很干净。城市的主管看到这条街上的人家如此勤劳，决定将这条破烂的街道彻底翻新。两年以后，一个崭新、洁净的城市出现了！

一件新衣引发了一个城市巨变，虽然有些童话色彩，但这个故事却引起了大家深深的思考。

其实，改变自己的同时，你已经在改变世界了。模仿是孩子特别突出的一个心理特点。父母在教育孩子的同时，也要以自己的言行举止做表率。

在现实生活中，父母要给孩子树立怎样的榜样？

（1）有博爱之心，怜悯、同情人，能尽力而为地关心、帮助他人。

（2）尊重他人的人格和生命、健康，不乱议论人和事，信任基本了解的人并与之共事。

（3）孝敬老人，爱护后生小辈。

（4）要让孩子实实在在地看得出家里的东西是用自己的劳动和智慧赚来的，不是从投机取巧得到的。否则，孩子会觉得不用劳动和智慧照样可获得需要的物品，可过好生活。

（5）父母永远是个爱学习和勤于思考的人。

（6）父母要做一个大智若愚的人，不大喜大悲；冷静沉着，对事对人智慧、宽容，拿得起、放得下。

（7）生活目标明确，热情向上，意志坚强，坚定而坚持，敢于直面矛盾和困难。

（8）行为严谨，办事干练，实事求是，作风检点，语言干净，礼貌待人，谦虚谨慎。

（9）举止庄重，衣着整洁，住房内整齐有序、清洁卫生。

（10）身体力行，注重以行为和言语影响人，善于鼓励和批评孩子。

这是10个主要方面，做的程度有个层次和境界。不管怎样，作为父母都要去尽力而为，为孩子树立良好榜样。

诚实是为人处世的根本

小涛上小学四年级了，他很贪玩，加上爸爸妈妈工作忙，没有多少时间管教他，因此，他每天晚上都不做家庭作业。

小涛爸爸妈妈只是在每天吃晚饭的时候问一下孩子："作业都做完了吗？最近学习情况怎么样？"小涛总是痛快地回答："做好了，在学校也很好，老师经常夸奖我呢。"很长时间里，爸爸妈妈都以为小涛在学校里表现不错。

这天，小涛的期中考试结果出来了，妈妈看到小涛的成绩没有一科是及格的，这才慌了神，连忙抽时间去见小涛的班主任。

见了班主任，妈妈才知道小涛现在的学习情况很不好。班主任告诉妈妈，小涛很长一段时间里都不做家庭作业，上课还不认真听讲。

妈妈听了班主任老师的话，非常生气。等到小涛回家，妈妈就厉声问："今天有家庭作业吗？平时家庭作业做得怎么样？"小涛还是面不改色地像平时一样回答了妈妈。

妈妈一听就来了火气，二话不说就给了小涛两个耳光，并气愤地说："我什么都知道了。我今天去了你们学校，老师说你最近表现很不好，天天不做家庭作业。你这个不长进的东西，还学会说谎了？你说，你为什么不做作业？"

小涛善于察言观色，也担心妈妈再打自己，只好向妈妈求饶，说自己一定老实，好好做家庭作业。妈妈相信了小涛的话。

可是，小涛没坚持多久，就又开始不做家庭作业了，妈妈也放松了警惕。而且，小涛和妈妈之间的关系也越来越僵，他对于妈妈说的什么话都不当一回事，我行我素。

如果孩子出现撒谎的现象，作家长的就要很好地考虑一个问题：为什么孩子会这样？为什么孩子不敢说真话？这种现象最终的后果就是孩子与家长之间的代沟越来越深，互相都不信任对方。在这样的情况下，怎么指望家长教育好一个不和你说真话、不说心里话的孩子呢？

苏联教育家马卡连柯讲："'诚信做人'不是从天上掉下来的，而是在家庭中养成的。在家庭中也可能教养成为不忠诚、老实的人，这完全取决于父母的教育方法。"所以切记一点：撒谎事件的发生，对家长是一个很重要的警告，其在孩子心中的信任、尊严、形象就已经像风化的岩石一样正在崩溃。

撒谎的孩子让家长头疼，但究其根本，问题还是出现在家长自身。所以面对孩子的谎言，该做的不是生气和震怒，而是反省自己的教育方式。对孩子进行诚实教育可以从以下几个方面着手：

（1）要满足孩子合理的愿望和要求。对孩子提出的合理要求要尽量满足，如一时无法满足，必须向孩子说明理由。如果对他们的愿望与要求不分青红皂白地一律不予理睬或一味拒绝，就容易使他们说谎或背着家长干坏事。一个孩子爱画画，多次要求妈妈给买彩笔，可是他妈妈没把此事放在心上，一直没给买。为了得到这盼望已久的彩笔，孩子开始骗妈妈："我们老师说，明天每人要带一盒彩笔去幼儿园画画。"妈妈不敢违背老师的要求，赶紧去买了盒彩笔，孩子终于以说谎的办法达到了目的。

（2）正确对待孩子的过错。孩子或因自制力弱，或因年幼无知，或其他偶然的原因，常会出现差错。对此，家长要冷静对待。孩子犯了错误，家长要本着关心、爱护的原则，态度温和地鼓励孩子承认错误，帮助孩子找出错误的根源，改正错误。这样，孩子就会信赖你，亲近你，敢于向你说真话。如果用训斥、讥讽或体罚来对待孩子的过失，就可能使他们为了逃避"灾难"而说谎。

（3）家长要作诚实的榜样。为培养孩子诚实做人，家长要为孩子作出好榜样。如果要求孩子拾金不昧，家长就不能将捡到的物品据为己有；如果要求孩子不说假话，家长就不能哄骗孩子。不然，孩子是难以形成诚实品质的。

（4）和孩子建立真诚和相互信任的关系。"人之初，性本善。"年幼的孩

第9章 不打不骂给男孩成功个性

子是非常纯真的，家长要利用这个良好的条件，和孩子建立并保持真诚与互相信任的关系。

我国古代有个"曾参杀猪"的故事。一天曾参的妻子去赶集，他的小儿子哭闹着要跟着去，曾参的妻子被纠缠得无奈，便对孩子说："你要听话，留在家里，妈妈回来杀猪给你吃。"孩子被哄住了。曾参妻子从集上回来时，见曾参正准备杀猪，就上前阻止说："不过是哄孩子玩的，怎么真的要杀猪呢？"曾参说："孩子是不能欺骗的，今天你说话不算数欺骗孩子，就是教孩子说假话。"于是，曾参杀掉正养着的猪，兑现了妻子随口许下的诺言。家长对孩子必须言而有信，以诚相待。这样，孩子才会信任家长，有什么事、有什么想法都愿意告诉家长。

（5）及时纠正孩子的不诚实行为。孩子的不诚实行为主要是指说谎和私拿他人或集体的东西。对这些行为要及时纠正。

孩子说谎，家长往往非常生气："小小年纪，怎么学会了说谎？！长大成人后岂不成了骗子！"家长为孩子的不诚实担心是有道理的，但仅此还不够，应该找出孩子说谎的原因，并帮助他们改正。如果不及时改正，孩子长大成人之后，很可能做出害人又害己的事来，后果不堪设想。

正如巴甫洛夫所指出的："永远不要企图掩饰自己知识上的缺陷，即便用最大胆的推测和假设去掩饰，这也是要不得的。不论这种肥皂泡的色彩多么使你们炫目，但肥皂泡必然是要破裂的，于是你们除了惭愧以外，是会毫无所得的。"

教孩子以谦逊为美德

侯天琪是个聪明伶俐、讨人喜爱的孩子。他的爸爸是一家大公司的经理，妈妈在一家医院当医生。侯天琪从小就生活在一个条件优越的环境中。在家里，他要什么有什么，是爸爸妈妈的掌上明珠；在学校里，他成绩优秀，是老师心目中的"尖子生"；在同学当中，由于他长得白净，大家还给他起了个响亮的名字——"白马王子"。

良好的家庭环境，父母的疼爱，老师和同学们的赞誉，再加上自己的天赋，使侯天琪产生了一种飘飘然的感觉，而且这种感觉一天比一天强烈。"我就是比别人优秀"，侯天琪总是这样想。侯天琪的爸爸妈妈也经常在别人面前夸奖自己的儿子，为有这样一个聪明帅气的儿子而自豪。所有这些都助长了侯天琪的自满和自傲的情绪。

渐渐地，侯天琪变了。在家里，他只要稍稍不顺心就对爸爸妈妈发脾气；在学校里，侯天琪更爱表现和炫耀自己，取得好成绩就自鸣得意、沾沾自喜，甚至不把老师的话放在心上；在生活中，他总是拿自己的长处同别人的短处相比，认为自己高人一等，看不起别人。

侯天琪是骄傲自大的孩子的一个典型代表。在现代家庭中，由于受到特殊的家庭环境的影响，独生子女容易产生骄傲自大的情绪。

谦虚是一种美德，是一种难能可贵的品德。那么，到底是什么原因导致孩子骄傲自大、目中无人呢？

第一，成人对孩子的影响。有些父母由于自身条件比较优越，总是表现出一副洋洋得意、目中无人的神态，经常会流露出对他人的不屑。如他们经常议论同事的缺点，认为某某不如自己。孩子听到这些话，也会仿效父母，只看到自己的长处，而嘲笑别人的短处。

第二，家庭生活条件优越。优越的家庭条件容易滋长孩子虚荣自傲的心理，形成爱炫耀自己、嘲笑别人的毛病。如孩子经常穿漂亮的衣服，就会看不起那些穿旧衣服的孩子。

第三，过多的夸奖。孩子经常得到大人的夸奖，就会认为别人不如自己，于是看不起别人。如果爸爸妈妈经常在朋友面前炫耀自己的孩子，孩子就会认为别人都不如自己，产生自傲心理。

当孩子出现骄傲自大的心理情绪时，父母应该怎么办呢？

（1）耐心教导，让孩子正确评价自己。孩子出现骄傲自大的坏习惯往往是过高地估计了自己，认为自己比谁都强，只看到自己的长处，看不到自己的短处，拿自己的长处比他人的短处。因此，狂妄自大，大都以"自我为中心"，想干什么就干什么，不会设身处地替别人着想。作为父母应耐心地教导孩子，让孩子学会正确地评价自己，既认识到自己的优点，又看到自己的不足。

家长还需要规范孩子的行为，督促他们改正骄傲自大的坏毛病，告诉孩子在交友中应该怎样做和不应该怎样做，并加以训练和指导，使其养成良好的行为习

第9章 不打不骂给男孩成功个性

惯,这样,他才会受到大家的欢迎。

(2)表扬时感情流露要"浓淡"适度。有些家长望子成龙心切,孩子稍微有点进步就欣喜若狂,赞不绝口,久而久之,必然助长孩子的自满情绪。正确的方法是:在表扬孩子时,高度重视感情的作用,尽量做到"浓淡"适度。有时对孩子轻轻的一个微笑,也许会起到许多赞美之词难以起到的作用。家长应尽量少在外人面前夸奖孩子,因为小孩子的自我评价能力还很差,看到那么多人肯定自己,会产生错误的认识,认为自己真的多么优秀,从而产生骄傲情绪。

(3)奖励以精神鼓励为主,物质奖励为辅。其实,一般情况下,孩子只要能得到口头表扬,心理上就会得到满足。过多的物质奖励,有时会强化幼儿产生沾沾自喜、高傲自大、忘乎所以,甚至不思进取的心态,要防止他们被夸奖声和赞许的目光所包围,或获得过多的物质奖励而产生畸形的满足感,懒于进取和努力,从而削弱进取意识。

所以,家长要注意不能给孩子过多的物质奖励,让他们明白好条件是父母创造的,他其实和其他同学一样,没有什么特别的地方。家长要观察孩子的心态和行为表现,发现苗头及时教育,消除其骄傲自大的不良心态。

(4)以身作则,父母要为孩子树立榜样,榜样的力量是无穷的。父母是孩子的第一任教师,是孩子效仿的最直接的榜样,父母对孩子的示范作用是巨大的。父母应该成为孩子高尚人格的榜样,要谦虚友善,不要在孩子面前表现出骄傲情绪,以免孩子受到不良影响。

让孩子拥有一颗博爱宽容的心

孙静是一个优秀的孩子,他一直是爸爸妈妈的骄傲。从小时候起,孙静就会察言观色,还是在上幼儿园的时候,他就会看老师的眼色行事,深得老师的偏爱。上学以后,自学能力也非常强,学习成绩好,而且他不用纸笔的速算能力在全校也是数一数二的。同时,孙静又能歌善舞,学校的演出都少不了他的身影……诸多的长处使孙静产生了一种优越感,而且这种优越感表现为——"我行,别人不行!"

孙静虽然成绩突出，并有那么多值得骄傲的地方，但却存在一个致命的缺点——心胸狭窄，他容不得别人比他强，受不了老师的一点儿批评。因此，他和同学的关系很紧张，有时也会跟老师闹矛盾。上幼儿园时，他经常为了一些小事和小朋友发生矛盾。

有一次，他和一个小朋友争吵起来，老师批评了他们。他觉得自己很委屈，回家又哭又闹，逼着妈妈给他转幼儿园。妈妈拗不过他，只好给他换了一所幼儿园。上了学，孙静的班主任和任课老师都挺喜欢他，但他心胸狭窄的坏习惯还是没有改。班上如果某个同学在哪方面超过了他，他就会非常气愤，想方设法打击、报复或者诽谤人家，以发泄心中的不满，同学们知道孙静有这样的毛病，所以都疏远他。

孙静也不能接受老师的批评。有一次，老师表扬了别的班干部，而没有表扬他。老师说他学习好，工作能力强，就是工作方法上存在着一些问题，同学关系有时会出现一点紧张，希望他能稍微改变一下。老师说得很委婉，也很诚恳，但心高气傲的孙静哪里听得进去。为了这件事，孙静一连几天吃不下饭，也不说话，他觉得太不公平了，老师怎么能这样对待自己呢？孙静总因为一些琐碎的小事而生闷气。

妈妈看在眼里，急在心里，越来越为儿子担心，担心儿子这样的性格将来适应不了社会。

郭立文先生曾经说：孩子是从大人的嘴里长起来的。其实孙静这种心胸狭窄的性格不是天生的，妈妈对他的影响很大。孙静的妈妈是一个能力极强的人，总给人一种高高在上的感觉，自身的优越使她容不下一点儿反对的意见。在家里，有时她做事不妥当，孙静的爸爸给她指出来，她不但不会接受，还大发脾气，耍性子，不吃饭。从小孙静就从妈妈那里学到，不管自己做什么都是对的，绝对不能接受别人的批评。

心胸狭窄的坏习惯在当今的独生子女中相当普遍。父母都希望自己的孩子能有一颗宽容的心，与他人友好相处。但他们不当的教育方式却经常使他们的愿望难以实现。在当今家庭中，孩子就是一切，爷爷奶奶、爸爸妈妈整天围着一个孩子转，孩子就是"小太阳"，他们的要求从不会被拒绝。长此以往，孩子就形成了一种错误的观念："我"是最好的，谁都不如我。因此当孩子走出家门，面对更广阔的交际空间时，就难以接受别人比自己强的现实。另外，有的家长本身就

第9章 不打不骂给男孩成功个性

爱斤斤计较、不能吃一点亏，这也会给孩子造成消极的影响。

心胸狭窄不但会影响孩子的人际关系，还会损害其身心健康，甚至会阻碍其将来事业的发展。我们必须帮助孩子纠正心胸狭窄的坏习惯，让孩子有一颗宽容的心，使他们快乐地成长。建议家长做到以下几点。

（1）创造机会，让孩子多接触同龄人。独生子女心胸狭窄的一个重要原因就是从小和同龄人的接触太少，家长处处对他忍让，他们从来不能站在别人的角度考虑问题，完全以自我为中心。因此，家长应多提供机会，让孩子经常与小伙伴交往。在交往中学会宽容、体谅他人；提高人际交往能力及社会适应能力，养成良好的性格。

（2）家长不可袒护孩子，要帮助孩子正确评价自己。当孩子在交往中遇到矛盾和纠纷时，家长不可偏袒自己的孩子，可适当给予抚慰，并帮助孩子分析事情发生的原因，找出自己或别人的不对之处，客观地认识自己，明辨是非，妥善处理。

（3）疏导、转移孩子对矛盾结果的注意力。心胸狭窄的孩子为一点儿小事经常耿耿于怀，进而影响自己的情绪。家长应引导孩子反思起因，检讨自己的过失，宽容伙伴的缺点与失误行为。这样，由矛盾引起的不快就会很快消失。

（4）告诉孩子对朋友要以诚相待。家长要让孩子知道，即使是别人做错了，也应该原谅他，给他改正的机会，使他更珍惜彼此的友谊，更明白宽容忍让有利于增进友谊。

（5）家长要有博大的胸怀。作为家长，在遇到矛盾或冲突时，要宽宏大量，不计较得失，能够高姿态，不怕吃点亏，"能饶人处且饶人"，以此使孩子受到熏陶与教育，孩子才能在相应的时候做到原谅别人。有必要时，让孩子体验一下心胸狭窄的害处。因为总是与人斤斤计较，毫不容人，别人就会害怕或不喜欢与你做朋友。

家长要让孩子认识到不会原谅别人的人，也得不到别人的原谅；如果养成霸道、蛮横、自私、无情的坏习惯，容易被孤立，今后走入社会就会吃大亏。

不打不骂穷养男孩

会分享的孩子才会爱

奕可是个聪明可爱的小男孩,但是,他却养成了不肯与别人分享的坏习惯。奕可和爸爸妈妈生活在一起,在家里,他是绝对的权威,但凡他的东西,就是爸爸妈妈也不准动一下。比如,爸爸妈妈给他买了点心,如果爸爸妈妈说:"奕可,给爸爸妈妈尝一点吧?"他肯定会一口回绝。家里要是来了小客人,奕可就如临大敌,他绝不会让小客人碰他的玩具。吃饭的时候,他还会目不转睛地瞪着客人,说:"那是我最喜欢吃的牛肉,不准你吃!"弄得大家都非常尴尬。周末,奕可去奶奶家,只要见了奶奶家有自己喜欢的东西,他就会提出带回家。要是爷爷奶奶提出要上他家去玩儿,他一定会阻拦,弄得他的爸爸妈妈非常尴尬。爸爸妈妈私下里经常说:"这孩子的性格究竟像谁呀?这么抠门、自私,我俩都不是这种人啊!怎么办?"

作为父母,千万不要因为担心孩子被欺负,而减少孩子与同伴相处的机会,要看到孩子与同伴相处的优势:其一,相近的年龄使得孩子之间的心身发展具有相似性,他们有相近的言语,有相近的思维,也就有了沟通交流的基础;其二,相处是一个不断发展变化的动态过程,可能有摩擦、争斗,也可能有喜悦,但不论怎样都有心灵的碰撞与启发。他们可以在喜怒哀乐中学会分辨,学会争取,学会妥协,学会合作。如果没有任何的问题与矛盾,孩子将失去适应力的锻炼机会,也就没有了运用自己的感官与头脑的必要与可能。

因此,作为父母,首先要学会忍心让孩子"吃点亏",不要小看了你的孩子,否则你都不相信自己的孩子,别人又会怎么看呢?孩子在成长的过程中,模仿学习只是其中的一个方法,更多的仍然要身体力行去获得直接经验才行,即使是间接经验,也要通过孩子的实践,用最终的效果来决定取舍。如果这样做了,是好的结果,得到了好的激励,孩子就会选择这样的行为;否则,你怎么教都教不会。

做父母的,在孩子与同伴交往的时候,一定不要自以为是地先去干涉,即使孩子向你求援,你也要告诉他:别怕,动动脑筋!这不但给了孩子尊重,也会

第9章　不打不骂给男孩成功个性

使其他的孩子"佩服"你的孩子，认为他不是个只会找大人帮忙的人，而是个有头脑的人！另一方面，你不能代替孩子与同伴交往，所以最好让他有机会"吃一堑，长一智"！

家长如何引导孩子学会与人分享呢？

（1）家长是孩子最好的榜样。在日常生活中家长关心别人、帮助别人，自然给孩子留下记忆。做了好吃的点心分给邻居尝尝，毫不吝惜地借给别人需用的物品。父母要为培养孩子分享意识起表率作用。父母要做与人分享的模范，经常主动地关心和帮助别人，如关心帮助贫病和孤寡老人等。这些行为都无声地告诉孩子应该分享。

（2）让孩子感受到分享的快乐。很多孩子愿意在别人家玩人家的玩具，但是让他拿出自己的玩具，他就不乐意了。如果是这种情况，你在客人到来之前，让孩子挑选几样他愿意让别人玩的玩具，告诉他不要担心玩具被弄坏。这样当他无条件地与别人分享东西时，他能感到自己对哪些东西仍有控制力，它们还是属于他的。当许多孩子在一起玩时，可以让大家把自己心爱的玩具拿出去共同分享，让孩子体验玩别人玩具的快乐，使孩子明白分享并不等于失掉自己拥有的东西。

（3）让孩子学会合作。古希腊的哲人亚里士多德早已指出"人是一种'社会性动物'"，伟大的思想家、革命导师马克思也揭示了"人的本质是各种社会关系的总和"，心理学家马斯洛说，"归属与爱的需要是人类的基本需要之一"。诸如此类的种种描述都肯定了人绝不可能孤立而生。尤其是社会的发展，对人的要求也越来越高，在激烈竞争的同时，我们必须看到相互之间的差异与距离，只有建立人与人之间的攻守同盟、相互合作，才可能在动荡、变化中感到安全与支持，成人如此，孩子亦然。如果你的孩子学会了合作，也就拥有了安全生活的基础。

做父母的，如果因为孩子与同伴之间有冲突，就将孩子与同伴隔离，那真是太糟糕了。最好的办法不是"别跟他玩了"，而是"一起玩"：教给孩子一个巧妙地解决人际冲突的办法，让孩子开动脑筋，想一个"一起玩"的游戏，这不但将"化干戈为玉帛"，还会使你的孩子赢得同伴的赞赏，甚至成为同伴中的"小领袖"。

（4）给孩子创造与人分享的机会。父母要经常给孩子分享的实践机会。要从小训练,从婴儿期就开始,孩子手中拿个布娃娃,成人手里拿辆小汽车,然后递给孩子小汽车,拿过孩子手中的布娃娃,这样反复训练,体会互惠信任。年龄大的孩子,与小伙伴一起玩玩具获得乐趣时,就会体会到分享的快乐。如再给孩子一点鼓励,孩子会感到这是一种新的玩具享受方法。如让孩子与其他小朋友共同分享活动的快乐;当家里买了水果、糕点时,要让孩子进行分配,如果分配得合理,就要及时表扬孩子。

(5)不给孩子"吃独食"的特权。有些父母过分溺爱孩子,把所有好吃好玩的都让给孩子一人享用。这样时间一长就强化了孩子的独享意识,把好吃、好玩的东西都据为己有。正确的方法就是,从孩子小的时候起就注意把好吃、好玩的东西给大家分享。不要给孩子搞特殊化,要形成一定的"公平"。父母要经常教育孩子,即看到自己也要想到别人,好东西应该大家分享,不能只顾自己不顾他人。父母要千方百计地使孩子明白,分享不是失去而是互利。分享体现了自己对别人的关心和帮助,同样,别人也会关心和帮助自己。大家相互关心、爱护、体贴,就会觉得温暖和快乐。

(6)给孩子"变换角色"的练习。让他懂得交往的基本规则。如果你的孩子很霸道,那只是一时的痛快,当所有的孩子因害怕他、不喜欢他,都不同他玩时,他就是最不幸的了。这时,不是他厉害,而是他被抛弃了,被一个集体驱逐出境了!所以,做父母的必须预防孩子遭遇这样的境况,否则就是父母的失职。

责任感决定孩子能承担什么

一位老师讲了这样一件事:

有个上了初三的孩子,个人素质很不错,人很善良,小的时候还担任过一部电视剧的主角,学习情况与上述的那个同学差不多,也是学习表现很不稳定,既很孩子气,也是个粗心大王、脾气大王,品质上倒没有别的大毛病。

他家是双职工家庭,并不很富裕,但父母把所有的能力和爱全给了孩子,头发也白了,心也操尽了,但是还不满意他目前的学习情况。我接触了孩子不久,孩子粗心的问题有了很大的改善,但总是时常还会小犯,就这样并不能令我满意

第9章 不打不骂给男孩成功个性

的结果，家长已经是很兴奋了。后来出了个很滑稽的事情使孩子的毛病有了很大的改善。

有一天晚上，他母亲哭着给我打电话，请我务必去她家一趟。我便急忙赶去，他家里人都闷闷不乐。事情的原委是这样的，中午的时候，孩子下学没有骑自行车回来，是让同学带回来的，家里人问他怎么回事，孩子说自行车丢了。他父亲想，车子又不好，又是存在车棚里，怎么会丢？但还是很小心地试探着问孩子，你那车子那么破旧，有谁会偷啊？你找过没有？孩子说你真麻烦，我难道没有找吗？找了半天也没有啊。他父亲又追问难道你没有问问看车的师傅吗？孩子说我也问了，就是没有找到。事实上，孩子的确是很认真地找过车子。既然如此，只好赶紧吃饭。下午上学时候就又和同学一起去上学了。这个当父亲的越想越不对，怎么会丢呢？没有道理啊，那么破烂的车又在车棚怎么可能丢嘛！下午的时候，便提前下班去了学校，一查问，结果是看车棚的师傅给收了。那位师傅说，你家的孩子中午就来找过，但态度既不友好也不客气，因为他乱放，所以我给他挪到后面去了，本打算下午放学的时候告诉他，中午也就没有多理他，让你家的孩子难受一下也是想让他长个记性。这位父亲赶紧谢过后就在路边等孩子放学出来。他原以为孩子会高兴，结果孩子和同学一出来，看见自己的自行车和他的父亲一起站在那里，一下子就火了。回了家后，孩子也不吭声，谁也不理，当家长的也是一肚子怨气，怎么搞的，给他找回车子了，怎么还这样对我们？实在痛苦愤懑委屈得不得了。于是，他母亲便给我打电话，问我该怎么办！听完家长的哭诉，我就用四个字做了总结："恼羞成怒"。

恼之何来？丢了车子自然很恼！羞从何来？本来自己可以找到，但没有找到，感觉羞愧；在同学面前丢了面子，更是羞愧；车子被父母找到了，在爸妈面前也感觉很抬不起头。恼了，羞了，怎么办？为了遮恼掩羞，只有靠"怒"了。只是这"怒"很自私，很脆弱。

我说你们不要着急也不要难过，这是好事情！孩子能怒，说明他还有廉耻之心嘛。做家长的一下就破涕为笑了，但转念又说："哎，赵老师，您就别安慰我们了。"我说你们不要管，该怎么办还怎么办，这事情我来善后，就当没有发生过。

我到了孩子的房间，直接地和他谈了他怒的原因，并对此表示理解，而且也表示他的父母也很理解他，所以让他不要介意今天和父亲发的没来由的火。孩子流着眼泪听着我的话,我知道他自己也很懊悔和难堪。然后我着重与他分析了为什么会丢车子的事情,从前到后,从各个角度,包括心态、情绪、认识等,细细地回顾和总结了一番。孩子的表情终于出现了少有的凝重,然后说起了在学习上问题,为什么还时常出现那些不该犯错误的现象。最后,我说你也不小了,不要老拿父母当出气筒嘛。

孩子找回了自己的责任心,过了一个多月,孩子中考的化学成绩居然是100分,到现在我还能想起他母亲欣喜若狂的表情。

每个人都应该有责任心,父母的责任心真正应该体现的地方不是在孩子的衣食方面,而是心灵的塑造。当一个人意识到给予是责任,同时也一定会发现给予是快乐,这种责任的实现是幸福和满足的,大到为国为民,小到为父母为自己。这样的人生当然快活。

据调查,我国现有家庭中的独生子女往往缺乏责任心。在许多家庭中都会看到这样的情景:孩子玩过的玩具扔得满地都是,大人不得不跟在后面,一件一件地拾;孩子吃完饭,就把饭碗推到一边,收拾桌子、洗碗都是父母的活儿。

在我国现有的家庭中,独生子女居多,许多父母把无限爱心都倾注在子女身上,对孩子关怀备至,孩子在情感上得到的只是单向"输入",都不知如何付出,更不知如何"输出"情感去关心父母和他人,其结果势必使孩子从小失去爱心,一切以自我为中心,缺乏责任心。试想,一个没有家庭责任感的人,怎样维持一个家庭?一个没有集体、社会责任感的人,又将怎样做好社会工作呢?

家长都希望子女有责任心,但他们不当的教育方式往往不利于孩子责任心的培养。孩子的责任心并不是与生俱来的,它需要在长年累月的生活中逐渐培养起来。

要培养孩子的责任心,我们给家长的建议是:

(1)让孩子做自己生活的主人。有些事情属于孩子力所能及的范围,可以让他们自己做决定;而另一些事显然孩子可以发表意见,但还没有能力做出决定,这需要家长做出选择并帮助孩子接受所做出的选择。父母要指导孩子在自己的选择中认识到自己的责任并发现自身的价值,从而培养孩子独立负责的精神。父母要鼓励孩子发现自身的价值,从而培养孩子独立负责的精神。父母要鼓励和信任孩子,从而使他们相信自己有承担责任的能力。

在家中,父母不应该总把子女当小孩子看待,家中的许多事都要听取孩子的

意见，让他们体验到一种家庭生活的参与感。如此，将会使孩子乐于帮助父母，进而培养孩子的责任感。

（2）让孩子做自己力所能及的事。从1岁半到5岁期间需要大量的触觉训练，如果不让孩子做力所能及的事，始终不给他们独立的机会，孩子有可能失去做事的兴趣和愿望。家长应把责任感的培养融入到游戏之中，在孩子很小的时候，就让孩子学着收拾玩具，把收拾玩具作为游戏的一部分，使孩子逐渐学会应该为自己的行为负责。家长可让孩子做适当的家务劳动，使孩子体验一下自己对家庭应尽的责任，同时也培养了他们生活自理的能力，增强了他们的自信心与独立性。

（3）让孩子对自己的过失负责。孩子年幼，缺乏知识经验，经常会造成一些过失，这并不奇怪。譬如，孩子不小心打碎了花瓶，一时冲动伤害了别人，粗心大意造成了麻烦等。发生这类过失的时候，父母不应该责怪孩子或袒护孩子，而应让孩子自己负责。

一般来说，孩子有过失的时候，正是教育的大好时机。因为内心的不安使他急于求助，而此时明白道理有可能刻骨铭心。父母要利用这个时机，耐心地给孩子讲清道理，明确指出弥补过失的办法，使孩子建立起责任心。

（4）父母为孩子做出良好的榜样。责任心和其他道德准则一样，都不能单单靠口头说教，而只能由孩子从外界的吸收中取得。孩子在生活的各种环境中，对自己喜欢的人进行模仿，从而塑造自己的品质。父母是孩子的第一任老师，在孩子眼中，父母具有绝对的权威，父母的言行会对孩子产生潜移默化的影响。如果父母做事总是丢三落四、不守诺言、推卸责任，那孩子就会"看在眼里，记在心上"。

（5）让孩子饲养小动物，种点花草。日本有专家建议：应让孩子们饲养小动物、种点花草，让孩子们在喂养小动物、给鲜花浇水、施肥的过程中，一点一滴地培养他们的耐心与责任心，并将这种感情迁移到对待其他人和事物上。事实证明，这种教育方法有利于培养孩子的责任心，能够促使孩子形成健康的人格。

独立性决定孩子能做什么事

曾经有一位朋友讲过这样一个经历：他去八达岭长城游览，在入口处遇到一位外国妇女带着三个孩子也来游长城，这三个孩子中有两个跟着母亲走，还有一个大约两岁的孩子躺在婴儿车里睡着了。母亲要去买票，于是她用不太流利的汉语对检票员说是否可以把孩子放在那儿，得到许可后，转身就去买票。过了一段时间，母亲还没有回来，睡在车上的孩子醒了，他看见母亲不在，并没有哭，也没有害怕，而是把盖在身上的东西拿开，在旁边人的帮助下，从婴儿车里站了出来，还与另外两个孩子玩了起来，丝毫没有对母亲的依赖。

这个真实的故事使我不由得产生了感慨，联想到中国的父母如果遇到这种情况会怎样处理。这位外国妇女没有对孩子过分地担心、过分地保护，所以在遇到这种情况的时候，孩子也会自己独立对待，而不是惊慌失措，大哭大闹。

一位中国学者曾去美国访问，深切感受到美国父母非常注重培养孩子的独立生活能力和动手能力。一天，他的邻居过来兴奋地告诉他，她两岁的儿子卡瑞会用剪刀了，还会抹胶水了。这位学者过去一看，发现床单被剪了好几个洞，胶水也被抹得到处都是，但是这位母亲并没有心疼，也没有因此责怪孩子，而是称赞孩子敢于独立尝试的勇气，然后再告诉孩子怎样合理地使用剪刀和胶水。两岁的小卡瑞已经会自己洗澡了，母亲帮他把热水给兑好，把衣服脱掉，卡瑞自己爬到澡盆里，玩了一会儿，就自己往身上抹肥皂，问他用不用帮忙，他认真地摇了摇头，说"不用"。抹完肥皂，又用毛巾擦，最后将水擦干净，爬出了澡盆。

一个只有两岁的孩子竟然如此熟练而迅速地洗完澡，都是由于父母从孩子很小的时候就有意识地培养孩子独立生活的能力，因为虽然孩子现在还很弱小，但是总归有一天要离开父母，独立地在社会上闯荡、生活，所以独立性这种将来的立身之本需要从小培养。

心理断乳不是突变的过程，而是孩子对父母的关系从依赖到独立的较长的变化过程。21世纪社会变化更加剧烈，科技发展更加迅猛，因此，一个缺乏独立性的孩子是无法适应现代社会需要的。

第9章 不打不骂给男孩成功个性

家长要树立现代教育观，根据孩子的年龄特点，从以下几个方面进行培养：

（1）放手让孩子做力所能及的事。孩子的独立性是在实践中逐步培养起来的。从两岁开始，随着他们身体的发育，大小肌肉群的逐步成熟，心理能力的不断提高，孩子已经可以在家长的帮助下，逐步学会自己吃饭，自己穿衣，自己睡觉，自己收拾玩具等良好习惯，逐渐树立独立意识。

在这个过程中，家长要认识到，年幼的孩子总是在反反复复中感受着劳动的乐趣，独立做事的快乐。从不会做到逐步学会做，从做的不像样到逐步像样，这是必然的规律，也是必经的过程，从中孩子也获得了自身的发展。

正因如此，家长就应放手让孩子锻炼，不要怕他们做不好，也不能求全责备，更不能包办代替。对于孩子独立去做的事，只要他们付出努力，无论结果怎样都要给予认可和赞许，使孩子产生自信。"我行"这种自我感觉很重要，它是孩子独立性得以发展的动力。

孩子自己做事常常做不好甚至失败，在这种情况下，家长应该鼓励孩子再去做，绝不能动辄就说"我说你不行吧，就会逞能"，更不要见孩子做不好就动手代劳。

当他们执意去做那些难度较大的事时，家长应予以鼓励并给予帮助。这样会提高他们的积极性，增强他们的自信心，增加他们的锻炼机会，养成独立行为的习惯。

（2）培养孩子初步独立思考的能力。我国著名的孩子教育家陈鹤琴先生说过："凡是孩子自己能够想的，应当让他自己想。"遵循这样的原则教育孩子，就能培养其独立思考的能力。

我们有的家长很注意丰富孩子的知识，也常常耐心地回答他们所提出的问题，但往往忽略培养他们独立思考问题的能力。例如，我常见家长给孩子讲故事，一页页地讲，一本本地讲，孩子只是静静地听。其实，给孩子讲故事，家长也应适当提出问题让他们自己参与，培养孩子独立思考问题的能力。

（3）创造机会，培养孩子自己拿主意作决定的能力。我国传统家教中十分注意培养孩子"听话"、"顺从"，却不注意倾听孩子的意见。小到生活上的事，大到孩子的发展方向，一概由父母决定，孩子缺少自己作决定的机会，这就不能培养他们的抉择能力。然而，自我抉择能力也是独立性很重要的一个方面。

现在，随着家教观念的更新，有一些具有现代家教观，教子有方的家长，不仅注意从小培养孩子独立生活和独立思考的能力，也注意创造机会，培养孩子自己作选择和自己处理问题的能力。

（4）培养孩子克服困难的精神。家长在培养孩子独立性时，往往同时需要培养孩子克服困难的精神和毅力。对于孩子来说，自己穿脱衣服，整理和收拾玩具等，是需要他们付出很大的努力和克服一定的困难的。因此，家长的作用就是对孩子们作出的努力给予充分的肯定，并鼓励和要求他们克服困难，尤其是那些依赖性较强的孩子，家长更要坚持要求。

在家庭中培养孩子独立做事时，最关键的是家长自己要战胜自我。我们常见有的家长一见到孩子碰到困难，不是鼓励他去克服困难，而是立即代劳。还有的家长明知应要求孩子克服困难，坚持自己去做事，但只要孩子一哭一闹，立即"心软"进而"妥协"，依顺孩子，从而前功尽弃。因此，为了孩子的未来，家长应下定决心甚至下狠心，培养孩子克服困难的精神和毅力。

未来是属于孩子的，孩子未来的路要靠他们自己去走，未来的生活要靠他们自己去创造。这一切都不是父母能替代得了的，深爱孩子的父母们，让你的孩子从小学着自己走路吧！

意志力决定孩子的路能走多远

小青今年12岁，他做事从来没有一个定性，三分钟热度，今天对这个感兴趣，明天或许就连看一眼的力气都没有。妈妈为此不知说了他多少回，每次都给他讲："做事要有意志力，没有意志力将来就算你很聪明，也有可能一事无成。"但小青却说："我每次也想做到底啊，可我刚开始做的时候，妈妈就跑过来帮忙，而且妈妈总比我做得好，搞得我一点信心都没有，爸爸有时还在一旁取笑我。我为什么要坚持呢，坚持被你们大人当笑话吗？那我岂不是跟自己过不去。"妈妈听完他的话陷入了沉思。

成功的果实，只有坚持不懈地奋斗，只有不断地克服困难，不断地吸取教训，才能获得。

曾有一位父亲很为他的儿子苦恼，都已经十六七岁了，却一点男子汉的气概

第9章 不打不骂给男孩成功个性

都没有。毫无办法之际，他去拜访一位拳师，请求这位武术大师帮助他训练他的儿子，重塑男子汉的气概。

拳师说："把你的孩子留在我这里半年，这半年里你不要见他，半年后，我一定把你的孩子训练成一个真正的男子汉！"半年后，男孩的父亲来接男孩，拳师安排了一场拳击比赛来向这位父亲展示这半年来的训练成果，被安排与男孩对打的是一名拳击教练。

教练一出手。这男孩便应声倒地。但是，男孩才刚刚倒地便立即站起来接受挑战。倒下去又站起来……如此来来回回总共20多次。

拳师问这个父亲："你觉得你孩子的表现够不够男子气概？"

"我简直无地自容了，想不到我送他来这里训练半年多，我所看到的结果还是这么不经打，被人一打就倒地。"父亲伤心地回答。拳师意味深长地说："我很遗憾，你没有看到你的孩子倒下去又立刻站起来的勇气和毅力。其实这本身就是真正的男子汉气概！"

成功者与失败者之间并没有多大的区别，只不过是失败者走了九十九步，而成功者走了一百步。失败者跌下去的次数比成功者多一次，成功者站起来的次数比失败者多一次。当你走了一千步时，也有可能遭到失败，但成功却往往躲在拐角弯后面，除非你拐了弯，否则你永远不可能成功。

意志力是坚强持久的毅力，是良好的心理品质，从小重视孩子意志力的锻炼与培养，具有十分重要的意义。意志力，不是生来就有，自发形成的，而是在教育和实践过程中，经过锻炼与培养，逐渐养成的。培养良好的习惯，有利于意志力的养成。培养意志力的过程，也是形成良好习惯的过程。

总之，父母要在日常生活中，在孩子的学习、劳动、课外活动和文体活动中，有系统地帮助和鼓励他们克服外部和内部的困难。要使孩子善于自觉地、主动地、独立地调节自己的行为，使他服从于一定的、有益的目的和任务，而不是事事依靠外力的督促和管理；要使孩子养成贯彻始终、坚持到底的坚毅精神；要使他们善于按照一定的观点、原则，经过深思熟虑后，果断地处理一些充满矛盾斗争的问题；要使他们善于控制和支配自己的行动，善于迫使自己去完成应当完成的任务，并抑制与自己无关的或外界强烈吸引的活动和行为。概括地说，这里的四个"要使"，就是要使孩子有目的性、坚持性（毅力）、果断性和自制力等四个意志品质，成为一个意志坚强者。为了达到这个目标，父母可以从以下几个方面着手：

（1）要提高孩子完成某一任务的信心。要帮助孩子学会克服困难，提高完成某项任务的信心。交给孩子任务时，要把任务交代具体，并提醒他在完成任务中可能会遇到的困难，让孩子有充分的思想准备；再教给一些克服困难的方法，使孩子做到心中有数，以增强其完成任务的信心和勇气。

（2）用故事启迪孩子。经常选择报刊以及孩子书籍上或自己编写一些克服困难的小故事，讲给孩子听。通过这些生动有趣的小故事对孩子进行形象的潜移默化的教育。

（3）激励支持孩子的每一次进步。根据孩子的不同年龄，让孩子去完成具有一定难度，但经过努力可以做到的事。所谓克服困难，不畏惧困难，这就是意志力的表现。孩子克服了某一困难，要给予鼓励和表扬；如再去做某一件有困难的事，要给予支持和指导；当遇到困难时，要用孩子以往克服困难的事例，激励他继续努力，勇往直前。

（4）不要对孩子的一切事情大包大揽。有的父母"心太软"，进行"一条龙"、"全方位"、"系列化"服务，饭来张口，衣来伸手，白天接送，晚上陪读，直至填写志愿，"设计"前程，孩子们成了"抱大的一代"，如同温室中的花朵，患了"软骨症"，见不了世面，经不了风雨。父母要对孩子的事情适当放手，让孩子自己去做，切记不要大包大揽。

（5）让孩子做事善始善终。经常性的磨炼，可从小事做起，如作业要认真对待，做力所能及的家务活并认真完成等，督促孩子千万不可半途而废。

让孩子明白荣誉是什么

有个中国人到外国人家庭去，看到了小孩就夸她长得非常漂亮。谁知母亲很不高兴，要求他当着孩子的面公开道歉，理由就是孩子漂亮不是她自己的荣誉，而应当归功于父母。细想确实有道理：应当是谁的荣誉就归谁，别人无权占有，哪怕是亲生儿女，你怎么能把这个人的荣誉送给那个人？

德国剧作家、诗人席勒有句名言："还有比生命更重要的，那就是荣誉。"

第9章 不打不骂给男孩成功个性

如何正确对待孩子的荣誉，是一个值得家长重视的问题。当孩子被评为三好学生、优秀班干部或参加文体比赛获得了奖后，一些家长却漠然视之、无动于衷，有的甚至把孩子的奖状视如敝屣，使孩子的自尊心受到极大伤害；而另外一些家长却过分重视孩子的荣誉，在孩子取得成绩或获奖后，广邀亲戚朋友来到家中庆贺，并且通过各种关系和多种途径大力宣传张扬。

西班牙作家塞万提斯认为："荣誉和美德是心灵的装饰。要是没有它，肉体虽然很美，但不应该认为美。"英国哲学家约翰·洛克在《教育漫话》中说过："荣誉虽然不是德行的真正原则和标准……但是它离德行的真正原则和标准是最近的……它是一种指导鼓励儿童的正当方法。"生命是短暂的，荣誉是久长的；荣誉的桂冠，都是用荆棘编织而成的。孩子通过不懈努力得到的种种荣誉，家长应该珍视，同时又要掌握分寸。

望子成龙，是天下所有父母亲的愿望，我们的许多家长，教育孩子完全按照自己的意愿，一方面，认为孩子什么都不懂，要包办一切，指挥一切；另一方面，又用对大人的标准来要求孩子，认为孩子什么都该懂，应该理解父母的苦心，应该服从。什么都想到了，就是没想过孩子的感受。在这些家长的观念里，孩子成了自己的脸面，成了满足家长虚荣心的工具。孩子被迫来圆我们尚不能圆的梦。

我们都是平常人，却想方设法要把孩子培养成名人、大师，练钢琴、背英语、画国画、学舞蹈……而在世界上，名人、大师只是很小的一部分，为什么我们不能让孩子成为和我们一样的平常人呢？

家长需要用一颗平常心去看待孩子的荣誉。面对成长中的孩子，我们家长一定要尊重孩子的意愿，从孩子看问题的角度来看问题，而不能将自己的愿望强加在孩子身上。我们的家长有了平常心，才能培养出人格健全的孩子。

如果让孩子对荣誉有个清醒的认识，那么父母就应该做到：

（1）不要过分张扬。为了孩子出名，家长托人情、找关系，到处奔波，这不好。孩子有了一点点成绩，便吹上天，这简直是害他，特别是独生子女。古人云："小时了了，大未必佳。"稍有成绩，家长就到处吹，把孩子的希望也会吹掉的。

（2）杜绝冷漠贬低。当着众人的面指责孩子不好，于教育孩子不利，容易伤害孩子的自尊心。对孩子的任何一点荣誉都不能看轻，要注重以此为契机鼓励孩子争取更大的成绩。

（3）学会珍惜。孩子的荣誉无须张扬，也不能贬低，惟宜珍惜。面对孩子已经取得的荣誉，家长要加以肯定，并提出更高的目标，鼓励孩子去争取更大的成绩，让已经取得的荣誉成为向更高荣誉攀登的动力，用荣誉帮助孩子克服学习和生活上的困难，锻炼意志力。

培养孩子积极乐观的心态

理想的人生应当是快乐的、向上的、有成就感的、幸福美满的，再也没有比这样的人生更令人向往、更值得追求的了！孩子正处于人生的起步阶段，每一个父母都希望自己的孩子将来学有所成、人生幸福美满，为此，就必须从小培养他们快乐活泼、积极向上的性格。因为这种性格最具有生命活力。

生活从来不是十全十美、万事如意的，乐观者从来不怨天尤人，而总是让生活伴随着憧憬和追求。高尔基说过："追求进步，这才是生活的真正目的。让整个一生都在追求中度过吧，那么在这一生里必定会有许多美好的时刻。"

在遇到困难和挫折的时候，乐观者会像普希金写的诗句那样：

假如生活欺骗了你，

不要忧郁，也不要愤慨！

不顺心时暂且克制自己，

相信吧，快乐之日就会到来。

乐观者总能在灾难中看到希望，而悲观者却在希望中看到灾难。

在学习和工作取得一点成就的时候，积极乐观者决不会忘乎所以，即使取得像牛顿和诺贝尔那样伟大的成就，也不忘继续进取。

牛顿说："我不知世人对于我是怎样的看法，不过我自己只是觉得好像在海滨玩耍的一个小孩子，有时很高兴地拾起一颗光滑美丽的小石子，但真理的大海，我还没有发现。"

诺贝尔说："在我们这个被称为银河系的小小的宇宙旋涡中，大约运行着一百亿颗太阳，但太阳如果知道了整个银河系有多大，它肯定会因为自己的渺小

第4章　不打不骂给男孩成功个性

无比而感到羞愧不如。"

综上所述，生活中不论是遇到困难、挫折、失败、灾难还是取得成就，一个人只要拥有开朗、快乐而进取的性格，就能拥有永久的幸福。这样的人不论处于何种境况，都会像伏契克说的："为了欢乐而生，为了欢乐而战斗，为了欢乐而死。永远不让悲哀同我们的名字联在一起。"

中国孩子的思维方法往往是遇事先想困难，少想益处。在家庭教育中，应鼓励孩子先考虑问题的有利方面。但最主要的是，要让孩子知道快乐的源泉在哪里。诗人亚历山大·蒲柏把快乐称作是"我们生存的终极和目标"。这一点，必须在家庭教育中得到最完整、最彻底的贯彻，把快乐既作为家庭教育的手段，也作为家庭教育的目的，应当教给孩子的是：真正的快乐是人生的意义之所在。

如果要使孩子获得快乐，做家长的首先必须要知道什么是孩子的快乐。这就是：孩子主观上能处于一种安乐的状态，即心理平衡而满足的内在感受。当孩子快乐的时候，他们会喜爱自己、热爱生活，能够从每一天当中得到乐趣。脑科学的研究表明，快乐的能力似乎受到生物和遗传的影响。大脑额前皮层产生的电波活动越强，人就可能越快乐。科学家在对同卵双胞胎的研究过程中发现，我们每个人天生有一个快乐的"设定点"，一个人的平均水平几乎总是遗传而来的。

但是，这并不意味着我们要停留在上天赋予我们的水平上。我们可以通过家庭教育采取增进孩子快乐和消除孩子不快的方法来超越"设定点"，采取的方法主要有以下几个：

（1）教育孩子学会"抓住今天"。人们往往会想："当孩子的要求得到满足时会快乐的。"或者"当孩子考试得了满分的时候会快乐的。"等等。但是，如果想要使孩子快乐，就必须教育孩子"抓住今天"，因为人所掌握的唯一时间就是现在。要告诉孩子，时间就是生命。生命的意义、生命的价值就体现在对时间的占有、把握与利用上。从宏观讲，人生只有三天：昨天、今天、明天；从微观上讲，人生是由若干个今天组成的。回顾昨天，是为了总结成败得失，让今天活得更美好。遥想未来、憧憬理想，也为的是让今天活得更有价值。要真正使生活有滋有味、充实美好，必须珍惜每一个今天。一心只沉溺于对昨天的眷恋，今天将黯然失色；一心只迷于对明天的幻想，今天将轻飘浮躁。真正热爱生命的人，必将对每一个今天情有独钟；或许可以不必追求每一个今天过得有意义，但一定要使每一个今天活得有意思。

可以教给孩子的方法有：

其一，学会享受生活的每一刻。比如，看到别人对你甜美地微笑或者你帮同学解决了一个哪怕是微不足道的小困难，一种喜悦的感觉就会油然而生。

其二，学会把握自己的每一分钟。教育孩子应该学会确定一个大目标，并落实在每天的行动中。在行动中要努力寻找积极的感觉，不要使消极的情绪靠近自己，因为它会使人沮丧气馁。

其三，学会善待身边的每一个人。经常回忆朋友给自己带来的乐趣。

其四，学会到室外活动放松自己。室外活动是对付压力和焦躁情绪的一剂良方。

其五，学会休息。懂得好好休息的人精力充沛，而保持精力旺盛的秘诀便是休息。

其六，学会经常微笑。经常微笑能在大脑中留下幸福的回忆，并能引起幸福快乐的感觉。

（2）教育孩子学会追求快乐。当我们把孩子的日程安排得过满，总使他慌慌张张地处理计划清单上的事，然后筋疲力尽地倒在床上时，孩子是没有快乐可言的。所以，在家庭教育中要把快乐放在重中之重的位置上。甚至不妨把"孩子，你要快乐"这句话写在一张纸上，把纸贴在孩子的书桌上，这样，孩子每天早上都能看见它。它会提醒孩子珍惜生活中所有能带给他快乐的东西。还要告诉孩子，快乐就隐藏在生活的细微琐事当中。如果不仔细审视，它就会无影无踪。但只要留意，快乐就不会离你而去。

（3）教育孩子学会罗列值得感激的事。教育孩子学会列举所有大大小小的、能使生活充满意义的事情，包括他的天赋，所喜爱的每个人的优点，所居住城市或社区里的令人喜闻乐见的风物，甚至大自然的恩赐，比如树木、花草、动物等表现出来的趣事。

（4）教育孩子学会如何改变。要让孩子懂得：既要努力让生活变得按自己的意愿发展，也要乐于接受已经发生的一切。因为快乐就是这两者之间的一种平衡。家长如何对两者加以区分呢？可以认真想一想孩子的学习、同学关系和其他重要问题。冷静客观地考虑一下可以调整什么，最好接受什么以及必须改变什么。如果是和同学难以交流沟通，那就有针对性地给孩子讲一些人际沟通的技巧；如果是对自己的学习感到厌烦，那么仔细寻求原因，和孩子一起分析原因并

第9章 不打不骂给男孩成功个性

找准解决办法可能就是明智之举。一旦决定改变，就要鼓励孩子按照决定采取行动，坚持下去。这样，快乐就会增加。

（5）教育孩子发展兴趣爱好。英国作家奥尔德斯·赫胥黎曾说过："快乐是一种副产品。"快乐其实是你在做其他事情的过程中所获取的东西。要告诉孩子，快乐的人未必是最忙碌的人，但是，他们通常忙于自己所热心的事情。当你专注地从事某项活动时，你就会进入快乐。

家长要记住，家庭的气氛，家庭成员之间的关系，在很大程度上会影响孩子性格的形成。研究表明，孩子在咿呀学语之前就能感觉到周围的情绪和氛围，尽管当时他还不能用语言来表达。可以想见，一个充满了敌意甚至暴力的家庭，绝对培养不出开朗乐观的孩子。

信用是可以"传染"的

有这样一则寓言故事：

一个年轻人带着行囊过河，行囊里装有信心、金钱、亲情、爱情、诚信等。船夫考虑船所能承载的重量，要年轻人丢掉些行囊里的东西，年轻人不假思索地就把诚信扔到了河里，船摆到一半时，船夫改变了行船路线。年轻人愤怒地指责船夫没有诚信，而船夫却心平气和地回答道："一个已经抛弃了诚信的人，我已经没有必要诚信地对他！"这个寓言故事形象而深刻地说明了诚信在人际关系中的重要作用。

美国从幼儿园起就重视对孩子的诚信教育。美国波士顿大学教育学院设计的基础教材中就突出了诚信方面的内容。其中一篇课文讲述了一则古老的故事：一位国王要选择继承人，于是他发给国中每一个孩子一粒花种，谁能种出最美丽的花就将被选为未来的国王。评选的时候到了，大多数孩子都端着美丽的鲜花前来参选，只有一个叫杨平的孩子端着一个空花盆前来，最后他却被选中了。因为孩子们得到的花种都已经被煮过，是根本不会发芽的。这次测试不是为了发现最好的花匠，而是要选出最诚实的孩子。

几年前，美国一所学校的多名学生在完成生物作业时抄录了某网站提供的一些资料，任课老师毫不客气地给这些学生的生物课零分。这位老师说，第一天上课他就和学生定下协议并由家长签字认可。协议说，所有布置的作业都必须由学生自己独立完成，欺骗和剽窃将导致课程失败。支持他的老师们说，教育学生成为一名诚实的公民远比通过一门生物课程更加重要。

诚信需要从小培养，父母就一定要以身作则，为孩子起到好的榜样作用。我们给父母的建议是：

（1）要创造一个宽松、愉快、民主、和谐的家庭氛围。因为只有家庭成员相互保持诚实真挚的态度，使孩子感到成人的爱护和关心，他才能够信赖成人，有了过失才敢于承认。

（2）要满足孩子合理的要求和愿望。如适时地给孩子添置玩具、图书及彩笔等。让孩子意识到自己需要的东西，只要是合理的，家庭又是力所能及的，是会得到满足的。这样可避免孩子因需要不能满足而把别人的东西随便拿回来而又不告诉家长和小朋友的情况发生。

（3）要有正确的教育方法。当发现孩子有不诚实的言行时，要采取细致、耐心的方法，冷静地听听孩子的想法，分析原因，对症下药，切不可急躁、粗暴，甚至施加压力，进行打骂、体罚等，这样只会适得其反，造成孩子为了躲避责罚打骂而说谎。

（4）制定一些规则并严格要求。如，不是自己的东西不能带回家；没有得到别人的同意，不可随便拿别人的东西；借了人家的东西要及时归还；有了错误要勇于承认；答应了别人的请求就一定要想方设法去做好等。这些规则一经提出就要严格执行，不能朝令夕改，并要重视克服"第一次"出现的问题。对执行规则，家长要态度坚决、严格要求，切不可以迁就、姑息。

（5）成人要以身作则。孩子好模仿，他们时时刻刻都在观察模仿成人的行为，因此家长要做到"言必信，行必果"，凡是答应孩子的事就一定要兑现。如因情况有变或因其他原因兑现不了，也要向孩子说明情况、解释清楚，表明不是有意骗他。要孩子做诚实的人，家长必须首先做到待人诚恳，不说假话，不夸大成绩，也不掩饰错误。家长用这样的言行做孩子的榜样，有利于孩子逐步形成言行一致、表里如一的品质。

教孩子诚信，其实也就是在教孩子做人：

（1）如果孩子没有信守诺言，家长要教导他重视自己的诺言，不可言而

无信。

（2）发现孩子信守诺言，家长要及时表扬。

（3）要注意避免"逼"孩子许下不可能兑现的诺言。这种行为对孩子的心理健康很不利：一方面他学会了使用大而空的诺言取悦别人，另一方面他许下这种不能或很难兑现的诺言，有损诺言在孩子心中的威严和重要性。

懂得放弃

有这样一个故事：一个妇人不小心掉了一把伞，她一路上都很懊恼，不停地责怪自己怎么如此的不小心。回家之后，她才发现，连她的钱包也不见了。原来她一心惦记着掉伞的事情，结果在仓促、惶恐不安中连钱包也掉了。

人可分为悲观论者和乐观论者两种，差别就在于面对事情的态度。人类是知性的动物，任谁都会对自己所犯的错误感到后悔，但一味的悔恨，只能让自己困在死胡同里。这个时候，本身自我调节的态度就很重要了，悲观论者提不起精神，乐观者却越挫越勇，产生比以前更充沛的精力。莎士比亚曾说过：一直悔恨已经逝去的不幸，只会招致更多的不幸。就好像故事中的妇人。

而放弃往往带来另一种效应，就好比"山重水复疑无路，柳暗花明又一村"。这里我们需要引用一个小故事：

电视上有一个娱乐节目，内容是数钞票比赛。主持人拿出一大沓钞票。这一大沓钞票里面，有大小不一的各类面额，按不同顺序杂乱重叠着。游戏让现场选拔四名观众进行点钞比赛。看这四名参赛的观众在规定的3分钟内，谁数得最多，数目又最准确，那么，他就可以获得自己刚刚所数得的现金。

游戏开始了，四个人开始埋头"沙沙沙"地数起了钞票。当然，在这3分钟内，主持人是不会让你安心点钞的，他拿着话筒，轮流给参赛者出脑筋急转弯的题目，来打断他们的正常思路，并且，必须答对题目才能接着往下数。几轮下来，时间就到了，4位参赛观众手里各拿了厚薄不一的一把钞票。主持人拿出一支笔，让他们写出刚才所数钞票的金额。

第一位：3 472元。第二位：5 836元。第三位，也数出了4 889元的好成绩。

而第四位，只数出区区500元。

主持人把四名参赛观众所数的钞票重数了一遍，正确的结果分别是：3 372、5 831、4 879、500。也就是说，前三名数得多的参赛观众，分别多计了100元、5元、10元，距离正确金额，都只是一"票"之差。只有数得最少的第四位，才完全正确。

得到这样出乎意料的结果，台下的观众先是沉默，继而爆发出热烈的掌声。

这时，主持人告诉大家一个秘密：自从这档节目开办以来，从来没人得到金额能超过1 000元的奖金。

有时，聪明的放弃，其实就是经营人生的一种策略，也是人生的一种大智慧。不过，它需要更大的勇气和睿智。所以，在人生的道路上，最聪明的不是那个追求完美的人，而是那个懂得放弃的人。

永远活在过去，在心理学上是一种"吞钩现象"。心理学家们认为："吞钩现象"是神经高度紧张的结果。面对这种"吞钩"式心理现象，只有深入的心理分析才能让自己放松，只有给自己时间才能让自己"吐钩"，只有自己真正意识到问题的实质，看到解决问题的出路，才能做到"鳌鱼脱却金钩去，摆尾摇头更不回"。

没有一种惩罚比自我责备、自我懊悔更为痛苦。既然发生了就让它过去吧，关键是能从中学到经验，吸取教训，迎接新的开始。

所以，父母一定要教会孩子该放弃的时候要放弃，可以这样教孩子：

（1）正确对待阴影。隐藏在过失深层的是无意识驱力，是人类的精神后院的污秽、黑暗和罪恶。每当个人对生活有顺应不良的心理困扰，就会把埋藏在潜意识深层的阴影激活，制造过失。举例来说，一个女孩感到活得不顺心、不开心的时候，特别要警惕潜意识中压抑的阴影即野性的冲动，要警惕突发的歇斯底里神经症候，要警惕异性的诱惑和蛊惑，以防止出现过失后造成无法挽回的伤害和痛苦。

（2）正确对待过失。阴影总是通过过失表现出来的。无论出现什么偶然的、突发的过失，从心理学角度讲，都有它的必然性、自发性。我们每个人都可能面对一些诱惑，在诱惑面前我们都可能有不同的表现，有人经受住了，有人没有。不记得是谁说过"你经受住了诱惑是因为你遇到的诱惑还不够大"。所以任何人都可能犯错，不要活在过去，对于以前的一切也不要总是自我埋怨。我们无

第9章 不打不骂给男孩成功个性

法改变过去,也无法找到医治后悔的良药,面对现实,忘却过去,正视现实与理想的差距,可以使自己更好地适应新的环境。

(3)正确评价过失。我们无法驾驭内在生命,因为内在生命享有固有的自由。生活中出现了过失,关键在于我们的评价。英国首相迪斯累利说:"重要的事情并非重要到不能再重要;不重要的事情也并非就像看上去那么不重要。"著名心理学家荣格说:"世界史上的重大事件根本是不重要的,说到底最重要的乃是个人的生命,因为生命创造一切。"认为某些"重大事件"比生命还重要,都是精神走火入魔造成的心理迷狂。

(4)正确对待人生。让孩子试着把他的错误当做一场大病。生病破坏了旧的东西,产生了新的东西。生病后会改变人性,往昔的生活轨迹开始消失,新的生活态度开始建立。一个在精神灾难的污泥中打过滚的人,会发现自己未曾发现的真理,找到自己未曾找到的活法。从这一角度去看问题,自己的过失绝对不能仅仅从负面去看,应当同时从正面去看。生病是"转生",康复是"转世",轮回往复,太阳会再次升起。

给孩子一颗感恩的心

有这样一则小故事,讲到一位辛苦持家的主妇,操劳了大半辈子,却从来没有从家人身上得到过任何感激。

有一天,她问孩子:"如果我死了,你会不会买花向我哀悼?"

她的儿子惊讶地说:"当然会啊!不过,你在胡说些什么呀?"

妇人一本正经地说:"等到我死的时候,再多的鲜花都已经没有意义了,不如趁我还活着的时候,送我一朵花就够了!"

有时候,一朵花就可以表达谢意,给对方喜悦及希望。可惜的是,有些人并非不愿意表达感恩,而是天性木讷、害羞,不好意思大声说"谢谢"或是不懂得如何适当地向对方表示,尤其是不知道该怎么向父母表达感恩。

也许,对方并不期待回馈或报答,但并不表示受惠的人就可以因此而忽略对方的付出。长期辜负别人的付出,其实是自己的损失。没有道谢,就无法体会彼此的好意在互动之间是多么的幸福，也很可能因而无法再继续得到对方的恩惠。

其实，表达自己的感恩或接受对方的感恩，都需要练习，并且需要将它培养成为一种自然的习惯。"大恩不言谢！"只是客套话！恩惠不论大小，宁愿相信"滴水之恩，涌泉相报！"

为了感恩，请向父母送上一句"谢谢"、一张贺卡、一封信、一个电话、一声问候、一份礼物……

尊重长者、孝敬父母是中华民族的传统美德，但是，这种美德在一些独生子女的身上很少表现。常常可以看到这样的家庭生活镜头：吃过饭后孩子扭头看电视或出去玩耍了，父母却在那里忙碌着收拾碗筷；家里有好吃的东西，父母总是先让孩子品尝，孩子却很少请父母先吃；孩子一旦生病，父母便忙前忙后，百般关照，而父母身体不适，孩子却很少问候。凡此种种，值得忧虑。

有无孝敬父母的习惯，不单单是子女对父母的关系，其实质是一个能否关心他人的大问题。在家里能养成孝敬父母的好习惯，到社会中，才有可能做到关心同事，也才有可能做到对祖国的忠诚。因此我们千万不能忽视培养孩子尊敬长者、孝敬父母的好习惯。

要培养孩子养成孝敬父母的好习惯须做到以下几点：

（1）要建立合理的长幼有别的家庭关系。"合理的长幼有别"与封建家长制、一言堂是不同的。所谓"合理"，是指全体家庭成员（包括子女）之间首先是民主平等的，父母要尊重孩子的独立人格，尤其是在处理孩子自己的事情时，一定要充分听取他们的意见，尽可能按他们合理的意愿办事。同时，家庭又是一个整体，不能各自为政，总要有人当家长，来"领导"家庭，管理指导家庭全体成员的生活。父母是家庭生活的供养者，而且他们有丰富的生活经验，自然应当成为家庭的核心和主事人。孩子（尤其是未成年人）应当在父母的指导帮助下生活、学习。现在，不少的家庭中，孩子是"小太阳"，家长却变成围着孩子转的"月亮"、侍从，这就为孩子形成以我为中心的小霸王性格提供了土壤，更谈不上培养孝敬父母的好习惯了。因此，我们要让孩子明白自己与父母的关系，知道父母是长者、是家庭生活的主事人，而不能颠倒主次，任孩子在家庭里逞强胡闹。

（2）要让孩子了解父母为他和家庭所付出的辛苦。现在不少孩子不知道父母的工作情况，不知道父母的钱是怎样得来的，只知道向父母要钱买这买那，认

为父母给自己吃好、穿好、用好是天经地义的。这样的孩子怎么会从心底里孝敬父母呢？为此，父母应当有意识地经常把自己在外工作和收入的情况告诉孩子，说得越具体越好，从而让孩子明白父母的钱来之不易。自然，孩子会逐渐珍惜自己的生活，也会从心底产生对父母的感激和敬重。

（3）要从小事入手训练培养孩子孝敬父母的行为习惯。教育子女孝敬父母的一般要求是：听从父母教导，关心父母健康，分担父母忧虑，参与家务劳动，不给父母添乱。要把这些要求变为孩子的实际行动，就应当从日常小事抓起。如关心家长健康方面：要求孩子每天要问候下班回家的父母亲；当父母劳累时，孩子应主动帮助或请父母休息一下；当父母外出时，孩子应提醒父母是否遗忘东西或注意天气变化；当父母有病时，孩子应主动照顾、多说宽慰话、替他们接待客人等。孩子应承担必须完成的家务劳动，哪怕是吃饭时摆筷子。根据孩子的年龄、能力、学习情况合理分配，具体指导，耐心训练，热情鼓励。这样不但有利于孩子养成家务劳动的习惯，也有利于孩子不断增强孝敬父母的观念："父母养育了我，我应为他们多做事。"

（4）要以身作则，父母本人要做孝敬长辈的楷模。孩子对待父母的态度，直接受父母对待长辈态度的影响。有一个故事是值得借鉴的。从前有一对中年夫妇对年迈的父母很不孝顺，他们把老人撵到一间破旧的小屋里居住，每顿饭用小木碗送一些不好吃的东西给老人。一天，他们看到自己的儿子在雕刻一块木头，就问孩子刻的是什么，孩子说："刻木碗，等你们年纪大时好用。"这对中年夫妇猛然醒悟，把自己的父母请回正屋同自己一起居住，扔掉了那只小木碗，拿出家里最好吃的东西给老人吃。小孩因此也转变了对他们的态度，从此一家三代和睦生活。可见，父母的榜样对孩子的影响有多大。到现在中年夫妻冷落自己父母的情况还是存在的。有些中年夫妻不仅不照顾自己的父母，反而千方百计地"刮"老人们的财物，这给自己孩子的影响更不好了。因此，我们不仅要管好自己的小家庭，还要时刻不忘照顾年迈的父母，决不能添了儿子就忘了老子。如果说平时因居住地较远、工作较忙不能和老人朝夕相处，那么在休假时要尽量抽时间带上孩子去看望老人，帮老人做些家务，同老人共聚同乐，尽一份子女应尽的责任和义务。如此日长时久，孩子耳濡目染、潜移默化，也会逐渐养成尊敬长辈、孝敬父母的好习惯。

不打不骂穷养男孩

孩子能够自我约束

有这样一则小故事。威特6岁时，父亲带他到附近村子的牧师家去做客，并在他家住了几天。第二天吃早餐时，威特弄洒了一点牛奶。按威特家的规矩，撒了食物是要受罚的，只能吃面包和盐。威特很爱喝牛奶，加上牧师全家都非常喜欢他，给他的牛奶是经过特意调制的，此外还有上好的点心。威特的脸红了一下，迟疑了一会儿，但终于没有喝牛奶。

父亲假装没看见，牧师家的人看到这种情况，沉不住气了，再三要他喝牛奶，可儿子还是不肯喝。牧师家的人不明白他为什么不喝，就一再劝说，威特终于说："我洒了牛奶，就不能喝了。"牧师家的人都说："没关系，喝吧，一点关系也没有。"父亲只顾吃自己的点心，仍然假装没看见。威特还是不喝，于是，牧师全家推测，威特一定因为怕父亲责备才不敢喝，就向威特的父亲发起了进攻。

这时，威特的父亲让威特出去一下，然后向牧师全家说明了原因。他们听了都说："一个才6岁的孩子，因为一点小过错就不能吃他喜欢吃的东西，你的教育也太苛刻了吧。"威特的父亲解释说："不，威特并不是因为怕我才不喝的，而是因为从心里认识到这是约束自己的纪律，所以才不喝。"可牧师一家还是不相信，威特的父亲只好说："既然这样，那么我离开餐厅，你们把威特叫来，再劝他喝，他肯定还是不会喝的。"说完就离开了。

他们把威特叫进去，热情地劝他喝牛奶、吃点心，但毫无作用。接着他们又换了新牛奶、拿出新点心对威特说："吃吧，你爸爸不会知道的。"但威特还是不吃，并一再说："就算爸爸看不见，我也不能撒谎。"他们又说："过一会儿我们就要去散步，你不吃东西，半路上要挨饿的。"威特回答说："没关系。"牧师一家实在没办法，只好把威特的父亲叫进去，儿子激动地流着泪如实地向父亲报告了情况。父亲听完后对他说："威特，你对自己良心的惩罚已经够了。我们马上要出去散步，你把牛奶和点心吃了，不要辜负了大家的心意，过一会儿我们好出发。"儿子听父亲这么说，才高兴地把牛奶喝了。

第9章 不打不骂给男孩成功个性

读了这个故事，不知你有何感想，大家可能和牧师家的人一样，也认为老威特的教育太严格了。是的，从某种意义上说他的教育确实很严格。通常，严格的教育会给孩子带来很多痛苦，但他的教育却没有。这是因为他的教育方法合理。对孩子的教育就是这样，只要从小抓起，孩子就不会感到有任何的痛苦。孩子之所以害怕严格的教育，是因为刚开始时的教育方法不当。教育孩子，就像砌砖头一样，一定要打好基础，老威特正是很好地做到了这一点。

按这样的教育思路，老威特从一开始，就对儿子要求很严格，家规始终如一。要知道有时允许孩子这样做，有时又不允许，反而会给孩子带来痛苦。正如席勒所说，我们不会对未曾得到的东西感到不满足。不允许做的事，一开始就不允许，孩子也就不会觉得有什么痛苦了。老威特根据这个道理，从威特1岁时起，就严格要求，从未考虑过什么"孩子太小可以放宽一些，长大后再严格一些"。

然而，现在的许多年轻父母，高兴时对孩子不管不问，不高兴时又格外严厉，没有一个始终如一的规矩，这种朝令夕改的做法会给孩子幼小的心灵造成紧张和混乱，从而人为地制造教育孩子的障碍。

要教育好孩子，父母必须有一个明确的是非观念，父母自己思想混乱是教育孩子的大忌。另外，父母双方的意见要一致，父母在家庭中的传统形象是所谓的严父慈母，如果这是指父母意见不同或者宽严不一的话，那么这种家庭教育只能以失败告终。

父母怎样才能在不挫伤孩子的自尊心，不影响发展孩子独立性和主动性的情况下而培养孩子的纪律性和对自己严格要求呢？

列宁的父母从来不体罚孩子，但也使用过某种处罚。例如，有哪个孩子过分淘气，做了不允许做的事情，那就把他带到父亲的书房里，让他坐在一张大皮圈椅上（孩子们都把这张椅子叫做黑椅子），好好想一想自己的行为。这种训诫，既是一种严厉的处罚，同时又是一种唤醒良知的教育。不过，处罚只占次要的地位，对小孩子最通常的做法是诱导。母亲常常把淘气得厉害的孩子领到餐厅去，坐下来弹钢琴和他们一起唱歌或做游戏，然后说说为什么不能这样淘气。

（1）培养孩子自觉遵守纪律的主要方法，是提出严格的始终如一的坚持不懈的要求。不管孩子做出了什么不好的事，会教孩子的父母从不大声呵斥、指责甚至辱骂；也不管孩子的任性使他们感到如何气愤，他们总是善于克制自己，找到合理的办法说服孩子并坚持自己的要求,毫不妥协。

（2）周密地安排好家庭生活有助于进行纪律教育。孩子除上学外,在家中,绝对准确地规定好起床、吃饭、睡觉、做作业、玩耍、劳动的时间,从小养成遵守作息制度的习惯,一年一年地下去,这种习惯就会逐步成为一种自然的行动准则。

（3）不仅是禁止做什么,而且要允许做什么,这对遵守纪律也是有意义的。孩子们的自由是很多的。有时孩子们在家里玩老鹰抓小鸡、捉迷藏、猫捉老鼠,弄得凳子哗啦响,大喊大叫,哈哈大笑,整个屋子闹哄哄。如果这时家里没有人工作、学习或者休息,就没有必要制止。因为这是有益于孩子身心发育的运动,也是一种娱乐和消遣。

家有环保小公民

德国十分重视对孩子的环保教育,德国一年级的小学生刚到学校注册报到,就会领到一册环保记事本。记事本封面一片绿翠,上面有森林、草原、草地和田野,就像在德国高速公路两旁常见的风景一样。

事事注重务实的德国人,对孩子的环保教育同样务实。德国的教室很大,右前方有洗手池和杂物橱,还有4个不同颜色的垃圾桶,分别是丢弃金属、废纸、塑料和食物的地方。分类丢弃垃圾的习惯孩子们早在幼儿园就已养成。孩子们喝茶进餐用的杯碗都是玻璃、金属或瓷器的,没有塑料和纸的,所以都可以重复使用。

在自然的怀抱中,孩子们学着种树、种花甚至种庄稼,体会食物的来之不易和大自然的恩赐。学生还参加太阳能玩具制作大赛、健康早餐会等活动。在德国东部勃兰登堡州的希夫海德—科林生态保护区,有专门为孩子们建立的小农场,柏林的孩子们有时也会到这里来住上一周,学习生态保护和生态农业知识。

亚里士多德曾经说过:"我们每一个人都是由自己一再重复的行为所铸造的。因而,优秀不仅是一种行为,而且是一种习惯。"保护环境就是要从"小"养成一些好习惯。其实,环保离我们并不遥远,很多都是生活中的小事,只要能

坚持从我做起，从生活中的点滴小事情做起，就一定能够收到实效。

我们做了哪些危害环境的行为呢？

实例一：为了方便，小宝宝从一出生到3岁，使用了数不清的纸尿片。

实例二：妈妈是职业妇女，回到家为了减少家务的工作量，家里大量使用一次即丢的免洗餐具，客人来也都使用。

实例三：因为抽取式卫生纸的方便性，取代了手帕、抹布的功能，小洁家几乎做什么都用了卫生纸，擦手、擦汗、擦桌子等，真是卫生纸的"最佳消费者"。

看了上述三个很平常的生活实例，好像在现代化的生活中，并没有什么特别的地方，因为我们几乎每一个人、每一个家庭在不知不觉中都已经是过着这般方便、有效率的日子了，不是吗？

人类文明进步的目标之一：方便、省时、省力，已让我们尝到了甜头，可惜的是，后遗症却是后代子孙为我们的方便付出惨痛的代价！为了全体人类的生活品质，环保教育已经是今日不做，明日会后悔的重要大事。

要想使孩子具有环保的意识，父母要经常性地进行教育。

（1）环保工作，就从日常生活做起。小琦今年三岁，妈妈是一个注重生活环保的人。小琦和妈妈上班、上学都是自己带水壶和环保餐具，晚上一家人下班、放学回到家中，小琦和妈妈一起清洗餐具、水壶，妈妈常常和家人一起动手制作第二天的餐点、饮料。小琦家自制的饮料有酸梅汤、冬瓜茶、菊花茶、红枣茶、桂圆茶等，这些好喝的健康饮料都是妈妈的杰作！

小孩的饮食习惯多是大人养成的，市面上流行的碳酸饮料，速食店里的炸鸡、炸薯条，高热量的汉堡、甜食、巧克力、糖果等食品（儿童食品），迎合孩子口味，大人又常以方便或小孩喜爱为理由，提供这类食品（儿童食品）给孩子，这样输掉了孩子的健康，可不划算！速食、小吃都提供现代人吃的方便，但是动手制作健康、环保的食物，带环保餐具，虽然对自己是不太方便，对环境却是大有帮助。

（2）带孩子参加生态保护团体的活动。带领孩子，走入自然、享受自然、保护自然。让世世代代的子孙都能有机会一览地球的美丽风貌，探知自然的奥妙，领悟生命的意义，得到大自然的启示与灵感；让这片土地继续美丽，充满自然生机，这是我们这一代每个人严肃、不容推卸的责任与义务，也是我们的权利。

（3）带领孩子参加资源回收的活动。环保工作最能达到效果的就是从自身的生活中做起，在亲子互动中，教导孩子物尽其用、省吃俭用的美德，期许自己成为环保小尖兵的责任使命。

（4）简单生活的消费观念。①平常将居家整理得整齐有序，使家人在生活中可以方便地找到需要的东西。家人的起居作息不会受到杂物乱放的干扰，又可减少因为找不到东西而乱买东西的浪费。孩子成长过程中，慢慢养成物品归类的能力，从小养成收拾东西、物归原位的好习惯，自然可以避免找不着东西的情形，不但可以节省时间又可以物尽其用。②孩子的玩具（或购买玩具）、用品太多时，家长可以制定"一进一出"的规定，并且尽量参加环保回收的活动，以物易物交换玩具（购买玩具），减少因占有欲望而造成的环保问题。③孩子画画、写字纸张的使用，也以正、反两面节俭使用为原则。④减少购物时包装的浪费，以自己带购物袋为佳。⑤选择较耐用的、本地出产的产品，避免交通燃料的浪费。⑥多用手帕、抹布，少用会造成滥伐树林的卫生纸。

其实，环保离我们并不遥远，很多都是生活中的小事，只要能坚持从我做起，从生活中的点滴小事情做起，就一定能够收到实效。

对于环保教育，孩子能接受多少，主要是在于生活中的发现和平常的习惯养成。从小培养一些良好的习惯和环保意识，平时父母多做解释和提示，使孩子认识到所做的事情就是环境保护，让他逐步领会，掌握环保知识。

第10章
让男孩锻炼出健康的体魄

　　让孩子有一个好的身体,是我们家长共同的愿望,也是孩子将来去实现人生理想的基础。只有拥有了健康的体魄,孩子才能有健康的人生,所以从小打好身体基础特别重要。那么,在家庭教育中如何使孩子拥有健康的体魄?除了营养和休息外,最重要的就是锻炼。

让男孩养成早睡早起的作息习惯

你的孩子是不是因为学校布置的家庭作业太多,而你又要求他学琴、练书法、绘画、写日记、背诵等,熬至深夜?是不是他因为每天晚上看电视,直到"祝您晚安",第二天变成了"熊猫眼"?你是不是因为习惯晚睡,害得孩子也跟着你熬到半夜?诸如此类的生活习惯是很不科学的。

清晨6点钟,闹钟的铃声划破了黎明的宁静。睡梦中的明明醒过来,伸手关掉闹钟后,翻个身,继续睡觉。这时,妈妈尖锐的喊叫声突然响起:"明明,赶快起床了!约好今天早起,要跟着爸爸一起去公园晨练的,不是吗?"明明翻了个身,继续睡。快要进入梦乡时,妈妈摇醒了他。明明实在是不愿起来,可是妈妈又猛然地大声喊着:"赶快起来啊!"

"再睡5分钟,只要再睡5分钟就好啦!"明明像虾米一样把身体缩成一团,拉回被妈妈掀开的被子。"快点儿起来!爸爸早就准备好啦!你怎么还在睡呢?""那让爸爸一个人去不就成了吗?"明明发脾气了。但妈妈似乎没有要放弃的意思,今天无论如何一定要把明明叫醒。"你昨天已经约了爸爸早上一起去运动的,不可以不守信用!"妈妈说着又把被子掀起来。明明很无奈地脱掉睡衣,换上妈妈准备好的运动服。爸爸在门口做着简单的运动操,明明到了门口,打了一个很大的哈欠。"终于起床了?"明明毫无精神地点点头。"我看你的眼睛,好像还没有完全睡醒。叫你早点儿睡,偏偏不听,这会儿又困!"爸爸摇摇头说。于是爸爸走在前面,明明跟随在后,一步一步慢慢地向附近的公园走去。

现代医学研究证明,人的生命活动都遵循着一定的周期性或节律而展开。例如,人的情绪、体力、智力都有一定的时间规律;人体的许多生理指标,如脑电图、体温、血压、呼吸、脉搏,以及激素的分泌量等,都是按照季节、昼夜的规律而有节奏地变化着,我们的起居作息也必须要符合这个运转规律。否则,就会降低人体对外界环境的适应能力,导致疾病的发生和早衰。

第10章 让男孩锻炼出健康的体魄

日本厚生劳动省的研究小组经过多年研究得出的结论是，与常熬夜的人相比，早睡早起的人精神压力较小，其精神健康程度较高。据悉，厚生劳动省的研究人员以440名职员为研究对象，向他们分发了早睡早起型、"夜猫子"型生活方式调查表和自我判断精神抑郁度问答表。此外，科研人员还分别测量了被研究对象上班和回家时唾液中皮质醇的指标。分析结果表明，早睡早起者唾液中的皮质醇指标较低，因此他们的精神抑郁度也较低。据科研人员介绍，人体激素分早晨型和夜晚型两种，皮质醇是早晨型激素的代表，起着分散压力的作用。没有压力的生活是不存在的，因此这种激素对守护人类健康起着重要作用。

只要我们每个人留心观察周围，就会看到很多这样的事例：凡从小坚持早睡早起，并坚持早晨锻炼的人，大都身体好、气质好、性格好、生病少。

因此，我们要帮助孩子从小养成一年四季早睡早起的习惯。每天在吃早餐前40分钟起床，到户外跑步、散步、打球、做体操，或者在室内打开窗户做各种运动，这样早餐便会有食欲。当然，活动的项目、强度的大小、时间的长短要根据各人的条件、爱好而定。

在习惯方面，父母应当建立一套科学、合理的作息制度。这是因为有规律的作息制度，可以在人体中枢神经系统中形成一种良性刺激，建立各种各样有节律的条件反射，使各组织器官的生理活动能不知疲倦、长时间地进行下去，使人更好地与外界环境相适应，提高人体的健康水平。这也是强身健体、延年益寿的重要途径。孙思邈将作息时间具体规定为："虽云早起，莫在鸡鸣前；虽言晚起，莫在日出后。"

孩子早睡早起习惯的养成，不是一朝一夕的事，孩子晚上不肯睡，早上不愿起的根源在父母身上。父母平时要注意：

要给孩子创造良好的睡眠环境。到了睡觉时间，应保持室内光线舒适安静，不要大声吵闹。在孩子准备睡觉时不要看电视，否则他无法安心睡觉。在孩子睡觉前不要和他嬉戏打闹，以免他过度兴奋难以入睡。

安排好作息制度。给孩子制定一个生活作息制度，每天什么时间干什么，给孩子讲清楚，没有特殊情况不要变动。孩子不乐意时，可以通过讲故事、学儿歌等方式，让孩子懂得早睡早起的好处，假以时日，孩子便会养成遵守作息制度的好习惯。

要持之以恒。每天都坚持让孩子早睡早起。不能一到周末就玩至深夜，周日早上全家人都赖在床上不起来，这样很难使孩子养成良好的睡眠习惯。

父母以身作则。如果父母生活不讲究规律，睡觉起床，随心所欲，孩子自然会学大人的样子。

做到以上几点，相信您的孩子会养成早睡早起的良好睡眠习惯。

鼓励儿子进行体育锻炼

当下，家长朋友都喜欢给孩子报各种各样的兴趣班、辅导班，希望提高孩子各方面的素质，以更好地适应未来社会的竞争。高素质不仅包括文化素质、道德素养，还应包括良好的身体素质。现在的学生为什么胆小、身体差，特别是很多男孩子缺少阳刚之气？其中一个重要的因素，就是现在的学校、家长乃至社会普遍重文轻体。

很多家长对男孩过分疼爱，只要求男孩学习好。因此，男孩在家里衣来伸手，饭来张口，连简单的家务也懒得做，一切都由家长侍候，缺乏最基本的体力劳动锻炼。另外是学校的问题。有的学校片面地追求"分数"、"升学率"，加上体育场地和设施匮乏，因而忽视了体育课的教学和课外活动，造成了学生的体能锻炼不足，体质下降。

更重要的原因是，许多中学生缺乏刻苦锻炼的意志。现在独生子女越来越多，他们在参加锻炼、选择锻炼项目时往往避"重"就"轻"，闲暇的时候宁可看电视、玩游戏、上网，也不愿意去参加运动。这些原因都导致了许多中学生不喜欢运动，也不愿参加运动。因此，他们的身体素质都很差，许多人甚至患上了"肥胖症"。

一个人一旦身体虚弱，那么他稍微做一点事情、读一点书，就会感到疲惫；一个人如果失去了健康，那么他就无法做任何自己想做的事。美国科学家在过去35年内对400名15~30岁的人进行了语言能力、感觉速度、空间定向及计算思维等方面的测试研究。结果表明，25%常参加运动锻炼的人，在智力和反应方面明显高于未参加锻炼（或极少参加运动）的同龄人。

但并不是所有的父母都明白体育的意义，相当一部分父母只把其意义定位在

第10章 让男孩锻炼出健康的体魄

"体"字上面。因此，培养孩子参加体育锻炼的好习惯，在相当一部分家庭中是教育的"盲点"。许多父母关心孩子的成长，却往往忽略了体育锻炼对孩子的重要作用。只重视孩子的学习，认为孩子不生病就行了，没必要花费专门的时间进行锻炼；有的担心运动会让孩子分心，不支持孩子参加学校或社区的体育活动；还有的父母把孩子体育锻炼定位在放松头脑上，只让孩子学累了、考完了才能"活动活动"等，这些观点都是错误的。

身体健康是一个人成才的基础，体育锻炼是通向健康的重要渠道。对生长发育中的孩子来说，运动就像阳光、空气和水一样，是其赖以生存、发展的必需品及健康成长的动力。

生命在于运动，运动渗透在生命中的每一个角落、每一个细胞中，血液在不停地流动，大脑也在不知疲倦地运转，哪怕是睡觉时，我们的眼球都在做运动。我们可以忍受24小时的长途跋涉，却无法忍受24小时一动不动的煎熬。这就是运动赋予生命的意义。

生命体的内部需要运动，而外部的运动可以促进内部的运动。体育锻炼，不仅能增强体质，提高健康水平，发挥体力和智力的潜力，为健康的身心打下良好的物质基础，而且还可以培养成功所必备的拼搏精神、竞争精神、协作精神，以及勇敢、坚韧、果断、敏捷等许多优良素质。体育锻炼能健全心血管系统，增强呼吸功能，加强消化系统功能，改善神经系统的均衡性和灵活性，还能促进人体生长，提高人体的抗病能力。

运动能使人身心产生愉快感。同时，体育锻炼也能增强人体对外界环境的适应能力。然而，如果缺乏体育锻炼，就会使人产生多虑和抑郁，生活缺乏兴趣，睡眠不好，无精打采，学习效率低，缺少自信心，面对意外情况和社会压力应激状态差，常常摆脱不了心理挫折和失败的阴影等。青少年时期是人一生中生长发育最旺盛的时期，在这阶段注意用科学的方法锻炼身体，不但对增强体质有重要作用，而且对一生的健康水平影响深远。

因此，我们应该鼓励男孩积极参加体育锻炼，并经常带男孩出去运动。天气好时可以让他在屋外睡觉，以便接受阳光沐浴，呼吸新鲜空气。多进行户外活动，呼吸新鲜空气，多运动，对身体大有好处，尤其是对成长中的儿童来说更是大有好处。户外活动越多，男孩就会长得越健康，适应力也会越强。

父母与孩子在体育锻炼的过程中，可以是同伴，也可以是对手，更可以互为师生。这样既有丰富多彩的锻炼方式和良好的锻炼效果,更能在锻炼的过程中增进父母和孩子间的亲情交流。

那么,在家庭和日常生活中,父母应如何引导孩子进行体育锻炼呢?

(1)孩子小的时候,可以根据孩子的生理特点和兴趣爱好引导孩子参加体育锻炼,如用铁棍加上两个铁轮做成小杠铃。这个器具看似简陋,但孩子见了却如获至宝。他闭着嘴、咬着牙、涨红了脸,用力地拉着,直到累得气喘吁吁。然而,孩子毕竟是孩子,这些活动带来的兴趣,持续很短时间就淡漠了。父母可以这样,每次帮孩子记下拉开小杠铃的次数,鼓励他不断打破纪录,还让他累计连续完成的次数,看什么时候能破千次大关。这样孩子既锻炼了身体,磨炼了意志,培养了吃苦耐劳的精神,还练习了数数,一举三得。

(2)为了锻炼孩子果断的判断能力和较强的组织能力,父母可引导孩子打篮球。每当放学、星期天、假期,有的家长便让孩子和他的小伙伴们驰骋在篮球场上,左一个快攻、右一个胯下运球,东一个三步上篮、西一个佯攻,篮球技术突飞猛进。将来,孩子进了初中、高中乃至大学都是学校的篮球高手。

(3)利用早晨跑步、爬山锻炼孩子的耐力。每天早晨,父母和孩子去跑步,利用跑步的时间交流感情,学习知识。还可以和孩子一起爬山,利用爬山的时间给孩子介绍所见所闻所感,经常准备一些写作用的好词好句,利用晨练与孩子分享。

(4)到了暑假的时候,父亲可以带着孩子和他的小伙伴们到河里游泳、捉鱼、打水仗,下大雪也一定不放过打雪仗的机会。孩子们想在这些活动中取胜,就必须精诚团结,有组织有纪律,英勇顽强,勇往直前。这样,孩子不仅学习了生存技能,锻炼了身体,培养了组织能力,又给生活增添了无限的生机和乐趣,家长也增进了与孩子的感情交流。

(5)为锻炼孩子动作的协调性,克服急躁、易怒心理,父母应当引导孩子学习下棋、慢跑、跳绳、骑自行车等,需要耐心才能做好的项目。利用一切可以利用的机会和项目,对孩子进行培养。

第10章 让男孩锻炼出健康的体魄

让孩子睡硬板床

英国教育家洛克在他的著作《家庭学校》中指出，男孩睡的床应该是硬的，不要铺过厚的褥子，睡硬床有助于男孩的身板长得挺拔。他认为，不能从粗糙的木碗中饮到甘露的人是十分不幸的，只有能在任何环境中熟睡的人，才能饮到睡眠的甘露。

现今广泛流行的席梦思床，人们睡在上面，虽然感觉十分舒服，但是这样的床太有弹性，太柔软，对身体并不好。从生理上讲，正常人的脊柱是直的，从侧面看，脊柱有4个生理弯曲，看起来像个"S"形，对床的基本要求是能保持脊柱的正常生理状态，维护背面观呈直线，侧面观呈生理弯曲。但睡在席梦思床上，不管采取哪种姿势，都容易陷下去，翻身不易，而且身体的中段往往要下陷，改变了脊柱正常的生理状态，使身体朝上的那侧肌肉放松，而下陷于软垫部分的肌肉被动地拉紧。这样睡觉腰背部的肌肉得不到很好的休息，所以人们晨起会有"不解乏"的感觉。

用肌电图测定夜间睡眠中的肌肉状态可以发现，在过于松软的床上睡觉，身体许多部位的肌肉经常处于紧张状态。因为每当身体稍微翻动，松软的床垫就会晃荡震颤，如果肌肉不保持一定的紧张度，就难以使身体保持稳定。这样，肌肉得不到充分的放松，也就是得不到充分的休息，第二天早上醒来时，就会感到全身疲倦，精神不爽。

归根结底，男孩的床宜硬不宜软。因此，父母应尽量让孩子睡硬板床。给孩子准备平板硬床，首先，要求床板要平，不能弯曲变形。其次，强调床板上的铺垫物要少，保持床铺的硬度，同时，被子也不宜过厚。这样的要求，对于睡惯弹簧软床或平时床板上铺垫很厚的人来说，一下子确实很难适应。孩子往往感到受压部位的肌肤疼痛不适，频频翻身，难以入睡。因此，不能强求他们一下子就在坚硬的平板床上入睡，而应当采取一定的训练步骤，循序渐进，使其逐步适应。

一般来说，如果孩子以前常睡弹簧软床，可以先把弹簧软床换成木板床。木板床上铺垫很厚的人，可以逐渐减少铺垫物。如原来铺两条厚褥子的，可以先减为一条。铺一条厚褥子的，可以换成一条薄褥子。进而再逐步换成两条毛毯，一条毛毯，一条床单，直至最后能达到床上什么也不铺，赤身裸体直接睡在平板光床上。经过这样的训练后，孩子不仅夏天可以睡在硬板光床上，甚至冬天也没问题。

有人担心硬板光床很冷，身体受不了，其实不然。在刚刚躺到床板上时，身体感到有点冷，这正好是对皮肤的一种刺激，能达到锻炼身体的作用。大多数的人不懂这一道理，只想一钻入被窝就感到非常暖和，因此，往往盖很厚的被子，特别是天气寒冷时，屋子里要烧很旺的炉子，甚至在床上还要铺电热毯。这样，虽然一钻进被窝就感到很暖和，但是，往往造成身体出汗，过多地浪费体内的能量，同时，也使体内的水分、维生素、无机盐等营养物质大量丢失，反倒不利于健康。

实际上，如果真正加以实行，孩子应该很快就会适应睡平板硬床。而且，一旦习惯睡平板硬床以后，睡眠效果会大大提高，早晨醒来会觉得精神格外清爽，如果再睡热腾腾的软床，反倒会感到很不舒服。

男孩睡得好身体就好

人的一生中有1/3的时间是在睡眠中度过的。缺少睡眠或睡眠过多，都会对智力发育产生不良影响；而正常的睡眠，则是人体解除疲劳、恢复体力和脑力，有利于工作与学习的一种生理现象。

繁重的学习任务和对孩子不切实际的期望，很容易给孩子带来巨大的心理压力。有的家长让孩子每天课内课外学习很多东西，常常让孩子搞到晚上十一二点才睡觉。在紧张和压力下，不少中小学生出现睡眠不足、失眠、梦魇、遗尿以及磨牙、夜惊加重等睡眠障碍。所以，家长应当尽可能减轻孩子的负担，适当安排休闲时间，这样不仅保障孩子健康的睡眠，也能让孩子学习有效率。

在熄灯睡觉前的半小时到一小时内，可做入睡前准备，读篇优美文章、听段柔和乐曲，这样可以帮助他产生睡意。千万不能在睡前从事兴奋性活动，比如打

第10章　让男孩锻炼出健康的体魄

电子游戏、看恐怖片等，在卧室躺在床上看电视也不提倡。

有些家庭喜欢开灯睡觉，也有些家庭父母喜欢看电视到很晚，让孩子听着电视发出的声音睡觉。但这些声光刺激会对孩子的睡眠造成干扰，大大影响孩子的睡眠质量，应予以避免。另外，营造舒适的睡眠环境也很重要，过热、过冷、空气差、噪声都应尽可能消除。

有的中小学生喜欢睡前或深夜进食，这是一种影响睡眠的坏习惯，应加以纠正。夜间不可喝过多的饮料，不喝咖啡、茶，养成这些良好习惯才能有益睡眠。

锻炼能够促进睡眠，每天坚持固定时间的体育运动，可大大帮助增进睡眠质量。但是，不提倡夜间睡前进行体育锻炼，因为这样做会造成夜间兴奋，延迟睡眠。

在小孩出现夜惊或梦游时，千万不可将之唤醒，如果此时将小孩唤醒，反而会加重这类睡眠障碍发生。不过，家长在小孩出现夜惊或梦游时，可记下具体发作时间，以便在小孩下次发作时提前15分钟叫醒小孩，夜惊或梦游发生一般是有规律的，这样可逐渐减少夜惊或梦游发生。

家长处理小孩睡眠障碍时，主要应从小孩的心理调整上考虑，始终让小孩保持心理放松。上述睡眠障碍不可怕，也不要吃药治疗，随着小孩年龄的增长，这些睡眠障碍会逐渐好转乃至消失。如果孩子到了十四五岁青春期后，还出现夜惊甚至发作频繁，就须去医院就诊，否则会导致小孩的精神障碍。

想让孩子有个好睡眠，我们可以给父母提供几点建议：

（1）充足的睡眠时间。孩子究竟睡多少时间最佳？一般来说，5~9岁的儿童每天要睡10~11小时，10~13岁儿童要睡9~10小时，14~18岁儿童要睡8小时左右。不过，其中也有个体性差异，不可机械地套用。如果一个孩子虽然没有达到上述睡眠时间，但白天精力充沛，注意力集中，无嗜睡表现，就不应认为其存在睡眠不足。

（2）正确的睡姿。关于睡眠的姿势，中医很讲究，强调"卧如弓"，其标准姿势为：身体向右侧卧，屈右腿，左腿伸直；屈右肘，手掌托在头下；左上肢伸直，放在左侧大腿上。认为这种姿势能"不损心气"，而睡醒之后要改为仰卧，伸展四肢，即所谓"觉须手足伸舒，睡则不嫌屈缩"，这样可使"精神不散"。

（3）温馨的前期准备。孩子睡眠之前，一定要用温热水洗脚。这能使身体上（脑）下（足）保持协调，从而清心安神，使睡眠安宁。

（4）舒适的枕头。枕头对智力和大脑的保健也很有讲究。由于孩子睡熟之后会辗转滚动，因此枕头要长一些。枕头不宜过高，"高枕无忧"这句话是错误的。因为过高的枕头会使颈项部的肌肉紧张，通往大脑的血液循环不通畅，第二天会昏昏沉沉，头胀头痛。孩子们的枕头，一般以10厘米至15厘米的高度为宜，幼儿园的孩子不宜超过10厘米，新生儿则可以不用枕头。

某些智力障碍或智力不全的儿童可以试用药枕（请医生开出针对病情的药物装枕），也可以选一些具有治疗作用的枕芯填充物，如荞麦皮、桑叶、菊花、绿豆皮（即发豆芽时剩下的绿豆壳），这些药物有清脑安神、除热宁心的作用。

小病少吃药，增强男孩的抵抗力

如今人们生活水平大为提高，然而，孩子们的体质却不断地下降。有些父母爱子心切，每当孩子有了一点小病就紧张得不行，急忙给孩子吃药。甚至还有人认为吃药可以"有病治病，无病强身"，还有人让孩子将多种药物一起服用。由于用药不科学而引起疾病，这种现象早已屡见不鲜。

我们都知道，是药三分毒，药物在缓解身体不适症状的同时，所产生的副作用也不可忽视。另外，我们的身体自身就有非常强大的自愈能力，如一般的感冒5~7天，即使不吃药病也会痊愈。如果我们一发现男孩有点儿头疼脑热就吃药，那么男孩自身的自愈能力就会被搁置，久而久之，人体的自愈能力就会衰退，甚至丧失。所以，我们在遇到男孩小痛小病时能不吃药就尽量不要吃，如果非到不得不吃时，那么一定要在医生的指导下用药，自己不可凭着"经验"随意用药。

现在已经证实，1/3死亡病例的死因不是疾病本身，而是不合理用药。这是世界卫生组织在发展中国家的一项调查结论。盲目用药，不仅没能治好病，还可能造成更大的危害。

我们知道，人体的免疫系统总是在不停地与人体内外部的致病因子作战，以阻止其对人体的危害。已被证实的致病因素有很多：细菌、病毒、吸烟、酗酒、环境污染物质、阳光紫外线、精神压力、不良饮食以及人体自身产生的变异细胞

等。免疫系统在与其斗争的过程中，每时每刻都在产生数以百万计的免疫细胞、T淋巴细胞、B淋巴细胞、生产抗体的细胞、天然的杀伤细胞和吞噬细胞等。在与致病因素旷日持久的斗争中，免疫系统是从何处获得它生产抗体的基本生物活性物质的呢？它们的活力保持依靠的是什么？

科学研究得出，人体免疫系统活力的保持主要靠食物。食物中的多种营养素能刺激免疫系统，增强免疫能力。如果身体中缺乏这些成分，就会严重地影响身体的免疫机能。那么哪些营养素对免疫力有重大影响呢？

（1）蛋白质。蛋白质是构成白细胞和抗体的主要成分。实验证明，蛋白质严重缺乏，会使免疫细胞中的淋巴球数目大量减少，造成免疫机能严重下降。

（2）维生素C。维生素C能刺激体内制造干扰素（一种抗癌活性物质），用来破坏病毒以减少与白细胞的结合，保持白细胞的数目。正常人在患感冒后，维生素C会被急速地消耗掉，因此，感冒期间应注意多补充维生素C，可增强机体免疫力，减轻感冒症状。

（3）β-胡萝卜素。人体缺乏β-胡萝卜素时，会严重削弱身体对抗病菌的能力，人易患眼病。

（4）维生素B6。维生素B6缺乏会引起免疫功能的退化，导致胸腺萎缩、淋巴球数目减少等。

（5）维生素E。维生素E能增加抗体，清除滤过性病毒、细菌和癌细胞，而且维生素E也能维持白细胞的稳定性，防止白细胞细胞膜产生过氧化反应。注意补充维生素E的60～70岁的老年人，其免疫功能常相当于40岁的中年人。

除此以外，营养素中的叶酸、维生素B12泛酸和铁、锌、铜、镁、硒等矿物质都和免疫功能有关系，人体在缺乏上述物质时，就会严重影响免疫系统功能。这些物质有的能激活人体内上百种对生命具有重要作用的激素和酶，有的能使T淋巴细胞在与细菌和病毒斗争时显得更为活跃，但更多的是，它们能提供免疫系统产生抗体所需要的物质，从而确保抗体维持在一定水平。

另外，适当吃以下食物，能提高孩子的免疫力：

（1）灵芝：灵芝可增强人体的免疫力，这是因为灵芝含有抗癌效能的多糖体，此外，还含有丰富的锗元素。锗能加速身体的新陈代谢，延缓细胞的衰老，能通过诱导人体产生干扰素而发挥其抗癌作用。

（2）新鲜萝卜：因其含有丰富的干扰素诱导剂而具有免疫作用。

（3）蜂王浆：能提高机体免疫力及内分泌的调节能力，并含具有防癌作用的蜂乳酸（10-HDA）。

（4）蘑菇、猴头菇、草菇、黑木耳、银耳、车养、百合等都有明显增强免疫力的作用。

（5）香菇：香菇所含的香菇多糖体能增强人体免疫力。

（6）海苔：英国研究人员在20世纪90年代就发现海苔可杀死癌细胞，增强免疫力。海苔中所含藻胆蛋白具有降血糖、抗肿瘤的应用前景，其中的多糖具有抗衰老、降血脂、抗肿瘤等多方面的生物活性。海苔中所含的藻朊酸，还有助于清除人体内带毒性的金属，如锶和镉等。医疗人员还从海苔中开发出具有独特性的海洋药物和保健食品，能有效预防神经老化，调节机体的新陈代谢。此外，海苔能预防和治疗消化性溃疡，延缓衰老，帮助女士保持皮肤的润滑健康。

（7）蜂胶：蜂胶是蜜蜂采集胶源植物新生腋芽分泌物和蜜蜂自身分泌物（如蜂蜡）混合而成的天然产物，含有最为丰富的黄酮类化合物及其他生物活性成分。药理及临床证明，蜂胶具有提高机体免疫功能，克服癌症的神奇功效。另外，长期服用蜂胶可减少成人慢性病的发生，对糖尿病、心脑血管病有改善的功效。

总之，不要再认为只有靠药物才能战胜疾病。其实，药物只是人体战胜疾病的一种武器，真正的灵丹妙药还是自己的主动健康观念。对于健康来说，轻松愉悦的精神状态、良好的生活方式、适当的体育锻炼，比任何昂贵的药品都更为重要。

要多带男孩到大自然中走一走

很喜欢冰心老人说过的一句话："让孩子像野花一样自然生长。"大家都见过各种各样的野花，在大自然中自生自灭。但是无论美丽与否，都有享受阳光和雨露的权利，不需要刻意地呵护，只要给它足以生长的条件，哪怕那条件苛刻到只有一丝阳光，几粒泥土，甚至只是石头间隙的狭窄空间，只要有机会，它都会尽它可能地汲取养料和阳光，尽其所能地绽放。

第10章 让男孩锻炼出健康的体魄

我们的孩子也像花儿一样，但是不同的是，我们的孩子更多的如同温室里的花朵，需要我们帮他们遮风挡雨，需要我们为他们施肥浇灌，他们没有野花那么坚忍顽强，他们缺少一种韧性，缺少在自然中磨炼出的自立，还缺少风雨的历练。作为家长，我们也希望我们的孩子能在放养的童性释放中得到快乐，而不是成为圈养的小宠物，虽然得到精细的照顾，却缺少伸展的空间和自由。

某地有个远近闻名的长寿村，那里环境幽美，树木茂盛，空气清新，泉水甘甜。据说，在这个小村庄里，百岁以上的老人就有50多人，下地干活的八旬老翁屡见不鲜。

后来有位健康专家到那个小村庄里做了深入调查后，得出的结论是：这里之所以生病的人少，长寿的人多，全都是大自然的恩赐。

中国唐代伟大诗人杜甫，一生热爱大自然，并把大自然当做最好的医生。他曾经写过这样一首诗："清江一曲抱村流，长夏江村事事幽。自去自来梁上燕，相亲相近水中鸥。老妻画纸为棋局，稚子敲针作钓钩。但有故人供禄米，微躯此外更何求？"

这首诗的大意是：人有了病之后，不要萎靡不振，更不要失去生活的信心，自寻烦恼。而要多去环境幽静的地方散心解闷，看一看自由自在的飞燕、相亲相爱的鸥鸟，寻找生活中的乐趣，这样便可心悦而减少疾病。另外，要治病，除了吃药外，还可以下棋以怡心，钓鱼而抒怀。

阳光和雨露是上帝赐给人类的最美妙的事物之一。它们是现有的、最好的也是最便宜的天然医疗手段。阳光有利于增加人体养分和能量，它给人类的生存提供了必备的生态环境，它把温度和湿度调节到生命所需的程度。人体每天所需求的维生素D大概是1400个国际单位。沐浴15分钟的阳光，你所获得的维生素D就会高于一天的所需量。维生素D加上适当的钙和磷，能使人体骨骼挺拔与健壮。此外，适量的紫外线还是非常好的消毒工具，而雨露则是自然孕育的精华。常识告诉我们，有雨露之时，空气也会格外的清新爽美。在肺结核为不治之症的年代，医生们就常常建议患者用自然疗养法进行辅助治疗：每天留出一定的时间，将自己融入大自然中，在阳光下漫步，在雨露中呼吸。

大自然中的花草、树木、虫、鱼、鸟、兽、山川、河流、风霜、雪雨都能引起男孩的好奇心，城市里的男孩因远离大自然，很少呼吸到新鲜的空气，越来越远离蓝天、阳光、花草、动物等大自然因素。现在城市里的男孩，在钢筋混凝土构筑的高楼以及防盗门里,在家长的过分呵护和溺爱下,在电视、音响、电子游戏、电脑所制造出来的"狭小空间"中,逐渐丧失了亲近大自然的本性。这犹如在动物园中长大的野生动物一样,失去了自然生态条件,就势必会失去许多野性和本能,而且性格也变得乖张。

因此,作为父母,需要尽量去做的就是尽可能地让孩子走进大自然,无论是拿着小树枝挖沙子,还是捉几只蚂蚁和爬虫,哪怕就是在草地上疯跑,只要能让他发自内心地快乐,我们也会欣慰很多。有时候,看见孩子站在阳台上,眼巴巴地望着外面,不免会心酸,高楼大厦把我们的空间瓜分得越来越狭小,城市里的孩子的生活空间更多的只是家和学校的两点一线,而现在我们每天能坚持带孩子散一会儿步都变得有些奢侈。孩子书上有篇课文叫《城里孩子和乡下孩子》,描写的是乡下孩子的快乐生活和城里孩子的区别,每当孩子爸爸兴致勃勃地给孩子讲小时候下河摸鱼、打水漂、斗鸡的时候,孩子都会露出羡慕和惊奇的表情,原来还可以这样玩啊!

孩子的成长教育现在是个越来越沉重的课题,而冰心老人简单的一句话让我们豁然,让孩子像野花一样自然成长,他才有足够的天空,够顽强的生命力,他才更能健康,更能承受挫折压力,他也才能开放得更为美丽。

所以,家长要记住多带男孩到大自然中走一走。

保证男孩有足够的睡眠时间

每到孩子考试的时候,父母们都煞费心思,希望为孩子提供最好的营养食物和学习辅导,但许多家长往往容易忽略睡眠的重要作用。其实,夜间睡得好,白天才能培育孩子愉悦的性情,才能保证更佳的学习效果。

美国学者提出了"睡商"(SQ,Sleep Quality)的概念,主要是指一个人的睡眠质量和其智力及健康状况的比例。孩子的睡商直接影响其学商(SQ,Study Quality),而这两个SQ是影响孩子的IQ和EQ的关键因素。

曾有人研究有关高考或中考高分同学的成功窍门,发现其中有一个共同之处,就是那些孩子的"睡商"很高。

第10章 让男孩锻炼出健康的体魄

在心理学中,有一个著名的实验,名为"睡眠剥夺实验"。自愿参与实验的大学生们,在缺少睡眠之后进行心理测试,均出现了情感淡漠等各种心理活动异常,不能做出准确精细的动作,感知觉、记忆、思维、言语等各种反应能力显著下降等状况,大约需要3～4天的时间才能恢复正常。成年人尚且如此,那么,中小学生长期睡眠不足,对其躯体和心理发育的消极影响也就显而易见了。男孩睡眠不足的严重后果,主要表现为:

身高:睡眠不好影响生长素的分泌,骨骼、肌肉、脏器就不能正常发育,特别是夜间睡眠不充足,直接导致长不高。

体质:睡眠质量不高,青少年必然免疫力低下、精神烦躁、容易肥胖,同时易引起高血压、神经衰弱、心血管病、近视等常见病。

智力:思维活动的能力降低,容易出现注意力不集中,兴趣不广泛,记忆力减退,思维迟钝,反应迟缓,组织能力、创造力和运动技巧相对较差,厌恶学习、厌恶生活甚至厌恶人生。

心理:学校适应能力下降,如迟到、违反校规;人际关系受挫,同学、师生之间关系紧张,情绪低落,烦躁易怒,焦虑紧张,抑郁孤独,不愿与人交往等。这些会成为青春期危险行为如抑郁、自杀、抽烟、服用兴奋剂、酗酒、吸毒的高危因素。

现代生物学已经有充分的论据证明,不仅仅是人类,所有一切生物的生命,都是由活动期和休息期有节律地反复交替所构成的。而休息期间,效率最高的时间就是睡眠。睡眠能促进儿童的生长发育,是儿童最应该多多享受的。男孩在幼儿时多睡觉是天经地义的,他们可以爱睡多久就睡多久。但长大后,就不该再放任其睡懒觉了,要让男孩养成早睡早起的习惯,但要保证其充足的睡眠,这有益于男孩的身体健康。

但是保证充足的睡眠并不意味着睡眠时间越长休息效率就越高。美国一些学者认为,用睡眠法消除疲劳的关键,在于恰到好处地满足一个人的睡眠需要量。为了确定男孩的睡眠需要量,可以在第一周让他按平时的时间上床,第二周把上床的时间推后1小时,第三周则提前1小时。哪一周内男孩能在5～30分钟内入睡,醒来时精神饱满,且始终没有令他不安的事发生,则那一周的睡眠时间就最接近他个人所需要的睡眠量。

充足的睡眠对提高学习成绩大有帮助。13岁进入科技大学的少年大学生周峰，从小就养成了许多好习惯，如按时休息的生活习惯、专心致志的学习习惯等。周峰在该学习的时候就一心一意地学习，该休息的时候就轻轻松松地休息，自觉性极强，从不需要别人提醒，更不需要别人强制。他通过英语广播学英语，一到时点便准时打开收音机。他学习时总是全神贯注，思想从不开小差，即便精神略有溜号，他也能立即做出调整。

因此，如果睡眠得当，即使再疲劳，每天的疲劳也可以迅速消除，并恢复充足的精力，第二天就不会有什么不适的感觉；反之，如果不放松或睡眠不足，就无法较好地消除疲劳，一时积累下来的疲劳或许不会产生多大的坏处，但长期积累，将严重损害身心健康。

说起疲劳，人们往往把疲劳与体力方面和病理方面的原因联系起来，而忽视了心理方面的原因。心理学家认为，心理疲劳往往比体力疲劳和病理疲劳更为严重，也更难消除。而且时间一长，还有可能会转化为慢性疲劳症，从而使人失去对学习、生活和工作的兴趣，仿佛肩背重负地走进了茫茫无际的戈壁滩，举步维艰，无精打采，懒散无力，甚至对人生和社会产生厌倦，就更不用说提高学习成绩了。当你感到你的孩子有以下九种症状时，就说明他的心理已经产生疲劳，需要按时休息了。

（1）早晨起床后，感到全身发懒、四肢沉重、心情不好。

（2）学习不起劲，什么事都懒得去做，甚至不愿与同学交谈。

（3）作业中差错多，学习效率很低。

（4）容易神经过敏，芝麻大一点不顺心的事，也会大动肝火。

（5）出现眩晕、头痛、头重、背酸、恶心等症状，经常感到很不舒服。

（6）眼睛容易疲劳，视力迟钝，眼睛发浑，眼睑发颤。

（7）极易发困，可是躺在床上又睡不着。

（8）便秘或者腹泻。

（9）没有食欲，挑食，口味变化快。

若想让孩子晚上睡个好觉，家长就一定要培养孩子有规律的睡眠习惯。

为孩子营造一个能促进睡眠的卧室环境。卧室不可有强烈的刺激效果，环境要安静，空气要清新，被褥要轻软。电视机、明亮的灯以及玩具等都应该移出卧室。

引领孩子制订一个作息计划表，按时睡觉，定时起床。养成固定睡眠的习

惯，让孩子在习惯中学会自我管理，渐渐形成独立的生活意识和行为。

注意睡觉的姿势，以右侧卧位或平卧位为宜，手臂不要压在胸脯上。不要蒙头大睡，因为蒙头睡觉供氧不足，二氧化碳吸入过多，易造成头痛、精神不振等。

孩子睡眠之前，用温热水洗脚。这能使身体上（脑）下（足）保持协调，从而清心安神，使睡眠安宁。

晚餐不要吃得太多或太少，饭后不宜马上睡觉，以避免入睡时胃部过满或过空，都会影响睡眠。要让孩子减少咖啡或含咖啡因饮料的摄入，避免太亢奋而难以入眠。

枕头要长一些。枕头不宜过高，过高的枕头会使颈项部的肌肉紧张，通往大脑的血液循环不通畅，第二天会昏昏沉沉，头胀头痛。枕头一般以10～15厘米的高度为宜，也可试用药枕。

睡后熄灯。长时间处于人工光源照射下，人的视网膜生理调节会受到干扰，眼球和睫状肌得不到充分的休息，久之，影响视力和钙的吸收。

午睡是维持身体健康所需要的一种"充电"。尤其在夏季，适当午睡既补充了睡眠不足，又避开了容易中暑的时刻。午睡时间不宜过长，浅睡30分钟左右即可。

要求孩子睡前切莫看惊险、恐怖的电视片或小说，不打游戏，勿做剧烈活动。可以洗个热水澡，喝一杯热牛奶，这样对入睡大有益处。

不要让男孩娇生惯养

英国教育家洛克非常重视健康教育，他曾对人生幸福做过这样的描述："有健康的身体，才有健康的精神。""我们要能工作，要有幸福，必须先有健康。"拥有身体和精神双方面的健康，就可以拥有一切。而如果身体和精神有一方面不健康，就算得到了一切也没有用。在精神方面不尽健全的人肯定无法找到完美的途径把事情做得漂亮；如果天生体质不尽如人意，那么再有能力的人也注定做起事来心有余而力不足。

男孩刚进门，妈妈就迎了上去："看把小手冻得通红，来，妈妈给你暖暖手。"

男孩在屋子里打了几个喷嚏，奶奶赶紧冲进屋："是不是感冒了？快过来，奶奶给你加件衣服。"

这样的场景在很多家庭都曾上演过。不知道你想过没有，其实这样做正是在有意无意地为男孩贴上一个"体弱多病"的标签。而且在男孩看来，如果家人长期如此，就会对他产生一些负面的心理暗示，他渐渐地就会认为自己就是娇苗苗。我们无意识地而又过分地担心男孩体弱多病，最后反而会出现一种局面，那就是在行动和心理的强化中，让这种担心变成现实。

要改变这种情况，我们首先应该破除行为上的"疾病"强化。

为防止男孩生病，我们将他包着、捂着，结果男孩的体质变得更为虚弱，形成了一个恶性循环。因此，从男孩出生时，我们就要打破这个循环。注意不要把刚出生的男孩包得太紧，以免妨碍他手脚自由活动。如果男孩从小就穿着紧紧的衣服，对身体百般约束，那么他长大后就很少能有健美的身材。另外，男孩刚刚生下来的时候，脸部的耐寒能力并不比身体的其他部分强。后来脸之所以比其他部分更能耐寒，只是因为老是露在外面而习惯了温度的变化。只要从小养成习惯，有许多看上去似乎不可能的事情，男孩也是完全可以承受的。

卡尔的健康一再使人们惊异，这是因为老威特从婴儿期起就对他进行体能训练。

天气晴朗时，老威特和妻子把卡尔带到田野里，让他眺望绿色的原野。并且，老威特非常注意让卡尔的身体能自由自在地活动，不把他包起来，以免妨碍他手脚自由活动，也不给他围围巾，以免把他的嘴和脸弄歪。天气好时经常让他在屋外睡觉，以便接受阳光沐浴，呼吸新鲜空气。当他在屋内睡觉时，他们在洁白的床上铺上鸭绒褥，便于他的手足自由活动。因为这种活动就是婴儿的运动。所以婴儿在睡觉时，绝不能像布娃娃那样把他裹得紧紧的。一个健康的人需要的是自由，而不是束缚，哪怕这种束缚看起来很舒适。

老威特把卡尔是否能自由自在地活动看得非常重要，有一次甚至还为此大发脾气。有一次，老威特和妻子去教堂做弥撒，家中只有女佣和卡尔。女佣是个非常善良的女人，她总是很细心地照顾卡尔。可是，当老威特和妻子回到家时，发现卡尔被严严实实地裹在被子里，满脸通红，并且"哇哇"地大哭着。于是，老

第10章 让男孩锻炼出健康的体魄

威特不顾她们的阻拦,揭开了包裹在卡尔身上的被褥,仍然让他在床上自由自在地活动,只是又往壁炉里多加了一些柴火。这时,卡尔不再哭了,他显得非常高兴,非常满意。

从卡尔的成长故事中,我们可以得出这样的结论:首先,我们应该破除行为上的"疾病"强化,让孩子自由自在地活动。其次,应该破除心理上的"疾病"强化,为了男孩的健康,需要父母增强他的心理免疫力。如果你在男孩面前不断地强调"你体质弱,身体不好",那么男孩就会真的以为自己弱不禁风,于是稍有不适,他就会立即倒下。如果男孩在生病时能得到特别的呵护,他还会逐渐地将生病看做是自己的特权,长此以往,他会变得特别在意自己的身体,时刻留意自己身体的不适感,期待所有人的同情和怜悯。那么如何破除心理上的"疾病",有一个好办法可以采用,那就是尝试着给男孩一个积极的心态,激励他勇敢地与病魔作斗争!

威廉·丹福斯从小就是一个有病的男孩,但是他的老师用"我相信你","我相信你会成为学校中最健康的男孩"等话语来鼓励他,最后他果真变成了学校里最健康的男孩!在他85岁逝世之前,他帮助了数以万计的青年获得了健康的身体,他还帮助他们立下高尚的志向,养成做事刚勇的习惯。

事实证明,积极的心态对男孩的一生是至关重要的,因为人的身体与心理有着千丝万缕的联系。

第11章
教男孩培养绅士风度

一个人的心胸有多大,他的成就就能有多大。所谓"海纳百川,有容乃大",富有绅士风度的人能使心灵有回旋的余地,所以他们乐观向上,能够融洽地与人合作,表现出较强的社会适应性,也因此更容易实现自己的潜能。

不要教男孩虚伪地客套

在生活中，我们经常听到诸如"谢谢您"、"多谢关照"、"劳驾"、"拜托"之类的客套话。这样的客套话可以向别人表示感谢，能沟通人与人之间的情感，建立融洽的人际关系。在求人办事以后，应真诚地说一声"谢谢"。如果你不说一声"谢谢"，只把感激之情埋在心底，对方会有一种不快的感觉，他的劳动也没有得到肯定，或认为你不懂礼貌，今后也不会再帮助你。同样，在打搅别人，给别人添麻烦时能真诚地说一声"对不起"，对方的气就会削减一半。

然而，有些人却把客套话说得没水平，让人一听就感觉很虚伪。

有一次，一群朋友聚会，吃饭的时候，大家交换名片，其中有一位来自报社，另一位试图对其进行称赞，一看是报社的，便稀里糊涂地说："哇，您是有名的大作家！"人家问："我怎么有名？"他说："我每次都看你写的文章。"人家说："我的文章都在哪里？"他说："每次都是头版头条啊！"然后人家告诉他："真的吗？我是专门写讣告的。"讣告能上头版头条吗？显然是虚假的赞扬引起了别人的反感。但是这位先生仍然没有意识到自己的错误，看到旁边有一位小姐，聊了没几句，本来这位小姐长得很胖，他说："小姐，您真苗条！"小姐说："什么，说我苗条，我知道你是在骂我。"

虚伪的客套话，给人一种虚情假意的印象，或者会被认为怀有某种不良目的，被赞扬者不但不感谢，反而会讨厌。言过其实的赞扬，不能实事求是，会使受赞扬者感到窘迫，也会降低赞扬者的水准。虚情假意的奉承对人对己都是有害而无利的。

真诚的赞美和虚伪的客套话最大的区别在于是否发自内心。真诚的赞美起源于内心深处的一种"美感"，一种冲动，它反映了一个人对另一个人的认可：外表漂亮，言谈合自己的口味，行动敏捷，品格高尚……即在两个人之中，其中一个人在另一个人身上发现了符合自己理想或价值标准的可贵之处，我们认识这

个人、了解这个人的时候,已经有一种无形的力量促使自己要去赞美他的一些优点。

但是虚伪的客套话却不同,它不是发自内心地对另一个人的认可和钦佩,而是基于内心世界早已存在的一种目的,一种对眼前或日后能够收到"回报"的投资。在他的内心是不带任何感情的。

孩子是最善于模仿的,大人的一些不恰当的言语,孩子都会记在心里,不知道什么时候,孩子就会把它们搬出来。

家长经常会拿孔融让梨的典故来教育孩子,而一位老师却举另外一个例子,在幼儿园发梨的时候,有老师会先问孩子要大的还是小的,说要大的孩子被认为不谦让给了小的梨,说要小的孩子被分了大的梨,而接下来许多小朋友都嘴里说着要小的心里却想着大的。这位老师很感慨,本来是教育孩子要谦让的例子,却让孩子学会了说虚伪的客套话。

英国诗人乔叟曾说过:"真诚才是人生最高的美德。"很多人总觉得周围的人难以信任,对一切都抱有一颗戒备的心,然后感叹世事难料,人心不古。

真诚是做人的基本品质,是人们相互信赖和友好交往的基石。每个人都喜欢同真诚的人打交道,与真诚的人交往。因为这样可使双方有安全感,不必心存疑虑。

为人真诚表现在与朋友交往中,就是以诚相待,说实话、办实事、做老实人,对朋友不可虚情假意,也不可口是心非,切忌对朋友使小心眼,要小聪明。一个不以一颗真诚的心对待这个世界的人,就会失去别人的信任。因此,我们应该教育孩子为人真诚,真诚地与别人交往,关心别人,爱护别人。

虚荣会毁了孩子

家境贫寒的小清刚刚大学毕业步入社会,为了追求时髦,不惜借钱购买高档衣服,还借钱买了相当昂贵的手表、电脑来炫耀自己。周围人羡慕地夸奖他有钱,他只说是爸爸妈妈帮他买的。直到有一天要债的人"逼宫",周围的人才明白过来是怎么回事儿。从此,大家都躲着他走,他也为此陷入了苦恼之中。

随着生理上的发育和社会接触面的扩大，青少年自尊心亦与日俱增。然而，这种自尊心容易被追求虚荣所扭曲，而青春期的孩子虚荣心很强。例如，他们穿华丽的服装，在同学中做出哗众取宠的举动，目的就是要显示自己，用片面的虚荣去满足自己某种好奇、好胜及自我表现的心理欲望。

心理学上认为，虚荣心是一种被扭曲了的自尊心，是自尊心的过分表现，是一种追求虚荣的性格缺陷，是人们为了取得荣誉和引起人们普遍的注意而表现出来的一种不正常的社会情感。这一类型的人表面上表现为强烈的虚荣，其深层心理就是心虚。表面上追求面子，"打肿脸充胖子"，内心却很空虚。表面的虚荣与内心深处的心虚总是不断地在斗争着：一方面是在没有达到目的之前，为自己不尽如人意的现状所折磨；另一方面是即使达到目的之后，也唯恐自己真相败露而恐惧。一个人如果永远被至少来自两方面的矛盾心理所折磨，他的心灵总会是痛苦的，也完全不会有幸福可言。正如法国哲学家柏格森说："一切恶行都围绕虚荣心，都不过是满足虚荣心的手段。"

从个体心理方面分析，虚荣心产生有以下原因：

一是面子观念的驱动。70多年前，林语堂先生在《吾国吾民》中认为，统治中国的三女神是"面子、命运和恩典"。"讲面子"是中国社会普遍存在的一种民族心理，面子行为反映了中国人尊重与自尊的情感和需要，丢面子就意味着否定自己的才能，这是万万不能接受的，于是有些人为了不丢面子，通过"打肿脸充胖子"的方式来显示自我。

二是与戏剧化人格倾向有关。爱虚荣的人多半为外向型、冲动型、反复善变、做作，具有浓厚、强烈的情感反应，装腔作势，缺乏真实的情感，待人处事突出自我、浮躁不安。

三是虚荣心的背后掩盖着的是自卑与心虚等深层的心理缺陷。具有虚荣心理的人，多存在自卑与心虚等深层心理的缺陷，竭力追慕浮华，只是一种补偿作用，以此掩饰心理上的缺陷。

平常所说的自尊心，就是尊重自己的人格、荣誉，不向别人卑躬屈膝，不容别人歧视侮辱，维护自我尊严这样一种自我情感体验。自尊心是自我意识中最敏感的一个部分，一个人有了自尊心，就总是能力争上游，不达目的誓不罢休。在平常生活中可以看到，有自尊心的人不甘落后，自觉主动地遵守纪律、努力学习，创造性完成任务。自尊是一种可贵的情感，只要很好地利用它，就能丰富自

第11章 教男孩培养绅士风度

己、提高自己、发展自己。

但是,有的孩子过分自尊,特别好面子,贪图追求表面光彩,这就走向了虚荣。比如不能正确地估价自己,将父母或他人的荣耀也当成自己的;因为害怕别人看不起,而不顾经济条件是否允许,在穿着打扮上互相攀比;在知识学问上,不懂装懂;总想表现出一贯正确,听不得别人对自己的批评,等等,这些都是虚荣心的表现。

自尊心是建立在自信的基础上的。有自尊心的人也承认自己有比不上别人的地方,但是他们相信通过努力能够改变这种状况,使自己变得更好;而虚荣心却建立在自卑的基础上,有虚荣心的人非常在意自己在别人眼里的形象,总是不由自主地掩盖自己的弱点,以便显得自己和别人一样或比别人更优越。虚荣心使他们不是去努力提高自己的实力,而是急功近利地做表面文章,结果到头来并不能真正改变不利地位,反而进一步丧失了自尊。因此,虚荣并不能让我们真正感受到内心的充实,永不满足的虚荣心带给人的只能是无休止的烦恼。

不让虚荣心在孩子的心里滋长,父母最好这样做:

(1)让孩子正确地对待舆论。孩子生活在群体之中,总免不了被别人品头论足,可以说,有些评论是正确的,那我们就应让孩子认真对待,有些评论则未免失之偏颇,那我们就应当让孩子提高辨别力,不要凡事人云亦云、毫无主见,让不正确的舆论左右了他。

(2)帮助孩子正确评价自己。告诉孩子不仅要看到自己的长处和成绩,也要看到自己的短处和不足,对自己采取实事求是的态度,这样才可避免因过高估计自己而实际上做不到的难堪局面。

(3)教会孩子正确地对待荣誉。荣誉应当与一个人的真实努力相符,否则只能是虚假的。孩子需要得到别人的尊重,他们也有得到别人尊重的权力,但这种尊重必须建立在孩子真实的努力之上。要取得好成绩,一定要靠认真刻苦的学习,否则,即使赢得了"荣誉",也不光彩,而且一旦暴露,只能受到他人的蔑视和仇视。面子"不可没有,但也不能强求",如果"打肿脸充胖子",过分追求荣誉、显示自己,就会使孩子的人格受到歪曲。同时也应正确地看待失败与挫折,"失败乃成功之母",必须从失败中总结经验、从挫折中悟出真谛,才能建立自信、自爱、自立、自强,从而消除虚荣心。

(4)让孩子学会公平竞争。竞争应是激励人奋进的过程,而不应成为目标，如果把竞争本身看做是目的，便会使人过于看重结果，很容易引发不择手段、不讲规矩的举动。要让孩子明白凡是竞争总有输赢，不要把目的只放在输赢上，而是要注重竞争的过程，从中发现自己输或赢的道理，体会竞争的乐趣，形成健康的心理。

让男孩知道什么是美和丑

给男孩树立好的学习榜样，对于他们形成良好的性格品质具有重要作用。早在20世纪60年代，我国就有心理学工作者进行过英雄故事对小学生道德意识形成的作用的初步研究。在这项研究中，给小学生讲解有关认真学习和做好事的行为标准及其社会意义，组织学生对英雄故事进行阅读讲述，讨论和写读书心得，并鼓励他们向英雄学习。结果发现，这些小学生在帮助别人、为集体服务、参加劳动、诚实、与不良现象作斗争等方面都较以前有所提高。这个实验说明榜样的作用是十分明显的。

某个黄昏，李玉去接儿子放学。冬日的夜幕降得很快，他们在路边等车时看见一位大娘挎着个篮子，似乎很沉。李玉看她东张西望，就问她："大娘去哪里？"大娘说的地方刚好是李玉居住的小区，于是李玉帮她提着篮子一起上了车。

天渐渐黑了。李玉和大娘拉着家常，原来大娘来给儿子看孩子，本想明天来，想想怕儿子着急就没打招呼从乡下赶来了。李玉问她儿子这时会不会在家？她说也不知道啊。拿了这么多的东西没人来站点接怎么行？于是李玉拿出手机帮大娘拨了她儿子的手机号码，想告诉她儿子来接他的母亲。她儿子接电话了，可是在加班。儿子安慰大娘：别着急，一会儿叫媳妇来接。

总算把事情搞定。大娘很感激，从盖着厚厚的包袱的篮子里掏出热乎乎的地瓜和芋头，一个劲儿地往李玉儿子的手里塞，对李玉儿子说："吃吧吃吧，我刚煮熟就想带来给儿子吃。"并且对李玉千感激万感谢的，李玉感到非常不好意思，心想：做了这么点事情，竟然得到人家这样的感激。但心里却非常高兴。

在停车的地方，大娘的儿媳妇在等着她，大娘一个劲儿地对儿媳妇说：

第11章 教男孩培养绅士风度

"赶紧谢谢这个小妹子,真好心啊,要不是她我就得迷路呢,你们不在家,我自己怎么办啊?"

李玉和儿子高兴地离去,儿子那时才9岁,他对李玉说:"妈妈,做好事真好,人家高兴,我也高兴。"

最让李玉高兴的还不是这件事情,而是因为这件事情引出的关于儿子的事情。几天后是星期天,儿子自己出去玩,很久才回来,哼着小曲,满脸的笑容,好像有什么高兴事情。

李玉一再追问,儿子才说出来:原来他刚才出去遇到一位老太太去她儿子家,也是拿了个包袱,儿子帮忙拿着,并搀着老太太上了车,老太太高兴得直表扬儿子懂事、心眼好,儿子因为这事很高兴。

虽然这是件小得无法再小的事情,但是它给李玉的印象很深刻。父母是男孩最好的老师,男孩对父母的一言一行都很在意,所以做父母的一定要给男孩做一个好榜样。

通过榜样的树立,让儿童有赖以学习和模仿的对象。在确立榜样时应该注意以下两点:

(1)应该树立生动具体的形象。生动具体的形象在整个儿童性格培养工作上的作用是十分重要的。列宁是伟大的无产阶级革命家。一位学生参观过列宁的故居后谈到,只有当我在高尔克看到列宁的故居时,我才知道真正的朴素是什么样子:在他房里只有一张普通的饭桌,桌上摆着一个盖着普通灰色漆布的、稍显陈旧的、已坏了的茶炊,挂衣架上挂着一件普通的制服。无疑,这对这位学生今后形成朴素的性格有重要的意义。

(2)尽量给男孩树立身边的、同龄的人为榜样。这可以减少男孩与榜样之间的距离感,便于学习。比如,现在有一些小学生缺乏勤俭节约的品质,他们根本不理会父母挣钱的艰辛,花起钱来大手大脚,请客,下馆子,追求名牌,骑好车……针对这种问题可以让他们了解一下全国十佳少先队员杜斌的事迹,学习他是如何勤俭节约的:杜斌的父亲去世后,母亲也病倒了,他每个月只有100元左右的生活费来支撑两人的生活,一分钱也要掂量着花。由于经常到菜市场去买菜,他对菜价很清楚,并了解到菜价在傍晚最便宜。所以,他一般傍晚去买菜,多走几家市场,哪家便宜就买哪家的,绝不多花一分钱。

母亲吃剩下的菜他从不扔掉,而是用热水烫一烫后自己吃。母亲食欲不好,剩下馒头渣一块一块的，别人都劝他扔掉，杜斌却舍不得，哪怕只有一点点。他说："生活让我懂得了什么叫来之不易，今后日子不管多富，我也永远把省吃俭用的好习惯保持下去。"

男孩年龄小，是非判断标准还很模糊，他们主要是按自己喜爱和厌恶的情绪来判断人物和事物的是与非。家长在生活中要耐心地正面诱导、纠正，使男孩通过成人对其行为、言语的评价，逐步认识到自己行为的是与非，从而提高分辨是与非的能力。如男孩听见某些人说了脏话就跟着学，父母就需要解释清楚，这句话是骂人的话，不好听，不文明等。这样屡经疏导，男孩便不会因从众心理而仿学不良行为，进而形成良好的个性品质。

"人要衣装"并非"人靠衣装"

进入青春期的少男少女，如同蚕休眠、蝉蜕皮、蛹变蝶，是一个脱胎换骨、自我认知的过程；青春期的孩子追求美，是他们自我意识觉醒、追求独立自主和完善自我的必要成长过程。青年男女进入青青发育期后开始出现关心自身的美、关注异性身上的美的心理，是性审美心理的一种体现。

孩子从懂事起往往就有种种爱美的表现，但爱美心理的真正觉醒，并鲜明地表现在行为之中，是伴随着性的日益成熟而来的。追求自己更美一点，表现出对自己的美的欣赏与喜悦，表面看来好像只是为了自己，其实深埋在这种表象后面的本质却是为了他人，特别是为了给异性欣赏。

尽管有人打扮自己有引起别人注意的明显意图，有人则只是一种潜意识，其本质是相同的。对自身美的关注与追求所体现的爱美心理间接地反映了人们的性审美意识，对异性美的关注与追求所体现的爱美心理，则更为直接地反映了人们的这种意识。对自身美的关注与追求正是为了吸引异性从而达到对异性美的追求，这是一个事物的两个方面，它们都体现了爱美心理的性审美特征。因此，随着性成熟而觉醒起来的爱美心理是符合人的正常的生理心理规律。

如果女儿只是尝试用妈妈的化妆品，或者儿子换了一种新潮的发型，你大可以把这种现象当做普通的爱美之心，并对她（他）进行小小的肯定。如果反对孩

第11章 教男孩培养绅士风度

子的某个装扮,就应心平气和地和她(他)讲清反对的理由。千万不要拿出家长权威,居高临下地强迫孩子接受自己的意见。

孩子爱穿名牌,主要出于两种心理:一是显示自己身价。名牌服装不仅在审美情趣上要高出普通服装,在价格上更要高出普通服装几倍甚至几十倍,所以,许多孩子都把穿名牌服装看做显示自己家庭经济实力和审美水平的标准,似乎只有穿上名牌才能抬高自己的身价。二是从众心理作用。名牌之所以成为名牌,并不是从一开始设计出来就成为名牌的,而是经过人们多年的使用之后才得到认可,才在公众中树立起一种稳定的信誉和牢固的地位。孩子们看到某些明星穿名牌,在从众心理的作用下,便产生了想穿名牌的念头。这两种心理都是不够健康的,攀比心理会分散学习精力,从众心理是盲目的,而且都会加重家庭经济负担。父母要耐心教育孩子克服这些心理,让孩子对名牌有个正确的认识。

其实,孩子有没有虚荣心,跟父母有很大的关系,父母虚荣,孩子就会模仿,父母低调,孩子也不张扬。所以,父母应该做好以下几点:

(1)走进孩子的审美标准。不要总是说孩子不听话,因为你们不了解孩子。要教育孩子,首先要了解他们,连他们正常的心理发育都不了解,很难因势利导;出现问题之前,要有预先的防备或者是提前的教育。要做新世纪的好家长,不要以祖祖辈辈留下来的旧观念教育孩子,因为新世纪信息量是很大的,孩子的阅读能力和对信息的接受能力跟我们小时候相比是有天壤之别的,社会改变家长要是跟上信息潮流,就无法教育孩子。父母与孩子之间容易产生审美标准上的分歧,这应通过讨论、比较、相互沟通来解决,而不应将家长的认识、观念强加给孩子。

(2)告诉孩子你的底线在哪里。孩子们在青春发育期受到来自各方面的压力。他们的身体,里里外外,都在变化,他们经常想知道他们真实的自我是什么,这时,很重要的一点是家长和十几岁的孩子要有敞开诚实的交流。对你孩子的选择表示尊重很重要。同时,在你真正尊重他的选择的时候,你还需要和孩子有坦诚的交谈,谈谈责任底线的问题,让他知道什么是你能容忍的,什么是你不能容忍的。

(3)拒绝孩子的过分要求。在经济条件允许的情况下,家长可以偶尔给孩子买一些名牌产品,但对于过分迷恋穿名牌的孩子,家长不要轻易"投降"。有的孩子由于家长不能满足自己的欲望,便又哭又闹,甚至以不吃饭、不学习相威胁。家长们在又气又恨、又怜又爱的心情下常常会做出让步。这只能助长孩子的高消费心理和一意孤行心理，使他们得寸进尺。因此，家长们在遇到这种情况时，一定不要向孩子妥协。

（4）让孩子了解家庭经济状况。许多孩子从小生活在优越的条件下，不知父母辛劳之苦，更不知道家中每月的收入多少、支出多少、余额多少，对于父母每天要付出的劳动更是不了解。所以，如果有可能的话，家长可以带孩子到自己的工作单位去参观一下，让他们了解父母劳动的艰辛以及工资的来之不易。家长还可以让孩子记录家中的收支情况，使孩子了解家中的消费水平。即使经济条件比较好的家庭，也要教育孩子懂得节俭，这对每一个家庭、每一个人来说都非常重要。

（5）避免诱发孩子的名牌心理。孩子心中的"名牌热"，有些可能是父母无意识诱导的结果。他们无非认为父母给自己买的衣服贵就是名牌。而父母往往有意无意说些推波助澜的话，比如这是什么牌子的，穿了就是漂亮等，使孩子有了胜人一等的优越感，更有可能让孩子滋生炫耀心理。因此，身为家长，平时不要过多谈论名牌，也不要炫耀和过分追求。

防止孩子虐待小动物

教育男孩不仅要发展他们的智力，同时要培养他们的品德。我们已经了解了大量关于早期教育造就天才的个案，如一些大艺术家、大文学家、大科学家的产生，都离不开早期教育。斯特娜夫人指出，如同智力的培养需要从男孩一出生就开始一样，男孩的优秀品德也必须从摇篮时期就开始熏陶，否则是没有任何希望的。对男孩进行道德教育越早越好。普林斯博士说："男孩的道德教育应从摇篮时期就开始，因为当今社会所缺乏的不是头脑而是品德。"

苏霍姆林斯基认为，如果善良的情感没有在童年形成，那么无论什么时候都培养不出这种感情来。因为人的这种真挚感情的形成，是与最初接触的、最重要的真理的理解，以及对祖国的语言最细腻之处的体验和感受联系在一起的。

若要养成男孩善良的情感，我们不妨从教育男孩从尊重生命开始。

第11章 教男孩培养绅士风度

所谓"万物皆有情",人生而为万物之灵,就更该对世间万物的生成充满感恩与爱。为了让男孩将关爱的情绪也能关注到人以外的事物,父母可以在家中养宠物,像猫、狗、鸟、鱼等,如果怕动物类会导致过敏,种几盆花草也可以。在让男孩负责去饲养或换水、清理的同时,顺便告诉他万物生命的意义,以及它们同样需要受尊重的道理,然后让男孩自由地去跟宠物互动,或者观察植物生长,他就能慢慢体会生命本来的尊严。

一位女士谈到自己的孩子,极为忧虑。她说:我们夫妇平时都很忙,5岁多的儿子常常一个人在家,非常寂寞。为了帮助儿子排遣寂寞,我给他买了一只小松鼠,希望这只小松鼠的到来会帮助儿子排遣无聊的时光,找到一些乐趣。正如我预料的那样,有了小松鼠,儿子确实变得开心多了。可有一天,我提前到家,竟然看到儿子正狠狠按着小松鼠的头,手里拿着针一下又一下地扎着小松鼠的肚皮!小松鼠痛苦地呻吟着,一旁的他居然无动于衷,丝毫没有怜悯之心,相反,他脸上还洋溢着笑,似乎正享受这件事情呢。我们夫妻俩都是很善良的人,为什么不到6岁的儿子偏偏就没有遗传善良的本性,表现得如此残忍呢?

其实,孩子虐待小动物的现象,可能源于以下几种情况:

首先,孩子可能是出于好奇。这个年龄段的孩子认知水平有限,孩子只是出于好奇,想看看这样做,小动物有什么反应。有的孩子可能对小动物的叫声感兴趣,他不认为这是小动物痛苦的叫声,因为他的移情能力差,不会设身处地替小动物着想。对于这样的孩子我们应该告诉他:你这样对待小动物它会很难过的,因为你打它,它很痛,如果妈妈也这样打你,你是不是也很疼呀!你希望妈妈打你吗?而且你以后可以经常带孩子去动物园,让孩子看看饲养员叔叔如何喂养动物,也可以让孩子轻轻摸摸温顺的小动物,让孩子体会和动物和平相处的乐趣,这样孩子不但知道应该如何对待小动物,也培养了他的同情心,并由此增长了很多的知识。

其次,这也是孩子感情的宣泄。上面那位女士的孩子一个人在家,就会很孤独,这造成了孩子心灵上的创伤。尽管他小小的年纪也会看人行事,但真实的感情受到压抑。这种压抑的情感是要宣泄的,因此比他更弱小的动物就成了他宣泄的对象,孩子在虐待小动物中显示自己的力量,获得感情上的满足。这样发展下去,造成孩子心理不健康。因此大人应当回到孩子身边,要给孩子更多的"爱",让孩子明白爸爸妈妈是真心地爱他。每当孩子受到你们的表扬或批评都要让孩子谈谈自己的感受,允许孩子发泄自己的情感,发泄过后给予引导。多和孩子做一些丰富多彩的亲子活动,让孩子的精力转移到其他更有趣的活动中去。

再次,可能是效仿大人。孩子年龄小,很多的生活经验是通过效仿大人获得的,不管好的坏的,照学不误。因此孩子生活的环境以及家长的行为规范对孩子的影响是很大的,所谓"近朱者赤,近墨者黑"正是这个道理。看看孩子生活的周围是不是有虐待小动物的现象,对孩子起了潜移默化的作用。所以我们要注意孩子生活环境的净化和检点大人的行为,培养孩子同情心,让孩子逐渐明白动物是人类的朋友,大家应该和平共处。让我们的孩子同我们一起喂养你们家的宠物,共同照料,在饲养的过程中让孩子学会体贴入微地关怀和照顾小生命。而且要明确告诉孩子,对虐待小生命的现象要加以批评,而且家长要说到做到。相信孩子在你的关爱之下,一定会转变的。

要知道,一个没有爱心的人,是冷酷残忍的;一个没有爱心的世界,是冷漠可怕的。但爱心不会自发产生,爱心要靠精心的培植和维护,在心灵里播下爱的种子,才能长成爱之花;全社会都为爱心叫好呐喊,才能形成一个充满爱心的世界。

我们要在生活中培养男孩的爱心,心中有爱,他才会对自己的生活充满热情,才不会让自己在困境中沉沦。拥有爱心,他的人生中才会有幸福和成功。

教育男孩热情接待来访者

英国是全世界公认的绅士王国,早在17世纪,著名教育家约翰·洛克就在他的名著《教育漫话》中为英国资产阶级和资产阶级化的贵族描绘了一幅培养"绅士"的教育蓝图。在这幅蓝图中,礼仪教育是不可或缺的一环。洛克说:"礼仪是在他的一切美德之上加上的一层藻饰,使它们对他具有效用,去为他获得一切和他接近的人的尊重与好感。""没有教养的人有了胆量,胆量就会带上野蛮的色彩,而别人也必以野蛮相待。如此,学问就变成了迂气,才智就变成了滑稽,率直就变成了粗俗,温和就变成了谄媚。"

一个人的修养决定着他的生存方式。有修养的人,不但能受人尊重,而且还能成大器;没修养的人,不但害人害己,还会不得人心。对于男孩来说,尤其在

第11章 教男孩培养绅士风度

公共场合,更应重视自己的行为举止。

生活在现代社会的人,必须学会待人接物的方法,善于与人礼貌往来。因为和谐的人际关系无疑已成为当今世界人才的重要素质之一。有些男孩因缺乏待人接物的经验,往往在交际中有不好的表现。

在生活中我们会发现,凡是社交能力比较强的人,往往更容易赢得机遇。而这些文明礼貌的处世本领、交往能力,都需要从小培养。

让男孩参加接待客人的活动,有利于培养他们的主人翁精神。在参与接待客人的过程中,体会到主人和客人地位的不同,自然会产生一种自豪感和责任感,会比平时更小心,殷勤百倍。同时,这也有利于让男孩养成礼貌待人的好习惯。要接待好客人,让客人满意,就必须在语言、行为上讲礼貌,这实际上是给男孩提供了礼貌待人的练习机会。而且,能学到一些待人接物的方法。

怎样培养男孩接待客人的能力呢?

(1)让男孩做好心理准备。在客人尚未到来之前,我们应该让男孩了解,客人什么时间来,谁要来,客人与父母、与自己的关系以及该如何称呼。让男孩在心里做好接待客人的准备。

(2)与孩子共同做准备工作。可以让男孩和父母一起做接待客人的准备工作,如打扫房间、采购糖果等,共同营造一个欢迎客人的气氛。

(3)帮助男孩接待客人。例如,客人来了,父母可以帮助男孩招呼每一个人,请客人坐,请客人吃糖果。还可以让男孩把自己的玩具拿出来给小客人玩,把自己的相册拿给大家看。

(4)让男孩学着与客人交谈。我们应让男孩大方地回答客人的问话,在别人讲话时不随便插嘴。孩子学会待人有礼,还能帮助化解尴尬,让我们来看看下面这个小故事:

有一次,英国王室在伦敦举行盛大晚宴,招待印度首脑,这次宴会由还是皇太子的温莎公爵主持。

宴会在非常友好的气氛中进行着,达官贵人们觥筹交错,相谈甚欢。就在宴会即将结束的时候,发生了一件意想不到的事情,使整个宴会被尴尬的氛围笼罩着。按照当时宴会的程序,侍者在晚宴即将结束的时候为每一位来宾端来了洗手水,印度客人看到那精巧的银制器皿,以为里面盛着的亮晶晶的水是用来饮用的,于是端起洗手水一饮而尽。当时,作陪的英国贵族们个个目瞪口呆,不知如何是好，大家纷纷把目光投向主持人。

这时，只见温莎公爵神色自若，一边与客人谈笑风生，一边端起自己面前的洗手水，像客人那样自然而得体地一饮而尽，接着大家也纷纷效仿。原本即将要扩散的难堪与尴尬气氛，在瞬间消逝于无形，宴会在一片欢乐声中取得了圆满的成功。

温莎公爵在这次宴会中的举动，无疑是一种礼貌的表现。他的这种行为，不仅表达了自己对客人的尊重，而且让这次宴会非常完美地结束了，没有留下任何的遗憾。

我们再把目光收回到我们的身边。在孩子的日常生活中，礼仪教育就是要让男孩学习礼貌、礼节和风度，懂得人情世故，会接人待物。因此，父母应该坚持对男孩进行礼仪教育，并不断强化他们在言行方面的培养和训练，让他们养成良好的礼仪习惯，懂得尊重别人，懂得谦恭礼让，使人际关系融洽和谐。

让孩子知道道歉不可怕

阿仁的父亲马尼拉勒是圣雄甘地的次子，他很注意家教的方法。阿仁16岁的时候，有一次，他开车送父亲马尼拉勒到几十公里以外的地方去开会。到达开会地点后，阿仁与父亲约好碰头的时间和地点，便把车子交给车厂检修，自己则跑到电影院看电影。电影的情节很吸引人，等影片结束，阿仁才发现比约定的时间晚了半个小时，他赶紧取了车子开到与父亲约定的地点。这时，马尼拉勒早已等候在那里。阿仁怕父亲责怪，便撒谎说是修车耽误了时间。谁知马尼拉勒已同车厂通了电话，阿仁的谎言当即被戳穿。然而出乎意料的是，马尼拉勒并没有责备阿仁，而是说："今天你缺乏讲真话的勇气，这是我平时管教无方，我决定走路回去好好反省。"

此时，天已经黑了。马尼拉勒默默地走在泥泞的乡间公路上，阿仁只好开着车子慢慢地跟在父亲身后，用车灯为父亲照路。他们就这样在路上走了整整6个小时。望着父亲艰难行进的背影，阿仁十分后悔，他决心以后再也不说谎了。

如果马尼拉勒当时只是简单地把阿仁责骂一顿，阿仁很可能会想，下次撒谎

第11章 教男孩培养绅士风度

的理由要更高明点,别再出纰漏。而马尼拉勒采用这种自责的方式,却让阿仁深刻地认识到了自己的错误,取得了非常好的教育效果。

父母通常认为,说谎是一种不诚实的表现。当孩子出现说谎话的情况时,大多数父母都会火冒三丈、气急败坏,决不会轻易罢休。父母经常会这样想——小小年纪就骗人,长大了还怎么得了!在气愤痛心之余,不知道细心些的父母有没有发现,孩子的谎言总是很容易不攻自破,而他们圆谎的技巧也只是一遍遍地重复。可见,他们是一群并不高明的说谎者,谎言中更多地带有自欺欺人的成分。事实上,孩子说谎可以分成两类:第一类说谎是孩子认知发展不成熟的正常表现,包括记忆出现偏差,把现实和想象混淆等。第二类说谎则是他们为达到个人的某种愿望而有意识地欺骗他人、隐瞒事实,比如孩子自己摔坏了玩具汽车却说是别人干的。

第一类说谎:通常发生在四五岁以前。

这与孩子记忆发展的特点有很大的关系。四五岁之前,孩子还不懂得有目的、有意识地去记住一些东西,能回忆起来的只是一些形象鲜明、具体生动以及他们感兴趣的个别对象。假如父母想问他们一些细微、具体的东西,孩子一般都会一脸茫然地说"不知道"或者沉默。其次,他们记忆的正确性也存在很大问题,在回忆的时候常常出现脱节、遗漏和颠倒顺序等现象。孩子的记忆还比较易受暗示或者歪曲事实,尤其当情绪处于异常活跃、兴奋状态时,他们习惯于将主观愿望与客观现实混淆起来。由于无法分辨两者之间的界限,孩子通常擅自改变记忆的内容,导致记忆失真。比如小兵告诉妈妈:"我今天在幼儿园吃了四碗饭。"实际上他只吃了两碗。但为了表示吃了很多,他就随意夸大了。另一个说谎的原因是孩子的想象力过于丰富,使得他们对事实和虚构分不清楚,经常会用一些虚构的内容来补充记忆中残缺的部分,把主观想象的事情当成亲身经历过的事陈述。比如,欢欢跟叔叔去看精彩的马戏表演,迷上了一头大象,回家后就告诉没有去现场的父亲,他是如何到幕后与大象玩耍的,讲得有鼻子有眼的。父亲很疑惑,就打电话向叔叔询问,才知道一切全都是欢欢凭空杜撰出来的。因为他太想和大象玩了,又没办法做到,只能在脑海里想想,用嘴吹上一吹,以此过瘾。

第二类说谎:通常发生在四五岁以后。

如果说第一类说谎不过是孩子的"无心之失",那么第二类说谎的孩子就是"明目张胆"了。他们确实在骗人,目的是为了逃避他们不希望面对的后果,前提是孩子已经具有一定的判断、推理等抽象逻辑思维能力，以及人际交往中的心理互动能力。正因为如此，他们了解若是说了真话，父母会有哪些反应，自己又会落到什么样的处境。举个例子，小明碰倒了杯子，他猜测倘若承认杯子是自己打碎的，肯定会受到父母的一顿责骂；相反不说实话就可能"逃过一劫"，于是他决定编个谎话，就说是风把杯子刮倒的，结果他果然这样做了。由此可见，这一时期的孩子逐渐学会了自我保护。除了逃避身体的惩罚或物品、机会的被剥夺之外，也懂得了如何保护自尊，从而形成了自我防卫性反应——说谎。比如游戏输给了别人，军军心里非常生气和难过，但是却压抑住真实的情绪，回答老师说"我很高兴"。军军说谎的行为包括了两种自我防卫机制：一种是"否定"，即否定事实，明明不开心却说开心；另一种是"反向"，也就是"此地无银三百两"。军军低着头、红着脸轻轻说"我很高兴"，他真实的感受当然逃不过成人的眼睛。孩子说谎除了肤浅之外，还带有片面、短视等特点，就像小明只预测到了"打碎杯子"的后果，却没有进一步想到父母知道他"说谎骗人"的后果。

孩子假借托词来掩饰真相，直接原因是他们认为说真话的后果"很严重"。也许父母知道孩子不小心打碎杯子的事情，并不会严厉地斥责，最多只是埋怨几句。显然孩子对他人的反应往往有点过于敏感和夸张，因而出现自我防卫过度的表现。另一方面，假如父母曾说过"不准打破东西，否则星期天别想出去玩！"之类的话，孩子当然会想方设法、机关算尽地欺骗父母、逃避责任，以免被剥夺来之不易的玩的机会。因此，人际沟通是至关重要的，父母最好经常与孩子平等地讨论问题。在互动交流中，孩子才能消除对父母权威的某些误解，正确理解社会规范，学会合理地判断别人的反应。

此外，父母也要调整自己不当的言行举止，尽量避免说一些带有威胁性的话。即使成人很多时候只是说说而已，孩子也极有可能当真。就算孩子做错了事情，父母也要公正合理地对待与处理，不要动不动就实施严厉的管教。口头的恐吓和曾受到惩罚的经验都会加剧孩子对犯错误的恐惧，表现出更为严重的自我防卫反应。值得一提的是，当父母知道孩子说谎骗人之后，务必要尽快冷静下来。别急着给孩子定罪，先洞悉孩子说谎那一刻的心理，并结合自身的教育态度寻找原因。通过谈心开导，既要解开孩子的心结，又要让他们认识到说谎行为并非解决问题的正当途径。记得告诉孩子：在父母心目中，诚实的品质和勇于承担的精神比他们所犯的过错及其后果要重要得多。

第11章　教男孩培养绅士风度

不管孩子属于哪一类说谎行为，父母都不可以对此熟视无睹。毕竟当说谎成为一种习惯之后，真的就可能发展为严重的道德或行为问题，这点父母一定要警惕。

有位11岁的美国男孩踢足球时不小心踢碎了邻居家的窗户，人家索赔12.5美元。闯了大祸的美国男孩向父亲认错后，父亲让他对自己的过失负责，他为难地说："我没钱赔人家。"父亲说："这12.5美元先借给你，一年后还我。"从此，这位美国男孩每逢周末、假日便外出辛勤打工，经过半年的努力，他终于挣足了12.5美元还给了父亲。这个男孩就是后来成为美国总统的里根，他在回忆这件事时说："通过自己的劳动来承担过失，使我懂得了什么叫责任。"

那么，怎样培养孩子的责任感呢？

（1）自己的事情自己做。在家中应明确哪些事情是由爸爸、妈妈来做的，哪些事情可由爸爸、妈妈帮助孩子做，又有哪些事情则孩子必须自己做，对应当自己做的事必须给孩子一个明确的要领和范围，在不同的年龄给他制定不同难度的目标范围，父母绝不要包办代替，因为不能总是替孩子承担责任。

（2）家里的事、别人的事帮着做。应让孩子明白，光做好自己的事还很不够，因为自己还是家庭的一员、是集体的一员，当然有责任协助做一些家里的事、集体的事，在力所能及的范围内对家庭、对集体尽责，只有这样将来才能更好地为社会尽责。

（3）对自己行为的后果负责。要善于抓住生活中的点滴小事，无论事情的结果好坏，只要是孩子的独立行为结果，就要鼓励孩子敢做敢当，不要逃避责任，应该勇于承担后果。家长不应替他承担一切，以免淡漠孩子的责任感。

当然，还有一点很重要，就是家长们应努力要求自己做有责任感的好家长、好公民，以身作则，要求孩子办到的事，自己首先要做到。

让孩子记得说"谢谢"

有这样一个真实的故事：

一天，刚搬来的小男孩去隔壁串门，邻居捧出一堆花花绿绿的巧克力时，小男孩惊奇地瞪大了眼睛。当小男孩明白这是送给她的，小男孩并没表示出应有的欣喜，也未伸出双手来接，只是犹豫地摇了摇头说："叔叔，妈妈不让我要别人的东西。"尽管小男孩嘴里这样说，可他的眼神分明告诉别人他非常想得到这份礼物。于是邻居开导他："小朋友，你看叔叔是不是坏人？"小男孩肯定地摇了摇头。"既然这样，你就收下吧，你妈妈不会怪你的。"小男孩终于把巧克力装进兜里，一蹦一跳地唱着歌走了。

谁料过了不一会儿，小男孩又站在了邻居的门外，红着眼睛怯生生地说："叔叔，妈妈说了，谁的东西也不能要，妈妈让我把巧克力还给你。"说着，他把装有巧克力的塑料袋递到邻居的手上，一步一回头地走了。

诚然，品质高贵的人必须拥有自尊，拒绝施舍、拒绝贪婪，年轻的父母让孩子从小就培养不伸手索取、不随便接受馈赠的好品德，是完全应该得到理解和支持的。况且，在竞争日趋激烈、物欲不断膨胀、欺骗与奸诈日益增多的今天，增强孩子的自立自强、自我防范和保护意识，也显得尤为重要。

但是，孩子的健康成长，更需要爱的阳光，需要亲情、关爱和帮助。只有在爱的阳光沐浴下，孩子的笑容才更灿烂，才会对明天有美好的憧憬；只有在充满亲情和关爱的氛围中，孩子才会由被爱学会爱别人，由被呵护学会呵护别人；只有接受了他人的帮助然后再去帮助别人，孩子才能逐步学会在人生旅途的跋涉中克服一个又一个困难，一步步迈入成功的殿堂。如果家长从小就教育孩子，除了亲人以外，谁也不相信，对谁也不能有感情，一味拒绝他人，那么长此以往养成的所谓自尊与独立，必然包含更多的是淡漠与孤僻。有了这种封闭的心灵，很难想象孩子将来如何经历风吹雨打，如何在五光十色的社会中立足与生存。就像前面这件事，如果父母教男孩在这种情况下接受好意然后再说声"谢谢"，岂不是一种更好的选择。

孩子本来就是爱的结晶，而孩子的成长更离不开爱的滋润与熏陶。年轻父母需要做的，是首先教会孩子如何接受爱，然后才能进一步领悟爱、鉴别爱、回报爱。所以，在孩子成长的道路上，别忘了给孩子一个说"谢谢"的机会。

生活中常见到一些孩子毫无规矩、十分任性，个别的言谈举止甚至令人生厌。如对长辈没有礼貌、对小朋友随意欺侮、说话粗俗蛮横等。那么，怎样才能培养孩子的良好行为习惯呢？专家们建议家长们从以下几个方面给予重视。

（1）要和孩子建立一种朋友式的关系。许多家长在纠正孩子不良行为的时

第11章 教男孩培养绅士风度

候,习惯用命令式的口吻:"把掉在桌上的米粒捡起来吃了!""看看你身上的土,以后再这样就不准你进家门!"有的父母一时气愤还会出言不逊——"懒鬼"、"笨猪"……殊不知,这种不讲道理的强制性管理,往往会激起孩子的逆反心理而得到事与愿违的后果。

正确的做法是,欲培养孩子良好的行为举止,首先要心平气和耐心地与他讲明道理。孩子都喜欢听爸爸、妈妈小时候的故事,我们可以将自己儿时的良好行为习惯通过讲故事的形式讲给孩子听,这往往能起到潜移默化的作用。总之,孩子"听话的前提是要让孩子完全信任你,这种信任来自开诚布公的交流"。两代人在如何培养行为美方面取得一致意见,便可收到理想的效果。

(2)坚持以表扬和鼓励为主的原则。可以先给孩子在行为举止方面确定一些简单的目标和准则,并在实践中,让孩子体会到哪些行为将受到劝阻,哪些行为会获得鼓励。比如当看到孩子主动收拾玩具时,应该及时地称赞或报以满意的微笑。当然,鼓励要以精神奖赏为主,如果动辄给予物质奖赏,便难免造成不良的后果了。

当孩子出现举止不规范的行为时,不可性急,要慢慢地予以纠正。如孩子同小朋友在玩耍时发生了争执,甚至打了对方,此时家长要就事论事地指出错误所在,说明他的行为为什么不受别人的欢迎和尊重。但切忌"新账老账一起算",应将问题和孩子本身分开,绝不可伤害了孩子的自尊心。此外,教育的时间不宜过长,对孩子来说,这种"纠正"很容易被遗忘,只有不断提醒和教育,才能收到预期的效果。

(3)不能用成人的行为标准去要求孩子,为孩子创造少犯"错误"的环境,以便减轻孩子的心理负担。例如,若要避免他无意中碰坏贵重物品,就不应将这些东西放在孩子够得着的地方;又如,有的孩子愿意和甲玩而不愿意和乙玩,这本来是孩子的事情,作为父母最好不要干涉,否则便会酿成孩子心理压抑和失衡。一位教育专家说过:行为美的孩子,与其说是家长"教"出来的,莫如说是家长"带"出来的。为人父母者本身的良好素质和良好行为,显然是培养孩子良好的行为习惯的先决条件。

纠正男孩骂人的不良习惯

骂人，是一种极不文明的行为，轻者有伤和气，重者引发他人怨恨和报复。生活中许多人际冲突常常是从互骂开始。骂着骂着便恼羞成怒，动起手脚，甚至酿成悲剧。但是，有些家长对孩子张口骂人的行为熟视无睹，认为孩子偶尔骂几句脏话没什么了不起，尤其是对那些刚开始学说话的幼儿，听到他们偶尔学说一两句骂人的话时，甚至感到很有意思，还鼓励他们用这些骂人的话去骂这个、骂那个。这是非常错误的，也是很危险的，因为，日长时久，孩子容易养成骂人的坏习惯。

一个男孩，如果张口就说脏话，对别人态度蛮横，别人很快就会改变对他的看法，转而避免与他交往；如果一个男孩对人彬彬有礼，无论是在学校还是在别人家里做客，都能受到欢迎和夸奖。礼仪就是人的一张名片，它上面写着一个人所受的教育是否良好。

当男孩说脏话后，家长要耐心地劝解男孩，并坚持让男孩检讨，向人道歉认错，及时纠正男孩骂人的行为，让男孩意识到骂人是错误的。

一天，李先生陪儿子在家看动画片，当看到孙悟空打败白骨精时，李先生7岁的儿子冒出一句令她意想不到的粗话："我靠，真厉害！"李先生吃惊不小，询问后才知道男孩是从同校的一个小朋友口中学到的。

现实生活中，这样的现象并不少见。而当你的儿子突然说了脏活，你在吃惊之余，应该让他认识到骂人的坏处。

家住亚利桑那州斯科茨代尔的玛格丽特·多蒙德先生对此深有感触。一次，她11岁的儿子发现妹妹在自己的房间里使用电话，便大声吼道："快把我的电话放下，你这蠢货！"接下来对妹妹破口大骂，说了一些粗鲁的、难听的话，而这些话在多蒙德家中根本没有出现过。

年仅7岁的女儿被吓住了，哭着跑到妈妈身边寻求保护。玛格丽特·多蒙德走进儿子的房间，严厉地责备儿子道："你没有权利这么骂你的妹妹，你的行为是很不礼貌、很没教养的！"更让多蒙德太太伤心的是，儿子居然不以为然地耸

第11章 教男孩培养绅士风度

耸肩,慢条斯理地说他的一位朋友在和自己的妹妹争执时也是这么做的。多蒙德太太语气坚定地说:"在他们家也许可以这么做,但在我们家这样的事情是不被允许的!"

说脏话、骂人是一种不文明的行为,是缺乏教养的表现,它直接影响到人与人之间的交往。这种不文明的行为发生在男孩身上,大多由以下三种情况导致:

(1)学说脏话、没有是非观念是孩子的特点。别人骂,我也跟着骂,是男孩学骂人的一种普通心理。作为父母,要分清男孩是跟谁学的,然后进行有针对性的教育。

①男孩刚学说话,好奇心强,有一种情不自禁的模仿本能,偶尔听见别人说一句脏话,他并不知道这句话的意思就跟着学了。父母切忌觉得挺好玩而故意引逗他或哄然大笑,这样会强化他的这种行为;而应该告诉他:"这句话是骂人的话,不好听,你不可以学。"把不文明的行为消灭在萌芽状态中。

②有的父母平时不太检点自己的言行,男孩受其影响,也学会了说粗话。这样的父母首先要提高自己的修养,严于律己,从头做起,为男孩营造文明、礼貌的语言环境;其次通过讲故事、做游戏等形式教会男孩学用礼貌用语。如果父母偶尔再犯,那么就应该坦诚地跟男孩检讨:"刚才是由于不高兴,说出了那句话,我们是不对的,你也不要学,今后我们谁都不说这种话了。"

③男孩生活在社会的大环境中,难免会受到各种不良言行的影响,说粗话也是如此。父母对此要采取一些相应的防范措施:一方面要尽量让男孩避免接触周围不良的语言环境,让他们听不见脏话,学不到脏话。另一方面又要增强男孩的"免疫"力,教男孩明辨是非,告诉他们,骂人、说粗话是不文雅的行为。另外,父母要关注男孩周围小伙伴的情况,为男孩选择讲文明、懂礼貌的伙伴,以减少相互学骂人的机会。

(2)被迫骂人这种情况一般发生在小伙伴之间。男孩如果和小伙伴发生了矛盾,就以牙还牙,受了欺负,借骂人来发泄自己的不满,这时父母千万不能劈头盖脸地训斥一通,或袒护自己的儿子,而要耐心地进行说服教育,教男孩用谦让的态度来解决小伙伴之间的纠纷,并应明确表态。男孩怕失去父母的爱,怕失去小伙伴的心理,会促使男孩改掉自己的不良言行。

(3)习惯骂人"冰冻三尺,非一日之寒"。出口成"脏"的男孩虽为数不多,但影响不好。对这样的男孩,应采用暂时的冷漠,不理睬他,以不高兴的脸色、严厉的语调等来对待他,这些都会帮助男孩明辨是非,抑制、减少他的不良行为,从而建立良好的行为规范。不良行为一旦成了习惯,克服它就需要有一定的过程。在帮助男孩纠正骂人的坏习惯时,也可以鼓励男孩通过努力改掉坏毛病。例如,可把"不骂人"列入"一天行为要求"中,如果男孩做到了,就一定要表扬,坚持下去,一定会有成效。

要想从根本上杜绝男孩骂人的行为发生,父母的教育是关键。

(1) 教育训练孩子尊重他人。要想从根本上杜绝孩子骂人的行为发生,首先要教育孩子懂得尊重他人。平时,家长要有意识地向孩子介绍每个亲朋好友的职业、性格、优点,鼓励孩子学习他人的优点。家长也要培养孩子谦虚谨慎的好品格,不骄傲自满,不以自己的长处比他人的短处,让孩子明白"金无足赤,人无完人"的道理,正确看待他人的缺点和不足,绝不拿他人的过失或不幸做笑料。同时,更重要的是要在日常生活中训练和督促孩子尊重他人。如,上学时主动向老师和同学问好,遇到熟人热情打招呼,请人帮助要先用礼貌称呼、再说明事由、事后要道谢,家中来客人要热情迎送等。

(2) 教育孩子正确对待与他人的摩擦。在多数情况下,孩子骂人是对自己受到伤害的一种宣泄反应,如,东西被他人偷走,被他人撞倒时,往往就会骂人。家长应教育孩子以善良之心看待与他人的摩擦,让孩子明白地球很拥挤,随时都会发生不愉快的事情,使孩子学会宽容他人的过失,不要为这些小事而生气、赌气。

当然,家长也要帮助孩子学会适当的宣泄方法。如鼓励孩子诉说衷肠,必要时向有关人反映求助、解决摩擦,培养自己的幽默感来自慰等。

(3) 训练孩子学会在气愤时冷静一分钟。有的孩子骂人已习以为常,尽管他也明白骂人是不对的,事后也常常懊悔。针对这种情况,家长可和孩子达成一种默契:当孩子在气愤想发泄时,家长用某种事先约定好的语言或目光暗示孩子,孩子这时就应冷静地想一想。孩子在这种情况下,冷静一分钟,就会考虑如何文明地表达自己的意思,把不文明的语言过滤掉。坚持在家长配合下的自我教育训练,有利于孩子逐步纠正骂人的不良习惯。

(4) 坚持要求骂人的孩子检讨。当孩子骂人后,家长要严肃批评。批评时可以向孩子提出下列问题:为什么要骂人?不用骂人的方式以善"还击"行不行?骂人能解决什么问题?被骂者会产生怎样的态度和采取什么手段报复,其目

第11章 教男孩培养绅士风度

的在于使孩子最终认识到骂人的结果是有害无益的,从而促使孩子主动向被骂者道歉认错。这样,家长坚持数次,孩子就会改掉骂人的不良习惯。

(5)以身作则,净化家庭语言环境。孩子的语言表达方式,在很大程度上是模仿成人(尤其是家长)而形成的。因此,在家庭中,家长要注意提高自身的修养,文明语言,不说脏话、粗话,不但对外人要态度和气,对家人也应和气。这样,不但有利于纠正孩子骂人的不良习惯,更重要的是为孩子的健康成长提供一个净化的环境。

帮助男孩建立所有权的观念

孩子到了一定年龄就会出现破坏别人的东西、抢别人的玩具等反常行为,究竟是什么原因呢?在孩子成长的过程中,他们开始喜欢交朋友,会与同伴一起玩,也开始会有分享及共用的概念。虽然如此,孩子对"物权"的概念,还不是很稳定、很清楚,他们常会在游戏中彼此抢夺玩具,甚至大打出手。这个时候,父母应给予机会教育,教导孩子树立"轮流"以及"尊重别人物权"的观念,否则有可能会影响孩子日后的人格发展。

父母应让男孩知道,奥特曼是邻居家小朋友的,玩具火车是表弟的,芭比娃娃是表妹的,那本画册才是自己的。同时应该让男孩知道,在拿别人东西之前,应该征得对方的同意。如果父母本身就缺乏所有权的观念,今天说这玩具是哥哥的,明天说是邻居小朋友的,那就很难保证男孩树立正确的所有权观念。

因此,父母应该先学会尊重男孩的所有权。例如,拿男孩拥有的物品时,应该先告诉他一声;归还时也应该说声"谢谢";进他们的房间,不妨先敲门;无意中弄乱了男孩的生活空间,应该向男孩道歉……一旦男孩感到自己的所有权得到了尊重,那么他也就学会了尊重他人的所有权。

所有权的观念,应该从什么时候开始训练呢?心理学家亨利·霍斯金认为,建立所有权的观念,应该从小做起。当男孩两三岁的时候,就可以告诉他哪些用具、物品是爸爸的,哪些是妈妈的;四五岁时,可以让男孩拥有自己的洗漱用具、房间、杯子、玩具等。当给男孩买了新东西的时候,可以告诉他:"这是爸爸买给你的。"有了这些观念之后，男孩就自然学会了如何约束自己，不至于再随便拿别人的东西了。

亮亮今年刚上二年级，是个聪明伶俐帅气的小男孩。这天下午放学后，妈妈把他接回家，督促他写完作业之后，就去厨房准备晚饭了。

客厅里响着轻柔的音乐，一向顽皮的亮亮，今天居然也安安静静地在屋子里看起了画册。妈妈从厨房探出头来，对他说："亮亮今天好乖啊。"亮亮拿起画册，告诉妈妈："妈妈，这本《福娃奥运会漫游记》好好看！"

"你怎么会有《福娃奥运会漫游记》呢？"妈妈的微笑突然一沉。

"我的！"亮亮理直气壮地说。

"瞎说。爸爸妈妈没有给你买过这本书。"

"我的……是爷爷买给我的。"

妈妈见亮亮这样的态度，没有再问他。爸爸回家后，妈妈将事情告诉了他。

晚饭后，爸爸对亮亮说："亮亮，我们去看看爷爷好不好？"

亮亮一听，似乎觉察到了什么，忙不迭地说："这么晚了还去看爷爷，我明天还要上学呢，不去了吧。"

"那怎么行呢？爷爷给你买了这么好看的画册，难道你不去谢谢爷爷啊？"爸爸追问亮亮。

亮亮见事情已经无法再隐瞒，羞愧地低下了头，向爸爸道出了事情的原委："今天下午，我看见小强的桌子上有一本非常精美的画册，我好喜欢，就趁他不注意，把它拿回来了。"

行为主义心理学家认为，人类的行为一般是遵循着需要——动机——行为的模式建立的。即当男孩看到一件自己喜欢的东西时，自然而然地就会产生一种"想拥有"的需求，这种需求就会促使他产生"拿"的动机和行为。

因此，我们不能简单地将男孩"顺手牵羊"的行为归之为偷窃，并且认为小时候偷针，长大之后就会偷牛。因为这种说法，不仅会影响男孩人格的发展，而且也会对男孩的心理产生莫大的伤害。

如果男孩已经将他人的东西带回了家，这时候，父母应该怎么办呢？勃然大怒，将其痛打一顿，或者晓以大义？

实际上，这些都不是最好的办法，这时候，父母应该用冷静、温和的态度问明东西的来源，像事例中的父母那样和他讨论："福娃真的好可爱啊！和电视里

第11章 教男孩培养绅士风度

的一模一样呢。妈妈知道你很喜欢它,但是小强一定也很喜欢它,现在小强找不到他的《福娃奥运会漫游记》,肯定会很着急,也很难过,是不是?现在妈妈和你一起去把《福娃奥运会漫游记》还给小强吧。"然后带着男孩当面把东西还给对方。如此一来,不但不会伤及男孩的自尊,同时也能让他了解到,东西有"他的"和"我的"之分,如果随便拿走别人的东西,他人也一定会很伤心的,就如同别人拿走自己的东西一样。

研究指出,男孩之所以会"顺手牵羊",是因为他们所喜爱的东西家中没有。因此,平时父母就要顾及男孩的需求,酌情满足男孩,不要因为担心男孩贪得无厌而逐一否决男孩提出的要求。我们相信,只要方法得当,男孩的需求就会适可而止。

帮助孩子建立所有权的观念应是一个长期的过程。应当肯定,成人对这一教育是非常重视的,但必须讲究方法。下面提出几种方法以供借鉴:

(1)做好示范。尊重孩子物权的本身,就是一个尊重别人所有权的良好示范,我们要多提供这样的示范,创造一个尊重物权的人文环境供孩子领略和感受。

孩子认识事物带有强烈的情绪性、模仿性,孩子的物权被尊重,他有了很好的情绪体验,受到良好的感染后,会更加积极地模仿成人,去尊重别人的物权,形成良好的习惯。

(2)帮助孩子分清哪些东西是自己的,哪些是别人的,哪些是自己的物权,哪些是别人的物权。

(3)教育孩子关心他人,尊重别人的所有权,并使其初步懂得为什么要这样做。

自己的心爱之物,欢迎别人来参观,来共同分享,如把自己的东西借给别人,请朋友到家里来玩。别人的物品不去随便取用,别人的东西不能占为己有,更不能去抢、去损坏,这些错误的行为绝对不能做,要学会控制自己的行动,并懂得为什么要这样做。

有的东西,自己没有,而又很想要,可以向朋友借,但必须经过别人允许,借来的东西要爱惜,使用后应如期如数归还,并道谢;也可以用自己的东西去换借别人的东西,加强交流,这也是建立良好人际关系的方法。孩子真正需要的东西,别人有,自己没有,借用不方便的,要向爸妈讲明理由,征得同意,购买回

来爱惜使用。成人供给的东西太多太乱太杂，会使孩子感到来得容易而不珍惜；如果对孩子物品供给太紧，也会使儿童倍感困难，在为难之极时，也会使孩子去拿别人的物品，受到指责后又会自卑和懊恼。所以，家长要为孩子适时合理地购物，合理满足孩子的需要。

当孩子已经侵占别人的所有权或物品时，成人要冷静分析原因，认真对待，不要骂孩子是"小偷"，更不要指责其"屡教不改"。孩子日常犯的错误与这些话语的性质是不能等同的，孩子长期听惯了这些消极的词语，一会自卑，二会无动于衷，长期下去会把孩子推向反面。当孩子出现不尊重别人所有权行为的时候，我们要认真对待，耐心教育，督促改正，让他把物品送还给物品的主人，并向主人道歉。

第12章
帮男孩跨越青春期障碍

　　青春期是孩子长大成人的转折点,生理和心理都处于高速发展阶段。随着生理的成熟,心理上的波动比较大,孩子在经历"第二次诞生"的阵痛,情绪上容易产生激荡和动乱。面对孩子的突然变化,很多父母常常感到措手不及。其实,这时父母应该给孩子更多的爱,去耐心了解孩子的内心世界,扮演好自己的角色,引导孩子安全度过青春期。

不打不骂穷养男孩

警惕，男孩已经进入青春期

当你的儿子发育日臻成熟，出现第二性征的时候，当他好奇地徘徊在伊甸园门口，想窥探其中奥秘的时候，作为家长的你是否意识到，你的孩子已经步入青春期？

性成熟过程主要发生在青春发育期，这时，机体在生长、发育、代谢、内分泌功能及心理状态诸方面均发生显著变化。女性性成熟的特殊标志是月经来潮，而男性则为第一次遗精，往往为梦遗。正如女孩第一次月经可能没有排卵，男孩第一次遗精也可能没有精子。同时二者均有心理上的重要变化，如对异性的向往、希望异性注意自己、开始有性兴奋等。

男孩青春发育期没有严格的界限，一般在10~14岁，持续2~4年。男孩青春期启动的第一个体征是睾丸和阴囊增大，一般出现在10岁左右。随后阴毛出现，阴毛生长是第二性征的前奏。接着阴茎增长、变粗，身体迅速长高，肌肉发达，胡须和腋毛长出，声音变得低沉，同时前列腺和精囊腺增大并开始分泌液体，精子逐渐生成。通常第一次遗精发生在13~15岁。

父亲应多关心儿子的成长，潜移默化地告诉他什么是男人，男人应该如何做事，男人的情感应是什么样。父亲要在儿子面前注意言辞的文明、仪表的得体等。总之，应多体现男性的阳刚美和父亲的权威。但如果做父亲的太过于严厉，或者冷若冰霜，儿子就很难接近。因而他特别羡慕那些能和父亲一起爬山、踢球、有说有笑的男孩子。时间一长，在他心目中将逐渐形成一种不可遏制的欲望，那就是特别渴望得到父亲般的温情和疼爱，以填补这方面的情感空白。长大以后，喜好、恋爱同性的意识将占主流。

因此，父亲应多给孩子一些关爱。如果做父亲的很少关心儿子的生活和学习，孩子同样可能偏离正常轨道。因为他还小，外界的因素又很多，孩子的自控能力还相当弱。另外，孩子逐渐懂事了，了解的东西也多了，爸爸也有必要再充

第12章 帮男孩跨越青春期障碍

电,使得自己和儿子的交流不出现代沟。其实,性教育不单纯是性知识的教育,也包括人格、品德方面的教育。

孩子进入青春期往往不愿意和父亲一起去洗澡。有些正常现象,像遗精,他并不懂得是怎么一回事,相反还认为是自己干了"坏事",怕父母知道。在这个时候,做爸爸的应注意:首先,不要责骂,不要因为他拒绝同去洗澡就发脾气或指责孩子,而应祝贺儿子发育成熟了。如果你的态度选择得不合适,孩子将对性产生恐惧和罪恶感;其次,自然大方地教给儿子一些性知识,告诉他应该怎么正确面对来临的生理变化。在性教育中,爸爸应是儿子最好的老师。

(1)在这样一个特殊的时期,需要细心呵护孩子的"面子"问题。当第一颗痘痘探头探脑地跃出地平线,当一觉醒来,发现嘴唇周围突然多了一圈毛茸茸的小胡子,有些男孩子因为一时不能接受,就采取一些极端的手段,粉刺长出来了,去挤,胡须长出来了,去拔。岂不知这是非常危险的。粉刺熟了自然会结痂脱落,如果去挤,手上的细菌不仅会感染到粉刺部位,造成发炎、红肿甚至流脓,而且还会留下很难看的疤痕,造成终生遗憾。另外,男孩子的胡须是宜刮不宜拔的。人的面部,尤其是口唇部位被称作"危险三角区",是最容易感染病菌的地方,就连刮胡子也应该小心翼翼,以防刮破而感染患病,更不要说去拔胡子了。那样毛囊被破坏会直接导致皮肤病变。所以,我们应该帮助孩子欣然接受自己的生理外貌。告诉孩子,无论是长胡须还是长痘痘,都只会使他看起来更有男子汉气质。

(2)从邋遢大王变成清洁少年。男子的阴囊及其附近的部位皮肤皱褶多,伸缩性大,汗腺丰富并且分泌旺盛,常受大小便、汗液及精液的浸渍,因而细菌、病菌、脱落细胞、污垢易积聚。男子的阴茎包皮内和阴茎头的交接处,分布着许多小皮脂腺,能不断分泌黄色的油性物质。若不经常清洗,可引起包皮发炎,出现红肿和疼痛,甚至引起包皮粘连或包皮结石。对于以上"卫生死角",要让孩子天天"打扫",以保证性器官及外阴部的卫生,预防一些疾病的发生。

(3)从细节上体贴你的儿子。让孩子多穿运动型的衣服,少穿牛仔裤。晚饭不要让孩子吃得过饱,避免让孩子生活在过于闷热的房间里,帮助孩子养成侧卧睡觉的习惯,让孩子穿宽松的棉织睡衣。一旦发现孩子出现了遗精现象,就为孩子准备干净的内裤以及小垫子,并将卫生纸放在孩子的床头。

父母向左走，男孩向右走

　　赫冉的妈妈最近有些郁闷，她发现孩子一天天长大了，却越来越沉默了，不愿跟父母说话，放学一回家就把房间门关上。连吃饭都是父母叫才出来，在饭桌上也没几句话。妈妈想问问赫冉在学校怎么样、功课怎么样或者跟同学相处得如何等，他都是爱理不理地随便应付两句。问多了他便不耐烦地给个白眼，不客气地说："你怎么那么多事啊？我在学校里还能干嘛，不就是天天上课，考试吗？你问那么多你能替我考试啊？"

　　妈妈有些生气，刚上初一的孩子怎么就变成这样了呢？那个可爱的、什么话都和妈妈说的孩子哪去了呢？记得小时候，赫冉总是缠着妈妈问这问那，家里到处是他清脆的童音。就是小学的时候，他也是很听话的，问什么说什么。现在眼看着个子越长越高，心却离父母越来越远了。

　　其实很多父母都发现：孩子上了中学后就像变了一个人，天天一脸的阴沉，也不知道谁惹他了。孩子的心仿佛筑起了一道墙，孩子在墙里，父母在墙外，墙里的人不想出来，墙外的人想进却进不去。

　　心理学家们把这一时期叫做"心理闭锁期"。孩子在小的时候，什么事情都依赖父母，觉得爸爸妈妈什么都会做。而随着孩子进入青春期，心理各方面迅速发展，孩子会发现：父母并不是完美的偶像，他们也有很多的缺点和不足，也有很多不能解决的问题，并不能解答所有的问题。于是孩子不再乐意把什么都告诉父母，什么事情都向父母请教。有时，他们更乐意跟同龄人交流。所以，父母会觉得孩子离自己越来越远。

　　另外，孩子进入青春期，独立意识也增强了，什么事情都想自己解决，不想再依赖父母，不喜欢别人再把自己当孩子，处处表现出一种成人感。于是开始对父母表现得冷淡，有时甚至是反抗、离家出走。

　　作为这一时期的父母，一定不要急躁，因为孩子的心态不稳定，如果父母理智不够，还像对待小孩子那样进行教育，往往会与孩子形成对立。这时，父母首先得平静下来，了解孩子变化的原因，然后对症下药，这样才能与孩子保持和

第12章　帮男孩跨越青春期障碍

谐、亲近的关系。

造成孩子沉默、与父母的距离越拉越远的主要原因有：

（1）身体、心理变化的压力。一方面是身体正在急剧发育，特别是性方面的发育和成熟，使他们积蓄了大量的能量，容易过度兴奋；另一方面是随着年龄的增长，他们渴望对外部社会有更多的了解，人际交往也逐渐增多，各种各样的信息纷至沓来，这就使他们要处理的问题越来越多，越来越复杂，他们有点不适应。

（2）学习的压力。孩子进入中学后，课业负担加重，相比小学来说没那么容易，作业和考试也多了起来，有些孩子便一时无法适应，出现焦虑。如果是高中生，压力更大，高考像悬在头上的一把利剑，随时有可能掉下来。学习的压力是孩子无法逃脱的枷锁，在这副枷锁下，孩子表现出烦躁、对抗是在所难免的。

（3）来自家庭的压力。特别是中国的父母，都是望子成龙、望女成凤，对孩子抱着很大的期望，想方设法地为孩子的学习添加砝码，一门心思让孩子出类拔萃，岂不知这给孩子加上了一副无形的枷锁。

（4）父母的不理解。父母和孩子由于经历的时代不同，思想观和价值观都有差异，比如孩子会嫌父母守旧古板、循规蹈矩，而父母会抱怨孩子不懂事、浮躁、不可思议。这些都会阻碍彼此的交流，造成孩子不理父母的结果。

很多父母都不知道，孩子在10岁以前是崇拜父母的年龄，这时候教育他，他会觉得爸爸妈妈是"英雄"；当孩子10～20岁的时候，到了青春期，他们就会在心理上对父母形成抵触情绪，甚至会瞧不起父母，觉得每天在耳朵边唠唠叨叨，感觉非常厌烦。而现在青春期的孩子就是处在一个从崇拜父母到"瞧不起父母"的阶段。

在父母对孩子的教育过程中，要注意分析自己孩子的具体情况，不能因孩子疏远自己而乱了阵脚。在跟孩子的接触中，父母要做到：倾听，倾听，再倾听！

父母要想知道孩子在想些什么，一定要学会倾听，因为青春期的孩子最不喜欢的就是父母的唠叨或教训。只有倾听，才能打开孩子的心门，缩短亲子间的距离。

父母应该怎样帮助和引导孩子呢？

方法一：让孩子正确对待青春期特征。帮助他们正确地认识第二性征的出现是青春期生理发展的必然趋势，是客观存在的，不必大惊小怪，要悦纳自己。

减少他们心理上的神秘感,树立良好的道德行为。关心照顾孩子的生活和学习,保证他们充足的睡眠。因为睡眠不足,会导致记忆力衰退、注意力降低、精神疲惫、情绪低落等现象。

方法二:帮助孩子正确认识压力。人生活在社会中,有压力是正常的。因此,对正常的压力并不需要全面排除。对自己或客观事物而言,当需要与可能之间发生矛盾时,必须要有所取舍,若事与愿违就要进行重新评价,不能期望值太高,更不能盲目追求、急躁从事。当压力太大、心理负担太重时,要想办法减轻。

方法三:教孩子学会宣泄感情。告诉孩子,当感到压力太大时,应当学会主动疏导发泄,比如把自己的体验、想法讲给亲人、同学、朋友,让郁闷释放出来。也可以在适当的场合哭一场,因为哭是一种有效地解除紧张、烦恼与痛苦情绪的方法,眼泪中含有一种"毒素",排泄出去对身体有好处。

还可以让孩子转移注意力、积极参加文艺或体育活动、放声歌唱或大声喊叫、进行剧烈的运动、写写日记、做深呼吸等,都是宣泄感情的方法。

方法四:教孩子主动控制情绪。除了通过外界的事物或环境的辅助来使情绪得到一定程度的调控,还有最根本的调控方法:借助自己理智的力量,去控制不良的情绪。可以用自我暗示、自我激励、心理换位等方法,将消极的情绪与头脑中的闪光点联系起来,将不良情绪转化为积极的行动。

方法五:对犯错误的孩子要巧妙疏导、循循善诱。面对犯错误的孩子,父母对其缺点错误不要直接批评,要晓之以理、动之以情,寻找他们闪光的地方,消除他们的怀疑和对立情绪,减轻他们的逆反心理,以避免情绪上的大起大落。如果情况严重,还可以采用心理咨询的方式辅助治疗,来培养他们的健康情绪。

青春期的男孩像刺头

孩子到了青春期后,心理上的"脱胎换骨"就开始了,自我意识开始清晰,独立意识逐渐增强,他们处处想显示出自己的"成熟",不希望父母对自己再像小时候那样耳提面命,而希望能与父母平等对话。苏联心理学家、教育家彼得罗夫斯基称之为"由听话的道德向平等的道德的过渡"。如果父母不能认识到这

第12章 帮男孩跨越青春期障碍

一点,便会令他们气愤、反感,为了表示他们的不满,有些孩子就跟父母"对着干",甚至对父母善意的帮助和合理的要求也拒不买账。他们的目的就是要你注意到他们的存在。有些孩子虽然表面上不"刺"眼、不"扎"人,但仔细观察一下就会发现他们很多时候阳奉阴违、口是心非,其实这是他们心底对大人们的抵触和不满。

青春期代沟的问题出在哪里?是家长的错还是孩子的错?其实,对这个问题有关专家早就开始研究,他们把责任分成了两部分,父母占80%,孩子占20%。正所谓"每一个有问题的孩子后面肯定有一对有问题的家长",所以,父母如果在和青春期的孩子沟通时遇到了问题,就真的需要好好反思了。

下面我们就来看看一位15岁男孩写的不愿意和家长沟通的十大理由。

理由1:我真的不明白爸爸妈妈为什么不了解我真正在想什么,为什么他们要干涉我的思维,总是要我顺着他们指好的路往下走?我不是躯壳,我有灵魂,我也有我的思想,我有大脑会自己思考。

理由2:爸爸妈妈对我的事情总是不以为然,好像只有他们的事情才是最重要的,我们这些"小孩子"的事都不值一提。所以,现在我有烦恼时根本就不和他们说,反正说了也没用,他们也不会重视我,也不会安慰,有时候甚至还会笑话,说什么"这点小事有什么,没关系"。

理由3:为什么父母要求我们的事情自己却做不到,我们指出父母的错误就是顶嘴,而他们用吼叫的口气来教训我们就是循循善诱。在他们眼里,好孩子和坏孩子的区别只有一个现象可以证明,就是够不够听父母的话。

理由4:家里的事情父母很少和我说,总认为小孩子什么都不懂。时间长了,我也认为我们之间的代沟很大,我们现在叛逆一点,在他们眼中就叫"混";我们现在奇思妙想、标新立异,在他们眼中就变成了"胡来"。年龄的差距所产生的代沟越来越深,越来越大,好似东非裂谷带,无法逾越。

理由5:我根本没有办法和爸爸妈妈说话,对于我的一些意见,他们总认为很荒谬,是狡辩、找借口。许多事情他们根本就不征求我的意见,也从来不愿意听我的解释。

理由6:父母除了每天给我塞一堆好吃的,就是没完没了地问我学习的情况,这样让我感到很厌烦,总感觉话不投机。聊天也聊不到一块儿去,我篮球打得好,喜欢在家里和他们聊聊NBA,可是他们一点兴趣也没有。在家里爸妈每天说的最多的话就是要把学习搞好，什么成绩了、作业了、考试了、分数了，我特别烦这些话题，在学校老师就已经给我们灌输得够多了，在家里还要受"折磨"。

理由7：他们还整天拿和我在一个小区的同班同学比较，总是和我说，你看人家怎么怎么样，你又怎么怎么样；"为什么同一个班，你这次考得没人家好"之类的"质问"，让我感到非常厌烦，感觉我什么都不如他，一点自信都没有，对学习就更没什么兴趣了。

理由8：每次我鼓起勇气和他们说心里话的时候，他们总是先啰嗦一大段的道理，还会摆出一副"我是大人"的架子，然后把自己的思想传输给我。实际上只要我赞同他们的观点，他们就会停止说下去，如果我不赞同，他们就会一直往下说，直到我很不乐意地接受为止。所以我一般只和同学在一起谈心，感觉和同龄人一起聊天很轻松，可以各抒己见，而和父母谈话总是处于被教训的位置。

理由9：爸妈有时候还像古代的一些皇帝，很霸道，欺压百姓，弄得民怨沸腾。上周刚开完家长会，他们回家就狠狠地批了我一顿，要是我不快点闭嘴，很有可能会有一场暴风骤雨。我真的受不了他们的火气。爸爸妈妈，你们就不能与我好好沟通一下吗？他们总是板着个脸，给我讲大道理。大道理，不用他们讲我也懂。

理由10：如果我以后做了家长，我不会每天都对孩子板着一张脸，装作一本正经的样子来对待他。我会和孩子做好朋友，和他聊天、谈心，让他把心里的想法和委屈都讲出来。有一对能够理解我们，能和我们平等交流的父母，是我们多么渴望需要的啊！

这就是现在大部分青少年对于父母的看法，也代表了青春期孩子的心声，值得每一位家长深思。

父母应该站在孩子的角度去考虑问题，找出根源，然后总结出一套比较合理的方法，调节自己与孩子之间的关系，以朋友的姿态与孩子交往，就可以避免出现对立情绪。当孩子对你表示不满时，也要有心理准备。父母不妨这样做：

（1）检查一下自己的言行。父母要先检查一下自己的言行举止，是不是影响了孩子，有没有给孩子以正确的启发。比如，有些父母脾气暴躁，孩子不听话轻则责骂，重则动手，不容孩子有所辩驳；还有的父母认为孩子就应该听自己的，不听话就是大逆不道，这些观念和行为都不利于对叛逆期孩子的教育。

第12章 帮男孩跨越青春期障碍

此外,还要分析一下父母自己的教育观念和思想,是不是不小心就把孩子当成了"考试机器"?是不是寄予了太多的希望让孩子喘不过气来?是不是不善于对孩子引导?是不是从来都不知道孩子的心里在想什么?

父母只有清楚了孩子的心理变化,梳理清自己的教育思路,调整好自己的情绪,才能给孩子一个安定的环境,缓解孩子在青春期的焦躁。不能实行严厉的"大棒政策",应该给孩子一点独立的空间,把握合理的原则,与孩子建立平等的关系,消除与孩子的隔阂。

(2)把事情淡化。儿子为了某事和妈妈争执。正值青春期的儿子跟她说:"你不要管我,你知不知道我现在是狂飙期。"做母亲听了,也回了儿子一句:"有什么了不起的,你知不知道我现在是更年期。"儿子马上停止了愤怒,笑个不停。

也许做儿子的不知道什么是更年期,不过我们不得不佩服这位妈妈的机智和幽默。

虽然一些如"狂飙期"、"更年期"等专有名词不宜视为描述人的"标签",但是亲子沟通中却需要一些不那么严肃的风趣和幽默,这样一来,孩子青春期糟糕的情绪就消失了一大半。

(3)换一个角度。很多父母在给孩子训话时总喜欢问他"你到底想怎么样",父母要考察自己的沟通效果,可以换一个角度和口气,这样问孩子:"需要我为你做什么?"这样孩子听起来就很舒服,觉得家长很尊重自己,乐于和家长一起探讨问题,同时也调动了孩子的积极性,有利于亲子之间的沟通。

(4)要引导,而不是强制。父母要明白,孩子不喜欢父母用命令、催促的口吻与自己讲话。孩子更不喜欢父母用"笨蛋"、"废物"之类的否定、贬低、侮辱自己的语言。有很多话可能父母只是随口说说,但这些贬损性的词语,对青春期的孩子心灵伤害却很大。在这种语言环境中长大的孩子,可能对他人、对社会产生终生难以改变的畸形心理。

所以父母在和孩子对话时,要带着商量的口吻,不能总是质问孩子,要平等地和孩子进行交流,选取最佳的解决问题的方案,这才是最健康的亲子关系,最健康的家庭氛围。在这种环境中成长,家长不用费多大的劲儿,正处在青春期的孩子很自然地就会接纳你的意见,向你吐露心声。

做孩子第一任性教育老师

韦伟的经历是痛苦的,已经上大学的他回忆起初中时的那一幕,依然心有余悸。那是高一下学期的事情。有一次,他在家做数学作业,有一道题一时想不出来,脑袋里就开始胡思乱想起来。这种情况不是第一次,已有半学期了。在自己独处的时候,他会情不自禁地用手玩弄自己的阴茎。他自己也很清楚,每次做作业的时间都特别长,爸爸妈妈都感到他进步多了,经常能做一两个小时的作业,也不出声。只是成绩不但没有升,反而下降了。这就使他们老是在想:现在的学生真不容易,竞争太激烈、学习太苦了。

不过,这一次韦伟露了馅。正当他极度兴奋时,爸爸推门进来,那扇门平时都是小心插好的,这一天不知怎么搞的,忘了插。爸爸看到这一幕,手中的牛奶杯摔在地上,儿子惊呆了,迅速站起来,拉好衣裤,不过爸爸已经愤怒地走过来了。忽然,爸爸看到作业本上还放着一张半裸的美女卡片,上去就给了儿子一巴掌。闻讯而来的妈妈不知何事,对爸爸叫起来:"你疯了!儿子这么大了,你还打他!他干什么事情啦?"

"你去问他,别以为他在好好学习,这个不要脸的狗东西!"说完,气得走了出去。

妈妈不知发生了什么事,一个劲儿地问儿子:"你干什么事啦?你爸从来没这么生气过,你倒是说话呀!"

儿子低着头,咬着嘴唇,什么也不说。

从此以后,他在父母面前小心翼翼,甚至不敢正面看他们;在班上也不敢与女生说话;女教师上课,他都不敢抬头。在他的心中,罪恶感、耻辱感压得他喘不过气来。可同时,他并没有停止自慰,每次偷偷完成后,他都会有内疚与自责的痛苦,这使得他的青春期一片阴暗。

孩子自慰是种正常行为,源于对性的好奇。面对孩子的自慰行为,父母一定要慎重对待。

人进入青春期,性意识就开始萌芽。偶然的自慰是缓解性压力的一个途径,

第12章 帮男孩跨越青春期障碍

但无知的家长们则不这么认为,他们一旦发现孩子的自慰行为,往往大加斥责,甚至羞辱,像韦伟的爸爸责骂韦伟"不要脸"就很不恰当。这种方法会使孩子的罪恶感增加,心理自卑感加强,甚至造成精神崩溃。

因此父母应当多了解一些生理卫生和青春期心理知识,并在孩子发生自慰行为时,对孩子讲清楚自慰的利弊,而且让他知道青春期由于生殖器官的发育,性激素便会促使男孩子出现梦遗现象。

有关专家指出:青春期以后,男女都可能发生自慰,但是男性比较普遍。那些从来不敢触摸自己性器官的男孩,大多受到严厉的约束,认为性器官很"脏"或很"神圣",不能随意接触。其实,这样反而对他们的健康不利。

造成自慰的生理原因与梦遗类似,主要是生殖器官发育,性激素浓度上升,使男孩子本能地开始对异性感兴趣,而生殖器官在不断发育中也容易引起男孩子的注意,特别是阴茎很容易在受到刺激后充血勃起,这一发现会令男孩感到好奇。

在传统社会里,自慰是一种很丢脸的行为,属于社会禁忌,人们平时都不能谈论它。传统观念认为自慰会造成人的精力衰竭、气短体虚。过去的医书上也写着:自慰会导致神经衰弱、记忆力下降、失眠多梦以及婚后性功能障碍等。一些父母正是基于这种传统观念而对孩子的自慰行为大加斥责的。

但是,已有充分的证据表明,孩子最初的性体验往往来自于自身的自慰行为,自慰被认为是性行为的初始方式。自慰对于性冲动异常强烈的孩子来说,它能使性冲动得以顺利地宣泄。自慰还是孩子自我发现和逐渐了解自己的身体和情感的一种方式。因此,只要不是过于沉湎于自慰产生的快感中,不过于频繁自慰,自慰是不会损害孩子身心健康发展的。当父母发现孩子的自慰行为,不要大惊小怪,更没有必要怒骂斥责。用传统的目光和粗暴的方式对待孩子在性方面的不当行为,不仅于事无补,而且伤害了孩子的自尊,给孩子的心理留下永远的创伤。

当孩子进入青春期后,随着他们性意识的觉醒,应及时进行性知识和性道德教育。父母要选择适当的语言和适当的时机告诉他们,由于内分泌系统的成熟,性激素产生过多,少男、少女开始出现第二性征,男孩子会长胡须,声音变粗,阴茎、睾丸增大,并出现遗精等生理变化。对男孩儿的这些变化,应告诉他们这是一种正常的生理现象,是进入青春期的标志。

鲁迅先生说:生物的个体,总免不了衰老和死亡,为继续生命起见,就有一种本能,这就是性欲。因性欲才有性交,因性交才有后代,继续了生命。所以,性交也并非罪恶,并非不净。因此对性问题大可不必羞羞答答、遮遮掩掩,应理直气壮地谈论它、研究它,让更多的人,特别是青少年正确认识它,以增强对性犯罪的免疫力。

(1)对于孩子的性问题,要直接回答。回避、搪塞只会让孩子觉得这种事情更加神秘,更增加了孩子对这类事情的好奇心。父母是孩子的第一任老师,对于性的问题,最好一开始就给孩子一个老老实实的答案。

(2)给孩子符合他年龄段的解释。尽量简洁地对孩子解释,不用长篇大论,或者给他上一堂复杂的科学或道德课程。如果自己回答不了,就找一本相关的书籍吧,和孩子一起阅读。

敏锐发现男孩性意识的觉醒

一位细心的妈妈发现上初二的儿子红着脸,在掖藏被精液弄脏的床单。她悄悄告诉丈夫:"儿子有了梦遗。"爸爸拍拍儿子的肩膀,说:"儿子,爸爸祝贺你,这说明你已经是个男子汉了。"

儿子不好意思地问:"是不是我现在就有生育能力了?"

爸爸禁不住笑了:"可以这么说。不过要知道,这只是成人的标志,可不是最好的生育阶段,种花还得需要颗粒饱满的种子呢。"

"那谈恋爱是不是两个异性交往?是不是有了性生活就会生小孩了?"儿子字斟句酌地问。显然,这些问题困惑了他很久。

爸爸趁机引导,告诉儿子,有性的接触确实会孕育一个小生命,正因为如此,人们通常都把性的问题看得很重。但只有相爱的成年人才会涉及性,现在有些学生因为盲目、过早地接触了性,结果就造成了未婚妈妈的存在,有的甚至付出生命的代价。

爸爸接着说:"儿子,爸爸祝贺你长大了,咱们男子汉在社会上立足生存,第一要有责任感和爱心,第二得有本事,有知识和能力。"

进入青春发育期的孩子开始亲身体验到身体的微妙变化,如果这之前,他们已经接受过来自父母的科学指导,便不会对月经初潮和遗精感到紧张,虽然他们

第12章　帮男孩跨越青春期障碍

仍然会感到害羞。父母要巧妙地引导孩子坦然对待性成熟。

有的父母不明白，"孩子什么时候开始有了性本能？是在青春期突然之间产生的吗？"不，性本能在青春期前很长时间就产生了。弗洛伊德声称性满足从摇篮里就开始了，最初与哺乳有关。孩提的行为在很大程度上受到性好奇与性兴趣的影响，虽然荷尔蒙的分泌要到青春期才会完全成熟。3～5岁的孩子对裸体的兴趣以及男女孩子相互之间对性器官的兴趣，也是很常见的。这是形成性观念的重要时期，父母应该注意不要对这种好奇表现出震惊与厌恶。据悉，很多性问题都是父母对孩子早期进行不适当教育的结果。到了小学高年级，10岁左右，孩子开始对两性关系发生兴趣，特别是女孩子，比男孩更成熟一些。

一般女孩在10～13岁，男孩在11～15岁进入青春期。伴随着性生理的变化，男孩和女孩产生了对性知识的强烈需求，他们非常关注自己的周围伙伴的发育变化，心中有很多疑惑等待解答，很想知道发生在自己身上的变化是否正常。所以，他们常常有意识地通过一些途径来寻求性知识，如翻阅医学书刊、收听专栏广播、暗中与他人比较等。

青春期初期，青少年会将大部分时间集中于性的问题上，这很正常。他被这个令人激动的新世界深深吸引，想尽可能多地了解这个世界的一切。父母们不应该对一个处于青春期少年的所想所为感到震惊：他很可能会说出或是写下父母认为早熟的事情。羞涩少语的青少年有时也会说出让人吃惊的亵渎之语。这种性探究不应被理解为道德败坏，相反，这典型地反映了孩子突然之间对性的向往。

青少年性意识的觉醒与发展是人生发展过程中十分正常，也是十分必要的事情，成为青春期自我意识发展中的一个重要方面。从此，孩子的自我意识的各个层面都和他们的性意识联系在一起。他们开始真正以一个男性或女性的自我在社会中呈现出来。他们对社会中的他人也开始真正以一个男性或女性的角度来对待。父母要正视孩子的这些反应。

美国性教育家戈尔顿教授认为，受过家庭性教育的青春期少男少女，大都能推迟首次与异性接触的时间。但对于给自己正逐渐成熟起来的孩子进行性教育，许多父母常不知该怎样入手。在这里，性专家给出六个建议：

（1）家庭性教育最好是通过与孩子拉家常的方式展开。在日常生活中，父母可借助某件性方面的事打开话匣子。不要希望用某种教科书来解决，这样效果不会理想。

（2）让孩子了解一些性和节育方面的知识。让孩子了解一些性和节育方面的知识，并不等于允许孩子过早地这样做。如果父母老是简单地向孩子强调"你还小，不能那样"，反而会引起孩子的逆反心理。

（3）要善于回答孩子提出的性问题。不要对孩子特有的好奇心横加指责，应通过循循善诱来抹掉孩子心理上对性问题的神秘色彩，使之对待性问题能有正确认识。

（4）帮助孩子产生多种兴趣，培养广泛的爱好。这样有利于分散孩子在性问题上的精力，鼓励孩子从事一些力所能及的劳动，也大有裨益。

（5）制定一些有说服力的、易为孩子接受的"约法三章"。任何父母都不可能把孩子关在家里到20岁，过多的限制往往会引起孩子的反抗。绝大多数孩子接触异性的时间一般在放学回家之后到父母下班之前，所以"约法三章"确有必要。比如，和孩子约定：家中没有大人时，不能把异性朋友带到家里来；孩子的舞会应有大人陪伴参加；舞会场所不能提供酒类等有刺激性的饮料。

（6）教育孩子集中精力创造一个美好的未来。应该让孩子懂得，青春期只有集中精力去增长知识才干，才能为美好的将来打下基础。一个人也只有在未来各方面条件成熟后再去考虑个人的感情问题，爱情和性的生活才会美满。

早恋是青春的坟墓

陈天昊，男，16岁；龚小丽，女，17岁。两人在北京某中学高三读书。刚进入高中的时候，两人就偷偷开始恋爱。后来他们的秘密行动被人察觉了，学校及双方家长劝阻二人不要过多交往，要珍惜学业。龚小丽有意疏远陈天昊，但陈天昊仍不时去找龚小丽。

有一天中午，龚小丽在自己的租住处，关着房门吃饭，陈天昊来找她，敲门数分钟后，龚小丽开门让陈天昊进屋。随后龚小丽坚持让陈天昊离开，但陈天昊不理睬。龚小丽就独自去教室上课，陈天昊就在屋内待了一下午。晚6时许，龚小丽放学后回到住处，见陈天昊还在，于是再次要他离开，但是陈天昊仍不离开，两人发生撕拉。龚小丽随即拿起一把水果刀对陈天昊进行威吓，向他的背部

轻轻地戳了一下。"你再纠缠下去，我可对你不客气了！"陈天昊一直还以为是开玩笑，仍没有走的意思，龚小丽就向他的腹部猛戳了一刀……

早恋，一直是一个很敏感的话题，很难说清它到底是对还是错。不过可以肯定的是，早恋会给青少年朋友们带来很多很多的问题。

（1）影响学习，磨灭理想。每个青少年朋友都有自己的理想、宏伟的抱负，都渴望成为社会的有用人才甚至是栋梁之材。任何理想、抱负的实现都离不开勤奋努力，学习知识。十七八岁，正是为各方面的成长、发展奠定基础的最佳时机，可谓黄金时代。这个时期的少男少女，充满了青春活力，精力旺盛，思想活跃，记忆力强，对新生事物极为敏感，是学习科学知识、提高各种能力的最好时期。因此每一个青少年都应该全力以赴，专心致志地刻苦学习，为将来建设祖国、攀登科学高峰，打下坚实的基础。如果这个时期被恋爱问题纠缠，必定分散学习精力，浪费大好时光，这无异于置一生远大前途而不顾。这种所谓爱情，极可能会葬送青少年朋友们的才能、事业和前途，待到以后追悔莫及。

（2）对青少年朋友的心理承受极为不利。青少年早恋，自知会受家长和社会上其他人的责备和议论，因而就要躲躲藏藏，远离人群，长此以往，影响了与同学、家人的关系。同时，他们在思想上会产生很多负担，影响了青少年朋友心理的正常发展，有的甚至会改变性格。

（3）草率地对待恋爱，会酿成终生苦果。爱情之所以被称为人的终身大事，意味着它在人生中的重要地位。可是青少年由于涉世不深，阅历较浅，生活经验欠缺，对社会缺乏足够的了解，感情胜过理智。因此，在辨别人和事、处理人际关系时，往往草率行事，一时感情冲动，超过理智，与异性确立了爱情关系，以后伴随着心理上的变化、发展、成熟，可能会对对方产生不满，进而中断彼此间的感情。这种情况，会引起青少年的失望情绪，使之消沉，甚至形成心理障碍，从而影响青少年精神生活的健康发展。

（4）出现过火行为，引发犯罪。青少年早恋，大多是由于感情的冲动或是出于对异性的神秘感和好奇心而已。这种神秘感、好奇心使青少年盲目地效仿成人。当强烈的好奇心和感情上的冲动构成合力时，十分脆弱的理智防线就会被冲垮。在这种情况下，往往会出现过火行为，甚至造成不可弥补的损失，造成青少年心灵上的创伤。

但是，孩子进入青春期以后，随着生理上的日益发育成熟，性意识也开始觉醒和逐步形成。在性意识发展的过程中，男女生都会产生对异性的好感和爱慕，有一种与有好感的异性同学相互接近、了解、交往并结为朋友的需要。

有个初二的男孩在日记中写道："不知怎的，我近来一看到那个女孩，就不由自主地脸红心跳。我害怕遇到她的目光，就像小偷躲避警察一样，但又禁不住想多看她几眼。我不知道为什么会有这种感觉。她已经占领了我的整个心。白天上课的时候，时不时地看她几眼，我就觉得心里特别舒服。我都没有精力去学习了，好像失去了她就像失去未来一样。我像一只没有目的的蚊子，到处乱飞……"

向往异性是青春发育期孩子的一种正常生理反应和心理现象，是人的情感世界中美丽而珍贵的内容，男女同学相处，是青少年社会交往不可缺少的内容。人类异性间的交往，也是最富有魅力、最激动人心的，尤其对青春期的男女来讲，更具有极大的吸引力。

心理学家认为，男女两性交往会产生神奇的异性效应，这种异性效应对一个人的成长和性别角色的完善有着不可低估的积极作用。

只在同性范围内交往，人的心理发展往往会狭隘，远不如既与同性又与异性的多向交往更能丰富人的个性。多向的人际交往，可以使差异较大的个性相互渗透、补充，使性格更为豁达开朗，情感体验更为丰富，意志也更为坚强。

所以，与异性同学交往是必要的。只要父母加以适当的引导，就会避免孩子陷入早恋的误区。

（1）告诉男孩，与女孩交往要真实坦诚。在交往过程中要做到坦荡无私、以诚相待，相互信任是建立和发展良好异性关系的前提和基础。这是指异性交往的态度问题，也就是说，与异性交往，要像结交同性朋友那样结交真朋友。

（2）教育男孩所言所行要留有余地。虽然是结交朋友，但所言所行要留有余地，不能毫无顾忌。比如，谈话中涉及两性之间的一些敏感话题时，要尽量予以回避；交往中的身体接触要把握好分寸，不能过于轻浮，也不要过分拘谨；在与某位异性的长期交往中，要注意把握好双边关系的程度，不要走得"太深"、"太远"，以免超越正常异性交往界限。

（3）要尊重孩子的纯真情感，不要轻易贴"早恋"的标签。男女同学之间亲密一点，手机发几条短信，过年过节送几张别样的卡片，写上几句俏皮的话，某天晚上回家很晚……于是，家长就紧张了，捕风捉影地认为是在"交朋友"了，"早恋"了……然后轻易给孩子贴上了"早恋"的标签，使美好的纯情失去

了光辉。这样，他们反而会把委屈的孩子推进"早恋"的泥坑。其实了解一下就不难发现，有许多例"早恋"的当事人，最早都是不自觉的，而是在最后，被家长"逼"成自觉的，所以，父母们一定要吸取这些沉痛教训。

（4）用"冷处理"的方法处理早恋迹象。如果孩子真的出现了一些早恋迹象，家长一定要冷静、宽容和理解，不能心急；更不能公开批评所谓"早恋"的对方，扩大知情人的范围，甚至采用硬性手段拆散，结果扩大事态，反而弄假成真。因为这些做法无意中会造成对孩子负面的刺激，他们的心理会更加逆反，走向反面。所以，一定要在弄清楚原因后，再顺势引导，才会以理服人。否则，"以其昏昏，使人昭昭"，只会站在孩子的对立面孤军奋战，将事情弄得更加糟糕。

（5）引导孩子多思考。可以问问孩子，他真正需要的是什么样的人、什么样的感情；想一想，幼儿园时喜欢的小朋友到了小学还喜欢吗？小学喜欢的女孩到了中学还喜欢吗？让孩子明白，随着自己慢慢长大，喜欢和需要的都会有所改变。让孩子明白，未来有太多的不确定性，包括求学和职业选择等，时间和距离都是魔鬼。

（6）给孩子一个美好的期望。告诉孩子，恋爱是一种非常美妙的事情，可是真的体会到它的美妙是需要条件的。偷偷摸摸（怕老师家长发现）地谈肯定体会不到它的美妙，最多是刺激。

爱情之花是圣洁的，只有到了一定年龄，能够正确理解它，懂得珍惜它的人，才能栽培并以真诚之水使之永远盛开。对于孩子来说，在爱情生长的土壤还不具备的时候，最明智的办法是筑好防线，集中精力学习科学文化知识，拒绝接受和传播爱情的种子。

分享阳光、分担风雨

小金在一家报纸做"性情"版的编辑。可是自报纸开设这个版面之日起，她就陆续接到一些读者电话，反对开设"性情"版，每次他们都要把"性情"版撕掉，这样就能避免家里的孩子看见。虽然，很多家长都意识到对儿童进行性教育的必要，但有了认识未必能带来正确的行动。从家长们撕掉报纸的"性情"版，以免孩子受到"不良影响"这件事，不难发现家长对性问题的敏感和恐慌。

　　事实上，家长的态度会直接影响孩子的行为，家长以何种态度对待性知识，将直接影响孩子对性的认识及相关的人格发展。青少年是通过体验社会、家庭对其性活动的反应（奖励或惩罚）和给予他的有关信息、知识，来建立符合社会赞许标准的性唤起和性行为的模式。这是一个主动的学习过程，称为"性欲社会化"。在这个学习过程中，他们并不像一架编好程序的计算机那样只是一个消极接受的工具，他们的个人好奇心和社会环境之间的关系如果处理不好，就会产生矛盾，这很可能对他们的一生都有影响。亦即，父母和社会成年人的与性有关的活动，哪怕只是一个小小的演示，都是提供给他们的无数行为模式的一部分，他们在有意无意中会有一定的接受。日复一日、年复一年，这些行为模式就会通过正面的、反面的种种作用方式，使他们对性活动的态度产生广义的决定性影响。所以青春期是性教育的一个重要的阶段。性教育之好处在于：

　　一是有利于身心健康。青少年进入青春期后，随着性发育的日臻成熟，会出现一系列的生理心理现象，如少男的遗精、少女的月经初潮、伴随性意识的觉醒和发展而突如其来的性冲动等。如能及时进行性教育，男女青少年就能正确对待、处理这些性的生理和心理问题，这对于促进他们身心正常发展，防止性生理和性心理疾病具有重要的意义。

　　二是有利于培养性道德。在青春期及时进行性教育，有利于引导青少年遵守性爱、性行为的社会道德，做一个性道德高尚的人，可有效防止早恋、婚前性行为、少女怀孕及性变态、性犯罪等问题的发生。

　　三是有利于预防性疾病。男女生殖器官的各种疾病和性功能障碍，绝大多数是由于不注意性生理和性心理卫生引起的。对青少年加强性教育，防患于未然，可大大降低婚后性疾病和性障碍的发生率。

　　四是有利于家庭幸福和社会稳定。性生活是夫妻生活的重要内容，它的和谐美满与个人、婚姻、家庭、社会都有密切关系。一些已婚青年的精神痛苦、夫妻不和、婚外恋以至家庭解体，以及因此造成的诸多社会问题，在很多情况下，都与青少年从小缺乏必要的性教育有关。

　　五是有利于预防青少年的性犯罪行为。加强性科学知识的指导和教育，可以抵御黄色淫秽读物、音像制品和西方社会"性解放"、"性自由"的思潮对青少

第12章 帮男孩跨越青春期障碍

年的诱惑和腐蚀，有效防止青少年性犯罪的发生。

那么，应该从哪些方面谈性呢？青春期教育大体包括性生理、性心理和性道德三个方面。教育内容的安排与选择是以性生理知识为起点，性心理指导为特点，性道德教育为重点。通过性教育使青少年正确认识青春期身心的发展变化，注意保护身体，养成卫生习惯，培养他们具有良好的心理素质和道德修养，懂得自尊、自爱、自重、自强，具有自我控制能力，能正确对待男女之间的友谊，珍惜青春年华。

在这方面，父母的态度很重要。

（1）采取开明的态度。性知识解除性愚昧，带来性道德。封锁这方面知识的做法是不明智的，而孩子从非正常渠道获得的非科学性知识危害更大。

（2）给孩子一本关于青春期的科普读物。如果你的观念确实很传统，认为很难和自己的孩子沟通有关性方面的问题，那么就尝试买一本适合孩子阅读的青春期教育科普读物，让孩子自己启蒙。孩子自己阅读，自己琢磨，比咱们在一旁喋喋不休要科学多了。家长要注意两点：一是书的选择一定要适当，选成《性知识手册》就超量了，应选针对青春期孩子的科普读物；二是书选好后，不一定当面交给孩子，可以好像是无意一般放在桌上，不必叮咛，他自会拿去阅读。要给像含羞草一样敏感的孩子一个宽松的学习氛围。

（3）通过琐事对孩子进行观念渗透。所谓观念渗透，是为了避免生硬灌输、直接说教而采取的一种议论生活中其他教育素材，以传递性道德教育观点的暗示方法，这对初中生是有明显导向性的。例如，电视剧中一位姑娘轻率地许身于人，我们家长叹息一番、议论一番，还可以假设姑娘婉言谢绝的情节来续编后面的故事；再例如，将报纸上受骗少女、误入歧途少年的一些案例作为一家人谈论的话题，在议论中，表明成年人的道德观念、价值观念、行为准则、审美意识。这显然比叮嘱孩子、耳提面命要有更好的接受效果。

（4）注意观察孩子的身体，对他们的变化予以肯定。少男或少女在上厕所、洗澡或从事某些活动时，可以观察到自己的身体。而父母作为他们最亲近的人，也可以在有意或无意间观察到他们的体象。这时，父母的表态相当关键，其所起的积极或消极的作用对孩子今后的观念形成影响很大。要注意孩子身体的变化，对他们的第二性征给予肯定和赞美，可以谈一些自己身体状况发展的情况，帮助孩子了解身体结构、生理卫生、心理需求，并引导他们正视自己。

不打不骂穷养男孩

电脑那端的小朋友

从20世纪80年代开始,早恋就成为让家长万分头痛的难题;几年前,我们似乎还在对"网恋"瞠目结舌;如今,随着网络的普及,另一种高科技形式的"早恋",以更加隐蔽、更不易为家长所察觉的方式,大举入侵青少年的日常生活,它就是"网婚"。

"网婚",即"网络婚姻"。在家用电脑的基础上,只要有一条电话线和一只"猫"(调制解调器),"网络婚姻"之路即成通途。利用语言、图片所创造出来的刺激场景和虚拟温情,使那些尚不知婚姻真谛的少男少女,热衷于这种虚假的"卿卿我我",毫无遮拦地谈"情"说"性",其造成的危害,也许随着时间的推移,才能日益显露出来。

而这种新兴网络游戏的高明之处,在于成功地摆脱了家长、学校的监控。没有确切的数据显示,到底有多少青少年网民参加了"网婚"游戏,但有一个事实足可以反映这个游戏在青少年中的风行程度。2005年,上海一家网络公司推出的"爱情公寓"创办仅一个月左右,"入住"用户已达到10万人左右。其中一半以上是15~20岁的青少年,最小的只有10岁。

为什么有这么多的青少年喜欢"网婚"?

首先,寻求释放压力是主因。当前,升学、就业压力使部分青少年心理负荷过重,他们渴望逃避现实生活,并通过"网络同居"来找到心灵伴侣,释放情感,放松自己。除此以外,当今独生子女人际交往能力弱,责任感淡薄,也在为"网络婚姻"的流行推波助澜。

其次,好奇心的驱使。青春期孩子的好奇心特别强,他们对新奇事物有一种本能的接近和探究的渴望。网络世界是一个全新的世界,同时又是一个虚拟的世界。这种通过敲击键盘产生"恋情"的新的"恋爱"形式,其本身就有较强的神秘性和吸引力,加上各种媒体对"网恋"或褒或贬的报道,更是激发了对爱情充满憧憬与渴望的中学生的好奇心和探究欲。他们希望通过这种方式能把童话变为现实,美梦成真。在这种好奇心的驱使下,许多中学生掉进了网络虚拟世界编织

第12章 帮男孩跨越青春期障碍

的美丽谎言的陷阱——"网恋"中。

再次,性成熟的心理需要。中学生正处在身体生长发育的第二个高峰期(从10岁到18岁),他们的身高、体重迅速增加,性器官明显发育并出现第二性征。女子初潮和男子第一次遗精的出现,意味着中学生已进入性成熟期,他们的性意识迅猛觉醒,开始对异性产生好奇心和神秘感,有了接近异性、了解异性的愿望和需要,甚至对异性产生爱慕。他们开始探索和尝试相恋的奥秘和甜美。但由于学校对中学生恋爱的各种禁令及家长的约束,使他们在恋爱的问题上多了一些渴望,少了一些行动。而网络的虚拟性所提供的隐蔽而安全的环境,无疑为中学生驰骋自己的爱情幻想提供了良好的场所。

最后,排遣孤独与寂寞的心理需要。现在的城市中学生绝大多数都是独生子女,他们没有兄弟姐妹的陪伴,有的往往只是父母的说教和无尽的爱。随着年龄的增长,他们与父母的共同语言越来越少,而许多父母为了生计,在激烈竞争的现实面前已无暇顾及子女的教育,孩子难得与父母谈心,甚至见面也很困难;而学校对中学生的关心侧重于学业而非情感,这样伴随孩子的必然是内心的孤独、寂寞,上网聊天便成了他们解除寂寞和孤独的途径。网上自由宽松的环境,可以使他们尽情倾诉,如果网友是异性,日久便会生情,发展为"网恋"。当然,也有些中学生为了摆脱孤独与寂寞,刻意到网上寻找"网恋情人",甚至"网婚"。

在"网婚"中,青少年普遍认为"在虚拟社区里可以不必受任何社会道德的约束",这种理想化的"网络生活"和现实生活之间的落差将造成人格分裂,这对人是一种潜在的伤害。

一是造成青少年责任感的缺失。"网络婚姻"与现实婚姻的模样似乎相差无几,可以说现实婚姻所需的要素几乎都可以在"网络婚姻"中找到,但唯独没有责任感。参加"网婚"的青少年都是以自己为中心,他们衡量能否"结婚"的标准也是根据自己的需要而定。两人觉得合适就"结婚",出现问题就"离婚",丝毫不讲责任,这会使青少年对家庭、婚姻的理解产生扭曲。青少年需要在现实生活中锻炼与异性相处的能力,为将来真正的婚恋做准备,而"网络婚姻"提供的是以自我为中心的标准,这会让青少年在今后真正选择伴侣时产生误解,对真正的婚恋失去责任感。

二是"网婚"易导致现实婚姻破裂。"网络婚姻"处于一种相对完美的状态。虽然也需要照顾家庭、料理家务等，但这仅仅需要点几下鼠标就可以完成，与现实婚姻中所要遇到的柴米油盐酱醋茶的琐碎问题完全不同。在"网络婚姻"中，少男少女们更多的是诗情画意，手拉手逛街、看电影，充满浪漫。这会使婚姻在青少年心中形成超现实的模式，造成今后在现实婚姻中产生巨大落差，从而导致婚姻破裂。

三是意志薄弱，更易沉迷。一些意志力薄弱的青少年，容易沉迷于这种虚幻的世界，尤其是家庭缺少温暖或学习压力较大的孩子，网络中的美好和虚幻对他们有着极大的吸引力，使他们失去正确的判断力，可能会同意与网友有进一步的接触，当一切回到现实中时，美好不再存在，就容易产生冲突，使孩子受到伤害。

四是受伤感强。由于网上谈恋爱看不到对方，往往无所不谈，赤裸裸地把心掏出，所以感情发展神速，而且也更深入。一旦他们失去网上情人或被遗弃，所承受的内心痛楚不是外人所能想象的，伤心失望的程度也许会比真正失恋还深。

孩子是不是陷入了迷途，父母应该做到心里明白：

（1）留心观察你的孩子。家长平时要注意观察，当孩子提出一些与婚姻或性有关的问题时，这表示孩子有可能已经涉足"网婚"。此外，涉入"网婚"的孩子上网时间会比较固定，因为"网上家庭"也是需要经营的。

（2）注重交流和引导。发现孩子"网婚"不要震惊，更不要粗暴地阻止，交流和引导最重要。父母可根据孩子与自己的亲密程度，由一方或双方与孩子一起进入"网婚"，要以理解的心态和孩子共同探讨。例如，母亲可以向子女提出在网上见一见他们的小朋友；当孩子遇到问题时以朋友的身份帮助他解决，让孩子有自主选择的感觉。家长应该把这个问题看成是了解孩子、与孩子共同成长的一个契机，这样也有利于提前给孩子一个良好的婚姻教育。

（3）给孩子提个醒。要让你的孩子充分认识到网络世界存在着的虚拟性和险恶性，对"网络恋情"多一分清醒、少一分沉醉，时刻保持高度的警惕性。告诉孩子不要轻易和网友见面，不要泄露私人的秘密，比如，学校、家庭地址以及电话号码。

（4）摆正心态，克服自己的心理障碍。进入青春期的孩子在心理和生理上都会产生变化，每个孩子或多或少都会向家长提出些问题。例如，我是怎么来的？什么是爱？婚姻、性行为是怎么回事？面对这样的问题，家长不要逃避，可

以先自己模拟情景，然后再与孩子进行探讨。当婚姻对孩子不再神秘，当两性生活的面纱揭开后，他们会主动从其中解脱出来，回归自然的天性。

（5）让孩子上网的时间没有规律。这是帮助孩子防人防己的一招。上网时间没有规律，就让人等不到，或者不会在固定时间碰到什么人。

（6）为孩子构筑起一道预防"网恋"陷阱的"防火墙"。家长不仅要注重孩子的成绩，还要与孩子交流。要经常让孩子参加一些社会实践活动，丰富孩子的业余生活，提高孩子的交际能力和判别是非美丑的能力，不要让孩子把上网作为唯一乐趣。

教男孩正确面对开放的社会

现在的社会很精彩，但是也让人很无奈。随着人们思想的解放，性观念也与时俱进地开放了。然而，最令人心痛的是，一些未成年的孩子也不幸卷入其中。

河北省一份针对青少年性行为的调查报告显示，青少年性行为具有性活动频繁、性伴侣多以及不采取避孕措施等特征。在调查的115人中，19人曾有2个或2个以上的性伴侣。同时青少年性行为还存在性虐待等恶劣行为。

河北省这份调查报告令人痛心，却并不令人吃惊。可以用一句话形容它：情理之外，意料之中。所谓情理之外，乃是说本不该有这种情况；所谓意料之中，则是因为类似的调查结果，在其他地方屡有所见——覆巢之下无完卵。

在广州，20.2%的中学生曾经发生过性关系，大约12%参与调查的学生更是在初中阶段就发生过性关系。调查还显示，只有不到四成的中学生性行为时用安全套；在首都北京，《中国日报》的调查显示，一半以上的受访高中生认为"一夜情"没有什么不对，有6.2%的受访高中生称自己已经有过了"性经历"；另外，高中生"第一次性经历"发生的平均年龄是15岁左右。

而最近一份记者调查报告更是让很多父母难以置信，孩子的思想观念竟然是这样的。记者调查发现，个别学校的高中生50%有异性朋友，他们中40%发生过性关系。

刘迪，男，北京某高中学生。他的第一次恋爱是19岁，也就是上高中的最后一年。他说，上初中时班里就有谈恋爱的同学了。"当时谈恋爱的人不多，我们班38个人，我知道的有4个。现在（高中）我们班有45个人，20多人有朋友，朋友有同校的也有外校的，还有网友。大概50%有朋友，他们当中40%都把事（性生活）办了。"

杨宇，男，北京某职高学生。他的同学中发生性关系的人比较多，有20%~30%。杨宇说自己第一次性体验是在17岁。自那之后，性行为一直都没有断过。他说："性行为就像能使人上瘾的毒品一样，一旦尝试了第一次，就会有第二次、第三次……身心都沉迷其中，不能自拔。"

还有孩子告诉记者："有的同学还经常向别人炫耀自己的性经历，有时候几个人相互比赛，看谁的'成绩'好。""如果20岁了还没有发生过性关系，别人反而会觉得不正常。对于现在的高中生来说，没有性经验就是'熊猫'，觉得挺傻的。"

舆论总是将未成年人的性行为喻为"偷吃禁果"，但事实是所谓"禁果"，今天真的还能叫"禁果"吗？不少青少年根本不认为发生性行为是什么了不得的事情，相反，他们认为有异性朋友而发生性行为是很正常的，倒是不发生性行为那才是不正常了——"禁果"在他们眼中早已成了"开心果"。

当今社会，无论从传媒还是周围的环境来说，对于性的态度都较以前开放许多，尤其是网络的发展和普及，为中学生提供性信息、性刺激的渠道大大增加。

电视里，男女主人公忘情长吻已经是小菜一碟，赤身裸体翻滚于床上的鱼水之欢，几乎到处可见；地铁里，类似"做女人挺好"的招贴不时撞人眼帘；互联网上，色情网站不惜工本，不择手段地提高访问量；走在街头，会有素不相识的人突然发问：要毛片吗？书籍报刊上，包小蜜、傍大款之类的词汇层出不穷，有关感情的描写让人想入非非；网络上的黄色网站、黄色论坛、聊天室无处不在；手机里的黄色短信息常常涌入。可以说"性"已是无所不在、无孔不入地冲击着青少年的视觉神经和感觉器官。

高度发达的工业社会，一方面带给我们丰富的物质生活，一方面也把一些无法想象的东西带给了含苞欲放的少男少女：带有激素催人早熟的炸鸡、高热的巧克力，还有那些随手可以买到的避孕工具。乌烟瘴气的洗脚屋、发廊，也开到了学校的门口。在重庆，一位十几岁的中学生经不住卖淫女的诱惑，倾其囊中所

第12章 帮男孩跨越青春期障碍

有，有了与众不同的第一次……

谁能为孩子的将来负责？只有父母的正确引导才能避免孩子误入歧途。我们不妨把社会上的各种不良诱惑当成是具有传染性的病毒侵害，及早给孩子打预防针：

首先，要让孩子知道必要的性安全知识。有调查显示，绝大多数青少年在发生第一次性行为的时候，没有安全防范措施，这和父母对性教育采取回避的态度有关。与其因为期望100%的理想状态而导致非预期的结果，还不如一开始就退而求其次，争取相对更好的结果。

其次，父母要消除孩子对"性"的神秘感。性知识的普及是一个自然而然的过程，我们虽然不刻意告诉孩子什么，但只要孩子发问，就不应该有保留，甚至包括交配这样的敏感问题。关键在于父母自己的思想意识要健康，这样就不怕对孩子讲解性知识了。如果实在不好意思，不妨找一些有关的书籍给孩子，建议孩子抽时间看一下。

再次，父母要教育孩子区分"爱"和"性"。应教育孩子区分"爱"和"性"，这是解决"早恋"带来的不良影响的根本手段。孩子往往不能区分"爱"和"性"，将两者混为一谈。父母应告诉孩子，"爱"是需要时间慢慢培养的，而"性"只是短时间的生理满足。如果父母能正确引导孩子区分两者，通过合适的途径告诉孩子正确排解"性饥渴"的方法，孩子就不会为了一时的生理满足而去耗费大量的时间，这才是让孩子能够不受"性"骚扰的最好办法。

最后，父母要关心孩子谋生能力的提高和责任意识的强化。有性意识，甚至有性行为并不会必然导致堕落。相反，如果父母总是用异样的眼光看待孩子的性成熟，反而可能把孩子推向坏的方面。父母在孩子小的时候就培养他们对自己和对家庭的责任感，孩子就不会为一时的痛快而耽误自己的前程。

当孩子的所有收入都是靠自己的劳动获得时，他就会对自己有特别的责任感，让孩子感觉到落后对自己的压力，这样，即使有性的诱惑，他也会知道如何控制自己。

父母要培养孩子更多其他的兴趣爱好来吸引他的注意力。俗话说，邪不压正，父母要让孩子在正面的教育中获得成就感，而不是设法让孩子躲避黄色的诱惑。作为父母要设法让孩子觉得学习知识是更有意义的事情，孩子也就会把更多的精力放在学习上。

不要养个"电视孤独儿"

现代人的家里都会有一台以上的电视机,理由是让家中不同成员各取所需。但如果在孩子房里也放电视机,只会让孩子和家中其他成员更疏远,也会影响他们做功课和睡觉的时间,更糟的是父母看不到孩子是否看了不健康或不该看的节目。

别因为无暇陪伴,就把孩子丢给电视。相反,可请孩子来分担一部分家事。王晓清女士很早就注意到家里唯一的孩子一放学就趴在电视机前,叫也叫不动,而她又要忙着准备晚餐,没办法陪他。

后来她想出一个好方法,就是找儿子一起准备晚餐。所以儿子从小学三年级开始,就在一旁洗菜、整理菜叶,慢慢地还可以炒菜。她也利用这段时间和儿子聊天谈心,了解他一整天发生了什么事。

多年后王晓清开心地说,没想到这是一举数得,一开始只是不想让他看太多电视,后来却教会他做菜,母子俩还因此变得很亲近,让爸爸都有点嫉妒。

但她也说,一开始的确有点困难,因为孩子想看电视,会排斥她的提议,但经过她的坚持及鼓励赞美,儿子才慢慢接受。

她也建议每个父母都要花心思想一下,如果没办法陪小孩,又不想用电视当保姆,就该找事给他们做。当然,也别把电视当做处罚或奖赏工具,因为那将增添电视的价值与"神奇魅力"。

大人也要以身作则,关掉电视,花心思创造更多有趣的家庭活动。因为,如果不想让孩子看电视,大人以身作则,和小孩沟通起来会更有用。

看电视不但会影响青少年的学习及心理健康,还会给青少年的身体带来一些危害。

初二的小强近日放暑假独自在家,几乎整天坐在电视机前看电视,要不就是玩电脑。近日他发现自己眼睛充血、眼球干涩,只好让妈妈带自己去医院就诊。

医学上把上述症状称为"眼干燥症"。据介绍,长时间盯着荧屏会使人的眼球充血,出现眼球干涩,同时还会使视网膜的感光功能失调,引起一定的视觉障

第12章 帮男孩跨越青春期障碍

碍。长时间看电视不仅会导致"眼干燥症",还可能产生以下"电视病":

一是肥胖症。长时间看电视会减少人的体力消耗,造成皮下脂肪堆积,很多人看电视时会无限制地吃零食,使人在不知不觉中长胖。

二是电视孤独症。据调查,3~7岁的儿童看电视时间过长,会变得孤独,难以与人沟通。

三是面部斑疹。电视光束会把电视表面的电荷聚集的灰尘传递到人的脸上,如果清洗不及时,脸上便会生出斑疹。

四是肠胃病。边看电视边吃饭,经常会造成胃功能紊乱,易发肠胃疾病。

因此,父母可以这样做:

(1)合理安排孩子看电视的时间。合理安排孩子看电视的时间,可以开拓孩子的视野、扩大孩子的信息量,并且可促进孩子思维的训练,增加其知识、技能的储备,有益于孩子的全面发展。与孩子共同商量看电视的时间,并建立相应的奖惩制度,以培养孩子抗拒诱惑的自律能力。不要让孩子连续几个小时看电视,这对孩子身心健康均有不利影响。合理安排孩子看电视的时间,不仅应留出足够的学习时间,还应兼顾孩子其他形式的娱乐活动,尤其是各类体育锻炼。

(2)为孩子选择恰当的电视节目。为孩子选择电视节目时应考虑孩子的年龄特点、认识水平与兴趣爱好,同时应注意保证内容健康向上。绝不能对孩子收看的电视节目内容放任自流,而要进行严格把关,杜绝孩子受到不良影响。选择电视节目时应和孩子商量,尊重孩子发表意见的权利,不要简单地指责孩子幼稚、无聊,或一味强调孩子得按家长的意愿选择。选择电视节目和电脑内容时应兼顾到娱乐性与教育性,既不可只顾"好玩",也不宜将其变成纯粹的"变相学习"。根据孩子的成长,注意和孩子一起调整对电视节目、电视内容的选择。

(3)及时地对孩子进行监控与指导。建立随时监控的意识,如经常陪孩子一起看电视,经常和孩子交流或主动询问孩子对电视节目的意见、看法,随时了解孩子认识的变化。和孩子一起看电视,不仅可以理解孩子、密切亲子关系,而且可以对孩子的疑惑及时进行指导,并把一些美好的观念、品质直接言传身教给孩子。当孩子在看电视方面出现问题时,不要轻易指责或批评,应以引导和教育为主。帮助孩子分清节目中的好与坏、对与错,鼓励孩子在生活中以"好"孩子、"好"行为作为榜样努力去做,而要摒弃那些"坏"孩子的做法和"坏"行为。

（4）不要让电视成为孩子的"电子保姆"。父母不要因贪图一时的轻松，放任孩子看电视。电视成为电子保姆，不仅会影响孩子的视力和身体健康，而且容易形成孩子与人交往和适应社会的障碍，对孩子的身心发展都极为不利。父母应有意识地控制孩子看电视的时间，并积极发展孩子的其他健康情趣，以免孩子沉溺于电视世界中不能自拔。父母每天应抽出一定的时间陪孩子游戏，和孩子聊天或一起活动。应鼓励孩子走出家门、走出电视的天地，去参加体育活动、集体活动或和同伴一起游戏。

别让男孩变成烟鬼、酒鬼

当前，青少年吸烟、喝酒等行为屡见不鲜，个别家长对之却视而不见，或者认为不算什么大事情，男孩子嘛，早晚要会这些的，由此导致孩子们更加肆无忌惮；不过大多数父母还是很担心自己的孩子染上这些坏习惯，毕竟这些坏习惯会严重影响孩子的成长。而研究发现，吸烟饮酒现象，已逐渐成为我国青少年中较严重的行为问题。

如果你还没意识到吸烟、喝酒的坏处，那么看一下这些常识吧：

（1）吸烟对健康的危害。烟草的烟雾中至少含有3种有毒的化学物质：焦油、尼古丁和一氧化碳。焦油由好几种物质混合而成，在肺中会浓缩成一种黏性物质；尼古丁是一种会使人成瘾的药物，由肺部吸收，主要是对神经系统发生作用；一氧化碳可降低红细胞将氧输送到全身去的能力。在烟草的烟雾中，一氧化碳含量最高，吸入人体后，与血液中的血红蛋白结合成碳氧血红蛋白，使血红蛋白不能正常地与氧结合成氧合血红蛋白，因而失去携氧的功能。此外，一氧化碳与血红蛋白的结合力要比氧气大260倍，而从碳氧血红蛋白中离解出一氧化碳的速度又比从氧合血红蛋白中分离出氧的速度慢得多。由于人的大脑对氧的需要量大，对缺氧十分敏感，因此，吸多了烟就会感到精力不集中，甚至出现头痛、头昏现象。久而久之，大脑就会受到损害，使思维变得迟钝，记忆力减退。

吸烟是许多疾病的诱因，特别是呼吸系统疾病，如可诱发支气管炎、肺癌等；吸烟者冠心病、高血压、肺气肿等疾病的发病率比不吸烟者高得多；另外，

第12章 帮男孩跨越青春期障碍

吸烟可导致注意力涣散、反应迟钝、动作不灵活，还可导致记忆力、想象力、辨别能力下降等。

（2）喝酒对健康的危害。饮酒后约20%的酒精立即在胃中吸收，其余全部被小肠吸收。吸收进血液中的酒精，除了极少数（10%）由汗、尿、唾液和呼吸排出外，其余的90%要经过肝脏解毒。但是肝脏的解毒能力有限，因此使人的组织器官和各个系统都要受到酒精的毒害。青少年发育尚未完全，各器官功能尚不完备，对酒精的耐受力低，肝脏处理酒精的能力差，因而更容易发生酒精中毒及脏器功能损害，可能埋下肝硬化、胃癌、心血管病等疾病隐患。

长期饮酒，还可引起营养和代谢失调，造成蛋白质、维生素及矿物质供应不足，损害牙齿。酒精对人的中枢神经系统的危害最严重，饮酒后，不仅神经反射的速度显著减慢，酒精对脑细胞损害也相当大，对大脑发育极为不利，造成学习效率降低。酒精还对中枢神经系统有麻痹作用，降低大脑皮层的思维能力和动作协调能力。至于饮酒以后兴奋性增高只是一种假象，实际上是大脑皮层的抵制能力降低，因而表现出兴奋状态，降低了工作能力。严重酒精中毒者，会出现中枢神经系统深度抑制而引起昏迷，甚至死亡。

某市对全市中小学生的一份问卷调查显示：23.5%的学生尝试过吸烟，12.7%的学生在13岁前就吸过1整支香烟，64.8%的学生尝试过饮酒，13.3%的学生曾经醉酒；高年级、男性、住宿、学习成绩差的学生中吸烟、饮酒和成瘾类药物滥用行为比较突出。

多种迹象表明，初、高中生的吸烟、饮酒率有大幅度上升。吸烟饮酒不但对青少年的生理、心理健康危害很大，而且因酒后滋事的青少年犯罪率也在不断上升。

如果青少年烟酒成瘾，带来运动机能失调，他就会在人际交往、言语感觉和理解能力方面产生退化，求学、就业方面也将受到严重影响，可能还会做出不负责任的甚至反社会的行为。因此无论是家庭，还是青少年个人，都应对此有正确认识。

那么，父母该怎样引导和预防孩子的这些不良行为呢？

（1）关心孩子，严格要求。问题家庭的孩子和缺少父母关心的孩子，容易发生行为不良现象，因而家长要多和孩子交谈，及时了解孩子思想上出现的各种苗头；在生活上也要关心孩子，让孩子感受到家庭的温暖、父母的慈爱。这样，孩子和父母建立了深厚的感情，才能主动向父母讲出自己的需求和愿望，并听从父母的教导。孩子在青少年时期喜爱交友，家长更应指导和帮助孩子选择好的朋友，以免误交品行不良的朋友，沾染不良的生活习惯。

日常生活中，家长要注意不给孩子尝试烟酒的机会。节假日或亲朋好友相聚，可以让孩子饮用饮料来保持家庭和谐快乐的气氛，而不能迁就孩子对烟酒的要求。

（2）以身作则，言传身教。如果父母整天吞云吐雾、杯来盏往，很难想象孩子能不受影响。为了培养孩子良好的行为习惯，家长应该从自己做起，不吸烟，少喝酒，作孩子的表率。

（3）注意教育方法。有不少家长，在孩子未出问题的时候，放任自流，一旦发现问题，或惊慌失措，束手无策；或姑息迁就，放纵溺爱；或打骂交加，粗暴对待。这些都是极为错误的做法，特别是孩子出现烟酒行为后，切忌简单粗暴的棍棒教育，应分析孩子产生这些行为的原因，然后针对原因讲清道理，积极疏导。若是一味责罚，容易使孩子产生逆反心理，在错误的道路上越走越远。

严防孩子沾上毒品

目前，毒品问题正极大地威胁着我国青少年的健康成长。据统计，中国吸毒者中80%以上是35岁以下的青少年。

小明在几个"哥们"的怂恿下，到迪厅蹦迪。在这里，他看见几个年纪相仿的男女在舞池中疯狂地蹦跳。他们怎么跳得如此不知疲倦？一个"哥们"看出小明的疑惑，偷偷拿出了一粒药片说："试着把这个吃了，保你比他们跳得还疯狂。"在好奇心的驱使下，小明将药片吃了下去，不一会儿，他就体味到了一种从未有过的虚幻感觉。当时他并不知道，这就是摇头丸。从此，他一发不可收拾，从最初吃一粒，发展到要吃七八粒。一粒摇头丸最少几十元钱，小明无力长期支付，便开始去偷、去抢，走上犯罪的道路，最终被公安机关抓获。

导致青少年吸毒的主观因素是青少年本身。尽管青少年吸毒的心理原因很多，而且因人而异，但仍存在一些普遍的规律：

（1）受好奇心驱动，上瘾后不能自拔。青少年时期心身处在发育阶段，喜欢猎奇、标新立异；再加上青少年缺乏足够的自制力和分辨能力，对毒品的危害认识不足，当听别人说起吸"白粉"后的"神奇"感受，觉得很好奇，就想亲身体验一下。结果上瘾后就再也不能自拔了。

（2）精神空虚，寻求刺激，把吸毒作为一种时髦来追求。青少年时期是个体心理趋向成熟的时期，也是人生观和价值观的形成时期。这时期难免会出现理想与现实的矛盾，有的青少年对之认识处理不当，心灵空虚，胡乱寻求寄托、刺激，甚至形成"有钱人都吸毒"，"吸毒是时髦"等错误观念。如今市面上不少新型毒品，不仅披上了"漂亮的外衣"，而且有着"动听"的名字。有的青少年把吸食冰毒、K粉、麻古、"蓝精灵"等新型毒品当成时尚、潮流，必欲尝试一下。

（3）由于逆反心理而吸毒。青少年正处于"过渡期"，其独立意识和自我意识日益增强，迫切希望摆脱成人的监护。他们反对成人把自己当"小孩"，要求以成人自居，为了表现自己的"非凡"，就对任何事物倾向于持批判态度。正是由于他们感到或担心外界无视自己的存在，才产生了用各种手段、方法来确立"自我"、与外界对立的情感。

（4）由于挫折心理而吸毒。在青少年发展时期，青少年常常会因为对人生的思索、对学业的担忧、爱情的烦恼、社交的障碍而体验到令人失意的挫折心理。有的青少年意志力薄弱，不够冷静和理智，在遇到挫折时，不是采取积极进取的态度，化压力为动力，而是借助毒品逃避现实，依靠吸毒产生的瞬间的幻觉来暂时摆脱挫折心理。

面对毒品的威胁，家有儿女的父母们可以从下面几个方面来进行防范。

（1）让孩子远离烟酒。有人说，烟酒是吸毒的入门药，这并不是危言耸听。我国几乎100%的海洛因吸毒者在尝试毒品之前，均已形成吸烟或饮酒的嗜好。一般来说，从不尝试烟酒的人，其吸毒的可能性比吸烟或者饮酒者要小得多。

（2）谨慎过滤自己的亲朋。仔细察看自己周围是否有吸毒的亲戚朋友，如果有，那么一定要让自己的孩子远离他们。

（3）培养孩子的独立意识，增强他们的心理耐受性和适应性。一个人自我认识的能力越强，就越是能够对自我做出正确的评价，自我行为调节能力就越强，心理特征就比较稳定。

第13章
把男孩培养成男子汉

　　有的家长为了让自己的孩子不落后于别的孩子,一天到晚让孩子学习各种知识,认为孩子学得越多,就会比别的孩子越优秀。其实这种观念并不完全正确,他们没有真正了解孩子成长过程中最需要的是什么,这也是很多家长没有看清楚的一点。对孩子能力的培养比对孩子知识的灌输更重要。中国有句名言:授人以鱼不如授人以渔。在教育孩子时同样要加以借鉴。

应变能力:让孩子学会随着情况变

男孩一旦能够独立行走,便"走上"了社会。面对纷繁复杂的生活环境,面对突如其来的事态变故,要保证他的健康和安全,父母在教育孩子成才的过程中,就一定要随时注重培养孩子的应变能力,使孩子掌握高超的应变技巧。

蔡子文是个聪明可爱的小男孩,活泼爱动,喜欢与同学们一起玩耍,看见妈妈洗衣服烧饭时也会在后面跟着学。见到爸妈的朋友,还会像小大人似地打招呼,凡是见过蔡子文的人都夸他是个懂事乖巧的孩子。但蔡子文的妈妈认为男孩学做家务没有出息,与小朋友在一起玩以后就会越来越贪玩,对大人们的礼貌也没有必要如此早学。她认为蔡子文当前的任务就是学习,只要学习好了,就一切都有了。

蔡子文的妈妈为了能使儿子改变生活方式,一心只扑在学习上,她举了很多别人考上大学后才能拥有一切的例子,并且告诉蔡子文,如果不好好学习,长大后就没有饭吃,就得像乞丐一样,穿着破烂的衣服,拿着破碗到处讨饭吃。可能是蔡子文听懂了妈妈的话,也可能是蔡子文被妈妈一次次描述不好好学习以后的恐怖景象吓住了。慢慢地,蔡子文变了,他放学后就回到自己小屋里,吃饭时也沉默不语,妈妈做什么事情也不上前帮忙了。

有一次,蔡子文的妈妈在炒菜时,因为外面有人喊,就让蔡子文帮着翻翻菜,没有想到,从外面回来后,蔡子文一直在那里来回翻菜,而菜却早已烂得不成样了,蔡子文还没有把火关掉。而这些事情,是蔡子文很早的时候就能跟着她做的事情。

蔡子文父母的朋友现在见到蔡子文时,也很惊讶他现在的状况,蔡子文不仅不爱与他们打招呼了,表情也变得冷漠了。蔡子文的妈妈这时候才意识到只注重学习的恶果。

应变能力是一个人立足于社会的基本能力之一,拥有了应变能力,才会生活

第13章 把男孩培养成男子汉

得如鱼得水，才会较容易地达到自己想要的目标。而这一项能力，需要父母从孩子小时候就进行有意识的培养，而不应该只盯着孩子的学习成绩。那些认为孩子学习好将来什么就都不缺了的父母，不仅观念陈旧，可能还会因此对孩子造成无法弥补的伤害。

在如今科技、经济等迅速发展的社会里，应变能力显得尤其重要。没有应变能力，只守着满腹的死知识是跟不上时代的潮流的。所以，父母们应该从只注重孩子的学习成绩转向多方面、各角度地对孩子进行培养，这样对孩子才是负责的，对孩子将来的发展才是有益的。

（1）培养孩子随机应变的灵活思维。培养孩子随机应变的灵活思维，孩子遇突发事件时才会冷静、不慌张。

父母要注意培养孩子随机应变的灵活思维，这样才能增强孩子在遇到事情时的应变能力。但是，父母要让孩子分清应变能力与说谎的区别，不能把两者混淆在一起。

（2）培养孩子对突发事件的处理能力。孩子小，对生活中很多事情自己不能辨别，这就需要大人进行引导与教育。只有这样，孩子才能在突发事件来临时进行正确判断，从而脱离险境。

父母平时要有意识地给孩子讲一些社会中的不良事件，让孩子知道哪些人是坏人，不可相信。同时要教会孩子遇到类似事件时沉着应对，做到随机应变，以增加孩子处理突发事件的能力。

（3）让孩子多参加一些具有挑战性的活动。有意识地让孩子去做一些有难度的事情，或者参与富有挑战性的活动，这样孩子在实际的操作中，通过自己的积极思维，动手实践，应变能力就会在不知不觉中得到锻炼与加强。

父母经常带孩子去参加一些具有挑战性的活动，让孩子在活动中增强动脑、动手的能力，必要时父母给予正确的引导。锻炼的次数多了，孩子的应变能力就得到了培养和加强。

记忆力，把孩子培养成学习的天才

人的一切活动，从简单的认识、行动，到复杂的学习、劳动，都离不开记忆。记忆是一种比较复杂的心理过程，是过去经验在人脑中的反映，它包括识记、保持和再现几个环节。记忆是知识的宝库，有了记忆，智力才能不断发展，知识才能不断积累。

小楠出生在干部家庭，生活条件很优越，父母对这个独生子比较娇惯。他性格活泼，一双大眼睛炯炯有神，说话声音细而干脆，是一个很机灵的孩子，但学习成绩一般。他的父母都是知识分子，对孩子的期望值较高，希望他能升入重点中学。但从目前的学习成绩看，距进入重点中学的差距很大。为了提高他学习能力方面的不足，母亲送他来到儿童智能培训中心进行训练。

培训中心对小楠的测验结果进行了细致的分析，发现他记忆力不足。在与家长的交流中了解到，他在学习上最大的困难是：老师在课堂上讲的内容有的记不住，下课后完成作业困难；阅读课文较好，但背诵课文困难，读十几遍都背不下来。

俄国著名的生物学家谢切诺夫曾经说过，一切智慧的根源都在于记忆，记忆是"整个心理生活的基本条件"。的确如此，记忆是积累知识和经验的基本手段，离开记忆，人类的智力活动也就无从谈起。

我们常听见父母抱怨："这孩子脑子笨，记性不好。"当然，我们不否认，记忆力，正如观察力、思考力、注意力、创造力等其他诸种智力类型一样，存在个人天赋的不同。但更重要的事实是：几乎所有的人，都具有相当了不起的记忆力，而且，只要运用得当，这种记忆力可以维持到年迈。

有的父母认为：孩子头脑的存储容量有限，如果记忆太多东西，就会像水从玻璃杯溢出来一样，不能再被存入脑中。还有的父母认为孩子记忆力差是天生如此，不可改变。其实，这种担心大可不必，人脑是不会出现像"由于饮食过量，再也吃不进任何东西了"那种情形的。所以我们可以放心地去记忆任何想要记住的事物。

第13章 把男孩培养成男子汉

总之，大脑的容量几乎是无限的，人人都有巨大的开发潜力。

父母培养孩子的记忆力可以从下面几个方面入手：

（1）培养孩子记忆的责任心。记忆的奥妙在什么地方？记忆力的第一要素是记忆的责任心。

许多人都有体验，一个电话号码你不想记，你用它还得千百次地去查。为什么？你根本没想记住它，觉得不需要记，没有记忆的责任心。

但是，今天你认识了一个人，这个人是你非常看重的朋友，或者是非常看重的社会关系。他告诉你一个电话号码，当时你又没条件用笔记，只能用脑子记下来，结果你一遍就记住了。

记忆的奥秘就在这里，丢掉了这一点，奢谈记忆力的提高，那叫"不得要领"。

（2）培养孩子记忆的兴趣。最好的办法就是把记忆当做有趣的事情。

现在很多孩子学习，不喜欢背单词，不喜欢背公式，从小就把记忆当做苦事情。其实记忆是非常有趣味的事。

对一个学龄前孩子，一个小学生，一个初中生，如果你能帮他逐步产生记忆方面的兴趣，把记忆当做一个好玩的事情，孩子的记忆能力就必然向前发展。

让孩子喜欢记忆，在他的记忆力提高以后，还愿意炫耀和表现自己的记忆能力。找到记忆的趣味，寻找记忆的窍门，培养提高记忆力的种种兴趣，这一切是提高记忆能力的关键。

有了记忆的兴趣，有了表现自己记忆能力的欲望，有了寻找记忆窍门的乐趣，就有了提高记忆能力的积极性。在外语学习中记忆尤其是关键，记忆力加强了，对学外语和一系列需要大量记忆的课程就有了兴趣。

（3）让孩子相信自己能记住。记忆的自信是非常重要的，自信是水平发挥的保证。记忆也是一种能力，只有在比较自信的状态下，记忆的能力才能够得到充分发挥。

孩子在学习舞剑，或者学习一个舞蹈，他跳得不错了，当然不可能一点毛病没有。但如果家长站在一边光指责他哪儿的动作不对，哪儿的姿势不美，他一会儿就没有自信了，甚至可能不会跳也不愿意跳了。可是如果有自信，他会跳得非常好。

同样一个人，同样一段舞蹈，在同一个时期可以跳出完全不同的水平来。他在生人面前，因为拘谨、不自信，可能频频出错，可是在熟人面前就跳得非常成功。只因为有不同的自信状态。

所以，一个人的记忆水平和记忆能力在不同的自信状态下会发挥出不同的水平。一定要培养孩子记忆的自信。

（4）教孩子掌握有效的记忆方法。说到那些记忆力超强的人，大家总是羡慕他们天赋超群，却很少注意到，他们拥有超强记忆的关键在于掌握了一套有效的记忆方法。

家长可以买一些专门阐述如何训练记忆能力的书，与孩子一起学习，并有意识地培养孩子进行记忆训练，鼓励孩子总结经验，创造适合自己的记忆方法。

理财能力，让孩子懂得金钱的价值

在孩子的成长过程中，开销不断增加，父母要如何为孩子储蓄未来？与其单单靠父母的辛苦劳作、省吃俭用，还不如从小就给孩子灌输一些投资理财知识，因为许多观念及行为的建立往往是从小养成的，这部分家庭教育相当重要。

有位母亲是这样教会自己的儿子理财的：

孩子从6岁就开始拿零花钱了。我给零花钱的标准是，几岁，每周就给几元，所以现在他7岁了，每周可以拿到7元。从他一开始拿零花钱起，我就和他约法三章，零用钱的1/3必须是放进小钱罐里的。我给他买了一个邮筒型的钱罐，每次放零钱进去的时候，他都会说，我又寄出2元了。

孩子必需的东西，由我来付款，例如，衣服、鞋子、食品、上学用品等。对于他自己想要的东西，例如，玩具、糖果、时髦小玩意儿那些，对不起，你得自己付款。这样，他才会去衡量到底他买回来的那件东西是否真的有用、有价值，而不会冲动地买回来，浪费钱。

有一次他看见一件很喜欢的玩具，他询问我是否可以给他买。我说，当然可以，你自己有钱。结果，他并没有买，因为他算了算，花70元去买那个玩具回来，意义不大。他知道自己的零花钱得来不易，所以倍加珍惜！

孩子们怎样才能懂得金钱的价值呢？有些家长培养出了依赖感很强的孩子，

第13章 把男孩培养成男子汉

而有些家长却培养出了独立能力较强的孩子,把这两类家长的育儿之法做对比,可以得出一个基本结论:如果你在花钱方面能够给孩子提供明确而实用的指导原则,你就更有可能培养出将来能够在竞争激烈的商品社会中站住脚的孩子。

孩子们需要亲身实践,方可懂得怎样才能挣到钱,以及如何合理地花钱。如果你不让孩子懂得这些道理,那么实际上就等于剥夺了他们在人生道路上取得成功所需要的自立能力。如果你能够让孩子及早树立正确的价值观及劳动观,你无疑是赠给了孩子一件珍贵礼物:一把自给自足的金钥匙。

以下所讲述的,是培养孩子理财能力的六大方法:

(1)教孩子学会储蓄。孩子们小的时候,没有一个储蓄罐实在是一种缺憾。孩子们长到3岁的时候,家长就可鼓励他们把自己的零花钱储存起来。

鼓励孩子把一部分自己积攒的钱拿到银行存起来。到6岁的时候,孩子就应当能够懂得,银行并不是"要拿走"他们的钱,而是把他们的钱安全地保管起来,并且还会给他们支付利息。在银行以孩子的名义开一个账户。让孩子们自己拿着存折,如何使用由他们自己负责。这种做法可以帮助孩子养成终生储蓄的好习惯。

(2)给孩子发点零花钱。要想孩子成为一个理性的消费者,能够量入为出,不会债务缠身,不经过多年的实践是不行的。作为家长,应当为孩子提供与金钱打交道的机会,让孩子早日学会理财。当家长定期给孩子发些零花钱时,他们就能及早学会生活的一个基本准则:没有收入,就无法支出。

(3)让孩子参与家务劳动。孩子们大都喜欢帮家长做些事情。尽管有些时候,你可能需要督促你的孩子在家务活上帮你一把;但其他时候,你只要允许孩子参与家务劳动,他或她就会愉快地参与进来。

孩子们干的活可能并不完美,碰到这种情形,家长不应该指责他们。对孩子们干家务活的时间应做出合理限制,家长应当记住:由于年龄差异或所干的家务活不同,孩子们能够集中精力的时间长短也各不相同。具体表现为:两岁的孩子能够集中精力干两分钟的活;3岁的孩子能够集中精力干3分钟的活;以此类推,年龄越大的孩子,越能够较长时间集中精力干家务活。通常情况下,孩子们通过完成甚至不太有趣的家务活,可逐步养成自我约束的好习惯。

(4)不要用金钱来贿赂或惩罚孩子。这是很多家长容易掉进的陷阱。如果你也有类似的习惯,那么就应该重新审视一下你在教孩子时应让他知道什么。

家长偶尔想多给孩子一些零花钱无可厚非；然而，如果一位家长用金钱去"收买"孩子的爱，或者与自己的配偶相互竞争的话，家庭就会失去往日的幸福与和睦。

（5）家中的经济状况不要对孩子保密。一旦你的孩子长到十几岁，你可以举办一个家庭财务会议，并向全体家庭成员解释说，会上所讨论的是家庭机密，每个家庭成员都有保密的责任，如果谁擅自把家庭财务机密泄露出去，那么以后就没有参加这类会议的资格。全家的钱都花在哪些地方，给大家简要说明一下。这样做，不仅可以使孩子能够体谅父母的难处，不会整天嚷着让父母给自己买这买那，而且还可以使孩子在家庭经济陷入困境时，为家长分忧解难。

（6）把有关你的工作情况告诉孩子。如果孩子不知道家长是如何靠辛勤工作给家里挣钱的话，那么他们就不会把金钱与工作紧密地联系起来。孩子们到了上小学的年龄，家长就可以把一个人如何靠努力工作来谋生的道理讲给孩子听。

如果你热爱自己的工作，那么你可以和孩子分享你从工作中获得的乐趣。如果你对自己的工作感到失望，那么你可以告诉孩子，仍会有差强人意的方面——工资不算低，工作比较稳定，或者这只是你事业发展的一个不太顺利的阶段。

偶尔可以带着你的孩子去上班。当你的工作量不是太大时，带孩子去你的工作单位看看，能让他们有不小的收获。如果你的工作单位在正常办公时间，不欢迎孩子来访，那么你可以在周末抽空带他们前去。

动手能力，让你的孩子心灵手巧

喜欢拆东西，是许多孩子的共同特点。一个小男孩正在将一辆玩具汽车一点一点拆散。他先用手锥拆下一个轱辘，下一个却拆不掉。想了一会儿，他把拆下来的那个又安上了，两个轱辘相互作用着使劲，很快两个轱辘都被拆掉了。孩子的父亲见状大喜，儿子懂了工具的原理。一般情况下，好好的玩具全给拆了，孩子得到的很可能是一顿痛斥，但这孩子得到的却是一通夸奖。孩子下意识的举动被父亲看到后，进一步向他讲了杠杆的原理和工具的作用，这时孩子听得别提多认真了。这位父亲早就在教育孩子的过程中发现，当孩子干自己感兴趣的事情

第13章 把男孩培养成男子汉

时,你对他讲什么他的吸收能力都特别强,因为那时他的心是向你敞开的。你再夸夸他,他的那份得意还可以将创造力继续迁移,举一反三。

"颉浩小时候破坏的东西可真不少。"这是颉浩奶奶给孙子的又一评价。但在和奶奶一起生活的时候,这个10岁刚刚出头的小男孩,就承担了家里各种电器的安装工作。

手是人体重要的感觉器官,让孩子多动手是促进智力发展的重要途径。通过手的活动,可以获取更多的外部信息,这些信息能促使大脑积极活动,促进孩子的大脑发育,使孩子心灵手巧。孩子动手能力差,主要原因有三种:

第一,成人担心孩子小不会做事,怕他出事,或怕孩子损坏东西,许多事不让孩子自己动手去做,而由成人包办,孩子失去了一次次动手的机会。

第二,家庭装饰摆设成人化,没有孩子动手的小天地。孩子进了家门,这不许动,那不许碰,玩具不能自由拿放,孩子可活动的空间太小。

第三,孩子动手材料少。爸爸妈妈花钱买的玩具,外表虽美观,但大多数是机械或电动的,不能拆拼,孩子缺乏动手的材料。

不少小学生,由于在生活上由父母"包打天下",6岁的孩子鞋带散了不会系,急得直哭;9岁的孩子不会穿衣服,闹出将内衣当外衣的笑话;10岁孩子要妈妈喂饭。在这种"温室效应"下,孩子因娇宠而任性、脆弱,追求享受,缺乏独立性和克服困难的勇气与能力。这样的孩子是很难成才的。

孩子很小就有"自己动手"的愿望,从蹒跚学步开始,尽管跌跌撞撞,也不肯让大人牵拽。到两岁时,孩子就常执拗地说"我自己做",不愿别人干预。通过动手动脑进行探究便成为孩子的一大心理需求。家长只要注意观察就能发现,孩子经常是不知疲倦地在动手操作和探索。

孩子经常动手动脑,做力所能及的事,独立从事一些活动,这能促进他们身体、智力、能力,以及性格、情绪等方面的发展。如果家长过分"关心"和"保护",一切包办代替,孩子就会由于缺少锻炼机会而影响他们各方面的发展,造成能力低下,性格怯懦等,智力发展也会受到阻碍。

家长如何培养孩子的动手能力呢?我给家长朋友提出三条建议:

(1)大胆放手锻炼。培养孩子的动手能力,家长的教育态度很重要。家长不要对孩子百般呵护、束缚太多,而要放手让孩子主动活动、锻炼成长。孩子在动手制作东西或玩操作性游戏时,往往会把家里弄得很乱,所以家长就容易限制孩子开展这类活动，这不利于培养孩子的动手能力。

正确的做法是不要去限制孩子，但是可以给他们提要求。如孩子玩剪纸时，要求他们玩完以后，把纸屑清扫干净；玩拼插玩具时，要求他们玩完将玩具材料装好，放回原处码放整齐。这样，不仅满足了孩子动手的需要，还能培养孩子的良好习惯。

孩子自己动手干活时，有时会"闯祸"——毁坏东西，所以家长往往采取高压控制的做法，不让孩子随便动手。当然，孩子缺乏经验，确实容易闯祸。但如果对他们采取高压控制，这也不准动，那也不准动，肯定不利于孩子的发展。孩子动手干活不慎损坏了东西，但换回来的却是更加宝贵的东西——独立生活能力的增强。当然，凡孩子能接触到的地方，要排除隐患，如电插座要安在孩子够（找）不到的地方，能造成人身伤害的器具和贵重易损的物品要收藏起来等，让孩子在安全的环境中自主地动手探索。

（2）为孩子创造条件。孩子在一定的环境中成长，要培养孩子的动手能力，就要为孩子创设能促使他们动手的环境和条件。比如，让孩子穿带纽扣的衣服有助于培养孩子的动手操作能力，家长给孩子买了衣服后首先要检查衣服扣子和扣眼的大小是否匹配。如果不合适就应更换、加工，否则扣起来难度太大，孩子就不愿动手去扣了。为了培养孩子扣纽扣的动手能力，家长还可以专为孩子制作一个扣扣子的操作板，供他们动手玩操作性游戏。

让孩子参加一些力所能及的家务劳动，对培养孩子的动手能力也很有好处。如帮妈妈剥豆、叠小件衣服、整理书报等。

（3）积极支持鼓励。家长要支持孩子做力所能及的事，鼓励他们做有一定难度的事。孩子常常要干那些他们不会干或干不了的事，比如看妈妈拖地板，他也要拖。其实，这也是孩子的一种心理特点。因为，不会干和干不了的事对他们说来，是很新奇并有较大吸引力的。遇到孩子执意要干他干不了的事时，家长不要一味训斥，而应帮助孩子，和他们一道去做，或家长做时让孩子来"帮忙"，干完事后最好称赞孩子"真能干"。

第13章　把男孩培养成男子汉

时间管理能力，教孩子掌控时间和生活的学问

经常听到一些家长抱怨孩子做事情拖拖拉拉，起床、穿衣都要半天，刷牙、吃饭总是磨磨蹭蹭。做事情的时候边玩边干，大人明明告诉孩子再过10分钟就要迟到了，可孩子不配合，照样在一边磨蹭，大人干着急也没办法。其实这些事都有一个内在关联，那就是时间管理。年幼的孩子生活在比较宽松、自由的环境中，时间观念往往被忽视，如果大人不刻意培养，慢慢就养成拖沓的习惯。

1906年11月17日，本田宗一郎出生于日本静冈县一个贫穷农民家里。父亲在日俄战争结束后退役回家，和他母亲弃农开自行车修理铺，以修理自行车和打造小农器为业。

由于家中孩子多，经济又困难，幼小的宗一郎便帮助父亲拉风箱，经常在作坊间捡拾铁片。他看到父亲用灵巧的双手打出锄头、犁耙和各种小农具，感到好奇又好玩，便将捡到的铁片，学着父亲的样子敲打，做成各种小玩具，送给小弟弟们玩。

宗一郎拉风箱学打铁，他看到父亲累得满头大汗，脖子上挂着的毛巾也被汗水浸湿了，觉得十分心疼，便问道："爸爸，你不能慢慢地打吗？看你累成这个样子。"父亲十分严肃地说："要是慢吞吞地打，铁坯冷却了，就不能打成农具。做什么事，都要讲究速度，要迅速。"

幼小的宗一郎头脑灵敏，对什么事情都要提出为什么。一次，他见到父亲把三块烧红的铁坯放在铁砧上，不停地轮番敲打，父亲打铁技艺精湛，锻打的声音有板有眼。宗一郎好奇地问道："爸爸，你为什么要三块铁一起打，不如一块一块去打，就不紧张了，也不会这么累呀。"父亲回头看了他一下，温和地告诉他说："这几块铁坯体积小，可以放在一起打，能够一起打的铁，就不要分开去打。这样节省时间又多出活。你要记住，做工作要多动脑筋，能够集中干完的活不要分开去干，这样可以节省时间。当天的活要当天干完，因为每天都有新的工作。"

父亲打铁的启发，深深地印刻在宗一郎的脑海里，像一颗种子埋进了肥沃的土地中，直到后来他创办本田技术研究工业总公司，宗一郎一直把高效、高速的

理念贯彻公司运行始终，并作为本田公司的传统，一代一代传下去。

年幼的孩子，不善将时间和生命联系起来，以致办事拖沓磨蹭。家长要指导孩子树立时间就是生命的惜时观念，教育和帮助孩子合理安排和利用时间。时间是悄无声息流逝的。在每一段时间里，孩子所做的事情并不都是有意义的，有些甚至是在浪费时间和生命。许多孩子不懂得珍惜时间，这与父母对孩子的娇惯有很大关系。有的孩子爱睡懒觉，每天早上父母一遍又一遍地叫，直耗到不起床上学就迟到的时候，才匆忙起来，父母还得给孩子穿衣服，收拾书包，叠被子……这样做不但不利于培养孩子的时间观念，也助长了孩子依赖父母的习惯。

那么，究竟如何教会孩子惜时如金呢？

（1）每天和孩子一起学习一条惜时名言。让孩子认识到时间是每个人最易拥有，也最易失去的个人资源。而把握时间最重要的就是要把握现在。俄国著名作家列夫·托尔斯泰说："记住：只有一个时间是最重要的，那就是现在！"

中国人说，"一寸光阴一寸金，寸金难买寸光阴！"莎士比亚警示世人："抛弃时间的人，时间也抛弃他。"所以，鲁迅先生才启迪我们：时间就像海绵里的水，挤，总是有的。一句话，让孩子逐渐认识到：盛年不重来，一日难再晨；及时当勉励，岁月不待人。

（2）正确利用孩子的"大脑兴奋时段"。不舍昼夜，有张无弛，疲劳轰炸，只会导致孩子神经衰弱，影响身体健康，做事效果自然也不会好。须知贪玩是孩子的天性，家长可以通过定期与孩子交流对"时间"的认识来准确了解其大脑皮层的最佳兴奋时段。

每个人的大脑皮层兴奋时段都是不太一样的，比方巴金喜欢挑灯夜战，艾青早上易于诗兴大发，福楼拜则惯于通宵写作。家长可与老师配合，把一天中比较重要的学习任务在这一时段交与孩子完成，这样花较少的时间可以完成较多的工作，让孩子产生一种高效利用时间的成就感。与此同时，有意识地将孩子"玩"的时间挤在大脑皮质的兴奋状态处于抑制状态的时间段，长期如此会让孩子产生出一种"玩原来也这么没劲"的心理，从而在一定程度上截断其贪玩费时的心理路径。培根说得好，合理安排时间，就等于节约时间。此种方法亦有功效，而且长此以往还能使孩子培养一种高效利用时间的习惯。

（3）适时提醒孩子遵守作息时间表。生活最忌信马由缰、放任自流，成功往往来源于长期的坚持不懈。生活不是一朝一夕的事，应打"持久战"，就像马

拉松长跑,不能随时随刻都用尽全力去拼。通盘策划,方为胜算。古人云:"文武之道,一张一弛。"所以可以结合孩子的实际情况,在孩子、老师和家长三方参与的前提下,在充分尊重和考虑孩子休息、娱乐的基础上,为其制订出一份合理的时间表,适时提醒孩子遵守。时间一长,可以培养起孩子对时间的一种无声的遵从,使其树立起一种"守时"的意识,从而养成惜时的习惯。

"守时"是做事有成的重要环节。从小养成守时的习惯,不仅到时就能自然地安心学习,提高学习自觉性和学习效率,而且有利于将来适应社会生活。

(4)不要丢弃时间的"边角余料"。零零碎碎的时间具有极大的利用价值,大块时间的学习反倒容易导致疲劳的积累,使学习效率受到很大影响。零碎时间的学习能保持大脑的兴奋状态,效果极佳。而且,利用零碎时间学习一些必须熟记的生词、公式、规则等,有利于反复记忆,加深印象。

利用零碎时间的技巧很多。比方,家长可以为孩子准备一个可随身携带的小本子,记上要背的知识点,有空就读一遍;在起床、洗脸、刷牙、就餐等活动场所的墙上,钉上一个和视线等高的小夹子,夹上一张卡片,写上当天要背的单词、公式等;还可运用录音机,把要背的知识内容录下来,吃饭、洗脚的时候都可以听。

总之,充分利用零碎时间,往往可能做成伟大的事。

(5)把握现在,马上行动。家长对孩子的"身教"非常重要。在孩子面前,只要有了目标,家长就应该立即行动起来。孩子耳濡目染,自会意识到:立即行动,才能真正把握"今天"和"现在"。这样可以让孩子对时间产生一种紧迫感,做事不拖沓延宕,意识到时间是一晃即逝的。

记得大画家柯罗曾对一位向自己请教,并表示"明天全部改正"的青年人激动地说:"为什么要明天?你想明天才改吗?要是你今天晚上就死了呢?"所以家长应该告诉孩子,如果你决心珍惜时间并想对社会和人生有所贡献,那么现在就行动起来吧!

(6)引导孩子按照事情的轻重缓急来着手处理。当孩子面前摆着一大堆事情,比方面临期中考试或毕业考试时的巨大复习量时,家长可以告诉孩子不要让自己处在穷于应付之中,不要为课业太多、时间太少而紧张和苦恼,应引导他首先冷静地思考:哪些是真正重要的,然后把它挑出来,做最优先处理。

通过培养孩子按照问题轻重缓急的程度将其分为不同类型逐一解决的能力,

可以在孩子心中树立起自己是"时间"的真正主人的感觉，这样孩子就会生出一种从容利用时间的心理优势，从而使其更加珍惜时间。

（7）每天都试图去寻找一个能帮助赢得时间的新技巧。马克思说，任何节约归根到底都是时间的节约。培养孩子节约时间的意识能够轻易地让孩子对时间产生一种珍惜之情。比方，告诫孩子，不要把时间浪费在对没有做事情的内疚上，也不要因后悔失败而浪费时间。同时，逐步养成一种习惯，那就是努力让自己不要去浪费别人的时间，从而也为自己节约了时间。另外，还可将手表一直拨快几分钟，以使孩子每天都能赶在时间的前面。还可让孩子在闲暇时有意识地问自己："此时此刻，如何才能最好地使用时间？"

观察能力，给孩子一个国际化的视野

有的父母认为，孩子眼睛好、听觉灵敏，观察力就一定很强，其实不然。观察力并不如我们想象的那么简单。观察能力是在综合了视觉能力、听觉能力、触觉和嗅觉能力、方位和距离知觉能力、图形辨别能力、认识时间能力等多种能力的基础之上发展起来的。因而它也是形成智力的重要因素和智力发展的基础。

现实生活中，有许多父母不注意培养孩子的观察力，没有把观察力的培养放在应有的位置上。这样最大的弊病就是抑制了孩子思考能力的提高。俄国生物学家巴甫洛夫说："观察，观察，再观察。"培养孩子观察的习惯，对发展孩子的智力是十分重要的。

观察能力达到准确无误并透过现象看到本质的功夫，并非一日养成。比如，艺术家有一种艺术家特有的眼睛，人们认为是白色的墙壁，在画家的眼里却是红色的、黄色的、蓝色的……博物学家能一眼认出动物、植物的种类，检测员则能从建筑物的外形上识别其不同的结构。当你沾沾自喜地买到一件"十分满意"的商品时，商品质检员却一眼能看出它是一件拙劣的仿制品……

父母在鼓励孩子勤于观察的同时，还要注意帮助孩子善于观察。著名哲学家黑格尔认为，培养观察力的最好方法是教他们在万物中寻求事物的"异中之同，或同中之异"。

第13章 把男孩培养成男子汉

父母怎样培养孩子的观察能力呢？我们的建议是：

（1）明确观察目的。孩子对观察任务的了解直接影响观察的效果。观察目的越明确，孩子的注意力就越集中，观察也就越细致，越深入，观察的效果也就越好。孩子在观察中，有无明确的观察目的，得到的观察结果是不相同的。比如，父母带孩子去公园，漫无目的地东张西望，转半天，回到家里，也说不清看到的事物。如果要求孩子去观察公园里的小鸟，那么，孩子一定会仔细地说出小鸟的形状、羽毛的颜色、眼睛的大小、声音的高低等。这样孩子就能有的放矢地去观察事物，从中获得更多的观察收获。

（2）培养孩子观察的兴趣。孩子好奇心强，求知欲旺盛，家长应很好地利用孩子这一天性，经常带领孩子到大自然中去，让孩子在尽情的玩耍之中，观察万物的悄然变化。去看春天的绿芽，夏日的鲜花，秋季的果实，寒冬的落叶，去听蝉鸣鸟唱，这些都会引起孩子的兴趣和思考。同时，家长在平时要指导孩子观察，开阔孩子的眼界，充实孩子的知识和生活。

比如，让孩子观察家里养的花草、小鱼；晚上带孩子观察星空，讲讲简单的星系；白天观云，看到云的流动，讲一讲"云往东，一场空，云往西，披蓑衣"等谚语的简单道理，这样做不仅使孩子从中学到知识，体验到观察的乐趣，又能促使孩子多思考，从而培养和发展孩子良好的观察能力。

（3）教孩子正确的观察方法。观察的主要方法有：

①综合观察法。即先局部后整体或先整体后局部的观察方法，以达到对观察对象全面正确的认识。

②动静观察法。动态观察指按先后顺序或方向位置观察物体的变化；静态观察指按物体的颜色、形状等进行观察，建立基本数学概念，理解数学法则。父母要指导孩子学会动静结合观察法，为孩子以后看图、数数或看图例式打下基础。

③对比观察。比较是一个鉴别的过程，只有通过比较才能提高孩子的观察能力。比如，让孩子观察其他孩子的绘画作品，并同自己的作品进行比较，肯定长处，指出不足。

④反复观察。对于某一动作可让孩子进行反复观察，这种方法可以强化孩子大脑皮层，形成暂时性的联系，并能使各个暂时性联系之间相互贯通，逐步形成动作的连贯一致。反复观察能形成孩子对事物的整体认识，并掌握复杂的难度大的各个环节。

⑤顺序观察。事物的发生一般都有一个先后顺序,让孩子认识一个事物发展的全部过程,建立一个完整的概念,使孩子养成按顺序观察的好习惯。让孩子有顺序地观察,能使他们有条理地思考,思路清晰、言之有序,逻辑思维能力增强。一般来说,观察是由近及远或由远及近;从上而下或从下而上;从左到右或从右到左;先中间后四周或先四周后中间;由表及里或由里及表等。

⑥重点观察。在事物完整的发展过程中,必定有一个环节是主要的,如植物生长是其从生到死过程中的最主要的环节,这个环节是重点观察的对象。这些训练对培养孩子抓主要问题,抓中心环节,掌握大局都有好处。

(4)让孩子见多识广。观察力的高低与孩子视野是否开阔有关。孤陋寡闻的孩子,缺少实践的机会,观察力必然受到影响。看到同样一种现象,有的孩子能联想到许多事物,有的孩子却说不上几句,这是什么道理呢?这与孩子接触事物多,懂得道理多有关。孩子了解的常识多,道理融会贯通,观察问题就比较深刻。可以说,观察力基于知识与经验,而知识与经验的丰富与提高又会反过来促进孩子观察力的发展。

(5)鼓励孩子边观察边思考。不要总认为孩子什么都不懂,孩子的心灵深处绝对不是一片空白,不同年龄的孩子常常会向父母提出一串串精彩的问题,如"天冷了,水为什么会结冰","自己是从哪里来的"等等。

孩子们的问题有许多是父母们意想不到的,或者觉得可笑、荒唐。面对孩子的提问,有的父母可能会不耐烦地说:"去!去!去!哪有这么多为什么?"也许父母自己也不太清楚,也许认为这些问题不值得回答。这样会使孩子很扫兴,挫伤乃至磨灭其对周围事物的敏感与思考。应该明白,当孩子提问时,正是孩子求知的好机会。鼓励孩子提问,就是为了培养他们对周围事物的观察与思考,并进一步探索解决问题的方法,而不是把现成的答案告诉他们。

幽默才能,让快乐一生相随

幽默感在人际交往中起着举足轻重的作用。一个幽默风趣的人,往往比不具幽默感的人更受到大家的喜欢。同时,幽默还能帮助我们更好地应对生活和学习

第13章 把男孩培养成男子汉

中的压力和痛苦,更开心地生活。俄国文学家契诃夫说过:不懂得开玩笑的人,是没有希望的人。在现实生活中,幽默可以淡化人的消极情绪,消除沮丧与痛苦,舒缓紧张气氛,更能带给自己和别人喜悦和希望。

随着时代的发展,现代家庭开始越来越重视孩子幽默感的培养。报载一篇名叫《儿子特别"逗"》的文章,是这样写的:

儿子胖乎乎的圆脑袋,一眨一眨的大眼睛,说话慢条斯理的蛮有味,还有那两个酒窝,总是似笑非笑,老师夸他特别逗。一次,我带他搭公共汽车去商场,上车后问他:"老师说你特别逗是咋回事?"儿子滴溜着大眼睛不搭话。这时车停靠站,上车的人很多,塞得满满的。最后上来的一个人被车门"咔嚓"一声夹住了,半截身子在车外,那人恼火地大喊:"怎么搞的,我还没上来!"儿子在这节骨眼上却大声说:"别嚷,收你半价!"满车人都笑得前仰后合,有人说:"这小家伙准是相声演员的儿子!"

儿子的逗也常让我们担忧。从小就这么"没有一点正经"的,学习成绩肯定好不到哪里去。果然,我在检查他的作文时,发现不少错别字,譬如:"熊叔叔的个子很矮"写成了"熊叔叔的个子很短","爸爸趴在桌子上写字"写成了"爸爸爬在桌子上写字","妈妈的胆子很大"写成了"妈妈的肚子很大"。我真是哭笑不得,佯装生气的样子指着他的脑壳说:"你他妈的满脑子歪门邪道,错字连篇!"儿子低着头一边改正错字,一边嘀咕说:"骂我就骂我嘛,干吗把我妈也搭上。"看,这德性你把他咋办?

一次,有个做学问的朋友到我们家串门,我们把儿子的"没有一点正经"的"苦水"吐给他听。没想到朋友说,你儿子天生有一种幽默感,只要善于培养、引导,不让他滑向油腔滑调,便会成为一种特殊的才华。一般来说,幽默的孩子一定思维敏捷、聪明好学,长大后一定是块材料。妻子不以为然,那位朋友说:"连恩格斯都说幽默是具有智慧、教养和品德的表现,幽默能化解沉闷和尴尬,释放轻松愉快。我要是有这么个儿子高兴还来不及呢!"

后来发生的一件事果然印证了儿子的本领。一个双休日,我和爱人带着儿子去一个同事家做客,同事的儿子跟我儿子是同班同学,两人玩得很亲热。吃饭的时候,同事的儿子当着许多客人的面突然嚷道:"爸爸,我要拉屎!"同事夫妇都是很爱面子的人,认为他们的孩子说话太粗鲁,缺少教养,一时都把脸拉得老长,狠狠地训斥孩子,气氛一下子变得沉闷了。有人劝道,算了,童言无忌。

但同事仍是不依不饶地责备自己的儿子："你就不能换一种文明说法？"他转过头对我的儿子说："姜腾，要是换了你，该怎么说？"我知道，我儿子历来是说"解手"或"上卫生间"，但万万没想到此时的他竟说："文明的说法应该是'爸爸，我的屁股想吐。'"话音刚落，引起满堂大笑，连我那正在生气的同事夫妇也笑得直不起腰，气氛一下子变得轻松愉快起来。

回家的路上，我佯装发怒地训儿子："就你邪门！"儿子答："我不那样说，我那同学会更遭殃。"

试问天下父母，这样具有幽默感的孩子怎能不招人喜欢，这样的孩子将来立足社会也会给世界带来阵阵笑声。

幽默，是一种俏皮、含蓄、机智的方法，是一种优美健康的品质。幽默是智慧的流露、创造的结晶，是激活思维和创造的动力之一，它有助于优化孩子的个性品质，有利于培养孩子的美感和高尚情趣。

幽默感是人与人之间的润滑剂，透过幽默的表达，可以舒缓紧张情绪，更能营造出快乐的气氛。给孩子足够的空间，让他们寻找自己的生活乐趣。相信你也能培养出一个幽默、健康的孩子。

幽默感是"情商"的重要组成部分。具有幽默感的孩子大多开朗活泼，因而往往更讨老师的喜欢，人际关系也要比不具幽默感的孩子好得多。

在实施素质教育的今天，父母要善于发现和培养孩子的幽默感。那么，教育中如何让孩子学会幽默呢？

（1）创设宽松氛围。养成乐观、自信的心态是培养孩子幽默感的前提。宽松氛围，一是指心理上的和谐愉悦。在孩子成长的过程中，如果气氛轻松、愉快，会使孩子体验到快乐，并促使其以快乐的心情来看待周围的人或事物。二是指气氛的感染。幽默的环境最能激发孩子的幽默感。当孩子有幽默的语言或有趣的动作时，父母可以给他一个赞许的眼神、一句鼓励的话语，建立他的自信心。当孩子遇到尴尬时，做个夸张的表情表示安抚，说句幽默的话语表示安慰，有助于孩子感受幽默的魅力。

乐观、积极向上的心态是培养孩子幽默感的心理前提。哲人卡莱尔说："真正的幽默不是发自头脑，而是发自内心。"所以我们要养成孩子良好的情绪，引导孩子看到事物积极的一面，乐观面对现实，不怕失败；教导孩子善于体谅他人，学会宽容大度；让孩子信任自己，对自身的发展充满希望。孩子多一分乐

第13章 把男孩培养成男子汉

观、豁达、自信，就多一分幽默。

（2）锻炼敏锐思维。幽默常常需要机智。锻炼孩子的思维能力和理解能力，可以让孩子观察事物时有独特的角度，不因循守旧，对事物有自己的看法，观点新颖。培养孩子深刻的洞察力，可以让孩子迅速地捕捉事物的本质，以恰当的比喻，诙谐的语言，将幽默感淋漓尽致地展现出来。

幽默是一种智慧、博学的表现。幽默感必须建立在丰富知识和活泼语言的基础上。一个人只有拥有广博的知识，才能做到谈资丰富，妙言成趣，从而做出恰当的比喻。一个人只有拥有鲜活的语言、丰富的词汇，才能表达幽默的想法，达到幽默的效果。

因此，要培养孩子的幽默感必须让孩子多阅读、多观察、多思考，广泛涉猎，充实自我，使孩子不断从各类书籍中收集幽默的浪花，从名人趣事中撷取幽默的宝石。父母可以多给孩子讲讲幽默故事、机智故事、脑筋急转弯等，训练孩子思维的敏捷性，提高孩子语言的丰富性。学校可以组织有关"幽默故事"写作或讲述的比赛，这对培养孩子的幽默感大有裨益。

（3）父母的幽默素养对孩子幽默感的培养有潜移默化的影响。父母要有良好的幽默素养。父母的幽默绝不是油腔滑调，也非嘲笑或讽刺。浮躁夸饰难以幽默，装腔作势难以幽默，低级趣味难以幽默，迟钝笨拙难以幽默，父母只有富有爱心，富有激情，知识渊博，平等对待孩子才能幽默。在幽默中，让孩子和自己一起获得某种精神上的愉悦、心理上的放松与理智上的启迪，让孩子在会心一笑中获得许多意味深长的感悟，真正感受到幽默之美。

（4）鉴赏幽默作品。具有幽默感的人往往有较强的幽默领悟力。欣赏幽默作品是提高孩子对幽默的领悟力的重要手段，同时，也是愉悦孩子情绪、启迪孩子心智的妙方。幽默作品内容丰富、形式多样，有漫画、故事、诗歌、音乐等。我们可以选择一些来自孩子生活，为孩子所喜闻乐见的优秀幽默作品供孩子欣赏。比如，给孩子讲述一篇名为《珍珍姑娘》的故事："有个叫珍珍的小姑娘，吃东西十分挑剔，这也不吃，那也不吃，结果变得又瘦又小又轻，被蚂蚁抬走。她在音乐会上唱歌比蚊子声音还小，在运动会上……"故事用夸张的对比勾勒出珍珍这个形象，会让孩子们觉得十分可笑。孩子们很快意识到挑食的坏处，在笑声中受到了教育。此外，启发孩子幽默的领悟力还可以留心收集一些优秀孩子漫画，制成挂图引导孩子欣赏。视觉幽默理解力很强的孩子，漫画一挂出就会引得他们哈哈大笑。

（5）鼓励孩子大胆表现自己的幽默。随着孩子对幽默作品的兴趣和领悟力的提高，进一步鼓励孩子大胆表现幽默。讲述、表现是提高幼儿幽默能力的法宝。

一位老师用这样的方法鼓励孩子表现幽默：

我和孩子在表演区的"星星小舞台"里开设一个"开心快车角"，在四周贴上各种夸张的笑容图，并特制两个开心话筒，供孩子们自由表达。孩子们争着上台讲述各种来自画册、电话以及生活中的小笑话。文棋说了一则小笑话，一个孩子抱着没气的气球对着老师大叫："老师，我没气了！"平时不善言辞的新梅也讲了一位爱花的老伯撑着雨伞到雨中浇花的小幽默。孩子们在"开心快车角"既锻炼了在集体面前大胆表现自己的胆量，又发展了口语表达能力，同时，还在妙趣横生的话语中陶冶了情操，获得了心理上的满足。自从我有意识给予孩子幽默的熏陶后，从孩子那开心、愉快的笑声中，从那一张张日渐开朗的笑脸上，从日益融洽的师生关系中，从自己更加宽容、超脱的心境中，我看到了幽默的力量。大家不妨一试，定有裨益。

总之，父母要善于艺术而幽默地和孩子相处。父母是孩子学习的榜样，严肃的父母培养的孩子严谨，幽默的父母培养的孩子机智。如果父母幽默地带着和蔼的微笑和孩子交流，容易形成良好的亲子关系，产生良好的教育教学效果。但愿我们的素质教育多增添一些幽默伴随孩子成长。

艺术才能，让一切更精彩

每一个父母都希望自己的孩子多才多艺，既可以让孩子得到艺术的熏陶，又可以为孩子的将来拓展更多的生存渠道。因此，让孩子参加各种各样的艺术班就成了父母最热心的事。

亨利·摩尔是英国著名的雕塑家，是20世纪全球最具影响力的雕塑家之一。这次，他有12件雕塑作品在北京北海公园湖边展出。10月的北海公园，柳树依旧婀娜多姿，秋风袭来，撩起人们无尽的情怀。几艘船在波光粼粼的湖面

第13章 把男孩培养成男子汉

上荡漾,勾起我无边的思绪和遐想,仿佛我跟着船一起在动、在漂;只有那对面岿然不动的白塔,才让我明白身在何处。漫步在北海湖边,伴着柳枝、伴着鸟鸣、伴着湖水、伴着亨利·摩尔的雕塑,我仿佛走在人间仙境,仿佛步入艺术殿堂,领略着艺术和自然风光的和谐美。

"妈妈!"是儿子那甜甜的声音把我拉到现实。他和几十个小朋友,用画笔、心和手去勾画亨利·摩尔雕塑的"母与子坐像"。他的画接近尾声时,有一位报社记者想拍儿子的画和雕塑,他欣然同意了。

他画完了一张之后,已是中午。我想带他和78岁的母亲去饭店吃饭,他不同意:"不吃,要继续画第二张'母与子卧像'。画完了画,下午4点还要到老师家上打击乐课。"

我被他的执著深深地感动了,于是给他买来了香肠、炸鸡腿、糯玉米。他按时完成了第二张作业。在此期间,我沿着湖边,一路小跑把亨利·摩尔的其他10件雕塑都摄入了我的相机里。他看着累得狼狈不堪、汗流满面的我,拍拍我的肩膀,说了声:"妈妈,辛苦了!"

跟孩子在一起的时候,我常常被孩子那种毅力和精神所感动,还有那独特的艺术氛围,仿佛自己也置身于艺术世界。我以前不知道亨利·摩尔的名字,更不了解他的作品。今天是因为陪儿子,我才认识了他,结识了他的作品,知道了他的作品是从人体结构以及自然物体,诸如石头和骨骼中吸取了灵感。这些作品是一位极富创造力的艺术家、一位伟大的人文主义者对表现形式本身所进行的毕生探索和颂扬。

回到家里,78岁的妈妈仔细地端详着外孙的画,在连连称赞的同时,自己不顾一身疲劳,拿起笔也画起了素描,并对我说:"我再不画那些花、草、鸟的画了,我也要画点雕塑、名画……"也许艺术的魅力、艺术的感染力就在于此。和孩子一起迈入艺术的殿堂,享受幽雅的快乐!

当孩子看到荧幕上出现碧绿的田野,牧童骑在牛背上悠闲地吹着笛子时,伴随着画面的变换,听着优美动听的音乐,似乎感受到了牧童的愉悦心情,陶醉在美妙的乡村景色中,禁不住伴着音乐晃动身体。

作为家长,使孩子和艺术结缘,将使他们受用无穷。但遗憾的是,在现实生活中,有的孩子因为家长的漠不关心,艺术的火花无声无息地被湮灭了;另外有一些家长则希望孩子成名成家,为自己捞来滚滚的财源,使孩子的艺术天赋扭曲，变形了。

艺术潜能也是特殊才能，但特殊才能不等于天才，后天的环境与后天的教育起着重要的决定作用。作为家长应该做些什么呢？

（1）尽量为孩子创造机会。对孩子的教育忽冷忽热，要求水准忽高忽低，没有细致的教育方案，没有长远的打算，便不能使孩子艺术活动的能力得到明显的提高。

应该抓住机会，不失时机地给孩子科学的指导。孩子一岁时就可以握笔"涂鸦"了，将笔和纸交给孩子，特别是把颜色鲜艳的笔交给孩子，不仅使孩子画画的要求得到满足，也能刺激孩子视觉的发育，使手指、胳膊得到锻炼，促进小肌群的成长。假如此时父母看到孩子因画画而撕破了纸，笔也扔到地上便训斥孩子，就会在孩子稚嫩的心灵里种下笔和纸不可随便乱动的种子，那么，这个孩子长到可以不撕纸的年龄时，已经不喜欢这种最普通的文化用品了。

（2）关心孩子的各种兴趣。孩子对事物感兴趣时，也是最有指导效果的时候，错过这一时机，将会给孩子带来终生缺憾。日本孩子教育家井深大先生指出：人的脑细胞网络是由出生后受到刺激，逐步发展与完善的，人生下来就具有各种细胞，其功能起初是潜在的，如果不适当地给予刺激，它们便不能分裂增殖，很可能在发挥作用之前就宣告终结。

兴趣就是对这种潜在的种种细胞给予有效的刺激。如果这种刺激持续且强烈，兴趣就会使细胞增加。童稚期，大脑细胞需要多种刺激，从而为具备多种功能做准备。兴趣的变化不是坏事，它是人自身才能增加的表现。当孩子想知道事物的名称，或者想叫父母给他们念书讲故事时，父母以"真讨厌"、"我很忙"的态度予以拒绝，与一个个地解答孩子提出的问题，满足孩子的要求相比，其结果迥然不同。

（3）让孩子自发地对艺术产生兴趣。父母想培养孩子某个方面的艺术才能，不要过于性急，急于训练孩子会打乱孩子兴趣爱好的临界期，使孩子永远地失去某种能力发展的可能。父母急于求成的结果会使孩子逃避超负荷的训练，因为繁重的、强迫的刺激将使孩子产生厌恶情绪。

（4）让孩子体会到进步的乐趣。切忌嘲笑孩子的努力。在培养孩子的"艺术细胞"时，随时保护孩子的积极性，对孩子哪怕是一点微小的进步，也要给予高度赞赏，即使孩子提出大人不屑一顾的问题，父母也要表示关心，承认孩子付

第13章 把男孩培养成男子汉

出的努力。

在培养孩子艺术才能的过程中，父母的作用十分重要，关键在于理解与尊重孩子，站在孩子的立场上来发现、启发、引导、挖掘孩子的艺术潜能，不要埋怨自己的孩子不如别人，也不要自暴自弃，作为父母，应该从自己身上的不足之处寻找教育的责任。

领导能力，让孩子从容一生

传统观念认为，领导力是天生的，但是我们现在知道，领导力也可以通过后天的培养得到，这就对孩子的教育提出了更高的要求。目前，美国等西方国家的学校已经把学生领导力的培养引入正常教学实践中，中国的许多教育专家也越来越重视对这个问题的研究。他们发现在领导者的能力中，大多都是可以通过对孩子的培养获得的，比如胸襟开阔、能与人合作、能支持别人等。这也给家长培养孩子的领导力指明了道路。培养孩子的领导能力应被视作孩子早期教育的重要内容。

从小锻炼孩子的领导才能，让他们能够在群体中脱颖而出，使他们能够带领一班人完成更大的事业，对社会对个人都非常有帮助。任何一个家长都希望自己的孩子成为佼佼者，能够领导人们去实现自己的价值。

兵兵心里一直有个愿望：就是自己能当上班干部。可是，从入学到小学毕业，老师从来没有任命过兵兵担任过任何职务。这让兵兵心里一直很郁闷。

升入初中，新学期开学。班里面公开投票选举班干部，兵兵竟然被意外地推举为数学小组长。他欣喜万分，比当了班长的同学还要高兴。他觉得自己的努力终于得到了同学和老师的认可了。

放学后，兵兵迫不及待地把这一消息告诉了妈妈："妈妈，我太高兴了，告诉你一个天大的好消息！"

妈妈笑着问："你考了100分吗？这么高兴？"

兵兵摇摇头，叹了一口气，对妈妈说："妈妈，你怎么整天只关心分数呢？我今天被同学们投票选举为班里的数学小组长了！"

妈妈并没有被兵兵的喜悦感染，反而冷冷地说："我还以为是什么大喜事呢？不就是一个小组长吗？又不是班长，当个小组长有什么好骄傲的！"

兵兵火热的心情顿时仿佛被冷水当头一浇，兴奋一扫而光，心里既难过又悲伤。

兵兵妈妈的做法是不可取的。孩子渴望当上班干部，这是一种很正常的心态。最后通过自己的努力被同学们选为小组长了，心里面有很多的兴奋和高兴，想与妈妈分享。可是，孩子心中特别珍惜和倍感骄傲的事情，在妈妈眼里却如此不值一提，甚至还遭到妈妈的刻意贬低，孩子如同被当头打了一棒，热情的火焰迅速熄灭，信心也会迅速坍塌。这会对孩子的成长造成非常不好的影响。

没有天生的领导者，只有后天造就的领导者。那些掌管着某一组织、负责着某一居民区或者带领着某一运动队的男人与女人，都是尽心尽责的家长们培养出的结果：这些家长们无不遵循了用于培养领导者素质——智力与独立思考的能力——的简单准则。他们的孩子不会人云亦云、随波逐流；他们会坚持自己的信念，拿出自己的解决办法。

领导能力无论是在目前，还是在将来，都能让人受益匪浅。无论男孩还是女孩，如果能在班里及课外活动中表现出较强的领导能力，那么这要比他或她表现出较高的智力或考出较高的分数，能更准确地预示着他或她成年时的成功。

是否能够在自己所管的4～5岁的孩子们中间，辨别出哪些是领头的孩子？答案是毋庸置疑的。一般这些孩子都比较自信，尊重成年人和与自己一般大的其他孩子，乐意让别的孩子和自己一块儿玩玩具，有幽默感，表现出较强的创新精神和好奇心。他们总是最先开始做某项事情，其他的孩子们则在一旁观望，然后在他们的带领下跟着做。而且最为重要的是，他们的热情极具感染力。

那么，你应该怎样培养孩子的领导能力呢？以下所讲述的八条秘诀可供借鉴。

（1）做一位积极推动孩子前进的家长。孩子的自信心首先来自于家长的鼓励和肯定。在孩子做事前就告诉他："我知道你完全能够做这件事！"等事情做完之后，家长再告诉孩子："你做得棒极了！"

从孩子开始迈出第一步的时候，家长就应当树立他的自信心。当孩子蹒跚地走到你的怀抱中时，他就赢得了人生路上的第一个胜利；而你对他的紧紧拥抱，就会让他体验到成功的欢乐。当这些形成良性循环的时候，他也就会接连不断地取得成功。

第13章 把男孩培养成男子汉

（2）让孩子们积极探索。一个小男孩，在自家院内的工地里使劲地挖着一块石头。当他费力地把那块石头挖出来后，拿着它高兴地跑到了爸爸跟前。"爸爸！你快看看，我挖出了一块非常漂亮的石头。"他激动地对爸爸说。他的爸爸漫不经心地看了一眼，很随便地说道："你只是挖到了一块带着泥巴的普通石头。"儿子听爸爸这么一说，满脸的兴奋转眼间不见了。他把手中的那块石头扔掉，然后垂头丧气地走进屋内。

这位做爸爸的应该怎样对儿子说呢？他应该高兴地对儿子说："多么漂亮的一块石头呀！让我们把它清洗干净，以便我们能够好好地欣赏它。接下来我要给你一条毛巾，一副手套，或许你能够发现更加漂亮的石头。"这位做爸爸的应该知道：石头上的泥土很容易被洗掉；然而，他对孩子探索精神和想象力所造成的创伤，却是短时间内无法愈合的。

孩子们都很钦佩那些勇于探索、敢于迎接挑战的人，并乐意效仿他们。然而，大多数时候，我们却教孩子们循规蹈矩，不要冒险。

（3）让孩子用心考虑如何取得成功。劝导你的孩子多想想如何去取得成功，而不要为成功路上可能会遇到的坎坷而过多地担忧。相信自己能够取得成功的人，才能够成为一位激励他人追随自己的领导者。

（4）给孩子一个机会。领导才能需要在实践中不断磨炼。鼓励你的孩子出面组织一些集体活动。支持孩子在班上竞选班干部，在运动队中担任负责人，因为这些都可以给孩子提供展示自己领导能力的机会。如果孩子能够成为校学生会或团支部的成员，那么他同样拥有锻炼并展示自己领导才能的良好机会。

然而，你需要注意的是，应当让你的孩子在自己感兴趣的领域，争取成为领导者。有些孩子乐意做运动场上的"领头羊"，另一些孩子则对当班干部情有独钟。并不是每个孩子都能够成为班长，或者都想成为班长。但写作方面才华横溢的孩子，可以成为校报的编辑；擅长下象棋的孩子，可以力争成为学校象棋俱乐部的主任。孩子们在自己所擅长的领域统领别人，有助于他们树立信心，而信心又是领导能力的基础所在。

（5）认真对待孩子们的梦想。家长要认真对待孩子们的梦想，鼓励他们树立自己的理想，哪怕他们的理想听起来非常稀奇古怪。最重要的是培养孩子们善于想象，以及如何把自己的想象变为现实的能力。

人们所说的领导者，就是那种能够勾画出一个蓝图，把它给大家做一解释，并激励大家沿着他的道路前进的人。领导者迈出的第一步,就是有自己的梦想。

(6)让孩子做"如果前提变化又将怎样"的推测。"可能性思考"是领导能力的一种重要体现。那些能够认真地思考问题,并把探索出来的解决办法告诉大家的人,无疑将成为大家的领导者。鼓励孩子做"如果……,那么……"之类由前提变更导致结果变化的推测。孩子一旦具备了勤于思考、善于推测的能力,往往很容易成为同龄人中的"领头羊"。

你可以借全家人一块儿吃饭的时机,锻炼孩子的这类能力。让你孩子主持家庭晚间讨论会,使孩子有权依次听取其他家庭成员所发表的意见,然后总结出全家人在哪些方面达成了共识。

(7)做孩子竞选活动的支持者。当班级中竞选学生干部时,你的儿子或女儿希望能够当选。遇到这种情况,你应该主动做孩子竞选活动的支持者,并为他的竞选出谋划策。比如,当孩子想竞选班干部时,就告诉他一条秘诀:每天到学校刚一见到班上的同学,就热情地打个招呼,向他们友好地微笑。

久而久之,他的人缘就会很好,就能够团结班上的许多同学,这样一来,他在竞选班干部时也就有了较好的群众基础。试想一下,那些不仅对自己圈内的朋友热情相待,而且也对其他同学表示友好的孩子们,是很容易得到大家认可的,也很快能够成为大家的领导者。

(8)教孩子学会尊重他人、灵活应变,并具有责任感。积极育儿法研究中心位于北卡罗莱那州的加斯托尼亚市,在该中心工作的家庭心理学家约翰·罗斯蒙多把尊重他人、灵活应变及责任感视为家长应当在孩子身上培养的基本品格。领导的重任时常要落到那些为人随和、以礼相待(尊重他人),遭受挫折时总能想出新的解决方法(灵活应变),并且敢于面对自己的行为所带来的结果(责任感)的人们的肩头。

最后需要提醒一点,真正能够对孩子起作用的,是你的言传身教,而不是你的夸夸其谈。如果你整日对你的邻居或同事说三道四,你就无法指望你的儿子或女儿尊重他人;如果你偷税漏税,那么你也无颜教育你的孩子承担自己应该承担的责任。